I0838966

TRUMP
contra el
GLOBALISMO

THEO BELOK

TRUMP
contra el
GLOBALISMO

Editorial Autores de Argentina

Theo Belok
  Trump contra el globalismo / Theo Belok. - 1a ed. - Ciudad Autónoma de Buenos Aires : Autores de Argentina, 2021.
  436 p. ; 21 x 15 cm.

  ISBN 978-987-87-1704-3

  1. Ensayo Político. I. Título.
  CDD 320.01

EDITORIAL AUTORES DE ARGENTINA
www.autoresdeargentina.com
Mail: info@autoresdeargentina.com

DEDICATORIA

A mi padre Carlos, mi madre Yoly, y mi hermano Pascual.
Para todas las víctimas mortales de la globalización.
Para todas las voces silenciadas en democracia.
Para todas aquellas personas que quieran
evitar tiranías estatales y mundiales.
Para aquellas que intuyen que en el
mundo hay algo que no funciona.
Para las que deseen alcanzar
una visión más profunda
del fenómeno Trump,
bajo una óptica
antiglobalista.

AGRADECIMIENTOS

A Yanina, por acompañarme de cerca en la última etapa
de esta obra.

ÍNDICE

PRÓLOGO DEL AUTOR

Hace muchas décadas que el pueblo estadounidense huele en el ambiente un desagradable olor, una sensación de traición por parte de las elites, un sentimiento también compartido en Europa y América Latina. Se vuelve cada vez más nítida la idea de, que quienes están en la cima del poder financiero, político, universitario, mediático y corporativo, actúan como una sinárquica red internacional de espaldas al pueblo. Que no solo operan bregando por sus intereses particulares privados, sino en radical oposición a los intereses vitales y existenciales de cada Nación. La democracia se había convertido en un show, en una ilusión que no ofrecía verdaderas alternativas patrióticas. Derechas e izquierdas se habían convertido en dos caras de una misma moneda, republicanos y demócratas desde hace casi un siglo siguen una agenda antinacional. El progresismo liberal cosmopolita abarcaba transversalmente todo el espectro político.

El verdadero patriotismo y nacionalismo habían sido ahogados y excluidos del sistema hegemónico imperante; así como los presidentes populistas carismáticos capaces de conectar con las necesidades de los pueblos, fueron absolutamente denostados y desprestigiados por la prensa. Defender la libertad, amar la Patria y la soberanía nacional llegó a tornarse peligroso para la "sociedad abierta" digitada por una elite privilegiada de banqueros y buitres globalistas.

Mi activismo anti–globalista de dos décadas de experiencia, me llevó a prestar atención a un personaje impensado. Era 2016, las esperanzas de un quiebre en la narrativa imperante eran muy bajas. El progresismo mediático e institucional era asfixiante. Pero allí surgió un hombre políticamente incorrecto que decía lo que pensaba sin muchos filtros, granjeando el odio de la decadente y siempre ofendida progresía liberal.

Aquel hombre de piel naranja de talante provocador, se erguía en el país de la libertad a decir cosas que molestaban y desafiaban sin cruzar del todo la línea. Detrás del matorral de exabruptos amplificados por la prensa, se lo escuchaba combatir al globalismo, y lo hacía desde el principal país que lo había impulsado. ¡Un candidato por la presidencia! ¿Qué estaba sucediendo?, ¿Un patriota nacionalista al poder en EEUU? Si… y había sido elegido por el pueblo más desarrollado y creativo de la historia. Un fenómeno atípico, inesperado, un cisne negro.

En Argentina pasé 15 años repudiando las políticas neo–imperiales o unipolares llevadas a cabo tanto por republicanos como por demócratas. El otrora liderazgo positivo de una nación desarrollada ejemplar, había pasado en los últimos 50 años, al autoritarismo planetario de un país en decadencia, multiculturalizado y prepotente. La antipatía generalizada sobre la elite política–financiera–mediática de los EEUU se expandía por todo el mundo, en la medida que la superpotencia pretendía imponer normas y disvalores globalistas a punta de pistola. Muchas de esas políticas de estado bipartidistas violaban la soberanía de las naciones, incluida la mía. La antipatía por su elite, se cruzaba a contramano con la admiración que siempre tuve por el pueblo norteamericano, siempre extremadamente creativo, laborioso, ingenioso, orgulloso, aislacionista y patriótico. ¿Por qué su elite no era como su pueblo?

Las sorpresas no acababan con la llegada de POTUS 45º. A fines de 2017, llegaban noticias por canales alternativos que, por los foros de internet, un anónimo afirmaba trabajar codo a codo con Trump, había comenzado a divulgar información de una lucha clandestina que se estaba librando tras bastidores, el objetivo era destruir los elementos corruptos del "Establishment" y sus resortes de poder a nivel global. La neutralización de cada uno de los controladores se iba dando paso a paso en secreto, para evitar alarmar a la población y evitar una guerra civil. La fórmula era 80% secreto, 20% público. La información explicaba el trasfondo de muchos de los acontecimientos que salían a luz sin aparente explicación. Filmaciones de helicópteros de combate descendiendo en la noche por varias ciudades estadounidenses, extrayendo cajas y misteriosos objetos, cortes de luz masivos, explosiones subterráneas, desactivación de satélites, y divulgación de super–tecnologías. Purgas de multinacionales y regímenes como el Saudí, accidentes aéreos sobre casa de magnates, desarticulación de anillos de pedofilia y espionaje extranjero, liberación del Kraken... Sin dudas en un futuro, harán películas sobre esto. Y lo más sorprendente, gran parte de los norteamericanos no están enterados de lo que sucedió y sucede en su propio país, pues el monopolio informativo lo impide.

Revelando el mapa...

Imagine la realidad como un mapa oscuro, similar al de esos juegos de estrategia militar en computadora, donde a medida que uno explora el terreno va descubriendo la topografía del mismo, va descubriendo recursos, y posiciones de un bando u otro. El estudio de la realidad social es algo similar, aunque mucho más complejo y dificultoso. La mayoría de las veces la gente no sabe qué camino tomar para comenzar a "revelar el mapa". Dificultan aún más el anhelo por descubrir, investigar y conocer al hombre común, el controvertido rol actual de los medios de comunicación masivos, convertidos hoy en día en un arma en la guerra de la información de la elite globalista contra el pueblo. Como intermediarios de la información, ellos revelan solo la parte del mapa que nos conducirá a la ruina o la opresión prolongada, al mismo tiempo que ocultará sus crímenes, y mantendrá oscuro el camino que nos conduce hacia la liberación.

Pero Occidente siempre cuenta con un cisne negro que viene a poner todo patas hacia arriba. Los globalistas desesperan con ellos. La elite intenta que sus propios enemigos (quienes ponen en jaque su dominio) sean considerados enemigos de la humanidad. La manipulación es el arte de la elite.

Esta investigación lo que pretende es ahorrar tiempo valioso para el lector en medio de la penumbra. Pretende ayudar al lector a descubrir atajos, y conocer sectores del mapa, ocultos o poco conocidos, ampliando al mismo tiempo la visión general del mapa que permite una comprensión estratégica única. Se trata de ver el bosque y no solo el árbol que está enfrente.

En este libro se abordará el fenómeno Trump desde una amplia gama de perspectivas jamás antes vistas. Ya sea que, usted esté a favor o en contra de él, hay algo que no se puede negar, su irrupción ha sido un terremoto que ha sacudido el mundo. Trump como fenómeno, será abordado desde múltiples puntos de vista, intentando desentrañar las verdaderas intenciones del rubio mandatario y su papel histórico al frente de los Estados Unidos, ya sea como Presidente de la superpotencia mundial, o como peón de poderes que gobiernan tras bambalinas.

Nunca fue tan importante como lo es hoy el libre debate de ideas, y nunca fue tan brutalmente censurada la opinión divergente como lo es ahora. Frente a una sociedad que desde hace décadas se desintegra progresivamente, surgió un sorpresivo replanteo del curso seguido.

Un conjunto de ideas hegemonizadas en el imaginario colectivo luego de la II Guerra Mundial están siendo cuestionadas por posiciones consideradas "políticamente incorrectas". El diálogo es necesario para superar grietas en pos de un futuro venturoso para todos. El desafío es encontrar respuestas en común, evitando radicalizaciones retóricas llenas de odio que generan profundas grietas sociales.

En este libro el lector encontrará una mirada original y distinta del fenómeno Trump, enmarcado dentro del eje conceptual de la lucha contra el globalismo. Todo esto desarrollado en un amplio análisis brindado por quien les escribe, un analista geopolítico independiente. Nacido argentino y residente en las sudamericanas tierras del tango, el mate, el asado y los saludos por demás afectuosos. Observo con profunda preocupación el destino de los Estados Unidos, pues lo que sucede allí, repercute inefablemente en el mundo entero. El faro de la democracia está siendo apagado por la oscuraridad ideológica totalitaria del Oriente. No solo Estados Unidos está en jaque, sino la supervivencia de todo Occidente.

Con la imprevisibilidad que lo caracteriza, Trump pudo burlarse y objetar puntos clave de la agenda globalista, y al día siguiente realizó acciones que han sido frecuentes de observar en la práctica por personajes subordinados a globalistas, beneficiando —en teoría— a la elite que aparentemente dice combatir. ¿Qué ha sucedido entre 2016 y 2020?

Se abordarán especificaciones conceptuales sobre globalización y globalismo, que servirán como herramientas categóricas para lograr una mayor comprensión de la realidad geopolítica. Los objetivos reales de la oligarquía bancaria y las resistencias populares; el funcionamiento del sistema financiero de explotación global; la brutal amenaza para todas las libertades individuales; la influencia brutal de los mega—banqueros; muerte y resurrección de Europa; el BREXIT; el auge de los nuevos "nacionalismos populistas", los peligros latentes del terrorismo; y las políticas genocidas del PCCh. La Rusia de Vladimir Putin; la Hungría de Victor Orban, el Brasil de Jair Bolsonaro, la Italia de Matteo Salvini, la geopolítica multipolar de los nuevos líderes presuntamente "anti sistema". El desequilibrio del poder mundial. La presión de los grupos de poder internacional. La abolición progresiva de derechos fundamentales como la libertad de expresión; la crisis migratoria; la génesis de las instituciones y de la ideología progresista radical, asi como el control del discurso bajo la nube tóxica de lo políticamente correcto; el marxismo, la socialdemocracia, el lesbofeminismo, el movimiento Queer, el indigenismo, el proteccionismo animal y el ecologismo. La relación de dichos movimientos con el Partido Comunista Chino, la elite globalista y su agenda de despoblación.

En un ambiente espeso, delicado y aburrido de la arena democrática, surge un showman que viene a poner pimienta y acción al debate público. De una manera muy americana, el vaquero más rudo del Oeste entra en la cantina política pateando puertas y traseros. Políticamente incorrecto, controvertido, polémico, a veces torpe, y dotado de una incontinencia verbal exuberante, fue capaz de largar a los cuatro vientos provocadoras y chocantes frases misóginas, xenófobas, racistas, antisemitas, islamófobas. Ésto es posible sólo en el país de la Libertad, en el resto de países occidentales sus opiniones libres lo hubieran conducido a la cárcel como preso político en democracia. Así fue odiado por muchos y caricaturizado por los medios de comunicación masivos como el representante del mal en la tierra.

Esta demonización de la cual Trump ponía su cuota de controversia, se extendió incluso fuera de las fronteras de los Estados Unidos llamando la atención de todos. Las noticias que llegaban de él a la Argentina, eran total y absolutamente con un sesgo negativo, nadie se atrevía hablar bien de semejante ser deplorable. No había, ni hay aún hoy 4 años después, atisbos de imparcialidad. El mensaje era claro: "No había absolutamente nada bueno en él". Con gran habilidad la prensa hizo foco en los exabruptos, pero curiosamente sus ideas no eran en ningún momento indagadas ni puestas en debate. La opinión publicada sentenció: ¡Trump es el villano del mundo moderno!, ¡él no es el Mesías como los deplorables MAGA creen, él debe ser crucificado! Gritó el coro de enconados neofariseos liberales. ¿Qué dudas quedan?, ¿Qué sentido tiene debatir sobre él?

Pero… ¿Donald Trump es el villano maligno caricaturizado por la prensa? Tal vez él, no es en realidad como lo han retratado. Una imagen inexacta ha sido creada alrededor suyo. Es necesario profundizar sobre su vida e ideas más de cerca, para determinar con rigurosidad todas las acusaciones vertidas en su contra. Abordar la problemática desdibujará la grieta divisiva en la sociedad norteamericana.

En este libro se analizarán las notas discordantes y las contradicciones, tras las cuales se mantienen constantes ciertas líneas esenciales, y se asoma tenue una imagen más fiel a la realidad.

¿Cómo es que el país que más promovió la globalización, ahora la combate? ¿Será este un cambio de timón real o aparente?

Esta investigación, realizada durante 4 años y que recopilé en 2 Tomos, fue hecha a pulmón con muchísimo esfuerzo, sacrificios materiales y tiempo personal. Servirá principalmente al lector norteamericano, para que éste pueda tener una visión más amplia y por ello más libre, sobre el Presidente Donald J. Trump y su papel histórico.

Sobre cada estadounidense pesa una responsabilidad que traspasa sus fronteras. No sólo adentro, sino afuera de los Estados Unidos, hay personas sufriendo y muriendo por las políticas emprendidas por esta superpotencia des hace ya bastante tiempo. Estas voces, como la mía, de países periféricos que han sufrido la intervención y la injerencia globalista, también merecen ser escuchadas y compartidas. Como así también las voces de un gran puñado de intelectuales dentro y fuera de ese gran país.

Me encuentro distante e independiente al microclima partidista entre demócratas y republicanos. Por esta razón la investigación que traigo, puede considerarse un aporte valioso para el diálogo entre uno u otro partido político. Incorporo al debate público a una amplia indagación llena de datos, hechos, citas y perspectivas muchas de las cuales son desconocidas incluso al lector americano.

El análisis transversal que ofrezco, se encuentra impregnado de una óptica soberanista y geopolítica, la misma será de gran utilidad conceptual para los movimientos emergentes que no quieran caer bajo la agenda sutil de la elite globalista. Algunas políticas e ideas emprendidas por D. Trump serán por esta razón, defendidas y otras repudiadas. En todo caso será información útil para valorar este fenómeno.

No estoy a favor de Trump, tampoco en su contra, pues soy argentino y vivo en mi Patria. Sin embargo, al tratarse del Presidente de la super–potencia mundial, históricamente hostil e intervencionista, que ha violado sistemáticamente el derecho de autodeterminación de muchos pueblos; es importante y oportuno analizar la gestión de Trump bajo un eje conceptual anti–globalista, contrario al unipolarismo totalitario, y contrario al neoimperialismo. Trump será aquí juzgado en la medida de su cercanía o lejanía real a la agenda del globalismo.

Luego de aclarado lo anterior surgen interrogantes como ¿Trump es algo nuevo?, ¿disidencia controlada?, ¿es más de lo mismo pero refinado al extremo?, ¿Es el resurgimiento del mal?, o ¿es en el fondo un continuador de las mismas políticas de Estado de los últimos 70 años, pero bajo un nuevo envoltorio?, o ¿es realmente un antiglobalista?

Países en la "periferia" del mundo desarrollado, han sufrido la intervención extranjera de la CIA, que ha llegado a promover golpes de estado como en 1976 (Argentina). Tales abusos incrementaron las filas de los anti–norteamericanos. Luego de décadas de estudios y análisis geoestratégicos referentes a la conformación constitutiva y dinámica de las estructuras de poder global, pude discernir que dichas políticas internacionalistas–globalistas no representan al pueblo norteamericano y sus intereses vitales. Por el contrario son políticas ejercidas a espaldas del pueblo, en beneficio de una oligarquía privilegiada enquistada en los resortes del Poder Real.

Los norteamericanos son tan víctimas como mi pueblo y otros. No debería haber nadie más interesado, que el pueblo norteamericano en la tarea de esclarecer estas diferencias pueblo–elite hostil para evitar el creciente antinorteamericanismo del último medio siglo, evitando con ello situaciones peligrosas que pueden afectar —como en el pasado— su propia Seguridad Nacional. La proliferación del terrorismo no fue sino, la respuesta dialéctica a una desatinada y criminal política exterior iniciada por una carrera de invasiones, golpes de Estado, e intervenciones belicistas en Oriente Medio, sumada a una arriesgada maniobra de bandera falsa ejecutada por los servicios de inteligencia.

Mi antinorteamericanismo terminó en 2016 con el triunfo de Trump, quien dijo que dejaría de invadir e intervenir países en todo el mundo, respetando la soberanía de las naciones, criticando ferozmente la agenda liberal–globalista y la autoridad de sus resortes de poder: Los banqueros, los medios de comunicación masivos, la política exterior aplicada hasta entonces.

Meses antes de las elecciones, cuando todos reían de Trump, vaticiné por una red social que él ganaría, no fue suerte, me limité a describir las corrientes subterráneas del clamor popular, que percibí de una masa crítica hastiada del Sistema global imperante desde 1945. Y su victoria motivó la escritura del presente libro, como una investigación que revelará en qué medida el discurso de campaña y la narrativa oficial fue acompañado de hechos y acciones a favor de los pueblos, en qué medida su lucha contra el globalismo es real o aparente. Reiterando mi compromiso exclusivo con la verdad, es que no escatimaré en la crítica aguda de aquellos aspectos que considere una contradicción con lo propuesto.

El mundo no es, ni debe ser, un laboratorio a merced de magnates o políticos locos. El mundo está conformado por seres humanos que, con defectos y virtudes, pretenden ejercer su libertad y el derecho de autodeterminación, deseando ser libres en el concierto de las naciones. Ni más ni menos que las resistencias populares que no aceptan el deseo globalista de aniquilar las naciones y gobiernos soberanos.

Señalar y poner en evidencia estas estructuras de poder global cosmopolitas que utilizan países poderosos como EEUU, Gran Bretaña y China como plataformas o brazos ejecutores de sus particulares políticas criminales, será un gran paso para poder desmantelarlas, neutralizando los efectos adversos que, con su dinámica, afectan negativamente a países tanto desarrollados como subdesarrollados.

La Presidencia de Trump con los numerosos acuerdos de paz logrados en política exterior, contribuyó a la creación de un sistema internacional sin guerras durante 4 años. El destino de todos requiere un mundo libre de cualquier tipo de hegemonía unipolar tiránica, violenta, signada por la persecución, la esclavitud y el extremismo ideológico. Las naciones libres desean que Estados

Unidos se mantenga alejado de la agenda neocolonialista–belicista de las anteriores administraciones, caracterizadas por difundir radicalmente el globalismo. Es necesario centrarse en contener el avance del totalitarismo del PCCh. Así como es necesario frenar las interminables invasiones a países del Medio Oriente o África, detener la injerencia en Latinoamérica; acciones que, de hecho, no contribuyen a afianzar la paz y ni la libertad.

El mundo libre reclama un papel mas activo y positivo del liderazgo estadounidense en la defensa de las libertades individuales y la soberanía de las naciones.

Si a usted le importa realmente la Libertad y la lucha contra toda forma de tiranía, y desea vivir en un país independiente, usted debe leer este libro.

El mundo espera ver a Estados Unidos rompiendo las cadenas del Establishment, quiere ver a Estados Unidos venciendo la elite hostil anti–americana que ha asaltado los puntos neurálgicos de poder de ese gran país. Porque solo liberado los Estados Unidos, serán liberadas las demás naciones.

Esperamos la reconstrucción de los Estados Nacionales Soberanos. El restablecimiento de un escenario donde los pueblos puedan entablar relaciones de confianza, sabiendo que sus soberanías no serán violadas por corporaciones, ONG, lobbys, cabilderos o agencias de inteligencia, ni sus países invadidos, ni derrocados sus gobiernos legítimos. Donde en virtud al diálogo constructivo, las voces disidentes, sean de un partido u otro, no sean silenciadas. Donde la llama de la libertad y la Paz puedan iluminar otra vez al mundo.

La nueva lucha por la independencia y la desglobalización está llegando. La información y la constante búsqueda de la verdad... serán las mejores armas para evitar la violencia y educar a las juventudes para un futuro mejor.

Theo Belok

20 de enero del 2021

INTRODUCCIÓN

No se puede desatar un nudo
sin saber cómo está hecho
—Aristóteles

El momento histórico en que nos ha tocado nacer, se caracteriza por su aire espeso, una atmósfera irrespirable para los pulmones de hombres sanos que aún se mantienen de pie, fieles a su origen, leales al sentido de la Tierra, y la naturaleza. Fieles a sí mismos y al prójimo, así es como permanecen erguidos los corazones fuertes cuando todo se derrumba, degenera y corrompe.

Los fundamentos que hicieron grande a Occidente han sido duramente criticados, ridiculizados, combatidos y subvertidos por la *izquierda liberal política* que monopolizó con su discurso el imaginario colectivo, a través de la prensa y la industria del entretenimiento, para promover su corrosiva agenda global–socialista. Bajo un esquema ideológico disimulado de moral cívica, han dinamitado, han pisoteado y profanado los pilares de una gran civilización: la tradición, el amor a la Patria, la Nación, la lealtad, el honor, la familia, el matrimonio, la autoridad, la fe, la libertad y la justicia social.

Un milenario ethos guerrero desbordante y soberano, protegió siempre una civilización que se desplegó incontenible en desarrollos creativos que cambiaron la faz de la tierra como nunca antes. Una manifestación ética y estética milenaria de estilo único, se desenvolvió en Europa y América frente a las condiciones más adversas, haciendo frente al oscurantismo de fuerzas decadentes.

Con el correr del tiempo, a medida que la izquierda avanzaba, se iba imponiendo la moda mediática de luchar contra todos estos conceptos y pilares. Partidos de izquierda y derecha fueron infiltrados por el globalismo progresista. Oponer cualquier acto de resistencia a ese proceso fue considerado como "extremista", "políticamente incorrecto" y por ello proscripto de todo relato político.

Ese mundo cultural clásico, Pletórico y rebosante de belleza, fue abolido desde mediados de siglo XX hasta hoy, y fue sustituido por la *"doctrina de los ofendidos"* y la *cultura de la muerte y la cancelación*. Es la doctrina con la que pretenden establecer un gobierno totalitario único internacional de tipo liberal, silenciando a todos los que piensan diferente. Hasta ahora las personas, simplemente venían repitiendo como loros la retórica hegemónica que se les enseñó en los medios de comunicación masivos y el sistema educativo liberal.

Los enemigos de la Civilización Occidental siempre se presentaron con banderas, y objetivos declarados. Por eso fueron siempre derrotados. Fue fácil reconocerlos. En cambio, hoy los enemigos son más letales. Han leído a Sun Tzu y Maquiavelo, conocen el arte de la guerra, juegan de amigos, de "socios", "patriotas", juegan de "aliados imprescindibles", y hasta de "hermanos mayores". Se infiltran entre nosotros. El enemigo invisible ya no usa una sola bandera roja con una hoz y un martillo, usa varias dispersas y su ataque es descentralizado, constante e incansable. El globalista es un *enemigo líquido* y por su propia dinámica, es difícil de abordar, difícil de combatir para el que no ve el campo de batalla desde una perspectiva amplia y con todo el mapa revelado. La elite hostil es un pulpo con varios brazos, que esconde su cabeza, mientras envía al frente de batalla a sus brazos visibles. De esta manera, si éstos son cortados, otro brazo toma su lugar intensificando su virulencia.

El análisis llevado a cabo por el patriotismo nacionalista, es el único antídoto para revelar el cuerpo completo de aquel pulpo que domina los pueblos y que eufemísticamente se le ha llamado Estado Profundo. Revelarlo es el primer paso para poderlo neutralizar. En estos últimos años se ha roto en gran parte el tabú y es necesario debatir civilizadamente para construir alternativas viables, rechazando manifiestamente todo tipo de violencia y extremismo.

Desde una mirada Metapolítica el tipo humano que produce la globalización: es un hombre escindido, ensimismado, egoísta, individualista, enajenado, y absolutamente alienado.

Por debajo, los hombres son alejados de la Tierra y sus raíces naturales; por arriba, son alejados de lo trascendente. El hombre ha sido aislado, atomizado, debilitado, desvinculado de sus lazos más profundos con el Todo. Una integridad se ha roto. Un hombre desarraigado en su consciencia, de su esencia ontológica y biológica… es fácilmente manipulable. **El hombre postmoderno es todo aquello que no sabe lo que quiere, porque no sabe lo que es.**

Un mundo culturalmente artificial, totalmente falso fue tejido a nuestro alrededor para borrar lo que somos en esencia. Peor aún, fue diseñado para avergonzarnos de lo que somos. Quienes gobiernan la maquinaria pseudocultural, detestan la naturaleza, detestan a Cristo, detestan tu vida y tu libertad. Ellos te consideran una oveja, ganado, mercancía, un neo–esclavo. Las compañías de marketing y relaciones públicas han logrado que los magnates traficantes de capitales y personas sean considerados filántropos y justicieros sociales. La maquinaria es tan artificial como efectiva.

Mientras los políticos se han rebajado solo a mendigar votos, y los mercados se han rebajado a maximizar el lucro a costa del bien común. El alma de los pueblos ha quedado en manos de criminales, empeñados en desacreditar las instituciones y difundir modos de vida autodestructivos y antinatalistas. La cultura de la esterilidad, la cultura de la cancelación, el auto–odio han provocado generaciones disfuncionales, desarraigadas, nómades y errantes.

Las juventudes son envenenadas y embrutecidas con el alcohol, las drogas, el libertinaje sexual; están siendo dirigidas hacia la degeneración, la confusión y la destrucción del tejido social. El globalismo –como ideología extremista– ha declarado la guerra contra los Occidentales. Suprimir la natalidad de los Occidentales es su principal objetivo. Un claro contraste con el baby boom en China, India y África que tienen cada vez más población.

A los gobernantes cómplices poco les importa la salud física y mental de sus ciudadanos, se legalizan drogas, vicios, conflictos y abortos en nombre de un concepto erróneo de "libertad". Tenemos el extraño privilegio de vivir en un mundo "recreativo" donde cada uno puede gestionar su propia autodestrucción e irresponsabilidad. Si uno no se siente feliz en este Sistema puede canalizar sus frustraciones por el camino más corto: la auto–eliminación. Series y películas en el cine o en extendidas plataformas streaming enseñan estas fórmulas día y noche sin descanso. No todos caen en la trampa del adoctrinamiento sutil, pero los más influenciables son arrastrados a la decadencia. Desde las pantallas se promueve el odio y la intolerancia hacia quienes debemos amar, tolerar y defender; mientras que se fomenta el amor, la tolerancia y aceptación de estilos de vida decadentes. Se aplaude todo aquello que se debería estar rechazando por corroer el tejido social y poncr cn peligro la propia existencia comunitaria y nacional.

Ya no existen hombres sino "consumidores", "clases", "números", "mercados". La cultura de la muerte, el lodo del consumismo, el hedonismo, la guerra de sexos, la ideología de género, el individualismo y el cosmopolitismo, no han logrado ahogar aún a todos los seres humanos. Existe una gran parte del pueblo que resiste frente al asalto destructor de la ideología globalista, apegándose a la naturaleza, el sentido común, y el pensamiento crítico.

La realidad contemporánea, nos presenta el ascenso de una autoritaria elite dominante de carácter tecnocrática financiera, con una orientación netamente globalista, que usurpó el poder a la extinta elite WASP en su propio país. Siendo este nuevo ocupante de posiciones de poder vitales, activamente hostil a la población mayoritaria, sobre la que gobierna.

Los norteamericanos son inteligentes y saben que algo está mal, algo huele mal en el territorio ocupado de Washington y Nueva York. Sus sospechas intuitivas de que existe una suerte de "Estado paralelo" que ejerce su soberanía autoritariamente al margen de la voluntad del voto popular, son acertadas. Pero son representadas bajo eufemismos, figuras difusas, algo imprecisas a veces, que se han ido formulando desde hace un siglo: "Estado Profundo", "el pantano", "establishment", "el Cabal", "la camarilla", "la francmasonería", "los ancianos de zion", "la sinarquía", "la mafia Jázara", "gobierno en la sombra", "la nobleza negra", "los illuminatti", "lobbys extranjeros", "la red" etcétera. Bajo diversas denominaciones se ha intentado trazar y describir la naturaleza y dinámica de una **elite supremacista global.**

Entre estudios serios, se han colado algunas teorías conspirativas prediseñadas para desacreditar cualquier tipo de denuncia basada en hechos reales comprobables, de abusos y usurpación de poder por parte de la elite hostil. Poco a poco abarcaremos la investigación desde los hechos reales y testimonios de insiders de primera mano, incluyendo las denuncias más impactantes y verosímiles que el lector podrá justipreciar e investigar por sí mismo. La paja será separada del trigo.

Desde afuera, la gente ve con asombro como el país más industrializado, avanzado y poderoso de la tierra, ha sido progresivamente desmantelado en las últimas décadas, cómo se ha trasladado su dinero, tecnología y maquinaria productiva a Asia; y cómo se han ido gastando gran cantidad de recursos en guerras criminales en Oriente Medio. La matriz industrial de la pujante economía estadounidense, se ha transformado paulatinamente en una des–industrializada economía como las tercermundistas, sobre–endeudada y al borde de la quiebra, asechando de cerca otro crack especulativo para terminar de destruir América. Si este Crack financiero no ha ocurrido aún, es sólo porque Trump ha logrado milagrosamente detenerlo.

Trump recibió en sus manos una cultura decadente, una economía en proceso avanzado de demolición y una bomba económica–financiera a punto de estallar. Esto que puede parecer una osada exageración, es por el contario un hecho ratificado por datos concretos. Sólo en *"la primera década del siglo XXI "EE. UU. Perdió 54. 621 fábricas, y 5 millones de empleos"* (Roberts, 2013) [1]. La Deuda ha

---

1 Roberts, P. C. (2013). *The Failure of Laissez Faire Capitalism.* Clarity Press.

trepado a niveles nunca antes vistos: 22. 5 Billones de dólares –en julio de 2019–(U. S. National Deb Clock) [2].

El principal responsable de este incremento exponencial de la deuda, fue el ex presidente B. Obama junto a la Reserva Federal. Se ha duplicado la deuda de 9 BD a 18 BD [3]. Convirtiendo a los Estados Unidos en el país más endeudado del planeta y la historia. Esta deuda asombrosa fue emitida no para salvar al pueblo de un virus, o una debacle económica. Sino para salvar exclusivamente a los grandes Bancos, de la crisis que ellos mismos generaron, mientras que los trabajadores sufrieron las consecuencias de la mega crisis financiera de Hipotecas Subprime (2008).

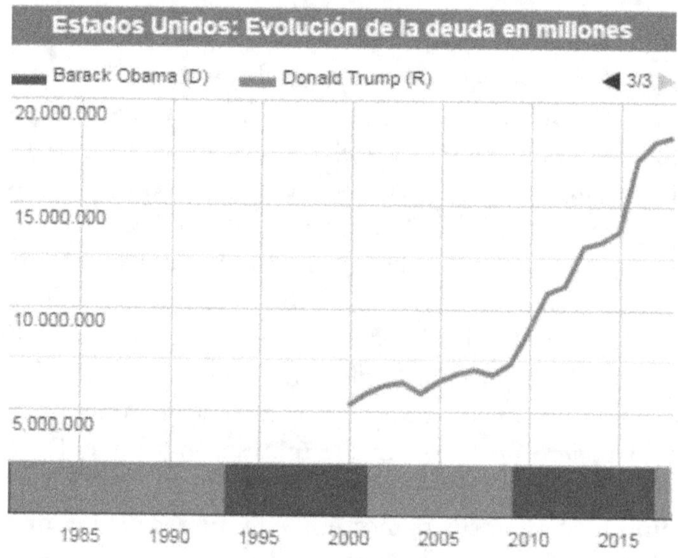

Fuente: datosmacro, 2017 (4)

---

2 *U. S. National Deb Clock.* Recuperado el 28 Jul. 2019 de https://www. usdebtclock. org/index. html#

3 Expansión. (2018) *Deuda Pública de Estados Unidos.* Datos macro. https://datosmacro. expansion. com/deuda/usa

4 (IDEAM, 2018)

La globalización radical fue impulsada desde los EEUU al finalizar la IIGM. Con el objetivo de destruir todas las fronteras y soberanías nacionales que protegían a los pueblos de amenazas externas, se iniciaron políticas que tendrían un efecto boomerang, y terminarían golpeando a la larga al propio Estados Unidos.

Una oligarquía bancaria traidora a los intereses nacionales estadounidenses, decidió que la fábrica del mundo sería China y el sureste asiático. Propiciaron la deslocalización productiva, para que el eje del poder mundial se trasladase también allí. Fue por esta razón que se produjo la llamada deslocalización industrial, y la mayor transferencia —o robo— de tecnologías de la historia, dejando a los Estados Unidos en la banca rota absoluta.

Hace apenas treinta o cuarenta años, China era pobre y subdesarrollada, la gente allí no conocía la industria, ni la tecnología, no había rascacielos y el medio de transporte más popular era la bicicleta, también inventada en occidente. En poco tiempo los arquitectos de la elite financiera, trasladaron los logros Occidentales a Oriente permitiendo a este evolucionar velozmente. Uno de los principales arquitectos de esta política globalista tendiente a inflar geopolíticamente a China —y los tigres asiáticos— y desinflar los EEUU fue Henry Kissinger [5]. Fue él (junto a los Rockefeller) quien logro el "impensable" viraje en la política exterior de los 70` del Presidente Nixon hacia la genocida "China Roja", comenzando a pintar el cuadro actual del mundo tal como lo conocemos. Sin su actuación y la influencia intelectual sofística de su trabajo, China no sería ninguna amenaza para Occidente.

---

5   Fue Secretario de Estado durante los mandatos de Richard Nixon y Gerald Ford. Desempeñó un rol crucial en la política exterior de Estados Unidos entre 1969 y 1977. También fue consejero de Seguridad Nacional y asesor de diversos gobiernos. Miembro del Grupo Bilderberg, CFR, TLC. Diversos críticos lo señalan como instigador de genocidios en dictaduras militares latinoamericanas. Entre sus más destacados críticos esta el juez español Baltasar Garzón, asesor del Tribunal de la Haya, quien intentó fallidamente procesarlo por violaciones a los Derechos Humanos, y el periodista y escritor Christopher Hitchens, autor del best–seller "Juicio a Kissinger".

Un puñado de magnates de los bancos y el petróleo han hecho una gran fiesta con la globalización, mientras que los pueblos sufrían los efectos negativos de la misma. Ellos han dejado la bomba sucia de la deuda en Norteamérica. Los globalistas han estado trasladando su poder a Asia antes que esta bomba estalle y el edificio se derrumbe. Finalmente quieren que China aplaste y opaque a USA.

Esta misma elite parasitaria del 1% ha promovido siempre la concentración del capital en muy pocas manos. Ha fomentado el crecimiento de la especulación, la provocación intencionada de numerosos crack financieros, y la desigualdad a nivel nacional e internacional.

Esta criminal elite impulsa la explotación y el hundimiento de la mayoritaria clase media trabajadora, que debe soportar con el sudor de su frente, el enriquecimiento ilimitado de un puñado de especuladores "por arriba". Y el mantenimiento a través de subsidios a una legión de minorías y varios millones de inmigrantes ilegales "por debajo" (Ayudas sociales que salen del bolsillo de los contribuyentes y los emprendedores).

La globalización como proceso socioeconómico sólo benefició a una minoría privilegiada, mientras que el pueblo trabajador resultó ampliamente perjudicado. La clase media tiende ahora a desaparecer sumergida entre impuestos asfixiantes y la pobreza más atroz. El aumento imparable de la deuda y del gasto social, ha transformado los Estados Unidos en el paraíso de los subsidios.

Las ganancias absolutas son privatizadas y absorbidas por esta nueva elite dominante; mientras que las pérdidas totales son socializadas y absorbidas por todos los trabajadores. Un fenómeno similar se replica en todo país de Occidente. La furia de la gente crece y se intensifica al constatar que con sus salarios, cada vez compran menos cosas y se pagan más impuestos. Los partidos políticos se habían convertido en una mera pantalla de luchas superficiales, mientras que en lo profundo acordaban el acatamiento a la agenda anti-nacional.

Esta situación negada y ocultada por análisis políticamente correctos, claramente alineados con intereses globalistas, tuvo junto a otros factores, una respuesta rotunda: la inesperada victoria de Trump. En gran parte motivada por la esperanza de restauración, de justicia social para los trabajadores, y promesas de recuperación de antiguas glorias del pasado. Así como un deseo de frenar a la depravación cultural y el suicidio colectivo de las políticas multiculturales de fronteras abiertas (inauguradas en 1965).

La mayoría de los estadounidenses se manifestaron hartos de mantener a una mafia de saqueadores enquistados en el poder que no representan la voluntad general. Los americanos manifiestan una creciente oposición a mantener vagos, irresponsables y criminales. Se encuentran hastiados de las imposiciones ideológicas moralizantes de una nueva izquierda "progresista" con inclinaciones históricamente totalitarias.

Este *clima mediático* asfixiante de la nueva izquierda–cultural (que en Estados Unidos llaman liberal), ha provocado la aparición de una generación emocionalmente inestable, donde todo tiene que ser "suavizado" porque es "ofensivo" –incluso la verdad–…

Las nuevas generaciones postmodernas fueron diseñadas por ingenieros sociales de la oscurantista *Escuela de Frankfurt*, bajo el nombre de *"teoría crítica"*. Ésta pretendía hegemonizar el discurso público, para acabar con la libertad de expresión, utilizando de excusa la "lucha contra la intolerancia", y los "discursos de odio". El resultado fue la paulatina destrucción de los pilares culturales de Occidente, y un clima mediático tendiente a la estigmatización y/o censura del que piensa diferente. A través de una retórica llena de sofismos y "buenas intenciones", se infiltró una estocada mortal contra la 1ra enmienda constitucional.

Vivimos en un mundo donde cada acción tiene una reacción. Este fenómeno de presión ideológica liberal tuvo su válvula de escape con Donald Trump. No menos importante es mencionar el caldo de cultivo generado en el único lugar donde el establishment no podía controlar la opinión, en internet. Ese movimiento espontaneo que se volvió masivo, llevó el nombre de **"derecha alternativa"**.

Quien supo *catalizar* dicho movimiento fue Steve Bannon nombrado entonces jefe de campaña electoral, y quien supo *capitalizar* dicho movimiento fue quien hoy ocupa la Casa Blanca. El 2016 quedará marcado por siempre como un año bisagra. Un año donde se produjo por primera vez, un impensado quiebre de la narrativa de tinte progresista a nivel político. Aunque en el plano pseudocultural, el progresismo emanado de la industria del entretenimiento continua intacto y avanza día a día forjando el imaginario colectivo.

Hay intelectuales reconocidos, incluso de la vieja izquierda, como Israel Shamir que celebraron y señalaron la victoria de Trump como *"La liberación de los esclavos"* en un análisis detallado lleno de esperanza (Israel, 2016)[6]. Ese fue el enigmático efecto de Trump, capaz de cautivar un amplio abanico de izquierdistas ortodoxos, nacionalistas, patriotas, conservadores y derechistas disidentes. También ha mantenido confundidos a otros analistas por varios años, sin poder definirlo bajo esquemas categóricos ya caducos. Ganó las elecciones complaciendo simultáneamente a diversos grupos con agendas en conflicto, convenciéndolos a todos de que estaba de su lado. ¿Fue esto el producto de una calculada estrategia de marketing? Esta dificultad en descifrar al Presidente tiene una razón que escapa a la sencilla conclusión de que es un hombre "inestable", "contradictorio" y que no sabe lo que quiere. Tal suposición puede ser algo ingenua.

Mi tesis es que Donald Trump inauguró una nueva estrategia política, basada en lo que he denominado: **retórica de los tropos**, que le brinda una flexibilidad asombrosa en el campo de juego de la arena política. El desarrollo de la misma le permite ganar adeptos aquí y allí, despistar a unos y otros, esquivar dardos venenosos, mientras que va cumpliendo objetivos de fondo de manera lenta, pero efectiva. Esta estrategia incluye no sólo un relato, sino

---

6   Israel, S. (22 de noviembre de 2016). La liberación de los esclavos. *The Unz Reviews.* http://www. unz. com/ishamir/the–liberation–of–the–slaves/

acciones que acompañan estos tropos, sin ser acciones definitorias de una línea general nítida. Hasta su tercer año de gobierno no parece haber mostrado todas sus cartas aún. Guiños aquí, engaños allá. Las cartas se van descubriendo poco a poco, sin mostrar el último As bajo la manga. Esto se asemeja mucho al juego de cartas, al Poker, y al Truco (argentino). También he observado "jugadas" similares al ajedrez, como el "Gambito". Ésta es una apertura en la cual se sacrifica material en el presente, para conseguir una ventaja posicional segura en el futuro, facilitando con ello las condiciones que llevarán luego hacia una victoria más contundente. Sus movimientos parecen estar marcados por el "Arte de la Guerra" (Un antiguo libro chino del cual dice ser fan) e incluso marcados por las estrategias del italiano Maquiavelo. Cada ataque retórico de la prensa liberal es desmantelado con **precisión militar**. No escatima en retroceder un paso hacia atrás, si luego puede con ello avanzar dos pasos hacia adelante en objetivos fundamentales (Ejemplo: situación en Siria, o el Impeachment). Así se explica realmente, cómo ha logrado sobrevivir durante estos últimos años al ataque sistemático de la prensa golpista, a todo tipo de chicanas políticas, y obstáculos puestos por sus adversarios.

Tras ese disfraz de "loco", "inestable", "contradictorio" que nos ha vendido, tal vez estemos frente a uno de los más grandes estrategas políticos de la historia. Sólo bajo esta óptica en perspectiva de 50000ft., sus aparentes acciones contradictorias adquieren otro sentido. Quien intente leer a Trump de manera lineal, no logrará jamás comprenderlo. Tal vez sea un brillante estratega y no se encuentre solitario en el diseño y planificación de cada uno de sus pasos. O tal vez sea realmente una persona contradictoria y poco estable, como se ha pensado hasta ahora. Al finalizar este libro usted sacará sus propias conclusiones. Lo importante es dilucidar el propósito profundo del presidente desde una visión analítica elevada de amplio espectro, sólo así las contradicciones aparentes serán disipadas. Este método analítico ya lo enseñaba Buda: *"Si eres capaz de ver mi propósito, veras que no hay contradicción"*.

Desde el fin de la Segunda Guerra mundial pero principalmente luego de la caída de la URSS, el pueblo observó cómo, delante de sus narices, los bancos privados se iban adueñando de absolutamente todo, como profetizó hace 200 años el genial *Thomas Jefferson*, y hace 100 años los silenciados tratados económicos del premio Nobel *Frederick Soddy* ([7]).

Muchos habían visto en la inmigración masiva e ilegal, la precarización e inestabilidad del empleo y la destrucción de la identidad nacional euro–americana tradicional; los norteamericanos creyeron asistir alarmados a la desintegración total de la nación americana. Todos percibieron un alarmante incremento de la inseguridad; algunos barrios y ciudades ya ni parecen americanos, incluso ni siquiera se habla idioma inglés. Las cargas tributarias sobre el trabajador asalariado se habían incrementado haciendo más dura su vida. Hay quienes se oponían a estas inequidades sin encontrar un representante político que defendiera sus puntos de vista. La olla a presión se fue inflando. Hasta ahora la normatividad de lo "políticamente correcto" impedía denunciar abiertamente el más hondo pensamiento y sentimiento popular. El cosmopolitismo se hizo mediáticamente hegemónico y cualquier postura en pos del Interés Nacional se criminalizó y o ridiculizó. América no sólo venía siendo desmantelada desde lo económico, sino peor, la esencia misma de esta gran nación, históricamente de herencia cultural y popular anglo–europea estaba siendo exterminada, es una realidad tan triste como evidente, sólo comentada en voz baja. Trump fue la válvula de escape de energías reprimidas que depositaron sus esperanzas en él. Los estadounidenses eligieron no desaparecer como nación. Donald parece haber venido a romper el hechizo del discurso liberal–progresista.

Su triunfo representó una sorpresa mundial. Aún cuando nadie apostaba por él, teniendo todo el viento de la arena política y me-

---

7   Soddy, F. (1933). *Riqueza, riqueza virtual y deuda*. Britons Publishing Company. https://www. fadedpage. com/showbook. php?pid=20140873

diática en su contra, Donald J. Trump anotó un tremendo jonrón en su breve trayectoria política, convirtiéndose en el 45° Presidente de los Estados Unidos de América.

Su proyecto de construir un muro en la frontera con México fue la única propuesta concreta que no pasó desapercibida en el plano internacional. ¿Pero por qué la prensa creaba semejante alarma y hacía tanto escándalo por esto, si por entonces el mismo ex presidente demócrata Bill Clinton construyó su propio muro contra México y nadie se escandalizó. Según cadenas como la BBC y RT y estadísticas oficiales, Barack Obama fue –hasta ahora– el gran deportador serial de inmigrantes legales e ilegales, superando a Trump en su primer y segundo año de gobierno [8] [9] [10] [11] [12].

Desde que comenzó la campaña no, sino desde mucho antes, han sido particularmente duros con él, pues a pesar de su fortuna, no forma parte de la elite globalista. Lo que no le perdonan los globalistas es su retórica nacionalista. Amenazó con expulsar a millones de ilegales y dijo que

'La inmigración es un privilegio no un derecho', firmó el pasado
6 de marzo un nuevo veto migratorio que suspende la entrada

---

8   BBC Mundo (19 de diciembre de 2017). Estados Unidos: los números que confirman que Donald Trump deportó menos personas que Barack Obama en su primer año de gobierno. *BBC.* https://web. archive. org/web/20201105043157/https://www. bbc. com/mundo/noticias–42411724

9   Lutzky, L. (21 de mayo de 2017). Trump vs Obama: ¿Quién es el rey de las deportaciones?. *RT.* https://actualidad. rt. com/actualidad/239002–trump–obama–rey–deportaciones

10   Department of Homeland Security. (2017). *Informe de operaciones de ejecución y remoción.* Immigration and Customs Enforcement – ICE. https://www. ice. gov/sites/default/files/documents/Document/2017/localStats2017b. pdf

11   Department of Homeland Security. (2018). *Informe de operaciones de ejecución y remoción.* Immigration and Customs Enforcement – ICE. https://www. ice. gov/sites/default/files/documents/Report/2018/ero–fy18–localstatistics. pdf

12   Department of Homeland Security. (2019). *Informe de operaciones de ejecución y remoción.* Immigration and Customs Enforcement – ICE. https://www. ice. gov/sites/default/files/documents/Report/2019/ero–fy19–localstatistics. pdf

de ciudadanos de 6 países de mayoría musulmana (Siria, Libia, Yemen, Somalia, Sudán e Irán) a suelo estadounidense, una orden ejecutiva que también ha sido bloqueada por la Justicia norteamericana como lo fue la primera.(HISPANTV, 2017) [13]

El hostigamiento, el bullying y la ridiculización contra el empresario de rubia cabellera ya se manifestaban hace casi diez años. En dos cenas de los Corresponsales en la Casa Blanca, realizadas en 2011 y 2015, el mismísimo Presidente Barack Obama llegó a ridiculizarlo ante una multitud de invitados, burlándose de su ignorancia y falta de liderazgo. Donald se encontraba entre el público sin derecho a réplica, Obama disertando dedicó un espacio de tiempo considerable para burlarse de él. Tras aquellos chistes ofensivos, todos se rieron en la cara de Trump, que estaba sentado tranquilamente como uno más, sin poderse defender. Fueron bromas despreciables y humillantes, de muy mal gusto. En aquél episodio, el ex presidente B. Obama no sólo hacía gala de una oratoria brillante, sino también de un corazón muy oscuro.

El tiempo pasó y Trump decidió presentarse como candidato para la Presidencia.

Frente a todo pronóstico, a encuestas de "grandes consultoras" [14] [15] [16] que daban a Trump por perdido hasta el último momento.

---

13   Hispantv Nexo Latino. (18 de marzo de 2017). Trump: La inmigración es un privilegio, no un derecho. https://www. hispantv. com/noticias/ee–uu–/336106/trump–defender–politica–migratoria–encuentro–merkel

14   Redacción. (7 de noviembre 2016). *Las últimas encuestas mantienen la ventaja de Hillary Clinton a nivel nacional.* 20 Minutos. https://www. 20minutos. es/noticia/2881193/0/ultimas–encuestas–mantienen–ventaja–hillary–clinton–nivel–nacional–elecciones–eeuu/

15   Dutton, S., De Pinto, J., Backus, F., Khanna, K., Salvanto, A. (7 de noviembre 2016). Encuesta de CBS News: estado de la carrera el día antes del día de las elecciones. *BSNEWS.* https://www. cbsnews. com/news/cbs–news–poll–state–of–the–race–the–day–before–election–day/

16   Agiesta, J. (2 de Septiembre 2016). Resumen de encuestas de CNN: ventaja de Hillary Clinton se reduce a la mitad. *CNN.* https://cnnespanol. cnn. com/2016/09/02/encuesta–de–encuestas–de–cnn–ventaja–de–hillary–clinton–se–reduce–a–la–mitad/

Y frente a una campaña mediática constante de desprestigio, absolutamente parcial en su contra —no dejaban de atacarlo de manera unánimemente—, el magnate se impuso con una brillante victoria, sorprendiendo a todos. Llegó al poder y ahora el que ríe es él.

Seguramente el lector demócrata esté pensando que no es necesaria una campaña de desprestigio, pues cuando Donald mismo se expresa, se desprestigia a sí mismo. Sin embargo estudiaremos el contraste entre lo que dicen los medios y lo que él fue en su vida.

Pero, ¿Cómo explicar la trumpmanía? ¿Fue una victoria por propio mérito?, o ¿su triunfo puede ser explicado por un votante promedio, que escapaba de Hillary Clinton, dotada de una peligrosa diatriba rusófoba que podría aventar a Estado Unidos a una guerra mundial entre potencias nucleares?. ¿Fue tal vez un voto bronca contra el pobre desempeño del primer presidente afroamericano?, o ¿tal vez fue el clásico voto de resignación por el menos malo, el que dio la victoria a Trump?.

Podemos seguir especulando:¿Fue tal vez la reacción contraria a una notoria manipulación y parcialidad mediática a favor de Hillary, que unida a la seducción de Trump con un discurso pseudo—nacionalista y anti—elite, logró imponerse? O quizás ¿fue el rotundo éxito de la conspiración de un minúsculo grupo de 13 presuntos ciudadanos rusos que, manipulando personas por la red social facebook, convenció a la mitad del país más poderoso de la tierra para que eligiera al candidato de cabellera amarilla, que en realidad era un espía secreto ruso?. Esta teoría conspirativa difundida por los medios masivos de comunicación "respetables", subestima la inteligencia del pueblo norteamericano.

¿Existe acaso, tal vez, una explicación racional del por qué fue elegido como Presidente de la gran potencia mundial?

Un hombre nuevo en política, que decidió dejar de financiar campañas de otros candidatos para convertirse él mismo en uno. Debido a que el perfil del candidato era altamente riesgoso para el establishment, su candidatura contó con muchos obstáculos y chicanas que la misma elite globalista puso en su camino (y sigue poniendo).

Bien sabemos que, en muchas democracias, los políticos no obedecen al pueblo sino a quienes financian sus campañas, y Trump financiándose a sí mismo, no dependía ni debía ningún favor a determinados sectores y lobbys. No debía lealtad a ninguna secta masónica, ni fundación privada.

Todo esto lo posicionaba como un factor imprevisible en el tablero de ajedrez político norteamericano. La elite globalista rápidamente le bajó su pulgar para apostar fuertemente a la candidata demócrata Hillary Clinton, que desde hacía mucho tiempo demostró inclinarse a la agenda de las grandes corporaciones y la agenda de los grandes banqueros del mundo.

Trump se ganó el odio del establishment político, y no sólo del partido demócrata. Las sectas masónicas lo declararon un *outsider*, y por supuesto el sector financiero veía con pánico aterrador su propuesta de *auditar el Banco de la Reserva Federal*. Sin embargo ganó, porque tuvo a un pueblo que confió en sus promesas polémicas, sus símbolos y su discurso rimbombante.

¿Quién era este hombre capaz de decir cosas que nadie se atrevía ya a mencionar, debido a la mordaza de la "corrección política"?, ¿Es acaso la voz de los silenciados?, ¿es acaso la voz de un pueblo cansado de una clase política corrupta que encuentra en Trump la expresión de sus deseos?. Tal vez sea el representante de un pueblo que ha despertado y se ha arrepentido del modelo multicultural impuesto por los liberales. Tal vez desea por ello cambiar hacia un resurgido modelo patriota–nacionalista. ¿Representará una agenda nacionalista, revolucionaria y anti–sistema?, Si afirma ser antisistema… ¿porque se rodeó de algunos fanáticos "neoconservadores"?. ¿Por qué se granjeó el desprecio de muchos líderes republicanos?

¿Será Trump el representante de un nuevo movimiento, como él mismo prometió? O… ¿tan sólo un títere más?.., ¿Su vida corre peligro como Lincon, Kennedy o Ronald Reagan? ¿O es esto exagerado y no debemos sobredimensionar su papel histórico?

Es... ¿Un magnate contra la elite y el gobierno oculto?, ¿Un timo?, ¿Un multimillonario que de repente piensa en los trabajadores americanos?, ¿una expresión genuina de cierto nacionalismo de 3ra posición, o uno de los mayores engaños de la historia?, ¿Un agente funcional a la ultra derecha globalista?

Todas estas cuestiones serán abordadas detalladamente en este libro, brindando al lector y al ciudadano, múltiples parámetros para dimensionar desde la geopolítica y la sociología, hacia qué lado se inclina Donald Trump.

Muchas de sus promesas de campaña demostraban su intención de poner realmente en jaque a la elite globalista y su agenda. No obstante hay sectores anti–sistema que no creen que Trump encarne un cambio verdadero, afirmando que la elite permitió su acenso como un "aceptable plan B", pues presuntamente nadie llega tan lejos sin el consentimiento de esa elite. Ante aquella suposición algo infundada y nihilista podemos argumentar: ¿para qué lo aceptarían como plan B, para luego intentar derrocarlo hasta el día de hoy?. Hubo lecturas que insinuaron que su participación fue aceptada para lograr una fácil victoria de Hillary Clinton, frente al ridículo participante sin experiencia.

Esas lecturas son erróneas en el momento que uno descubre que fue ganando su espacio en la arena política por merito propio, en debate tras debate, sumando su imagen previa que contribuyó a consolidar su posición. Los principales donantes multimillonarios, apostaron a Hillary asustados ante la desagradable sorpresa.

Se critica a Trump el hecho de no haber logrado drenar todo el pantano en los primeros años de mandato. Tampoco es posible eliminar en sólo un mandato, estructuras que tienen de cincuenta a cien años echando raíces. El pueblo que lo votó jamás calmó su ansiedad.

La rusofobia generalizada impidió ver que a Vladimir Putin, le llevó más de dos periodos presidenciales vencer su propio Estado Profundo globalista. Mientras drenaba el pantano liberal internacionalista empoderaba su nacionalismo moderado. Aún así todavía tiene gente en su gobierno que debería neutralizar por estar vinculada a intereses globales.

¿Hasta qué punto Trump fue cumpliendo con sus promesas de campaña?, ¿hasta qué punto materializó un nuevo movimiento del cual dijo estar impulsando?

Analizaremos algunos importantes discursos suyos. Por ejemplo uno que efectuó casi al cierre de su campaña electoral y otro el de su Asunción como Presidente de los Estados Unidos, que demuestran al menos discursivamente una tendencia presuntamente anti—sistema en su etapa inicial de proyección. Luego estudiaremos si el discurso se mantuvo durante el tiempo y, en ese caso, si fue acompañado por acciones concretas.

Es importante destacar por otro lado, que esta elite, que exprime al pueblo estadounidense demostró por su parte, tener un miedo real al candidato republicano, declarándole la guerra por diferentes frentes. Fue declarado como un *outsider* ([17]) por no formar parte de las logias secretas. Muchos trabajadores y politólogos vieron que esta señal adversa identificaba una voluntad genuina del candidato para combatir el Establishment. **Lo impredecible no es del gusto de la elite.** Paralelamente esta apreciación fue muy bien recibida por el pueblo trabajador, al tiempo que Trump afirmaba querer estimular la producción nacional para fomentar y proteger el empleo. En su discurso el Presidente apunta sus "misiles" contra los tratados de libre comercio y las corporaciones, que llevan sus industrias al exterior para reducir costos y evadir impuestos. El fortalecimiento de la industria nacional y la lucha contra la competencia desleal de China estarían en su agenda "restauradora". Este discurso fue seductor para un amplio espectro de los contribuyentes y millones de trabajadores que perdieron sus empleos, porque los grandes

---

17 Outsider: Alguien que observa un grupo desde fuera, alguien que se encuentra afuera del círculo de poder. Quien no forma parte del establishment y su manera de pensar

capitalistas liberales decidieron cambiar de locación sus fábricas para "reducir costes" sin importar en absoluto el futuro del colectivo nacional. En el marco de una cruel economía globalizada, la destrucción social que produce el desempleo en la Nación, es apenas un efecto colateral.

Las corporaciones se alertaron por el surgimiento de Trump y su diatriba proteccionista contraria a los tratados internacionales de libre comercio. *La derecha liberal económica* lanzó todo un puñado de analistas fracasados contra el Presidente. Fracasados porque fueron cómplices de los bancos en la megacrisis económica del 2008. La mayoría de los economistas "profesionales", han sido programados en los recintos universitarios para ser soldados intelectuales, defensores de los intereses de la elite financiera. Esconden sus intenciones en tecnicismos que los aureolan de importancia. Su verdadero rol se pone en evidencia en el fracaso absoluto en evitar las catastróficas crisis económicas. No son más que adoctrinados por quienes escribieron sus textos de economía. Pocos economistas son capaces de abrirse a explorar de manera independiente caminos "prohibidos". Cuando esto sucede, estallan guerras mundiales…

Por su parte *la prensa de izquierda liberal,* que siempre reclamó mayor *empatía* hacia sectores vulnerables, en vez de apoyar y aplaudir los planes de renovación industrial y fomento del empleo estadounidense de Donald Trump, se oposieron radicalmente a los mismos. Esta prensa de nueva izquierda demostró más *empatía* con los intereses de las empresas trasnacionales que con los trabajadores y desposeídos de su propio país.

Más allá de las viejas y desactualizadas nociones de derechas vs izquierdas… presenciamos un cambio relativamente espontáneo de paradigmas en Occidente, que va hacia el choque entre el **nacionalismo populista** contra el **globalismo**. Es decir, entre los que aman su propio país y luchan por mantener su independencia y autogobierno del pueblo (nacionalismo populista), y aquellos que quieren desmantelar el país para subordinarlo a poderes extranjeros (globalistas). Estos conceptos serán analizados detalladamente en el capítulo II.

Sobrevivirán a este *kali—yuga*, a este *Ragnarok*, quienes sepan observar este cambio de paradigma y actuar en consecuencia, usando su propio cerebro para terminar por ubicarse en el lado correcto de la historia.

Y por ello es necesario saber si Trump fue en su mandato, un soberano representante del pueblo frente a la mafia globalista; o fue un peón del Estado Profundo en el tablero de ajedrez global.

¿Será Trump el Mesías esperado por los nacionalistas, que lucha a favor de los intereses reales de su pueblo? o ¿un títere refinado *de disidencia controlada* por la elite globalista? Todo está develándose más allá de las acciones contradictorias. Contamos con una serie de consideraciones que nos servirán más adelante, para determinarlo a ciencia cierta.

Se abre un nuevo capítulo de la historia, pues con su discurso transgresor y sus posibles alianzas en el concierto de las naciones, con líderes nacional—populistas europeos ya marca un cambio radical de cara al futuro. Entenderse con Victor Orban, Jair Bolsonaro, Vladimir Putin, y Matteo Salvini, mientras enfrenta a Macron o critica a Ángela Merkel señalando su ruinosa política de fronteras abiertas, fue percibido por los patriotas como una buena señal.

Sea lo que sea Trump, como mínimo él desaceleró la hegemonía del discurso liberal—progresista. Lo cual ya es una batalla victoriosa muy importante contra el globalismo pleno. Y rechazó el papel de Estados Unidos como policía planetario.

La mayoría de las personas luchan por un mundo más libre y justo; en especial libre de las manipulaciones y maquinaciones de una oligarquía de menos del 1% de la población, que concentra la mayoría de la riqueza de manera parasitaria, a costas del 99% de la población (trabajadora).

Lo vital es descubrir el propósito de la elite, y *el cómo lo hacen* para no formar parte de la disidencia controlada sin saberlo. Este libro trata de eso. Rastrea individuos, organizaciones, plantea los propósitos y los métodos que usa la elite planetaria para tener a todos a sus pies.

Estados Unidos debe liberar el mundo, pero primero debe liberarse a sí mismo de esa elite globalista y parasitaria que lo domina.

CAPÍTULO 1

El verdadero Donald J. Trump

1. 1* En las elecciones 2016

Analizaremos a continuación una serie de mapas, y datos surgidos de las elecciones presidenciales estadounidenses del 8 de noviembre de 2016. A fin de dejar en claro de manera objetiva, quienes fueron los que dieron su apoyo a Trump y quienes le dieron la espalda. Vislumbraremos aquella inquietud inicial que tuvimos ¿Quién votó a Trump?

Donald Trump sumó 306 electores, mucho más que los 270 que debía reunir como mínimo (74 electores más que su contrincante). Hillary por otro lado sumó solo 232 electores. Geográficamente fue la América tradicionalista la que lo eligió, una América que ha sido golpeada por la globalización, los tratados de libre comercio, y toda una economía depredadora orientada a la especulación financiera, el consumismo berreta, la moda y los servicios. Una economía vacía que solo alegra a una apretada elite despiadada, y al idiota burgués cosmopolita que olvida que la riqueza nacional está en el suelo, en el campo y, en la economía real y por sobre todo, en la creatividad técnica e industrial y en la fuerza emprendedora de un pueblo que ha sido el estandarte de progreso y libertad.

En los últimos 30 años la elite globalista fue desmantelando la Industria nacional norteamericana, trasladando sus factorías a China, deseosa de recibir capitales y la modernidad de la tecnología occidental a cambio de su abundante mano de obra barata—esclava (El paraíso capitalista da la mano al paraíso comunista). Los progresistas cierran los ojos ante esa esclavitud moderna y ante la pérdida de empleo americano. Sin embargo la mayoría de los norteamericanos escucharon las palabras de Trump y sus promesas de proteger al trabajador, y repatriar la industria nacional, así como reconstruir la infraestructura.

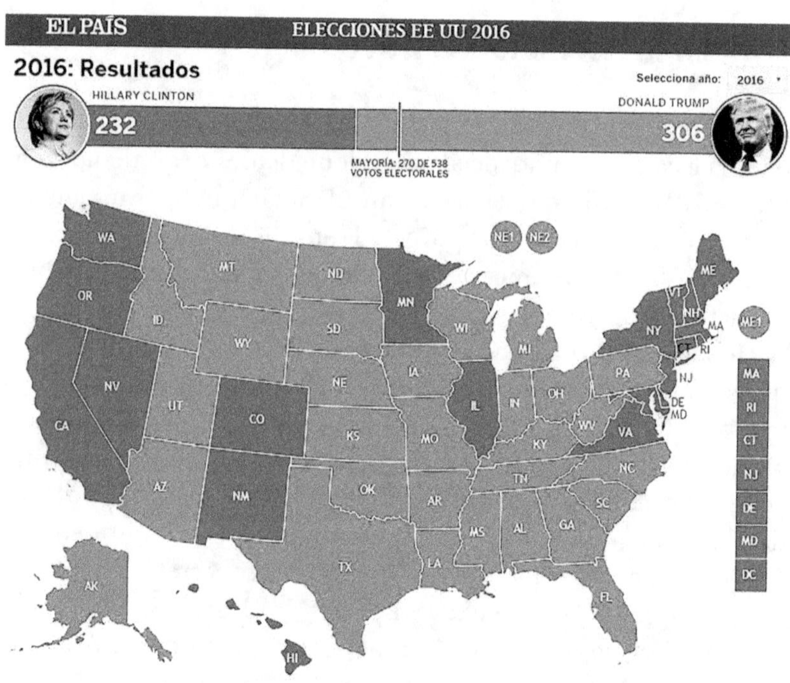

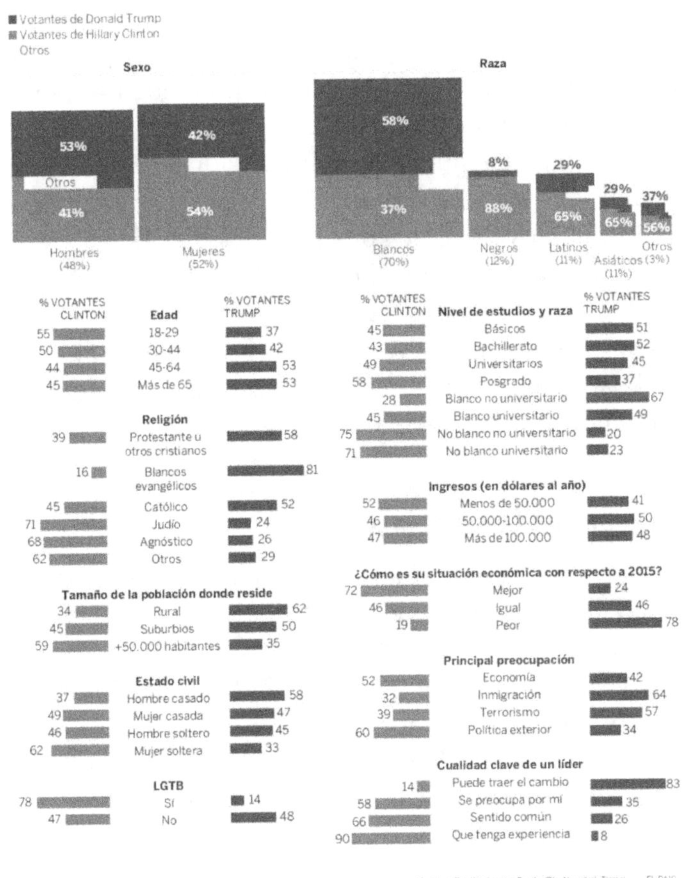

Fuente: Thte Washington Post y The New York Times. (El Pais).

Estudiando los datos objetivos de las últimas elecciones podemos observar:

¿Quién le dio el triunfo a Donald Trump?

Según los datos oficiales, quien le dio la victoria a Trump fue principalmente el 60% de los estadounidenses blancos. Dentro del público religioso del país, encontramos que el 80% de los evangélicos lo eligieron, el 52% de los católicos y el 60% de los protestantes y otros. En su mayoría fue un electorado rural, hombres y mujeres casados con familias constituidas, alejados en sus mayorías de las urbes de cemento. Un público más bien maduro en edad y masculino. Una clase media trabajadora que le ha ido económicamente mal en los últimos años, descontentos fundamentalmente con la inmigración, el terrorismo y el curso de la economía. A su vez lo eligieron personas maduras con más experiencia de vida, capaces de ver con mayor perspectiva la involución y la decadencia de la sociedad en las últimas dos generaciones. Esperan de un líder un cambio radical, un verdadero cambio.

¿Quiénes dieron la espalda a TRUMP?

Según la votación, quienes hacían la guerra a Trump se inclinaron a elegir a Hillary, principalmente el 88% de afroamericanos, 65% de latinos, 65% asiáticos. Dentro del público religioso, los grandes opositores de Trump fueron los judíos, 71% de ellos votaron en su contra apostando por Hillary, también el 68% de los agnósticos votaron masivamente a la demócrata. En su mayoría un electorado de ciudades grandes con muchos habitantes. En su mayoría mujeres solteras, vulnerables, frustradas y jóvenes influenciables por los medios de comunicación y los nuevos programas de adoctrinamiento educativo, sin una perspectiva vivencial de lo grande que fue Estados Unidos. Por otro lado a pesar que Trump dio un discurso a favor de ellos, casi el 80% de los LGTB le dio la espalda. En su mayoría también votaron en su contra personas que en los últimos años les ha ido mejor económicamente y están más preocupados por lo que sucede en el mundo (política exterior), de lo que sucede en su propio país.

Esto es todo lo que dicen los datos objetivos según estadísticas.

Sumemos ahora información adicional: el voto a Trump es un voto contra la política y los políticos. El voto a su favor sumó agri-

cultores que piden protección, cubanos enojados por la apertura de Obama a Cuba, trabajadores industriales con empleos en
peligro, pequeños empresarios que no pueden competir con los
productos de China, trabajadores de varias actividades que sienten
que los inmigrantes los están desplazando, gente blanca y madura
que se encuentra con un candidato que reivindica un pasado de
gloria y su intención de restaurarlo. Lo votaron aquellos que ven
como el multiculturalismo, el progresismo y el cosmopolitismo han
enfermado a la sociedad norteamericana llevando a todo el país
hacia el pozo más profundo. Lo votaron aquellos que observan el
declive de los Estados Unidos, ellos ven como su nación tradicionalmente euro–anglosajona está perdiendo su identidad primige-
nia, fragmentándose cada vez más, convirtiendo la vida social en
una pesadilla llena de un número creciente de conflictos. Los más
de 13 millones de inmigrantes ilegales, las drogas, la inseguridad, el
crimen, las pandillas, las desigualdades económicas cada vez más
acentuadas. También apostaron por Trump votantes republicanos
deseosos de ver a su partido volver al poder, independientemente
de quien sea candidato. Su potente eslogan, fue "Hagamos América Grande de Nuevo" [18]. Ésta propuesta en boca de un hombre
rico y ganador, resultó creíble para quienes no se sentían represen-
tados en alguien que era la continuación de Obama. Todo sumó
para la victoria de Trump.

---

18   *Make America Great Again (MAGA)*. Este eslogan fue utilizado –en matices–, por el
presidente Regan y por Bill Clinton. No obstante Trump lo redefinió en forma y contexto y
adquirió su derecho de autor. En cuanto a su traducción en español nos pareció ésta la más
adecuada, en el sentido propagandístico que se le quiso dar en Ingles. Para demás traducciones
ver el siguiente debate de traductores en torno al lema de campaña: https://elpais. com/
cultura/2016/11/22/actualidad/1479844381–053085. html

¿CUÁL FUE EL CANDIDATO MAS FINANCIADO EN 2016?

Quien esta levantando mas

Nombre	Total recaudado
1. CLINTON, HILLARY RODHAM / TIMOTHY MICHAEL KAINE [DEM]	$ 585,699,061.27
2. TRUMP, DONALD J. / MICHAEL R. PENCE [REP]	$ 350,668,435.70
3. LIJADORES, BERNARD [DEM]	$ 237,640,609.52
4. CRUZ, RAFAEL EDWARD "TED" [REP]	$ 94,338,654.84
5. CARSON, BENJAMIN S SR MD [REP]	$ 65.091.035,97

Fuente: ([19])

La campaña de Trump pudo recaudar 350 millones quedando muy por detrás de su contrincante Hillary Clinton. Aunque Trump financió su propia campaña, con unos 66, 1 millones ([20]),

---

19   Federal Election Commision U. S. A. (2016). *Levantando: por los números.* https://www. fec. gov/data/raising–bythenumbers/?election–year=2016

20   Federal Election Commision U. S. A. (2016). *Mapa del candidato presidencial.* https://www. fec. gov/data/candidates/president/presidential–map/

algunos de sus mayores donantes según el *Center for Responsive Politics* fueron: Renaissance Technologies, MacMahon Ventures, Walt Disney Co., GH Palmer Assoc., y Mountaire Corp. [21] sumando unos 33 millones aproximadamente.

2016	Total recaudado
Todos los candidatos	$ 1. 540, 1
Demócratas	$ 838, 4
Republicanos	$ 673, 8
Clinton [DEM]	$ 585, 6
Trump [REP]	$ 350, 6
Sanders [DEM]	$ 237. 6

También hay que mencionar entre los patrocinadores tardíos de Trump, al neoconservador magnate de los casinos Sheldon Adelson, quien primero había apostado con su ayuda a Marco Rubio, un rival de Trump dentro del partido republicano. Cuando avanzó Trump, Adelson entró tardíamente al respaldo. Hubo rispideces entre ellos y Trump llegó a mencionar que Adelson quería controlar con sus dólares a M. Rubio sugiriendo que era un titiritero, lo que causó polémica mediática por sus connotaciones antisemitas. Las diferencias fueron zanjadas por 4 años y aparentemente superadas hasta el 2020, momento en el que las relaciones parecieron romperse por señales indirectas enviadas por ambos.

---

21   Center for Responsive Politics. (2016). *Principales colaboradores, datos de las elecciones federales de Donald Trump, ciclo de 2016.* https://www. opensecrets. org/pres16/contributors?id=N00023864. La organización que sigue el rastro del dinero aclara, que el mismo "provino de los PAC de las organizaciones; sus miembros individuales, empleados o propietarios; y las familias inmediatas de esas personas. A nivel federal, las propias organizaciones no donaron, ya que la ley les prohíbe hacerlo. Los totales de la organización incluyen subsidiarias y afiliadas."

Por su parte la candidata Hillary Clinton fue la que más dinero recaudó, según la *Federal Election Commision*, alcanzando los 585 millones. Algunos de sus mayores donantes según el *Center for Responsive Politics* fueron: Paloma Partners, Pritzker Group, Renaissance Technologies, Saban Capital Group, Soros Fund Management, Newsweb Corp., y Asana.[22] Según esta fundación, el dinero provino de "los PAC de las organizaciones; sus miembros individuales, empleados o propietarios; y las familias inmediatas de esas personas. A nivel federal, las propias organizaciones no donaron, ya que la ley les prohíbe hacerlo. Los totales de la organización incluyen subsidiarias y afiliadas".

Los partidarios de Trump, al igual que la derecha alternativa, suelen señalar lo que consideran una "perniciosa intervención" del dinero del magnate liberal George Soros en la política americana y las causas de la nueva "izquierda cultural". El mega–magnate inmigrado nacido húngaro, ha sido uno de los donantes directos e indirectos de la rival política de Trump según consta en registros públicos (Federal Election Commission, 2016)[23] Lo ha hecho de manera directa al "Democracy PAC" con su nombre y de manera indirecta a través del "FUND FOR POLICY REFORM" –parte de la Red de la *Open Society Foundations* del mismo Soros [24] [25], donando en total unos 20 millones aproximadamente [26]. Soros

---

22 Center for Responsive Politics. (2016). *Principales colaboradores, datos de las elecciones federales de Hillary Clinton, ciclo de 2016.* https://www. opensecrets. org/pres16/ contributors?id=N00000019

23 FEC – DEMOCRACY PAC (C00693382). https://www. fec. gov/data/ receipts/?committee–id=C00693382&two–year–transaction–period=2020&cycle=2020&line– number=F3X–11AI&data–type=processed

24 Influence Watch. (s. f.). *Fund for Policy Reform Trust.* https://www. influencewatch. org/ non–profit/fund–for–policy–reform–trust/

25 Influence Watch. (s. f.). *Open Society Foundations (OSF).* https://www. influencewatch. org/ non–profit/open–society–foundations/

26 Morris, K. (6 de julio de 2020). Soros duplica los gastos electorales de 2016 y envía $ 40 millones al Super PAC. *Breitbart.* https://www. breitbart. com/politics/2020/07/06/ soros–doubles–2016–election–spending–sends–40–million–to–super–pac/

es señalado también como uno de los principales arquitectos del globalismo, se lo acusa de influir y manipular procesos políticos a través de una red de fundaciones y ONGs. La fundación Renaissance Foundation –que forma parte de las OSF– participó activamente "en procesos políticos como el cambio de gobierno en Ucrania", según un artículo de Rubén Juste de Ancos publicado por el medio digital español CTXT, en el que el autor revelaba algunas de las conexiones del magnate en España y América Latina, en particular Argentina. Días después de las elecciones, el 14 de Nov. de 2016 y por 3 días consecutivos, trascendió en la prensa que George Soros y otros magnates se reunieron en el exclusivo hotel Mandarin Oriental para discutir cómo detener la agenda del nuevo Presidente de los Estados Unidos [27]. Se lo acusó de intentar socavar la legitimidad de su investidura desde los primeros días de mandato. 50 organizaciones feministas y de izquierda radical que habían recibido amplio financiamiento por parte del magnate, estuvieron presentes en una marcha masiva "espontánea" contra Trump al día siguiente de haber asumido su cargo de manera oficial el 21 de Enero de 2017, dichas acusaciones fueron negadas por la Fundación [28]. Su nombre apareció unas 60 veces en los correos electrónicos del jefe de campaña de Hillary Clinton, John Podesta, filtrados por WikiLeaks [29]. Luego de la campaña decidió donar 10 millones para combatir el aumento de los crímenes de odio que vinculó con la "retórica incendiaria" de Trump, y dijo al New York Time *Debemos hacer algo para contrarrestar lo que está sucediendo aquí*", culpando a lo que denominó las

---

27   Fox News Insider. (14 de noviembre de 2016). Soros y grandes donantes liberales se reúnen con los demócratas para detener a Trump. https://insider. foxnews. com/2016/11/14/report–soros–big–liberal–donors–meeting–dems–stopping–trump y https://twitter. com/TrishIntel/status/798262429998313472

28   Sputnik News Mundo.(25 de enerode 2017).¿Está Soros financiando en la sombra las protestas contra Trump?. https://sptnkne. ws/dvsw

29   Sputnik News Mundo.(13 de enerode 2017). George Soros perdió $1. 000 millones por la victoria de Trump. https://sptnkne. ws/dptb

"fuerzas oscuras que han despertado" las elecciones. [30]. El economista y analista político Paul Craig Roberts en un artículo citado por Sputnik News Mundo dijo:

> Los medios de comunicación mienten al presentar las protestas como espontáneas y saben "que las 'protestas' están orquestadas por George Soros y organizaciones pantalla de la oligarquía como change. org y otros grupos falsamente progresistas financiados por los oligarcas".
>
> Soros, change. org y varias organizaciones pantalla de izquierdas y progresistas tras las que se ocultan los oligarcas, pretenden estar a favor de la democracia, pero en realidad están actuando a favor de la oligarquía" y asegura testimoniar "un ataque directo a la democracia estadounidense.[31]

El patrocinador ultra–liberal de Hillary Clinton fue expulsado de varios países Europeos como Hungría, Polonia y Rusia por sus actividades subversivas. En noviembre de 2015, la Fiscalía General de Rusia calificó la Fundación de Soros como una "organización indeseable" que representa una amenaza contra la seguridad nacional y el orden constitucional del país, además, la Fiscalía impuso una prohibición a todos los ciudadanos del país de participar en cualquier proyecto iniciado por Soros y sus fundaciones [32] Según el periodista Tyler Durden, George Soros logró desestabilizar la UE a través de la promoción de la inmigración y la apertura de las fronteras.

Una mirada más de cerca a los patrocinadores de Hillary Clinton, revela que:

---

30   Lichtblau, E. (22 de noviembre de 2016). George Soros Pledges $10 Million to Fight Hate Crimes. *New York Times.* https://www. nytimes. com/2016/11/22/us/politics/george–soros–hate–crimes. html?–r=2

31   Sputnik News Mundo. (14 de noviembre de 2016). George Soros podría haber cometido un delito de traición contra EEUU. https://sptnkne. ws/cGkq

32   Sputnik News Mundo. (27 de agostode 2016). Revelan el plan secreto de Soros para crear caos en Rusia. https://sptnkne. ws/cNFy

PALOMA Partners [33] es una firma de fondos de cobertura que maneja **9, 5 mil** millones de dólares de inversiones activas, fundada por *Donald Sussman* un fanático liberal progresista, aportó 21, 6 millones a la campaña de Hillary.

Pritzker Group fue fundada por *Jay Robert "JB" Pritzker*, convertido desde 2019 en gobernador de Illinois ultraliberal–progresista.

Saban Capital Group es una sociedad de inversión de capital privado fundada en 2010 por *Haim Saban* un magnate corporativo mediático estadounidense–israelí.

Renaissance Technologies es una firma de fondos de cobertura fundada por *James Harris Simons*, la misma apostó por los dos jugadores, dirigiendo finalmente más fondos a Hillary. Hubo un enfrentamiento interno entre los asociados de tendencia globalista contra el Director ejecutivo que es conservador.

Newsweb Corp fundada por *Fred Eychaner* magnate corporativo mediático, un "metodista" prominente activista LGBT.

La corporación **ASANA** es una tecnológica para optimizar los trabajos en grupo, propiedad de un cofundador de Facebook llamado *Dustin Aaron Moskovitz* nombrado por Forbes 2010 como el multimillonario más joven del mundo.

En resumen, los grandes magnates de las finanzas, Wall Street y los medios de comunicación, promotores de causas liberal–progresistas de izquierda, apoyaron a la candidata demócrata. Como dijo Trump: los globalistas apoyan a Hillary Clinton.

---

33   Influence Watch. (s. f.). Paloma Partners. Recuperado el 13 noviembre de 2020 https:// www. influencewatch. org/for–profit/paloma–partners/

Un Ranking de los mayores donantes a ambos partidos del 2016 fue recopilado por The Washington Post ([34])

1)	Tom Steyer	$66.3 million
2)	Miriam & Sheldon Adelson	$52. 7 million
3)	S. Donald Sussman	$36. 8 million
4)	Fred Eychaner	$33. 1 million
5)	Robert Mercer	$21. 2 million
6)	Michael Bloomberg	$20. 1 million
7)	Paul Singer	$19. 8 million
8)	Marilyn & James Simons	$18. 5 million
9)	George Soros	$17. 5 million
10)	Dustin Moskovitz & Cari T	$17. 3 million

1. 2* Un hombre controvertido

"Toda verdad atraviesa tres fases:
primero, es ridiculizada;
segundo, recibe violenta oposición;
tercero, es aceptada como algo evidente"
—ARTHUR SCHOPENHAUER

Donald John Trump durante toda la campaña presidencial, fue caricaturizado en la TV y la prensa como un personaje despreciable, y hasta repugnante. No hay recurso que no haya sido utilizado para

---

34 Narayanswamy, A., Williams, A., Gold, M., (2 de noviembre de 2016). Conozca a los donantes adinerados que están invirtiendo millones en las elecciones de 2016. *The Washington Post.* https://www. washingtonpost. com/graphics/politics/superpac–donors–2016/ El mismo periódico rastreó quienes fueron los donantes de la pareja Clinton durante 41 años: https://www. washingtonpost. com/graphics/politics/clinton–money/

aumentar su desprestigio. Testimonios de "afectados", "ofendidos", frases sacadas de contexto, o pronunciadas hace más de 20 años. Todas las noticias sobre él parecían demostrar, aquellas características de un ser humano repudiable. "Era información objetiva".

La parcialidad era asombrosa, pero era tan masiva y unánime que la gente se limitaba a comentar lo horroroso que sería para USA y el mundo, una victoria de este nuevo candidato de piel naranja. Se implantaría una dictadura fascista, se eliminaría en masa a la población, se aboliría la libertad y la democracia, las minorías sexuales y raciales serian perseguidas y eliminadas. Eso sucedería, pues Trump era la reencarnación de Hitler, un antisemita, racista, intolerante, un fascista amigo de la extrema derecha.

Los poderosos medios de comunicación masivos liberales fueron quienes *formaron esa opinión* en el imaginario colectivo. Trump llegó al poder, y a 4 años de mandato, aquella campaña propagandística de desprestigio y terror, se ha demostrado tan falsa como sesgada. Mucho antes de esos primeros 4 años se pudo observar la inconsistencia entre el relato y los hechos.

El pueblo debería condenar a los charlatanes de la prensa "seria". En cierta forma ya lo están haciendo, el consumo de los tradicionales canales informativos o periódicos "masivos" ha disminuido a niveles similares a los años cuarenta del siglo pasado. Día a día grandes periódicos y canales de TV de noticias, pierden suscriptores y su credibilidad desaparece al ritmo que se hacen evidentes los intentos de manipulación.

¿Pero qué hay de verdad detrás del supuesto monstruo?, ¿Quién lo ha elegido y por qué?, ¿Por qué tanto parcialismo irreflexivo? Fue increíble constatar para el observador neutro, que no hubo ni un intento de matizar las opiniones negativas, sólo vimos una feroz campaña en su contra. Sus propuestas eran silenciadas, y se limitaban a exponer los exabruptos que lo hacían reprensible a la vista de la gente.

Dejando de lado los aspectos más controvertidos a los que el aparato mediático ha hecho foco, vamos a ver algunos datos. Estas observaciones desapasionadas tal vez contribuyan a conciliar posiciones extremas y polarizadas sobre él, indagando la verosimilitud de lo que *supuestamente* encarna y representa.

Donald nació en Queens, New York el 14 de junio de 1946. Se graduó en 1968, estudió en la Escuela de Negocios de Wharton de la Universidad de Pensilvania, con un grado de Bachiller en Ciencias, Economía y Antropología. Su madre fue al igual que la mayoría de los estadounidenses una inmigrante británica, y sus abuelos paternos de origen alemán de un pueblo llamado Kallstadt, y sueco [35]. En todas las partes del mundo donde esta gente se ha instalado, han traído civilización, orden y progreso. Su linaje representa el tradicional elemento anglo–germano, que con su empuje y creatividad hicieron grande a los Estados Unidos.

En el libro publicado en 2004 "Trump: Think Like a Billionaire" (Trump: piense como un multimillonario), Trump trazó su genealogía hasta 1608 a un abogado alemán llamado Hanns Drumpff. "Uno de mis antepasados, un cultivador vinícola, cambió el nombre de la familia a Trump a fines del siglo XVII", escribe Trump. *"Una buena decisión, pienso, porque Drumpff Towers no es un nombre tan atractivo"* [36] [37].

En un libro anterior que había escrito "The art of the deal" (El arte de la negociación") 1987, Trump había dicho que su abuelo paterno venia de Suecia, había heredado esa idea de su familia que intentaba disimular su origen alemán (la propaganda antialemana era muy fuerte luego de las dos guerras mundiales). La periodista Gwenda Blair es la autora del libro *The Trumps: Three Generations of Builders and a Presidential Candidate (Tres generaciones de constructores y un presidente)* y rastrea su árbol genealógico. Por su lado la Casa Blanca

---

35 Espina,J.(16 de noviembre de 2016). La fortuna de Donald Trump empezó en un prostíbulo. *Las 2 Orillas*. https://www.las2orillas.co/la–fortuna–de–donald–trump–empezo–en–un–prostibulo/

36 ShareAmerica. (12 de diciembre de 2016). Las raíces de la familia de Donald Trump. https://share. america. gov/es/donald–trumps–family–roots/

37 DW. (27 de abril de 2018). La Casa Blanca destaca la genealogía alemana de Trump. *Deutsche Welle*. https://p. dw. com/p/2woXP

destacó el 27 de abril de 2018, la genealogía alemana del mandatario: *"El presidente Trump es nieto orgulloso de migrantes alemanes en Estados Unidos"*, dice el comunicado ([38]).

Su padre Fred Trump de origen humilde, forjó una pequeña fortuna con esfuerzo y trabajo duro, se dedicó a la construcción de viviendas para la clase media trabajadora. Contrasta con la usual narrativa de los medios que describen a Trump como heredero de una gran fortuna.

Donald Trump amasó su propia fortuna con mucho trabajo, actitud, riesgos y talento. Jugó un papel relativo una ayuda económica o préstamo que su padre facilitó al joven, para abrirse rumbo en los negocios. El joven Trump demostró tener desde un principio el espíritu, la ambición, el empuje, la fortaleza interior y la resilencia que todo empresario requiere para ser exitoso. Reconoce que su propio padre fue quien más lo influenció, su gran mentor, quien le enseñaría a analizar la competencia, motivar a las personas, y el arte de la eficacia.

Trump se consolidó como exitoso empresario, tiene hoy 74 años (asumió la Presidencia con 70 años). Nació, como vimos, en el entorno de los negocios de los bienes raíces. Desde muy joven se abrió su propio camino y demostró un talento realmente sorprendente. Fue noticia frecuente en la sociedad y la cultura pop de Nueva York. Deslumbraba por ser alguien muy joven que se atrevía a construir modernos edificios, de talla faraónica. Su impronta futurista e innovadora, impulsó un cambio radical en la estética de toda la ciudad. Con edificios hermosos, llenos de lujos y confort contribuyó de forma pionera, a evolucionar el rostro moderno de Nueva York, convirtiéndola en un estandarte de Occidente. En nuestros días muchas ciudades en el mundo (incluso no-occidental) han intentado emular este estilo netamente occidental de modernos y altos rascacielos. Árabes, y orientales en general, todos contratando los arquitectos más destacados de esta parte del globo.

---

38 (IDEAM, 2018)

Las grandes ciudades del mundo parecen todas construidas según el canon arquitectónico moderno, adaptando sus particularidades superficialmente. Este tributo es halagador para Occidente, aunque fuera una catástrofe para la diversidad que caracterizaba aquellas bellas y distantes culturas.

La Trump Tower marcó un antes y un después para el desarrollo de la ciudad de NY y su propia carrera empresarial. Él tenía el sueño de construir algo moderno e innovador; un edificio que destacara y brillara sobre el resto, y lo logró. Su círculo de conocidos describe a Trump como un experto en las relaciones públicas empresariales, un vendedor nato de gran carisma.

Pero lo que lo llevó a la fama a nivel nacional (e internacional) fue su participación en un Reality Show como figura de TV en "The Apprentice", 12 temporadas que se desarrollaron a lo largo de varios años (2004–2012). Éste era un programa televisivo de gran audiencia donde un grupo de aproximadamente 16 o 18 empresarios competían por un premio de 250 mil dólares y un contrato para dirigir una de las empresas de Trump. Tal programa lo convirtió en ídolo, la gente lo reconocía en cualquier lugar. En el programa repetía una y otra vez: "¡Estás despedido!", esta era una de las frases más tristemente utilizadas, a modo de jingle publicitario. Con este reality su imagen tuvo una proyección internacional.

Durante su vida, Donald ganó fama por su éxito inmobiliario-empresarial pero también por su exentricismo. La prensa hizo foco en su vida amorosa, sus relaciones, sus deudas y sus crisis. Su excentricidad y carisma, lo hacían un personaje "vendible". Siempre fue noticia, en cualquier circunstancia… si se casaba o divorciaba, si levantaba un edificio nuevo, si escribía un libro, o si vendía un juego de mesa; si su imperio parecía caerse en algún momento, etc…Guste o no, los medios vendían con Trump, y él consolidaba su marca, una relación amor-odio que daría mucha experiencia al magnate en el arte de ganar espacios de atención pública a través de la controversia. Él ya sabía desde el principio lo deshonesta y mentirosa que podía ser la prensa. Por ser víctima de las mismas, llegó a denominar a muchas noticias falsas contra él como ***Fake News*** [39] un término que previamente las corporaciones mediáticas habían popularizado para intentar silenciar el periodismo ciudadano y la prensa libre. Tanto él como la gente, ha comenzado a darse cuenta, que gran parte de los periodistas de los grandes medios, han traicionado su profesión, han prostituido la ciencia de comunicar vendiéndose al mejor postor. No son más que meros propagadores de la agenda que dicta el globalismo.

Como todos vieron, fue señalado acusatoriamente de los siguientes crímenes subjetivos modernos: sexista–misógino–machista (odio a las mujeres), racista (odia otras razas), antisemita (odia a los judíos), homofóbico (odia a los homosexuales). En definitiva, según los medios, la categoría "Trump" puede ser reducida como la definición de "un hombre que odia mucho", "un retrograda", "deplorable". Así de simple su vida sería la "encarnación del odio", "el mal hecho persona", un "peligro" para la humanidad. El hereje moderno es juzgado moralmente por las nuevas tablas del bien y el mal, del dogmático y postmoderno ***credo liberal***. Los que juzgan se llaman a sí mismos "los ofendidos", "los discriminados"o los defensores de minorías. Bajo esta farsa de pseudomoral secular activan un sistema totalitario de censura y difamación, una Inquisición secular, una cacería de brujas contra todo aquel que piense diferente o intente resistir a los efectos destructores del globalismo. O lo que es peor, se persigue arbitrariamente al que *parece que piensa diferente*. Pues Trump no es nada de todo aquello, que se lo acusa. Veremos ciertos hechos que demuestran objetivamente que la imagen negativa creada a su alrededor es sólo eso, una imagen, y que dista de la realidad. Los demócratas convencidos y fanatizados, no aceptarán pruebas, ni entenderán razones, sus emociones de an-

---

39 Básicamente son Noticias Falsas, emitidas a través de portales de noticias, prensa escrita, radio, televisión y redes sociales cuyo objetivo es la desinformación deliberada o el engaño. Trump fue víctima de una oleada de Fake News dirigidas por los gigantes mediáticos que día a día pierden credibilidad, por su carácter parcial de analizar y reflejar el mundo.

tipatía formada por años contra el mandatario nublan su razón. Comprenderan la exposición de pruebas personas de mente abierta, quienes intenten buscar la verdad más allá del sesgo partidista.

Antes es necesario aquí abrir un pequeño paréntesis.

Es hora que la gente comience separar: **los hechos** de las ***operaciones mediáticas***.

Las operaciones mediáticas no son sino operaciones de **guerra psicológica**, un arma propagandística antes usada en guerras bélicas contra otros países o terroristas. La elite hostil tomó ese conocimiento y lo ha estado aplicando desde hace muchas décadas contra el pueblo norteamericano y todo Occidente, como un arma de guerra para manipular opiniones y conductas. Los expertos "fabricantes del consenso" son pequeños dictadores detrás de los escritorios de las grandes corporaciones mediáticas y la industria del "entretenimiento". Con su fuerza de difusión logran posicionar determinadas perspectivas, intereses, valores, información, noticias, así como también logran silenciar y ocultar otras que pongan en jaque al Sistema liberal dominante.

Algunos de sus métodos más utilizados en las noticias son:

* Las ***fake news*** (noticias falsas) son como su descripción lo indican, noticas absolutamente falsas. Éstas son sólo un tipo munición en la guerra de la información contra el Presidente estadounidense.

También están las que he identificado y denominado en mis estudios independientes de comunicación social como:

* ***fire–news*** (noticias fuego): son aquellas que se utilizan para "quemar" la imagen del adversario, una sucesión de fire–news puede llevar a una persona a la "hoguera mediática". Primero se fija en la táctica comunicativa un estereotipo bajo un rótulo–estigma (por ejemplo "racista", "antisemita", "misógino", "machista"), luego se busca forzar la interpretación de hechos para "validar" la "acusación" y/o imagen estereotipada. Las fire–news son aquellas lanzadas contra quien se pretende desprestigiar, tomando frases sacadas de contexto, o exabruptos reales, pero sobredimensionando su sentido negativo, de manera que "calce" dentro un prefabricado ***rótulo–estigma***.

Se pretende forjar en la opinión pública, una falsa imagen del objetivo a atacar. La ejecución corroborada de esta táctica fue llevada a cabo por la corporación mediática: en EEUU, desde 2016 –2020 contra el Presidente TRUMP. ¿Por qué digo táctica y no estrategia?, pues porque *la estrategia* está relacionada con la instauración de la carga negativa al rótulo–estigma, cuyo proceso es masivo y duradero a lo largo del tiempo. En cambio la aplicación de las fake news y las fire–news son *tácticas*, se aplican en el corto y mediano plazo, cosechando un trabajo de décadas de acción psicológica previa.

Tanto las *fake news* como las *fire–news* tienen el mismo objetivo: formar una imagen falsa de una persona o idea en el imaginario colectivo. Las primeras usan la mentira descarada, conforman noticias absolutamente falsas, es la manipulación extrema de imágenes, o mensajes. Las segundas usan hechos, frases, imágenes, declaraciones reales sacadas de contexto, donde son exacerbadas y lo singular es generalizado.

En la fake news el expositor A en un discurso de 60 minutos, habla bien sobre B y C (o incluso solo de C). La noticia reporta que A odia a B, y utiliza recursos como inventar palabras, expresiones, realiza fotomontajes, videomontajes, superposiciones etcétera. El famoso caso de Trump burlándose de un periodista discapacitado fue una demostrada Fake News (ver Brandon Straka), difundida por una famosa cadena de "periodismo serio". Mucha gente que entrevisté para conocer sus opiniones sobre el Presidente, comenzó a considerar a Trump un ser humano repugnante luego de esa noticia.

En las fire news, por ejemplo en un discurso de 60 minutos, el expositor A habla 58 minutos bien de B, y pasa sólo 2 minutos enfatizando algunos aspectos negativos de B. La realidad es que A es favorable a B de manera casi absoluta. Pero la prensa tiene la capacidad de publicar sólo los 2 minutos donde A enfatiza lo negativo de B, titular amarillista mediante se logra una imagen distorsionada de A como "odiador" de B. Es decir se toma una parte de la realidad, pero no en su aspecto representativo. En todo caso se trata de una manipulación que realizan los intermediarios informativos. La deshonestidad es su sello, la amenaza mortal hacia la democracia… su distintivo.

Un sinfín de fire news, han sido lanzadas contra el Presidente legítimamente elegido, algo inaudito en la historia estadounidense.

Tal vez el estadounidense promedio no pueda observarlo, sumergido en las pasiones que suscita la grieta partidista donde las emociones subyugan el juicio racional. La gente tiende a ver las cosas según lo que ya cree previamente, es decir si las noticias llaman a Trump sexista, racista, homófobo, y "validan" con declaraciones no–representativas de él mismo sacadas de contexto, sin duda alguna creerán ciegamente sin espíritu crítico todo aquello que le venden como "real". La gente no se da cuenta que está siendo manipulada por las corporaciones mediáticas es muy fácil caer en ese tipo de desinformación profesional.

Es posible observar como los medios de comunicación masivos están operando como **"fabricantes de consenso" anti–Trump**. También como **"fabricantes de prejuicios"** y lo que es peor y más grave: **intentos golpistas**, cuya mayor estafa urdida contra todo el pueblo norteamericano fue la popularizada teoría conspirativa de la "trama rusa" o "Rusiagate", ampliamente difundida por dos años. A pesar de ser un fraude aberrante, su efecto fue tan fuerte, y contundente que incluso después del veredicto del *informe Mueller,* –que concluyó que no hubo Colusión–, hay quienes siguen convencidos de que Trump es un "espía ruso" y que ganó gracias a unos 12 hacker rusos que robando unos e–mails y creando perfiles falsos convencieron a la mitad de la población norteamericana para votarlo.

El que ha credio esta teoría conspirativa "oficial" es el mismo público influenciable que hace unos años fue llevado a creer que Saddam Husein tenía escondidas armas de "destrucción masiva" en Irak, y que era necesario derrocarlo "por la paz mundial", "los derechos humanos", y por supuesto por "la democracia", para acabar con las "dictaduras".

Cerrando el paréntesis, volvamos con las reseñas biográficas del **"Presidente populista"**...

Donald llegó a convertirse en un destacado escritor motivacional. Afirma revelar y compartir en sus libros el secreto de su éxito. No parece ser exagerado en un individuo que todo lo que toca lo convierte en oro. Es uno de los hombres más ricos que alguna vez haya alcanzado la Casa Blanca para dirigir el destino de los estadounidenses (pero está lejos de ser el único millonario en haberlo conseguido). También es una verdad que su fortuna está muy por debajo de los súper–magnates de la elite globalista enquistada en el corazón de los EEUU.

Más allá de sus exabruptos y su incontinencia verbal, podemos constatar que goza de gran vitalidad, espíritu emprendedor, capacidad de liderazgo y un carisma que supo seducir tanto a numerosas mujeres, como a los norteamericanos en general. Cualidades estas que contribuyeron a llevarlo finalmente a convertirse en el Presidente N° 45.

Para poner estas apreciaciones aquí esgrimidas en su justa perspectiva respecto a la opinión general, tenga en cuenta el lector, que son expresiones positivas casi inexistentes, ya que todo lo referido al Presidente en la "atmósfera mediática" es mayoritariamente negativo.

Su habitual falta de diplomacia, hizo que este modelo de cowboy del siglo XXI, fuese atractivo a nivel inconsciente a gran parte del pueblo americano, principalmente por su trasparencia y estilo rudo. El hecho que no tuviese experiencia en política, lejos de ser una desventaja, fue tal vez su mayor fortaleza, que hizo que su pueblo confiara en su persona más allá de estar a favor o en contra de alguna polémica propuesta de campaña. Por otra parte nadie puede pensar que accede a la política para hacerse rico, pues ya lo es.

Hay una gran verdad, mucha gente en Occidente está desencantada con la partidocracia y la clase política. Pues en todos lados se percibe que los políticos están actuando en contra del pueblo que dicen representar. Cualquier personalidad con cierta fama propia, que venga por fuera de ese ambiente putrefacto de la corrupción política, es bienvenida, y cuenta con el beneficio de la presunción de inocencia y sinceridad.

Él llevaba tiempo amagando con su incursión política, aunque nunca dio el paso definitivo. Nadie le prestaba mucha atención como presidenciable en 1987 cuando coqueteó con la idea luego de un largo discurso. Tampoco lo tomaron en serio cuando barajó públicamente la posibilidad de candidatearse para las presidenciales allá por el año 1999–2000. Desde el presidente Obama, hasta en la serie animada de los Simpson, se burlaban de él y su deseo de postularse como Presidente. En general la gente pensaba que era otro truco publicitario más de Trump para pulir su marca comercial.

Quien vio en él un diamante en bruto como presidenciable fue *Roger Stone*, un experimentado asesor político de varios ex presidentes. Roger fuc consejero en su campaña 1999–2000 por el partido Reformista. Veía en Trump un atributo fundamental para la victoria, pues **era universalmente conocido, una estrella mediática de alcance nacional** y su popularidad no dejaba de crecer. *"los votantes están hartos de ambos partidos. Buscan nuevas opciones y si se les presenta una propuesta diferente y viable, la tomarán"*.

Usaron como referencia la campaña exitosa de Jesse Ventura (el gobernador de Minnesota), que le ganó a los dos partidos tradicionales con un discurso anti sistema. Con Trump se pretendía hacer lo mismo a nivel nacional usando como base el **Partido Reformista.** Jesse Ventura tenía ideas y frases sorprendentes que debieron influenciar mucho a Donald, por ejemplo *"No son elecciones!, al responder a los Lobbys es una subasta al mejor postor"*; *"La gente no recuerda lo que dijiste sino como lo dijiste"* haciendo referencia a la comunicación emocional de sus discursos. *"No digas lo que crees que quieren escuchar, porque si crees que le dices la verdad estarán emocionados y te apoyarán"*. Podemos ahora entender el origen de la incontinencia verbal y los frecuentes exabruptos de Donald.

El Asesor Roger Stone buscó a un amigo personal, Patrick J Buchanan (escritor de los discursos de Nixon) quien fue instado a ser

el rival para enfrentarse a Trump *dentro* del Partido Reformista…
"necesitaba a quien vencer". Curiosamente en una entrevista en el
"Meet The Press" allá por esos años de campaña, Donald Trump
denostó y despreció a su rival tildándolo negativamente como de
extrema derecha. **Pat Buchanan** había escrito un libro **"A Republic, Not an Empire"** donde a pesar de haber llamado a Hitler
un monstruo malvado, generó aparentemente una crítica positiva
hacia el dictador. Trump aprovechó este "crimen del pensamiento" y con un discurso muy demócrata–izquierdista dijo refiriéndose a su rival *"Ama a Hitler, supongo que es antisemita. No le gustan los
negros, los gays. Es increíble que alguien lo apoye"* (sic) Si… exactamente
esas fueron sus palabras hace veinte años. ¿Cómo es posible creer
ciegamente cuando la prensa lo señala como abanderado de esos
pensamientos políticamente incorrectos (racista, antisemita, anti
gay) si hace 20 años él mismo los condenaba para atacar a su rival
político?. ¿Cambió de parecer, o la prensa creó una ilusoria imagen demoníaca de un Trump que no existe?.

Conocer estos detalles de su historia, puede resultar tan sorprendente como desconcertante. ¿Se trata de un cambio en sus ideas?,
¿se trata de un montaje para engañar a nacionalistas?, ¿Cuántas
máscaras tiene Trump?, ¿cuál es el verdadero?. ¿Es acaso una clase
de actor oportunista?, o ¿en su madurez se inclinó sinceramente
hacia posiciones conservadoras–nacionalistas?.

Cuando estas preguntas surgen debido al carácter aparentemente contradictorio de su discurso histórico, **el análisis de los
hechos suele revelar la verdad…**

Volviendo al año 2000, a pesar de los esfuerzos de Roger Stone
para que Trump se presentara como candidato en aquel entonces,
pasaba el tiempo y él no confirmaba su postulación. Tras el retra-
so sentenció *"solo lo haré si sé que puedo ganar"*. Después de 3 meses
de rivalidades Donald finalmente declinó su participación, no se
postularía a la Presidencia del año 2000, pues temía una derrota.
Finalmente en esas elecciones generales saldría electo el republicano Bush Junior, mientras que Pat Buchanan, el candidato por el

Partido Reformista, obtendría el 0, 4% de los votos. Luego de eso, Trump le dijo a su asesor: *"Sólo puedes ganar como republicano o demócrata. Lo independiente no funcionará"*.

15 años más tarde, con una confianza recobrada, anunció su candidatura presidencial bajo el partido Republicano, desde la Trump Tower de NY el 16 de junio de 2015. Sentenció *"El mundo se ríe de nosotros. No se reirán si yo soy Presidente"*.

Trump tampoco olvida a quienes lo ofenden. Así luego de su victoria en 2016, posó para la foto en una escalera mecánicaque se asemejó mucho a la de un antiguo capítulo de Los Simpson del año 2000, en el que se habían burlado de él. No fue una foto casual… fue un símbolo, una pequeña revancha. Las redes sociales retrataron el asunto como "otra profecía cumplida" de la serie animada "Los Simpson".

En un principio sus apariciones en la prensa, siempre se enmarcaron en la sección de sociedad, ya que él se mostraba como un showman, un empresario exitoso, lejos de la política. Ganó fama y reconocimiento popular desde muy joven en la sociedad neoyorquina.

Aunque en una entrevista hace muchos años manifestó que prefería el partido Demócrata (estuvo afiliado incluso), terminó presentándose por el Republicano, pues vio allí una posibilidad de vencer el discurso globalista. Fue así que en el mismo discurso que anunció su candidatura por el Partido Republicano, ya adelantaba su idea de construir un muro con México para frenar la entrada de inmigrantes ilegales y criminales al país. La prensa globalista lo atacó de inmediato. No fue una puesta en escena. Aquello le valió la ruptura de contratos millonarios con empresas como Univision y Macys; ninguno sospechaba entonces que Trump iba a llegar tan lejos en la carrera hacia la Casa Blanca, **defendiendo sus convicciones al punto de perder comodidades, prestigio, negocios y dinero**. Esto habla muy bien de él. Las convicciones por sobre el dinero, los ideales por sobre el interés personal, la sinceridad por sobre el qué dirán. Terminó su campaña con el mismo discurso políticamente incorrecto con el cual empezó. Y hay que reconocerlo, no es un extremista, no es un fundamentalista. Parece ser muy pragmático, aunque aparentemente impulsivo.

Más allá de haber sobrepasado ciertos límites de lo políticamente correcto, es cierto que granjeó mucho rechazo popular producto de haber manifestado una serie de exabruptos desagradables con poco tacto social y humano. Esos casos puntualmente, como hacerle burla a un periodista discapacitado, son los que la prensa explotó y difundió hábilmente, para tapar y censurar un discurso muy interesante que prácticamente pasó inadvertido para la opinión pública, por lo menos en muchos países del mundo, incluido el mío: Argentina.

Exabruptos aparte, algunos de los matices de su discurso lo sitúan lejos de la corrección política habitual en Occidente. Habló contra la globalización, contra la inmigración, contra los tratados de libre comercio, a favor de la clase media trabajadora, habló contra un establishment bancario sumamente poderoso y dictatorial que hunde al que opina diferente.

Esto motivó el desprecio de aquellos que ciegamente siguen las imposiciones ideológicas mediáticas. Agilizó por otro lado, el despertar del interés y el apoyo de los que no reverencian las tablas progresistas del bien y el mal. Sectores que antes no votaban por desencanto, fueron ahora movilizados. El partido republicano recibió una oleada de nuevos miembros que habían perdido la fe en la democracia del discurso único. Encontraban ahora esperanzados, una válvula de escape que representaba sus perspectivas hasta ese momento silenciadas.

Todo esto tiene gran relevancia en tanto hablamos de lo que era un candidato a la presidencia de la primera potencia mundial, que finalmente resultó victorioso. Justamente desde allí, desde los EEUU se ha propagado esa ola censuradora de la libre expresión eufemísticamente llamada "corrección política". Nadie se atrevía a cruzar la línea invisible, nadie se atrevía a pasarla. Trump no sólo la atravesó, sino que señaló disimuladamente la elite censuradora conectando el poder mediático al financiero. Realmente valiente, y certero en su apreciación.

Podríamos pensar que apeló a cierto discurso de la derecha alternativa, como marketing para obtener el voto de este electorado, para finalmente tirarlo al tacho de la basura una vez elegido. Pero lo importante es que ese discurso antes silenciado o satanizado en el imaginario colectivo, pudo salir a luz y legitimarse. Algo impensado hace pocos años. Lo que algunos ven como un retroceso, otros lo ven como un avance liberador y este es su exclusivo mérito en la lucha contra el globalismo.

También es cierto que en algunos puntos esenciales, Trump no cruzó ni violó del todo la línea roja de la corrección política, sin sobrepasar los escabrosos, polémicos y sensibles caminos que transitaron los principales referentes y fundadores de la Derecha Alternativa (Alt Right), como Richard B. Spencer, o el Dr. Kevin MacDonald.

Trump no es lo que la publicidad negativa de la prensa nos vendió. Lejos de ser un extremista, es un un gran moderado, hasta tibio a veces.

Apoyó en discursos especiales a la comunidad LGTBQ [40]. La organización *Gay for Trump* fue creada en 2016 para apoyar su presidencia. A fines de febrero de 2020 Trump, nombró a Richard Grenell, quien es abiertamente gay, como director interino de inteligencia nacional. Brandon Straka es un homosexual, ex liberal que votó a Hillary Clinton, y tras descubrir la manipulación mediatica y política de los demócratas se convirtió en activista por Trump. La ambigüedad de su política motivó una interpretación sesgada. El nombramiento de un vicepresidente muy religioso Mike Pence, y del fiscal J. Session, conocidos por su oposición a la homosexualidad, acentuó el mal entendido. Trump en sí mismo no es contrario a homosexuales ni es demasiado religioso.

---

40 EL DIARIO. (19 de octubre de 2017). El preocupante plan de Trump contra los gays. https://eldiariony. com/2017/10/19/el–preocupante–plan–de–trump–contra–los–gays/

Pocos comprenden que Trump respetó siempre a los homosexuales, incluso fue amigo personal de Roy Cohn un abogado prestigioso que defendió su imperio inmobiliario en cierto momento de su carrera. Su respeto por dicha condición sexual minoritaria, no ha impedido a Trump luchar contra la utilización política e influencia desproporcionada de lobbys LGTB–Queer por parte de sectores izquierdistas. Ciertos sectores liberales, pretenden formatear la sociedad, utilizando la educación pública y el entretenimiento para difundir perspectivas altamente ideologizadas que interpelan y relativizan la heterosexualidad, intentando confundir a los niños y jóvenes en su formación natural. Los seguidores del presidente han acusado a los globalistas de llevar adelante esta agenda influenciando la esfera pública–institucional y privada a través de las corporaciones del "entretenimiento".

Lejos de ser antisemita asistió numerosas veces al AIPAC e intentó cautivar otras minorías, enfatizando el logro en el aumento del empleo afroamericano e hispano y mejoras sustanciales en la economía y la rebaja de impuestos.

Lejos de ser un "progresismo conservador" como el observado en administraciones republicanas anteriores (neocon), parece más un intento de "domar" y revertir el avance arrollador del progresismo liberal.

No obstante, siendo así de "contradictorio", o tal vez estratégico, pudo desorientar a la misma elite globalista —y eso es lo llamativo—, que no por nada apostó la mayoría de sus fichas a la candidata demócrata Hillary Clinton. Una mujer con una tradición de sumisión intachable hacia la agenda dictada por la oligarquía financiera, una persona mucho más controlable y predecible que había mostrado su lealtad a los globalistas orquestando la guerra de Libia.

La gente nunca pierde las esperanzas de que vuelva un **John F. Kennedy** a intentar arremeter contra la elite bancaria. Esa clase de milagros, a pesar de todo, parecía reunirse exclusivamente en la figura de Donald **Trump** un ferviente admirador del genial **An-**

drew Jackson, quien en su lecho de muerte se regocijó diciendo sus últimas palabras: "yo maté al Banco". Sin embargo los sueños de muchos estuvieron lejos de cumplirse, existiendo por el contrario muchos puntos que hicieron dudar a su base electoral.

Aunque podría afirmarse que es un Jacksoniano, superficialmente Trump pasó un tiempo sin definirse ideológicamente. Afirmó que era nacionalista, que era Patriota, pero fue algo cambiante, muchas veces hasta contradictorio. Por ejemplo, se opuso enfáticamente a las guerras en el Medio Oriente, pero llegó a rodearse de halcones neoconservadores islamófobos como James Mattis, quien afirmó que Irán es la "principal amenaza" para la estabilidad de Oriente Medio (un país que nunca invadió a nadie). Este general apodado "perro rabioso" fue nombrado —secretario de Defensa—. Un Presidente aislacionista nombra a John Bolton, un destacado belicista —arquitecto de la guerra de Irak— como Consejero de Seguridad Nacional. A todos ellos los terminaría frenando en sus deseos locos de intervenir militarmente a países como Irán y Venezuela. POTUS 45 finalmente los despediría impidiendo las invasiones. ¿Para que los nombraría? ¿Para despistar al establishment? ¿Para pagar algún acuerdo?, ¿Quiénes se irritaron con el despido de estos desequilibrados neocon?

* La promesa tibia de auditar el banco central (Reserva Federal) no la cumplió. Mucho menos logró su cierre o nacionalización del poder de emisión monetaria. Se limitó a criticar la FED.
* No dijo la verdad sobre el 11S.
* Ni tampoco expulsó a los más de 13 millones de ilegales como había prometido, burlándose de aquellos que le depositaron su voto de confianza.
* Apoyó la vacunación experimental ARNm, contra el virus de Wuhan. A pesar que sin llegar a ser anti-vacuna, desde el 2012 hasta el 2015, se opuso a vacunaciones masivas a niños, y asoció las mismas con la epidemia de autismo. [41].

---

41 Los archivos de Trump. https://www. thetrumparchive. com/?searchbox=%22vaccine%22&results=1

* Tampoco se vió a plena luz que haya "drenado el pantano".
* Hillary Clinton no fue a la cárcel, ni Obama, ni Gates, ni Soros, ni Jack Dorsey, Zuckerberg, ni Bloomberg, ni ninguna elite financiera, ni mediática, ni corporativa del Big Tech, las fundaciones y lobbys hostiles siguen muy activos. ¿Fue la burocracia y la república liberal lo que lo ha limitado?

Sólo J. Epstein y su amplia red fueron desmantelados. ¿Algo más? ¿Qué permanece estable más allá del recambio de partidos y presidentes?, ¿sirve drenar una parte del pantano mientras se deja la otra en pie?

Es cierto que los demócratas y el establishment bloquearon muchas de sus iniciativas, pero hubo algunas medidas prometidas que podría haber llevado a cabo y siemplemente "las olvidó".

Numerosos son los desafíos que enfrentó en la lucha contra el "Estado Profundo". Los intentos por desestabilizar su gobierno fueron constantes. Y ha sorteado una heredada crisis financiera de la burbuja de deuda, que viene siendo inflada desde principios de siglo XXI, también una devaluación del dólar por la irresponsable y criminal política monetaria del Banco de la Reserva Federal.

Soportó las crecientes tensiones raciales; violentos disturbios de ANTIFA y BLM, intentos separatistas de extrema derecha en algunos Estados. Así como golpes de Estado blando, llevados adelante por la prensa golpista junto a la parte de la CIA que responde a los intereses del establishment. Toda aquella gran piñata pudo estallar de manera mortal en su cara, sin embargo tras aquellas acciones hostiles pudo sobreponerse. Intentos claros de tipo golpista ya se observaron con la farsa del *Rusiagate*, y las fracasadas marchas de feministas radicales de izquierda.

Que no haya drenado absolutamente el pantano, no significa que sea otro peón de la elite. La evidente confrontación de Trump contra francmasones, la Open Society Fundations, el Bohemian Grove, The Economist, BlackRock, el Big Tech, el Big Media y el Grupo Bildelberg, demuestran que él ha estado del lado del pueblo estadounidense y no del lado de la elite globalista. Todas esas agrupaciones y corporaciones le declararon la guerra, y él mantuvo su posición anti–globalista durante todo su mandato. Esto será expuesto en el Tomo II de esta investigación.

La oligarquia financiera utiliza para imponer su hegemonía, la estrategia de la rana hervida (avances paulatinos en los cambios sociales e ideológicos) y la doctrina de Shock (Conformada por una Crisis, impactos mediaticos, banderas falsas, campañas intensivas de guerra psicológica tras un suceso o episodio traumático, espontaneo o planificado; que tienen como objeto causar una conmosión que neutralice la voluntad del "objetivo", "competidor" o "adversario"). La oligarquía ha utilizado éstas contra Trump.

La resistencia de Trump durante 4 años, pudo estar favorecida tal vez por tener ciertas cartas bajo la manga para usarlas a su favor. El Obamagate, el escándalo del Pizzagate y la trama de espionaje de Epstein, la corrupción de Hunter Biden. Y efectivamente fueron sus últimas cartas antes de las elecciones del 2020. Estas municiones pesadas las dejó para el final de su mandato. Tal vez las haya usado como cartas de presión, para poder negociar y ganarle posiciones al Establishment.

Finalmente y sin lugar a dudas, quien ha triunfado en las elecciones del 2016, antes que el mismísimo Trump, ha sido *el discurso* nacionalista (descartando connotaciones negativas), el que pone a América primero, el que lucha por la restauración de la grandeza nacional, la industria propia y el empleo. Trump ha demostrado que se puede ser capitalista y estar preocupado por cuestiones sociales de los trabajadores y el bienestar general del pueblo.

Éste discurso es antagónico radicalmente a la globalización, es contra–hegemónico, es opuesto al lastre del multiculturalismo, al progresismo liberal desenfrenado e incluso contrario al neoliberalismo. **Trump se presenta como quien viene a patear el tablero de aquellas ideologías elitistas que operan subrepticiamente a favor del Nuevo Orden Mundial**. Ideologías cada vez más destructivas que no toleran a aquellos que aman su

Patria, su religión y están preocupados por la decadencia de los valores, la destrucción de la familia, la sustitución de la población por oleadas de inmigración ilegal, el avance del crimen, la pandemia de las drogas, la degeneración y la locura normalizada.

En las elecciones del 2016 ganó un discurso y un pueblo que no desea perder su Identidad y su Libertad, frente a una minoría de banqueros y "filántropos" mafiosos que usurparon el poder y utilizan a los Estados Unidos como su principal herramienta para cumplir con su agenda globalista.

La frase que marcó su estilo y pregnancia fue "Haremos que los Estados Unidos vuelva a ser fuerte. Haremos que los Estados Unidos vuelva a sentirse orgulloso. Haremos que los Estados Unidos vuelva a ser seguro. ¡Y Haremos que los Estados Unidos vuelva a ser grandioso!"[42]

1. 3* ¿Es Trump un misógino sexista?

Algo que debe llevarnos a la reflexión, es que, el acusado de "misoginia", y "machismo", era un **avanzado pionero en incorporar mujeres en lugares de trabajo usualmente ocupados sólo por hombres**. Creyente en el valor de la mujer y su capacidad, demostró en *hechos* haber nombrado y privilegiado a una mujer como ingeniera y directora del proyecto de la construcción de su famosa e icónica **Trump Tower** de Nueva York.

Él le daría a una mujer la oportunidad única, en un mercado de ingenieros y constructores copados por un 99% de hombres. **Si realmente él fuera un machista, jamás lo hubiera hecho**.

Bárbara Res dijo: *"Estoy orgullosa de ser la primera mujer en supervisar la construcción de un gran rascacielos en el área metropolitana de NY"* [43]. Él admiraba su carácter y su capacidad. Esto fue a principios

---

42   Sitio Oficial de campaña. recuperado 22 de Julio de 2019. https://donaldjtrump. com/about/

43   Peel, B., Bogado, D., Zinni, N. (2017). *TRUMP: AN AMERICAN DREAM* [Documental].

de los 80` del siglo pasado, es decir, hace casi 40 años, cuando la conciencia sobre la igualdad entre hombres y mujeres no estaba tan acentuada como hoy. Con esta información se podría afirmar de manera contundente, que **Trump es cualquier cosa menos misógino. Para las personas inteligentes, los hechos hablan más fuerte que las palabras. Y este caso concreto *lo demuestra*.**

Los oligopolios mediáticos querían "encasillar" a Trump con el *rótulo–estigma*: **"machista", o "misógino", "sexista"**, que son descalificativos puestos de moda por la prensa, originalmente utilizado sólo por sectores del fundamentalismo feminista–bolchevique (no confundir con el feminismo original de primera ola). Para lograrlo buscaron cualquier exabrupto, o frase sacada de contexto para "validar" la acusación rotulada.

Así se formó en el imaginario colectivo, la falsa opinión de que Trump es un "salvaje odiador del género femenino". No hay ocasión de la que no se hayan aprovechado, por ejemplo un *exabrupto personal* —no de género— en medio de una pelea que tuvo con la ex miss universo Alicia Machado, en la que la llamó burlonamente "Miss cerdita". Claramente Trump fue descalificador y su improperio en un contexto de pleito estuvo fuera de lugar. Este juego recuerda más a una pelea de niños que a personas adultas, pero de ninguna manera convierte esto a Trump en un "odiador del género femenino". Aunque no lo crean, la prensa generalizó aquella falta de respeto a una persona, como una señal de odio contra todas las mujeres del mundo.

La corporación mediática armó otra gran campaña propagandística en su contra, explotando su pelea con la actriz Angelina Jolie. Donald dijo: *"salió con tantas personas distintas que hace que yo parezca un principiante. Por eso no me parece atractiva"*. Nuevamente una pelea personal e individual, fue colectivizada, o generalizada como una ofensa hacia "todas las mujeres".

72films. https://www.netflix.com/ar/title/80206395

Aunque parezca ridículo, así fueron "quemando" a Trump en la "hoguera mediática". Los medios son parciales y oscurantistas. Y mucha gente desprevenida o inocente, ha caído en este juego de manipulación que incita al odio golpista contra su propio Presidente, legítimamente electo.

No debe olvidarse el papel crucial que desempeñó la prensa, envalentonando una agitación popular femenina el día después de la toma de posesión de Donald Trump. Varios miles de mujeres salieron a las calles a protestar contra el Presidente y "el machismo", el aparato mediático fue cómplice "cubriendo" la virulenta retórica extremista de lideresas supremacistas. Ocultaron por otra parte, los múltiples destrozos de la propiedad pública. En Facebook se viralizaron fake new anti–Trump y un texto meticulosamente redactado que generó una oleada de indignación de las mujeres contra el Presidente. Hoy en día esta red social de **Mark Zuckerberg** caracterizada por tener un marcado sesgo liberal, está cuestionada por manipular a sus usuarios, a través de algoritmos que catapultan determinados mensajes y silencian otros. Ha sido demandada por traficar con información privada de sus usuarios. El dueño de aquella red social es de izquierda liberal, y en su momento contó entre sus accionistas a George Soros un húngaro–americano enemigo declarado de Trump. El inversor húngaro llegó a tener en Facebook 639 mil acciones (ABC economía) [44], y dijo en DAVOS *"las empresas de redes sociales influyen en el modo en que la gente piensa y actúa, sin que se dé cuenta"*, *"La gente sin libertad de pensamiento puede ser manipulada con facilidad"* (Infobae, 2018)[45]. Éste último mag-

---

44   ABC economía (15 de febrero de 2018). Warren Buffet apuesta por Apple y George Soros sale de Facebook. https://www. abc. es/economia/abci–warren–buffet–apuesta–apple–y–george–soros–sale–facebook–201802152117–noticia. html

45   INFOBAE. (26 de Enero de 2018). George Soros dijo que las empresas como Facebook son monopolios, causan adicción y afectan a la democracia. https://www. infobae. com/america/eeuu/2018/01/26/george–soros–dijo–que–las–empresas–como–facebook–son–monopolios–causan–adiccion–y–afectan–a–la–democracia/

nate liberal escudado de una falsa retórica a favor de la democracia, de manera hipócrita se ha esforzado a suprimir y censurar aquellos discursos que no acepta, financiando un ejército privado de "verificadores de datos de Facebook" según detalló ACIPRENSA en una investigación independiente [46]. Dicho magnate —considerado por Rusia una amenaza para su seguridad nacional—, también ha invertido en acciones de Amazon (que censuró a Parler), ha comprado acciones en Snap, Google, y Netflix una disimulada plataforma propagandista de ideología de izquierda contracultural [47].

Tal vez haya gente un poco ciega, que no puede observar que en el "régimen dictatorial machista" de Trump, tiene al frente de la presidencia de la Cámara de Representantes, —cabeza del poder legislativo— a una mujer: la demócrata Nancy Pelosi. Demostrando que el sistema político Occidental no excluye a la mujer. En todos los países ellas pueden participar en política, e incluso en innumerables países han llegado a la presidencia. Tal vez estas manifestantes femi—supremacistas deban dar un paseo por Medio Oriente para poder comparar el grado de libertades entre aquellas mujeres y las occidentales. Sería interesante que intentasen hacer allá, lo que hacen en su propia tierra. En Occidente las mujeres gozan de evidentes plenos derechos e igualdad ante la ley. Y esto puede ser comprobado cuantitativa y objetivamente con el Test Embla.

Si en este planeta hay grandes odiadores, se encuentran en los monopolios mediáticos y la "industria del entretenimiento" controlados por los mismos capitales. Ellos odian una sociedad sana y unida. Los medios de comunicación masiva "serios", "respeta-

---

46 Ramos, D. (24 de septiembre de 2020). Así financia George Soros a los verificadores de datos de Facebook. *ACIPRENSA.* https://www. aciprensa. com/noticias/ asi—financia—george—soros—a—los—verificadores—de—datos—de—facebook—94631

47 El Cronista. (17 de mayo de 2018). Todo queda entre magnates. https://www. cronista. com/negocios/Todo—queda—entre—magnates—Soros—compro—us—35—millones—en—acciones—de—Tesla—a—Elon—Musk—20180517—0012. html

bles", "reconocidos" fomentan desde hace varias décadas la guerra de sexos, para disolver las familias y disminuir la natalidad de los americanos. La generación disfuncional de los millenials, —de la que formo parte— es el producto de su diseño. Al igual que todas las generaciones que vinieron luego.

La administración Trump, desarrolló a través de su hija Ivanka y su esposa Melania, un proyecto para empoderar y formar mujeres empresarias. Es una política que jamás impulsaría la administración de "un machista".

Por otra parte, para demostrar la fe de Trump en las mujeres, nombró a varias asesoras femeninas como Kellyanne Corway, Hope Hicks ([48]), e incluso nombró una mujer en un puesto de vital importancia a la brillante secretaria de Prensa **Kayleigh McEnany**, quien se convirtió rápidamente en la encantadora de serpientes N°1 de los Estados Unidos, enfrentando a la furiosa e intolerante prensa liberal.

Un año después de la asunción presidencial, se realizó la 2da marcha de mujeres supremacistas. Donald Trump respondió a esta protesta golpista en su contra diciendo: *"Bonito día en todo nuestro gran país, un día perfecto para la marcha de todas las mujeres"*, ha escrito en su cuenta de *Twitter. "Salid ahí fuera a celebrar los hitos históricos y el éxito económico sin precedentes y la creación de riqueza que ha tenido lugar en los últimos 12 meses. ¡La tasa de desempleo femenino más baja en 18 años!"* ([49]) *20 de Enero de 2018*

---

48   Hicks es una talentosa mujer de 31 años. Fue portavoz de campaña presidencial 2016, Directora de comunicaciones, y asesora presidencial hasta el presente. Como dato curioso, accidentalmente contagió a Trump de Covid19, anunciado el 2 de Octubre de 2020, en un mes clave de la campaña 2020. A pesar de la suspicacia que pueda representar ese episodio, es conocida por su lealtad desde los primeros tiempos, y se la describe como alguien de bajo perfil público a pesar de su belleza, forma parte del círculo íntimo del Presidente. Se la considera como hábil lectora de los estados de ánimo de Donald, ayudando a los ministros a conectar con él. Fue compañera de estudios de Ivanka Trump.

49   Scarpellini, P.(20 de enero de 2018). Las mujeres vuelven a marchar contra Trump. *El Mundo.* https://www. elmundo. es/internacional/2018/01/20/5a6368a222601dea358b4609. html

Cada año de su presidencia, Trump soportó el movimiento radicalizado lesbofeminista financiado por poderosos magnates globalistas. Que por cierto tuvo una convocatoria cada vez menor, debido en gran parte al rechazo generalizado de la población hacia dicho movimiento, y a las profundas divisiones internas, fruto de peleas entre mujeres que lo conformaban y organizaban. Dicha oposición artificial, terminó por desinflarse por el propio peso de los hechos. [50]

1. 4* ¿Es Trump un racista?

Donald Trump ha suscitando por un lado y otro, acaloradas acusaciones de "racismo". Un tema particularmente desagradable y polémico de tratar en cualquier investigación, puesto que estamos culturalmente condicionados a percibir esta palabra como portadora de una carga semántica muy negativa.

Su sola mención evoca catástrofes, genocidios, guerra mundial, injusticias, discriminación, crimen, autoritarismo, dictadura y un sinfín de inequidades. Casi un sinónimo de palabras como Hitler, o nazismo. Un horror, algo que nos parece aborrecible. Más para nosotros que, somos generaciones jóvenes sensibilizadas al respecto, hemos nacido en sociedades donde día y noche se nos instruye por TV, libros, cine, documentales, en los colegios, sobre lo malo del racismo y como éste es el origen de todos los males del universo. Toda la sociedad parecía concordar al respecto. En el occidente liberal incluso hasta el día de hoy se tolera admirar a satanás, pero no al dictador Hitler porque fue un repugnante racista.

Es decir, en escala de valoraciones, éste vendría a ser peor que el demonio. Sorprende entonces, al espectador desapasionado, ver

---

50 Trillo, M. (9 de marzo de 2017). Se desinfla la huelga de mujeres contra Trump. *ABC Internacional.* https://www. abc. es/internacional/abci–escaso–impacto–huelga–mujeres–contra–trump–201703090206–noticia. html

la liviandad con la que todos los medios de comunicación masiva acusaron de racista y fascista al Presidente Trump, quien fue democráticamente electo. Reiteradamente fue comparado difamatoriamente con el dictador alemán. Todas esas palabras aborrecibles han sido instrumentalizadas políticamente, se han convertido en términos utilizados en la guerra cultural emprendida por la izquierda para de–construir las sociedades Occidentales o simplemente para estigamtizar a todo aquel que no piensa como ellos. Con semejantes anatemas (utilizados por muchos, como un insulto para descalificar moralmente a otra persona) se logra desactivar cualquier discurso que no sea de izquierda progresista/liberal.

En la antigüedad, el anatema no sólo precedía la excomunión del "hereje", sino que la persona era enviada a la hoguera o torturada hasta morir, y en el mejor de los casos se la enviaba al destierro y se lo maldecía. Hoy día, tanto la existencia como la muerte, es primero digital, y los CEOs del Big Tech se ha convertido en los nuevos sacerdotes capaces de hacerte "desaparecer" quemándote en la hoguera de las redes sociales por tu "discurso hereje" (discurso de odio). Durante el 2020 y principios de 2021 se produjo la mayor censura de la historia.

Millones de personas de derecha fueron enviados a la hoguera digital, desde Potus 45 hasta el último de sus "fanáticos seguidores", deplorables, racistas, terroristas domésticos, conspiranoicos, negacionistas del fraude, etc. Palabras estigmatizantes para legitimar la censura. Millones y millones de personas se quedaron sin acceso a sus cuentas de redes sociales por su pensamiento político, sólo por ser seguidores de Trump. Lo cual es preocupante, sean quienes sean, pues se suponía que estábamos en democracia en todo Occidente.

Tal vez quieran hacer creer al mundo que todos esos 75 millones de personas que votaron a Trump en el 2020 son malignas y toda censura es por un "bien mayor". Pero tal retórica sabe a engaño.

¿Cómo fue posible que los norteamericanos hayan elegido democráticamente a un Presidente racista, para un momento después intentar enviarlo al destierro como un "hereje" moderno?. ¿Cómo fue que la democracia número uno del mundo, una sociedad estructuralmente antirracista, haya elegido luego de un presidente afroamericano, a un racista al poder?; ¿son entonces los norteamericanos racistas?, ¿Si lo son, por qué eligieron a Obama?, ¿son todos los norteamericanos los que quisieron destituirlo?, o ¿son los medios de comunicación y el establishment los que agitaron las aguas golpistas y la división?; ¿los norteamericanos votaron un racista a sabiendas? o él no es un racista y están difamando al Presidente electo por motivos políticos. Preguntas incómodas para todos.

Lo importante para resolver este acertijo, es intentar responder el primer interrogante planteado: ¿Es Trump un racista? Se trata aquí de determinar si realmente, tales acusaciones tienen un correlato en la realidad, o son por el contrario, parte de alguna campaña sucia de difamación en su contra para desprestigiarlo. Podemos especular con una tercera opción: que el Presidente haya desarrollado una estrategia discursiva —falsa o no—, tendiente a ganar el voto del trabajador blanco muy desfavorecido con la globalización, el crimen y el progresismo. ¿Es Trump un manipulador?, ¿su discurso es sincero?, ¿es una válvula de escape a un sentimiento popular de descontento y tensión racial?, ¿un cínico?, ¿un sofista?, ¿un actor?, ¿un mago?.

Un mago es quien realiza trucos, actos de magia basados en engaños sofisticados. Lo importante es determinar si con su diatriba polisémica está engañando al pueblo norteamericano que lo votó, o si por el contrario está engañando al Establishment globalista.

Seguramente el lector ya tiene un juicio formado al respecto. Trump es un racista, un intolerante, la encarnación misma del odio, y punto. ¿Quién lo duda? La prensa todos los días nos lo "demuestra"...

Pero, ¿Por qué es tan difícil encontrar al menos una frase explícita de tipo racista–supremacista, del "abominable presidente"?, ¿Dónde están las pruebas?, ¿Dónde están los campos de exterminios que el aparato mediático profetizó que habría en cada Condado apenas asumiera su cargo?, ¿Cuándo se comenzó a generar esta histeria paranoica? ¿Cuándo empezaron a sonar las alarmas?, ¿eran falsas alarmas?.

No había empezado aún su carrera oficial hacia la Casa Blanca, y su discurso provocador se hacía eco de una teoría conspirativa que señalaba que el Presidente Obama era nacido en Kenia. Las primeras alarmas empezaron a sonar. Más adelante ya propondría construir el famoso muro en la frontera sur. A pesar que el demócrata Bill Clinton también había propuesto esto mismo y había construido parte del mismo, la prensa liberal izquierdista se abalanzó para atacar a Trump. Eran propuestas que en el siglo XXI ya no eran toleradas por la casta globalista. Más tarde Trump prometía expulsar a todos los inmigrantes ilegales, diciendo que los mexicanos llevaban drogas y crimen, y que serían ellos quienes pagarían el muro. Subiría en campaña un tuit de una imagen de su rival Hillary Clinton con una estrella de seis puntas roja con dólares detrás, con la frase "La candidata más corrupta de todos los tiempos", lo cual fue considerado "antisemita". Luego nombraría a S. Bannon un supuesto nacionalista blanco de la derecha alternativa, como estratega de campaña. Venía allí la "culpa por asociación". Finalmente Trump se demoraría demasiado en desmarcarse y condenar un mensaje de "respaldo y apoyo" que le hizo en su blog David Duke (ex KKK) a su candidatura. Todas estas "pruebas" fueron las que forjaron el imaginario colectivo para afianzar la opinión de que es un peligroso "racista". Tal vez para las personas promedio son "demasiadas pruebas irrefutables". Sin embargo, para una investigación seria para determinar la verdad, son necesarias muchas más preguntas así como ahondar en sus pensamientos y acciones. ¿Se ha explayado Donald en sus ideas?, ¿hay registros históricos de actos racistas de su parte?, ¿alguna prueba que demuestre que adhiera a las ideas de teóricos racistas?, ¿algún historial de violencia racista en su vida?, ¿hay expresiones más desarrolladas de su presunto racismo, que pasen el límite del posible exabrupto dirigido a acaparar la atención de la noticia polémica del día? Hay que saber que Trump es un hombre que desde joven fue mediático, sabe cómo lidiar con los medios, sabe cómo vender lo que quiere. ¿Acaso vendió polémicas frases para alborotar a todos y ahorrar dinero en campaña? ¿Trump coqueteó con tópicos racistas?, ¿Por qué lo hizo? ¿Por qué es racista, o tan sólo pretende deslegitimizar el discurso izquierdista dominante? ¿A quien quiso cautivar y porque?

Sorprenderá a muchos pero la respuesta es simple: Donald Trump no es racista. El no odia a nadie por su color de piel. ¿Existen pruebas de que *no lo es*? Si las hay y muchas. Hace décadas, ya en la inauguración de las Trump Tower fue pionero contra la discriminación tradicional de compradores en la zona, vendiendo a todo tipo de clientes de la más variada procesdencia étnica.

Luego el 6 de Julio de 2016 la Agencia Telegráfica Judía informaba:

> El yerno y asesor de campaña judío de Donald Trump, Jared Kushner, defendió al presunto candidato republicano y dijo que Trump "no se suscribe a ningún pensamiento racista o antisemita"… "Mi suegro es una persona increíblemente cariñosa y tolerante que ha abrazado a mi familia y nuestro judaísmo desde que comencé a salir con mi esposa", dijo Kushner en un comunicado emitido el martes por la noche, informó Político. "Sé que Donald no se suscribe a ningún pensamiento racista o antisemita. Lo he visto personalmente abrazar a personas de todos los orígenes raciales y religiosos. La sugerencia de que puede ser intolerante no refleja el Donald Trump que conozco [51].

---

51 Jewish Telegraphic Agency. (6 de julio de 2016). Jared Kushner responde a carta

Estas contundentes frases, de alguien del círculo íntimo del Presidente, deberían despejar toda duda y calmar a toda la paranoia liberal.

Aunque es cierto que el discurso de Donald Trump fue disruptivo y políticamente incorrecto frente a la delicada narrativa liberal–izquierdista imperante hasta el momento. Dicho discurso se encuentra muy lejos de asemejarse al de los viejos racistas británicos o alemanes del siglo pasado. Por el contrario, a medida que pasó el tiempo, apenas se pareció a un tibio nacionalismo cívico de corte abstracto y economicista. Así incluso en su tibieza, hizo saltar las alarmas paranoicas del *establishment globalista* —siempre temeroso al despertar de los políticamente incorrectos nacionalismos revolucionarios y populistas—.

Los medios de comunicación masivos, con su clara tendencia amarillista y sesgo progresista, los mismos que prefabricaron y dieron a luz a la "generación de los ofendidos", señalaron difamatoriamente a Trump de racista, sin embargo **los hechos demuestran una realidad muy diferente.**

Lo cierto es que existe una disonancia cognoscitiva bastante amplia entre los hechos y sus interpretaciones. En la resolución de este nudo se encuentra la imagen más fiel a la realidad, que cada uno debe buscar, *sin dar por sentado* que la versión de los grandes medios de comunicación es la correcta. El espíritu crítico y el sentido común no se deberían perder nunca, entre los hombres llamados libres.

Para esto es necesario analizar la problemática, atendiendo 3 aspectos que confluyen en esta realidad compleja, que cada actor socio–político ha iluminado a su conveniencia de manera sesgada. Una imagen integral demanda tener en cuenta las siguientes variables:

Primera variable: *la óptica mediática hegemónica*, una Prensa evidentemente hostil que lo acusó incansablemente de

---

abierta: Trump no es antisemita. *JTA*. https://www. jta. org/2016/07/06/politics/kushner–responds–to–open–letter–trump–is–not–an–anti–semite "racismo", impregnada no de la imparcialidad que cabría esperar en una democracia, sino de una parcialidad absoluta marcada por la agenda del globalismo progresista. Los monopolios de la información, estuvieron actuando como una fuerza políticamente motivada, radicalmente opositora a Trump. Ellos lo desprecian. Ellos odian todo lo que no sea progresista, intentan desprestigiar a todos los que no piensan como ellos. Y lo hacen a nivel personal y corporativo, como reveló el *insider* de la CNN Cary Poarch, para **Project Veritas** [52], quien grabó con una cámara oculta por meses, los entretelones de la gran compañía mediática, exponiendo el sesgo deliberado anti–Trump. El Big Media no intentó debatir, ni reflexionar, ni encontrar una verdad a través de la oposición de visiones. Como si se tratara de un guion preestablecido se centraron en condenar y desautorizar al Presidente en cada paso que daba. Este ataque constante contra el Poder Ejecutivo democráticamente electo, es algo inédito en los Estados Unidos. Y hará replantear el papel de la prensa en la desestabilización de la democracia. ¿Qué sucede si una nación extranjera se apropia de la prensa privada con fines oscuros? Utilizaron las máximas chicanas emocionales de guerra psicológica para nublar la razón y el buen juicio de los ciudadanos estadounidenses. Lograron ya convencer a muchos con su influencia abrumadora. Lograron debilitar a Trump en las elecciones de medio término con el manifiesto fraude del *Rusiagate*. Aún así no lograron impedir que llegue al poder en 2016, y no lograron todavía lo que deseaban en un principio: que Trump sea destituido. La óptica mediática es la que impregna el imaginario colectivo, el mismo que tiende a repetir mecánicamente la opinión de los referentes, sin reflexionar ni investigar.

---

52 Toda esta información está disponible en **projectveritas. com,** también: https://twitter. com/Project–Veritas . El periodista e investigador Jame O`Keefe expuso el sesgo de la CNN, a través de una valiosa confesión y cámara oculta que el insider Cary Poarch efectuó en el ceno de la gran cadena informativa. https://twitter. com/JamesOKeefeIII/status/1184866660479451136 Del 14 al 18 de Octubre de 2019 publicó amplio material al respecto. Luego en 2020 divulgó el sesgo de Twitter en su frenesí de censura, grabando con una cámara oculta a su propio CEO.

Segunda variable: *el discurso provocador de Trump*, que con su cuota de responsabilidad en las polémicas frases y tropos escogidos, pareció arrojar una lectura un tanto polisémica, producto de un probable cálculo deliberado de marketing político, dirigido a coquetear con la derecha alternativa y acariciar tangencialmente los oídos de sus electores de la "América de los fundadores". Es decir, Donald puso en práctica una retórica llevada al máximo de la provocación, pero abierta a diversas interpretaciones, sin un significado realmente restrictivo y unívoco. Él ha puesto a rodar una estrategia discursiva innovadora que ha burlado casi todos los límites de lo "políticamente correcto", y que al mismo tiempo le ha otorgado gran cintura y flexibilidad para opinar de ciertos temas, rompiendo tabúes de manera tangencial. Aunque esta flexibilidad, sea luego acotada en cierta forma, por las forzadas "interpretaciones" que la Prensa ofrece al gran público, ha logrado colar en el imaginario colectivo, un mensaje marcado por la insubordinación al consenso progresista social–demócrata establecido en Occidente.

Si este despliegue innovador en el campo de la guerra discursiva ha sido producto de un meticuloso y calculado estudio, o por el contrario, nació de la espontaneidad carismática, la adaptación, o la contradicción de un hombre oportunista sin un rumbo definido, será motivo de otro debate.

Tercera variable: *los hechos objetivos*. Son utilizados –por Trump y el aparato mediático del establishment–, como rehenes para la fabricación de discursos e interpretaciones diversas.

Todo libre pensador debe estar abierto a toda clase de interpretaciones, y debe observar con suspicacia cualquier intento de monopolio u oligopolio privado de la narrativa. Los hechos concretos son el ancla a la realidad, el supremo árbitro que debe poner a funcionar la Razón. Siendo conscientes que han existido y existen fuerzas de propaganda masiva progresista, que han operado sobre nuestras mentes desde hace décadas, a nivel subliminal; dicho influjo opera a nivel subconsciente, condicionándonos para responder casi de manera refleja frente a una determinada situación, persona o idea. Haciendo consciente esa influencia es que podemos elegir liberarnos de ella, o como mínimo comenzar a cuestionar cierto sesgo. ¿Por qué el Big Tech bloqueó millones de cuentas conservadoras y nacionalistas? ¿Por qué Youtube, Facebook e Instagram censuran y bloquean a científicos y médicos en tiempos de pandemia? ¿Qué secta o ideologías se ha apoderado de estos gigantes?

Luego, opiniones actuales de un lado u otro, pueden tener motivaciones políticas, económicas, y financieras que en su esencia esconden intereses muy concretos, que tal vez las mayorías puedan o no conocer. El buscador de la verdad debe prestar atención a la relación entre hechos, lo que se dice y lo que se hace, quien lo dice, quién lo comenta, quién financia, quién censura… etc.

Mientras más se amplíe el espectro analítico, mejor se podrá uno formar una imagen más nítida, de lo que ha sucedido y está sucediendo en los Estados Unidos. Se trata de ver el bosque, y no sólo el árbol que está al frente y más cerca.

Por sus recurrentes y aparentes contradicciones, Trump es una persona extremadamente compleja para analizar. Los verdaderos racistas como Hitler eran directos, decían cosas racistas y actuaban como racistas. Uno esperaría que Trump, "el acusado" diga cosas racistas, y haga cosas racistas. Lo cierto es que hay cosas que ha dicho, que no las diría un racista, y cosas que ha hecho, que tampoco haría jamás un racista. Como así también ha hecho y dicho cosas que no haría jamás un progresista demócrata o un neoconservador republicano.

Trump parece un jugador divergente y ultra–pragmático. Se autodenominó nacionalista, aunque en los hechos hasta ahora, parece más un patriota sincero, preocupado por devolverle la soberanía al Pueblo completo que habita los EEUU.

Trump subió a su cuenta de Instagram el 4 de Octubre de 2019, el discurso de un famoso actor y comentarista afroamericano llamado **Terrence Williams**: *"Los medios de comunicación lo están atacando. Pero cuando lo atacan nos están atacando, porque él está aquí luchando* *por nosotros"* esto lo dijo frente a un auditorio colmado de afroamericanos en la Casa Blanca ([53]) en sólo 2 días el video tuvo 1, 2 M de visitas. ¿Qué tipo de racista cuenta con el apoyo explícito de afroamericanos?

El 28 de febrero de 2020, hizo una recepción especial en la Casa Blanca, para una multitudinaria comitiva afroamericana en conmemoración por el mes de la historia negra. Subiendo en su cuenta de instagram fotos de la recepción, en tan sólo un día recibió casi 400 mil likes. La prensa masiva no difunde mucho esta clase de eventos y noticias, pues rompería con su propia narrativa de retratarlo a la fuerza como el "racista Trump".

En aquella recepción los invitados expresaron que estaban muy conformes con su papel en la Presidencia. Sin dudas las minorías no victimizadas pueden abrir los ojos. Todos los indicadores de la economía y los beneficios que les ha dado continuaron cuesta

---

53 Donald J. Trump [@realdonaldtrump] (4 de octubre de 2019). *#Repost @whitehouse.* [video]. Instagram. https://www. instagram. com/p/B3NtdFxhZwL/

arriba, a pesar del esfuerzo demócrata por boicotear cada uno de sus pasos y el intento de ciertos banqueros de provocar una crisis financiera sin precedentes. ¿Cómo hizo Trump para resistir? No lo sabemos.

Es cierto que Trump tiene un historial como "provocador" en asuntos de raza y etnia. Pero "provocar" en temas referidos o tangenciales a la demografía, no significa necesariamente que sea un racista. Analizado fríamente es prácticamente imposible definirlo de tal modo, si se lo compara con los verdaderos racistas.

Los medios de comunicación masivos, con su clara tendencia amarillista y sesgo izquierdista, inclinados a acusar arbitrariamente de "fascista" o "nazi" a todo lo que está inmediatamente ubicado a la derecha de Bernie Sanders, exageraron intencionalmente su cobertura. Lanzaron nuevamente fake news y *fire news* (noticias fuego) contra el Presidente, esta vez para validar el prefijado *rótulo–estigma:* "racista".

Antes de las elecciones presidenciales del 2016 que lo llevaron a la Casa Blanca, el aparato mediático creó una **campaña de miedo**, basada en la idea de que si ganaba Trump, América tendría una dictadura totalitaria violenta, representaron la llegada de un "nuevo Hitler", la democracia desaparecería por completo, la constitución sería abolida, se instalarían campos de concentración en cada Estado y se eliminaría violentamente todas las minorías. Tras la abolición de todas las libertades, USA caería para siempre. Algunas versiones ridículas eran más exageradas y otras eran comparaciones atenuadas a regímenes totalitarios de hace un siglo, que ya no existen ni como fuerza política.

Esa campaña de terror mediático destinada a comparar maliciosamente a Trump con Hitler o el nazismo, fue llevada a cabo por intelectuales, políticos, y medios hegemónicos del Establishment y hasta por los supuestos "críticos del Sistema".

El Estado Profundo revelaba entonces todos sus activos y posiciones, jugaba todas sus cartas e iba al todo o nada. No les salió bien. No lograron evitar que Trump entrara a la Casa Blanca. Llegó, asumió y 4 años después todos constataron que la campaña de terror y miedo fue un fraude. Trump no fue Hitler, no hubo progromos, no se exterminaron las minorías, no hubo represión, ni se estableció una dictadura de terror dictatorial, el supuesto "nazi antisemita" se demostró como el Presidente más Pro–Israel de la historia. La extrema derecha neonazi en EEUU odia a Trump por ayudar tanto a Israel y su pueblo.

No está de más tampoco admitir que algunas acciones de Trump fueron contradictorias o rayaron la ambigüedad, criticó el globalismo y puso algunos globalistas en la Casa Blanca, junto a otros nacionalistas. Se mostró algo xenófobo, pero una vez llegado al poder intentó seducir las minorías. Dijo que era la persona menos racista del mundo y fue ambiguo al condenar tardíamente al ex KKK David Duke.

El Estado Profundo quedó expuesto, dividido, confundido, al igual que muchos estadounidenses patriotas que lo habían votado y no esperaban ciertas "alianzas". La gente tomó nota sobre el intento masivo de manipulación mediática por parte de la izquierda liberal.

La democracia llevó a un candidato al triunfo, por el parecer y no tanto por el ser. Sus intenciones más íntimas aún son insondables y desconocidas, puesto que fue elegido por las mayorías "blancas" que constituyeron estadísticamente su base electoral, pero ha pasado los 4 años de su mandato intentando seducir a las minorías.

En su intento de hacer parecer a Trump como un racista, los medios de comunicación hicieron alusión a presuntas frases despectivas contra afroamericanos *proferidas supuestamente* hace 30 años ¡incluso 40 años! Bajo el huracán ridículamente acusatorio, no escapaba ni su propio padre, quien se habría negado a alquilar unas casas a un puñado de afroamericanos insolventes hace más de 50 años. La falacia llevó a millones de lectores a pensar, que si el padre de Trump era –supuestamente– "racista", su hijo también debía de serlo.

Pero la idea principal de todas las fire news y fake news, fueron encaminadas a lograr que todos asumieran como un hecho que si:

"Trump es racista, entonces no es válido como persona, y mucho menos válido como Presidente". Esta idea basada en propaganda política, se repitió mil veces en todos lados de manera sistemática, homogénea e irreflexiva. Ningún "periodista" de la prensa influyente fue capaz de cuestionar, como yo lo hago aquí, el relato unidireccional preconcebido. Bajos los ojos de un observador medianamente imparcial surgía la impresión del artificio, del producto enlatado y prefabricado.

La consigna era clara: convencer a todos, que Donald Trump es un racista peligroso, que pone en riesgo la estabilidad del país entero, el mismo debe ser destituido, y removido del poder puesto que representa una amenaza para todo "lo que somos". Fue notable la coordinación simultánea en el uso de determinadas frases contra Trump, como si todos los editores de distintos medios de prensa, hubiesen recibido en el mismo momento un mismo guion. El promedio de la gente no lo nota, que los formadores y referentes en opinión lo hagan afianza el mensaje en el imaginario colectivo brindándole mas verosimilitud y viralidad. Para los pocos que vivimos atentos en la suspicacia y conocemos el pedigrí y las intenciones hegemónicas liberales, no vemos sino una prueba de una deliberada propaganda política subliminal, encubierta bajo la presunta "imparcialidad" de la prensa "respetable".

"En 2015 The New Yorker citó un ex trabajador de casinos de Trump que dijo que en la década de 1980 los empleados negros estaban ocultos a la vista, cuando Trump y su esposa Ivana estaban cerca." Nos informó Fortune [54]. ¿Eso ocurrió realmente?, ¿es comprobable ese episodio de hace casi 40 años que intenta probar que Trump es racista?, un ex trabajador… ¿Quién?, ¿se le debería creer sin pruebas más que un supuesto testimonio?, ¿existen algunos testimonios más actuales y comprobables? Cualquier exempleado resentido o debidamente motivado, podría inventar

---

54   D´antonio, M. (7 de junio de 2016). ¿Es Donald Trump racista? Esto es lo que muestra el récord. *Fortune.* https://fortune.com/2016/06/07/donald–trump–racism–quotes/

que su "odioso ex jefe" fue discriminativo, racista y misógino, sólo para arruinar su reputación a manera de venganza. Un caso ilustrativo fue el del ex abogado de Trump, Michael Cohen que luego de años defendiéndolo salió a decir que era un monstruo racista, luego de ser despedido. La prensa tuvo su confite, "el propio abogado de Trump lo acusa". Analizaremos varias de estas Fire News a continuación.

Nadie parece cuestionar las noticias de los "medios respetables". Esta clase de noticias y "pruebas" inundaron el día a día desde su candidatura en 2016 hasta hoy. Por lo masivo y recurrente, todas las acusaciones parecen reales y van forjando la imagen que desean sobre él. Mucho más aún cuando la mayoría de la gente piensa que los medios de comunicación, son honestos e imparciales a la hora de informar, sin ningún tipo de interés o agenda política propia.

Ergo, es muy fácil toparse con gente ingenua, mal informada, absolutamente convencida de que Donald Trump es un fanático racista que inspira a "terroristas domésticos". Podría escribir un libro entero sólo describiendo las operaciones de guerra psicológica y propagandística empleada contra la Administración Trump. Como profesional publicista, dichas campañas no han pasado inadvertidas frente a mi ojo analítico.

En la práctica el presunto "racismo" de Trump, parece que no fue más allá que de un débil silbato para perros, una llamada silenciosa, con frases que muy *indirectamente* endulzaron los oídos de ciertos extremistas de derecha –de vieja escuela–.

El lema **"Build the Wall"** fue la clave, un símbolo. Prometió en campaña construir un muro con México, y expulsar los más de 13 millones de inmigrantes ilegales que hay en territorio estadounidense, y reducir la inmigración legal a la mitad. Aunque fue cuestionado, esto lo catapultó en popularidad. Habló de "América primero" y enamoró a gran parte de los norteamericanos.

Inmediatamente despues de ser elegido, disminuyó su radicalidad discursiva al afirmar que expulsaría a los ilegales que cometiesen crímenes graves y pandillas. Y el muro de varios metros, terminó siendo sólo una valla que aún no se termina. ¿Expulsión de inmigrantes? Obama expulsó más de ellos. Esto decepcionó a gran parte de su base electoral que esperaba una lucha más activa y vigorosa contra el multiculturalismo y la descomposición de la Nación histórica. Y curiosamente tampoco alivió las acusaciones mediáticas de racismo, ni tranquilizó a la virulenta muchedumbre liberal. ¿Se expuso a tanto para nada? ¿Se acobardó?, ¿No estaba realmente en su planes expulsar ilegales?

Las corporaciones mediáticas se aprovecharon de la **polisemia discursiva de Trump** y lanzaron incesantemente su arsenal de *fire—news* contra el Presidente. La creación de esa imagen falsa de Trump en el imaginario colectivo, ocasionó atracción en ciertos sectores de la sociedad y repulsión en otra.

Para liberales era el comienzo de una época oscura y autoritaria. Para los nacionalistas tradicionales fue música para sus oídos, ya cansados de soportar los fracasos e imposiciones de las nuevas sociedades multiculturales que los ingenieros sociales de izquierda globalista habían diseñado para Occidente. Los pequeños grupos racistas de extrema derecha y la Alt Right también celebraron en un principio. La rana Pepe (un símbolo adoptado por neonazis y la derecha alternativa) se convirtió en emblema y meme de los seguidores de Trump.

Sin embargo, hay hechos muy curiosos y testimonios que es de importancia mencionar, y que nos señalaría que Trump esta lejos de ser un fanático racista, como lo han caricaturizado sus adversarios en las campañas presidenciales y durante su mandato.

¿Por qué tomo esta postura de "abogado del diablo"? No guardo por Trump ningún sentimiento personal, no soy estadounidense, no soy republicano, no soy rico. Si por ventura parezco defender a Trump en algunos puntos, sólo es porque veo necesario hoy más que nunca **luchar por la verdad**, frente a toda manipulación urdida por la elite globalista contra los pueblos. **No es posible encasillar a Trump en el estereotipo del racista clásico que nos quieren vender.**

Veamos otros casos a partir de los cuales, el aparato mediático ocupando el lugar de juez inquisidor, montó otra gran campaña para validar y comprobar "su acusación" y "condena" progresista.

Otra de las "pruebas" irrefutables de "racismo":

Después de recibir el ataque político por parte del legislador demócrata *"Elijah Cummings"* acusando a la administración de Trump de presuntos "malos tratos" y condiciones pésimas de higiene a los inmigrantes, en los centros de detención de ilegales. El 27 de Julio de 2019, El Presidente respondió instando a Cummings a "limpiar" primero su propio distrito del cual es responsable, *"su distrito de Baltimore es bastante peor y más peligroso". "Ningún ser humano querría vivir allí",* porque está *"asquerosamente sucio y lleno de ratas", "si pasase más tiempo en Baltimore, quizá podría ayudar a limpiar ese lugar tan peligroso y sucio"* [55].

En su Twitter siguió con su **contraofensiva política** y publicó: "Tan triste que Elijah Cummings haya podido hacer tan poco por la gente de Baltimore. Estadísticamente, Baltimore ocupa el último lugar en casi todas las categorías principales. Cummings no ha hecho nada más que secar la leche de Baltimore, ¡pero el público se está volviendo sabio al mal trabajo que está haciendo!" (Trump, 2019 [56])

Por esta clase de comentarios, el arco opositor, amplificado por la corporación mediática, orquestó una gran campaña "antirracista" contra Trump. ¿Por qué? ¿Dónde está "lo racista" en esta historia? Bueno, resulta que el representante demócrata Elijah Cummings es afroamericano… y Baltimore tiene una población de mayoría afroamericana (del 63%).

---

55   Mars, A. (27 de julio de 2019). Trump califica Baltimore de "desastre asqueroso infestado de ratas" para atacar al congresista del distrito. *El País*. https://elpais.com/internacional/2019/07/27/estados-unidos/1564252175-512624.html

56   Trump, D. [@realdonaldtrump]. (28 de julio de 2019). [Twitter]. *Tan triste que Elijah Cummings haya podido hacer tan poco por la gente de Baltimore. Estadísticamente, Baltimore ocupa el último.* https://twitter.com/realDonaldTrump/status/1155320921068056576

Este episodio permitió a los periodistas liberales cambiar el orden de los factores expuestos, descontextualizando y brindando una interpretación arbitraria y distorsionada de los hechos, de lo que realmente fue un altercado político en plena campaña electoral. Así todos estamos obligados a pensar que Trump se refería a los afroamericanos como "ratas sucias" (lo cual sí sería racista), cuando en realidad jamás lo dijo en referencia específica.

Los titulares decían por todos lados: **"Donald Trump criticó a un distrito de mayoría afroamericana: "Es un desastre asqueroso, infestado de ratas y roedores"** [57]. Así presentado, así interpretado arbitrariamente, es previsible que cualquiera podría pensar o presuponer que Trump es despectivo, discriminativo y racista. Tenga en cuenta que hay muchas personas que se informan sólo por los títulos de las noticias, no indagan, no leen, no investigan, no profundizan, no cuestionan. Leer artículos de diversa óptica o libros jamás.

¿Pero es Trump el que tiñe de color racial su discurso, o son los medios de comunicación los que tiñen racialmente el discurso del presidente para poner al pueblo en su contra? Son campañas totalmente deliberadas. Es una guerra donde la (des) información es la principal munición.

El filósofo Friedrich Nietzsche en cierta forma tenía razón al afirmar que *"no existen hechos, sólo interpretaciones"*. Y nosotros como meros espectadores de los hechos, somos testigos de las monopólicas interpretaciones progresistas de los medios masivos liberales.

Es decir, entre los ***hechos*** y los ***espectadores*** están las ***interpretaciones***, dichas interpretaciones como vimos en el ejemplo anterior, pueden ser tan deformadas debido al filtro de las ideologías y los intereses creados, que el hecho en sí se ve opacado, co-

---

57   Infobae. (28 de julio de 2019). Donald Trump criticó a un distrito de mayoría afroamericana: Es un desastre asqueroso, infestado de ratas y roedores. https://www. infobae. com/america/eeuu/2019/07/28/donald–trump–critico–a–un–distrito–de–mayoria–afroamericana–es–un–desastre–asqueroso–infestado–de–ratas–y–roedores/

brando importancia vital la interpretación y la forma tendenciosa en que es presentada la noticia.

Será necesario, en pos de la defensa de la democracia, romper con este peligroso monopolio totalitario de la información, de posiciones altamente sesgadas y parcializadas. Que sea un cartel privado no hace a la diferencia. El Big Media ostenta más poder que los reyes tiranos.

La historia estadounidense ofrece un legado de libertad, y hoy se hace necesaria la aparición de nuevos héroes que luchen por la libertad de expresión y la pluralidad en las perspectivas. Estos héroes deben de–construir el entramado corporativo y las ONG fundamentalistas, que escudados bajo la "doctrina de los ofendidos", montan "observatorios de pensamientos políticamente incorrectos" y se arrojan a la censura e intimidación más atroz, destruyendo siglos de logros. Estas fundaciones, y ONG, en todo momento intentan criminalizar y censurar el pensamiento nacional conservador de derecha, bajo distintas excusas arbitrarias o esgrimiendo moralinas seculares subjetivas. La izquierda pretende imponer su pensamiento recurriendo a toda clase de engaño y victimización, para así establecer y expandir sus puntos de vista y silenciar a los disidentes. En muchos países más débiles que EEUU, ya han avanzado con una imparable censura y la directa abolición de la libertad de expresión, aduciendo combatir "la discriminación, y el discurso de odio". Bajo ese engaño, el régimen globalista liberal–progresista en países de Europa y Sudamérica, logró penalizar el pensamiento nacionalista, conservador o antiprogresista. Ahora van por USA. Ya han comenzado. Las Big Tech estan descontroladas censurando al propio Presidente del país mas poderoso de la tierra, el bloqueo permanente de su cuenta de Twitter (2021) debe ser una señal de alarma más allá de los partidos políticos. Si hoy es Trump, mañana puede ser Obama, pasado mañana tu propia cuenta, al fin y al cabo si hacen desaparecer la identidad digital de un presidente, la de un insignificante ciudadano será aun más fácil anular.

Parece que quienes han criticado profusamente al Presidente N° 45 como "racista" por señalar la pésima administración del Condado de Baltimore, olvidan que hace sólo 5 años, en 2015 su propio pre candidato presidencial "demócrata" socialista "Bernie Sanders" (el "antirracista"), criticó en peores términos a ese mismo Condado, ¡comparándolo a un país del tercer mundo!:

Cualquiera que de, el paseo que hicimos por este vecindario no pensaría que está en una nación rica´, dijo Sanders a los periodistas más tarde en el Centro de Empoderamiento Freddie Gray en Bolton Hill. ´Uno pensaría que estaba en un país del Tercer Mundo´.(The Baltimore Sun, 2015) [58]

Luego de aquellas declaraciones, nadie le dirigió acusación alguna de "racismo".

Tal vez pueda resultar difícil imaginarse el por qué, ante fenómenos similares, el aparato mediático actúa tan diferente. La respuesta es fácil, Sanders es uno de ellos, un *socialista* claro. Todo lo que diga es celebrado.

El presidente Trump aclaró sus dichos quitándole la polisemia a las mismas, y afirmó que se tratan de datos concretos. "Los demócratas siempre juegan la Carta Racial cuando, de hecho, han hecho tan poco por la **gran gente afroamericana de nuestro país**" (Infobae, 2019) [59].

Aquí cualquiera puede constatar que el único momento que se refiere específicamente a los afroamericanos dice "gran gente de nuestro país". ¿Eso es racista?, ¿Qué racista diría esto?

Y respecto a su afirmación sobre las pésimas condiciones en el que se ha administrado Baltimore, efectivamente ha sido tradicionalmente un importante bastión demócrata durante 150 años. En

---

58 Fritze, J. (8 de diciembre de 2015). Bernie Sanders compara el oeste de Baltimore con un país del 'Tercer Mundo'. *The Baltimore Sun*. https://www. baltimoresun. com/politics/bs—md—sanders—baltimore—20151207—story. html

59 (IDEAM, Infobae 2019)

él los demócratas y activistas por los derechos civiles afroamericanos han dominado todos los niveles de gobierno. Los resultados de su gestión: 23, 8 % de personas viviendo por debajo del umbral de la pobreza solo entre 2009 y 2013, un índice muy superior a la media del estado de Maryland, del 9, 8 %, según la Oficina del Censo. Por otro lado su alta tasa de homicidios, hizo famoso a este Condado, que en las décadas de 1980 y 1990, llegó a ser de unos 300 al año, (recuento realizado por el diario local *The Baltimore Sun)*. Según el Gobierno federal, tiene la mayor concentración de adictos a la heroína del país, y comenzaron a multiplicarse los arrestos por narcotráfico y crímenes violentos. Las estadísticas indican que el lugar es un desastre ¡Lo admitió Bernie Sanders! Que el lector saque sus propias conclusiones.

La bella afroamericana **Candace Owens** dijo durante una audiencia conjunta ante Subcomité de Seguridad Nacional y Supervisión de la Cámara de Representantes y el Subcomité de Derechos Civiles y Libertades Civiles, que la supremacía blanca no es, de lejos, el problema más inmediato de la comunidad afroamericana en EE. UU.

"La razón por la que ustedes hablan de ella en esta habitación", dijo Owens dirigiéndose a los miembros demócratas de la comisión, "es para tratar que las elecciones giren en torno al tema racial" (Bles Mundo, 2019) [60]

La emergente agencia de noticias alternativas BLES. com publicó a fines de septiembre de 2019:

> La activista conservadora afroamericana Candace Owens denunció ante el Congreso de Estados Unidos, el 20 de septiembre de 2019, que los demócratas utilizan el tema de la 'supremacía blanca' con fines electorales.

---

[60] Bles Mundo. (21 de Septiembre de 2019). Trump podría ser el republicano con mayor porcentaje de voto afroamericano de la historia. https://bles. com/america/ee–uu/noticias–trump–apoyo–historico–afroamericanos. html

Los argumentos sobre la supremacía blanca eran usados por los demócratas para asustar a los estadounidenses, y que se manipulaban una y otra vez en lugar de enfrentar las amenazas reales de la nación.

"Basados en la jerarquía de lo que está impactando a las minorías estadounidenses, si tuviera que hacer una lista de 100 cosas, el nacionalismo blanco no estaría en la lista", dijo la activista descartando que la acción racial de los blancos victimizara a los miembros de los grupos minoritarios.

De acuerdo con su criterio sobre los asuntos que requieren solución urgente enumeró **la ausencia del padre en el hogar, el crimen de los negros contra los negros, el aborto, la inmigración ilegal y el ataque de los demócratas contra la masculinidad.** (*Bles Mundo, 2019*) [61]

El analista político Randy DeSoto del medio "Western Journal" aseguró que Trump, de caras a las elecciones 2020 está ganando rápidamente simpatizantes en la comunidad afroamericana, y parece estar en posición de obtener el mayor porcentaje de voto afroamericano desde los tiempos de Eisenhower. [62]

El comentarista afroamericano **Brandon Tatum**, dijo a The Western Journal refiriéndose a Trump: "Él ha abogado por el éxito de los negros. Usted ve que el desempleo está en su punto más bajo. Los negros están trabajando más. Las mujeres negras están mejor. Todas estas cosas están sucediendo y ocurriendo bajo el presidente Trump".

Otros afroamericanos y activistas políticos con cientos de miles de seguidores por redes sociales como **Larry Elder, Damani Bryant Felder, Mark Robinson, Diamond and Silk,** han apoya-

---

61   Bles Mundo. (21 de Septiembre de 2019). Los demócratas utilizan la 'supremacía blanca' con fines electorales, denuncia activista afroamericana. https://bles. com/america/noticias–democratas–supremacia–blanca–fines–electorales. html

62   (IDEAM, Bles Mundo 21 de Septiembre de 2019. Trump podría)

do explícitamente a Trump bajo una visión conservadora, opuestos a la manipulación victimista étnico–racial demócrata. ¿Quién empodera realmente a las minorías? ¿Quién afirma que la clave del propio progreso esta en su propio valor o quién afirma que la culpa de todo lo que les pasa es de los otros?, ¿Quién envalentona al choque racista? ¿No es la prensa quien trafica con discursos de odio y resentimiento?...

¿Hay otros episodios que puedan revelarnos quién es el verdadero Trump? Encontré ciertos aspectos en la vida del Presidente que es de importancia mencionar. Éstos demostrarían que Trump no es en absoluto un fanático racista como lo han caricaturizado. Las minorías deberían tomar nota.

Por ejemplo en su Reality Show: *"The Apprentice"*, en una de las temporadas de su famoso programa, Donald escogería como ganador del exigente concurso a **Randal Pinket** ¡un afroamericano! El premio era una gran cantidad de dinero, y el puesto de liderazgo al frente de una parte de su propio Emporio Trump. Todo el mundo es capaz de saber o entender que a un racista no le interesaría el mérito de una persona, si su color de piel es extraño o diferente al suyo. Un racista difícilmente se sacaría fotos siquiera con las personas a las que "odia". Y lo más obvio ¡un verdadero racista jamás elegiría voluntariamente a un afroamericano de ganador de su propio programa!, ¡bajo ningún concepto, ni por compromiso! Tampoco tendría como amigo personal al brillante **Robert Kiyosaki**, otro talentoso empresario inmobiliario y escritor estadounidense descendiente de orientales. Con él co–escribió el libro *"Por qué queremos que tú seas rico"*, brindando los secretos del éxito para todos, ofreciendo conocimientos importantes para mejorar en la vida y los negocios. Un fanático racista no escribe libros con personas de otra raza. Alguien que quiere defender privilegios de clase, tampoco difunde los tips más destacados para subir en la escala social.

Y la frutilla de la torta que rebate cualquier narrativa de los medios de comunicación progresistas: Donald Trump nombró en su propia administración como secretario de Vivienda y Desarrollo Urbano del Gobierno, al afroamericano **Ben Carson.** Nadie lo obligó, podía no hacerlo, no nombrarlo, pero lo hizo y por voluntad propia y sin resaltarlo siquiera para defenderse frente a las acusaciones frecuentes de racismo. Para la izquierda toda demostración es poca. Haga lo que haga será un racista.

Otra prueba: en abril de 2018, Trump también hizo una nominación histórica nombrando a **Lorna M. Mahlock** como la primera afroamericana para *General de la Marina* de EEUU.

Estos son tan algunos pocos ejemplos de muchos. Sin dudas estas pruebas rebaten de manera más objetiva las suposiciones de que pueda ser un fanático racista. En sus discursos presidenciales oficiales presentó siempre un tono inclusivo, desde el principio, aludiendo a **la sangre de los patriotas, que no distingue razas.**

Los hechos desmontan la retórica mediática.

Muchos seguidores de Trump del ala de la extrema derecha de vieja escuela racista, criticaron virulentamente esos detalles discursivos que parecían girar hacia la clásica izquierda progresista. Ellos esperaban un libertador racial o incluso un nacionalista blanco moderado. Pero está lejos de serlo. Aun así le brindan su apoyo por ser mejor opción que cualquier demócrata destructor de fronteras. Y su plan de reforma migratoria de 2019 fue del agrado para muchos, incluso a las minorías y sectores más vulnerables, puesto que al enfatizar la preferencia en la meritocracia y la solvencia económica de los nuevos inmigrantes, defiende los puestos de trabajo de la clase media y de menores ingresos; al igual que también termina con el tráfico humano y sexual de personas del tercer mundo.

A la izquierda liberal le basta ver un hombre exitoso, opinando diferente a su ideología para rápidamente anular todo debate racional con la acusación de "¡¡racismo!!" Es uno de "los términos talismán"[63] predilectos, para bloquear la razón y *desacreditar*

---

63   El filósofo Español Luis Cencillo llamaba a estas palabras "términos talismán", pues son usadas para nublar la razón y anular todo debate. A estos términos los he denominado rótulos—estigma en un contexto de guerra psicológica.

irracionalmente el punto de vista "del otro". Es decir, bajo esta vara, el que no se proclame progresista, liberal y globalista, indefectiblemente será señalado como un "deplorable racista", con las connotaciones negativas derivadas de dicha acusación.

Por cierto, debe ser considerada esa liviandad mediática a la hora de señalar acusatoriamente o "rotular" un político que va contra el pensamiento dominante izquierdista. Es sumamente perjudicial para la democracia, la libertad de expresión y el correcto señalamiento de extremistas violentos.

Por otra parte, esa virulencia al atacar la investidura presidencial debería ser observada seriamente.

No debe uno olvidar el parámetro frente al cual se le pretende comparar. Racistas de verdad eran los de hace un siglo, los nazis de Alemania y Austria, esos sí eran extremistas. Aquellos alemanes lo declaraban abierta y orgullosamente, aplastaban sus adversarios comunistas con la fuerza de la violencia absoluta, amaban la venganza, eran sanguinarios, y el ataque a los judíos era frontal. Personajes realmente deplorables y temibles como Heinrich Himmler, Joseph Goebbels, Alfred Rosenberg, Walther Darré, Gottfried Feder, Alfred Baeumler y el propio Adolf Hitler, fundamentaban explícitamente su racismo a nivel teórico, en una decena de libros y conferencias.

Racistas de verdad eran los discriminativos integrantes del Ku Klux Klan (KKK) que afirmaban ser *la raza superior, el verdadero "Pueblo Elegido",* toda una locura de fundamentalismo sectario y mesiánico.

Por el lado del Presidente norteamericano, no es posible encontrar ninguna declaración similar a los viejos racistas. No existe ningún emparentamiento de tipo ideológico. No hay bases teóricas defendidas por Trump de nada cercano al racismo, ni siquiera alguna frase explícitamente comprometedora, ni siquiera una atenuación identitaria o "nacionalista blanca". Sino todo lo contrario, ha negado tal acusación. ***"Soy la persona menos racista del mundo" dijo el 30 de julio de 2019.*** Aseguró que la población afroamericana "está encantada" con su desempeño en la Casa Blanca [64]. Suele subir recurrentemente a sus redes sociales declaraciones de primera mano de afroamericanos fans suyos con la gorra roja MAGA [65]. Como el caso de **Bryson Gray** que presionado por su grupo de amigos para odiar a Trump, no se dejó influenciar y compró en el rally de Fayetteville, North Carolina la mayor gorra MAGA, el 9 de Septiembre de 2019 [66].

Quien llame a Trump racista o compare su persona a Hitler, realmente ignora la historia, su entorno, sus relaciones, o tiene **un marcado *interés político* en desacreditar sus opiniones e investidura Presidencial**. El truco propagandístico se basa en lograr generar rechazo y **"culpa por asociación"**.

Con semejante sesgo uno puede preguntarse ¿La prensa masiva está afiliada al partido demócrata o socialista?, ¿La prensa se ha convertido en un actor político con un sesgo anti-republicano, anti-nacionalista y anti-conservador?, ¿quiere la prensa derrocar a Trump? No es posible leer en ella, un solo artículo favorable en sus 4 años de gobierno. El sesgo es evidente y se manifiesta desestabilizador y antidemocrático. Están enardeciendo las masas para tumbar un gobierno democráticamente electo. No dudan en agitar las pasiones más bajas para lograr una guerra civil e iconoclasta. Los desmanes, incendios, y saqueos de ANTIFA y BLM son tan sólo el preludio de la insurrección. Es algo escandaloso que todo amante de la libertad debiera condenar.

No distinguir las diferencias abismales entre violentos racistas orgullosos (de nivel teórico-práctico) de hace 80 años, con un sim-

---

64 Infobae. (30 de Julio de 2019). Donald Trump: "Soy la persona menos racista del mundo". https://www. infobae. com/america/eeuu/2019/07/30/donald-trump-soy-la-persona-menos-racista-del-mundo/

65 Donald J. Trump [@realdonaldtrump] (10 de septiembre de 2019). *Thank you Bryson! #MAGA* [video]. Instagram. https://www. instagram. com/p/B2N7C6SF78y/

66 Morefield, S. (9 de septiembre de 2019). Un partidario de Trump negro dijo que sus amigos le dijeron que no usara el sombrero MAGA, por lo que compró el 'más grande'. *Daily Caller.* https://dailycaller. com/2019/09/09/black-trump-supporter-biggest-maga-hat/

ple Patriota nacionalista, es un insulto para las víctimas de persecuciones de aquellos regímenes dictatoriales ya extintos hace 75 años. No distinguir las diferencias también contribuye a una peligrosa **"normalización" de acusaciones arbitrarias**, que fomentan la falsa creencia de que aquellos conceptos extremistas están ampliamente extendidos y naturalizados. Denominar a todos los republicanos seguidores de Trump o Qanon como racistas, nazis, extremistas, nacionalistas blancos, terroristas domésticos o deplorables es una absoluta falacia que no contribuye ni a la democracia ni al debate, ni a la paz social. Las falacias son argumentos falsos, de tipo persuasivos que *parecen* válidos pero no lo son, se cometen intencionadamente para persuadir o manipular a los demás, cuando no existen argumentos reales para debatir o ganar una discusión.

Las fake news y las fire news, pre–configuran en el imaginario colectivo una imagen distorsionada con el objeto de criminalizar al que considera "su" enemigo o adversario. No existe debate acerca si Trump es o no racista. Lo dan como un hecho irrefutable. Nadie contradice lo que dicen los medios masivos de comunicación. Han enseñado en los colegios a no cuestionar, a no tener pensamiento crítico, a no escuchar todas las campanas. Sólo eres "libre" de criticar y cuestionar las ideas, creencias e instituciones que los medios de comunicación indican. Para éstos, salir de lo "políticamente correcto" representa un "discurso de odio" susceptible a ser censurado. No hay nada menos norteamericano que esa oleada de censura comunista.

Hay quienes confían ciegamente en los medios de comunicación hegemónicos, como si éstos fueran los portavoces de la verdad revelada.

Son los mismos medios que aseguraron que Bin Laden tiró las torres y todos lo creyeron. Dijeron que Irak tenía bombas de destrucción masiva, y todos lo creyeron. Dijeron que los palestinos son peligrosos terroristas y todos lo creyeron. Dijeron que Trump es un espía ruso, y todos lo creyeron. Dijeron que Trump es racista y todos lo creyeron. Es hora de despertar queridos norteamericanos. Afortunadamente el periodismo ciudadano, más honesto e independiente va ganando relevancia a la hora de informar y brindar otras perspectivas. Es un primer paso para asegurar la libertad de información. Si las libertades caen en Estados Unidos, el mundo entero caerá.

Las corporaciones mediáticas se muestran cada vez más como las mayores propagadoras de odio, difamaciones y falacias; generando un clima de inestabilidad social, anarquía, división y violencia efervescente. No es Trump, sino el ***Cártel de la Prensa globalista*** el que agita las divisiones, las tensiones raciales y los conflictos internos. Lo mismo sucede aquí en Argentina. Es la prensa la genera la profunda grieta, la que atiza las diferencias para mantenernos divididos y dominados. La prensa es un instrumento de guerra psicológica en manos de los globalistas. El último recurso que están aplicando en todo occidente es la implementación de la ideología de género, su más destructivo y nuevo artificio.

La prensa pertenece al Capital Financiero y especulativo global. De allí su parcialidad y sesgo evidentemente liberal. Sueltan "sus perros" para que muerdan a quienes ellos más temen. En campaña Trump amenazó con auditar el Sistema de la Reserva Federal. La gente tóxica del mundillo financiero desprecia el nacionalismo, el populismo y cualquiera que pretenda restablecer la soberanía al pueblo.

Basta con recordar el magnate financiero liberal **George Soros, que anunció en DAVOS 2020 que invertiría 1000 millones de dólares para combatir el nacionalismo** (El Cronista, 2020) [67]. Un torrente de dinero se canaliza por varias ONG que responden a sus órdenes, compañías famosas de streaming (series), y los medios de comunicación, para generar subliminalmente opi-

---

67 El Cronista. (24 de enero de 2020). Davos: George Soros invertirá 1000 millones en educación para frenar la ola de nacionalismo. https://www. cronista. com/internacionales/ Davos–George–Soros–invertira–us–1000–millones–en–educacion–para–frenar–la–ola–de–nacionalismo–20200124–0033. html

niones contrarias a Trump y al nacionalismo. ¿Se alcanza a comprender el origen de las Fake news y las Fire news?

Los magnates financieros utilizan las corporaciones mediáticas como un arma político–económica que atenta contra la democracia. Ellos le temen al despertar de la gente. La tecnología ayudó a propagar la verdad por redes sociales, por eso ahora buscaron excusas para censurar en ellas. Antes la persona promedio miraba por día 5 hs de TV, hoy sólo 1, y 4 pasa viendo contenido en redes sociales. Eso permitió a muchos intelectuales libres convertirse en influencer. Una amenaza crítica al Statu Quo. Es por ello que en estos últimos años, Youtube, Facebook, y Twitter están censurando masivamente las ideas de la derecha. En vez de ser plataformas, se han convertido en editoras que solamente aceptan la ideología liberal–progresista. Muchos adoradores del libre mercado avalaron la censura atroz a la derecha y a Trump, ayudando a la izquierda que tanto dicen combatir.

Ahora ¿cómo es posible que hayan creado esta imagen falsa de Trump? La respuesta es: también con *noticias fuego y fake news.*

Es cierto que Trump hizo como vimos antes, afirmaciones acerca de la presunta nacionalidad Keniana del presidente Obama, y sugirió que la admisión de éste en las universidades de la *Ivy League* se debió únicamente a la discriminación positiva. Pero a todas luces fueron comentarios con una motivación política, y no racial. Él sabía que tal afirmación desataría una fuerte polémica mediática al desprestigiar al Presidente Obama y al partido Demócrata, catapultándolo con ello a las ligas mayores del escenario político. Esto es tan así que la jugada tuvo su éxito. Los beneficios serían... primero, lograr una cobertura mediática masiva gratuita; y segundo, con ello granjearía el apoyo del electorado republicano y cierto público conservador nacionalista. Por el frente ganaría el desprecio y la atención de todo el arco político opositor.

Luego hizo comentarios despectivos acerca de los inmigrantes mexicanos, pero *jamás generalizó*, se refirió específicamente a ilegales que habían cometido crímenes, haciéndose eco de lo que muchos piensan y no dicen al vincular muchas situaciones de violencia, inseguridad y narcotráfico con algunos mexicanos **ilegales**. El Big Media desfiguró sus declaraciones generalizándolas.

Los llamados a que se prohíba temporalmente la entrada de musulmanes a Estados Unidos, tiene una motivación exclusivamente referida a la abismal diferencia cultural con ellos, o vinculado a problemas netamente de índole de *seguridad nacional*, para prevención del terrorismo.

No debe olvidarse que muchos de esos comentarios fueron hechos en un contexto donde se observa en el plano internacional una Europa acorralada por inmigraciones masivas ilegales de musulmanes, seguidas de numerosos atentados y violencia por doquier. El surgimiento de las "zonas prohibidas" o "No–go Zone" [68][69][70][71] que hicieron explotar los índices de criminalidad, son territorios bajo control de inmigrantes indocumentados. Allí ni la policía puede pasar, son algo inédito en aquel continente milenariamente civilizado. En pocos años representarán un serio problema para la Seguridad Nacional de cada Estado. Los europeos aún no han despertado, se encuentran anestesiados con las ideas suicidas de fronteras abiertas que impulsan las izquierdas liberales de la "Open Society Fundations".

Una reciente encuesta afirma que "El 57% de los jóvenes musulmanes en Francia dice que la ley islámica está por encima de las leyes del Estado" (La Gaceta, 2021) [72]

---

68   Lowe, J. (21 de junio de 2017). ¿Hay zonas prohibidas en Suecia? La policía identifica decenas de 'áreas vulnerables' plagadas de delincuencia. *News Week.* https://www. newsweek. com/sweden–police–vulnerable–areas–no–go–zones–628029

69   RT News. (11 de agosto de 2017). Zonas prohibidas: ¿fantasía alternativa o nueva cara de Europa?. https://www. rt. com/news/399365–europe–no–go–zones–real/

70   Chastain, M. (21 de enero de 2015). Las zonas prohibidas musulmanas de europa, documentadas en video. *Breitbart News.* https://www. breitbart. com/ national–security/2015/01/21/europes–muslim–no–go–zones–documented–on–video/

71   RT News. (12 de junio de 2017). 8 áreas más en Suecia agregadas a la lista de las llamadas 'zonas prohibidas'. https://on. rt. com/8eh5

72   La Gaceta. (25 de enero de 2021). El 57% de los jóvenes musulmanes en Francia dice que la

En Gran Bretaña se están replanteando los más de 185 años de tradición donde los policías no requirieron usar armas de fuego para la defensa de los ciudadanos. **El multiculturalismo y las políticas de fronteras abiertas han fracasado a la vista de todos, los niveles de violencia, anarquía, violaciones, terrorismo y crimen crecen día a día.** En países donde antes no existían delitos tan graves, ni violaciones, hoy los ciudadanos y mujeres deben vivir entre rejas en sus propias casas, el miedo ha invadido a los ciudadanos honestos, mientras criminales se apoderan de las calles, las empresas y los gobiernos. La gente comienza a sentirse extranjera en su propio país. La perdida de libertades es continua, se pierden siglos de avances civilizatorios.

El 2005 fue testigo de la inviabilidad de estos *"Estados diversos"* que el globalismo diseñó artificialmente para aniquilar a Europa y América. El foco de anarquismo comenzó en París y se extendió rápidamente por cientos de ciudades francesas y media decena de países [73]. Turbas de inmigrantes ilegales e hijos de inmigrantes principalmente musulmanes y africanos incendiaron –por semanas– miles de autos, escuelas, Iglesias, estaciones de trenes, ómnibus, hospitales, centros policiales, cestos de basura, mataron policías y se produjeron violaciones. Francia fue incendiada en 2005 por inmigrantes ilegales llenos de odio contra los nativos. Michel Thooris, un integrante del sindicato de policías Action Police CFTC, describió los desmanes como «una guerra civil» [74] Esa es la Francia francmasónica, socialdemócrata, liberal, progresista, postmoderna erigida desde la década del 70` por agentes del globalismo. Francia cayó en desgracia luego de terminar la presidencia brillante del nacionalista Charles de Gaulle, héroe de la

---

ley islámica. https://gaceta. es/actualidad/el–57–de–los–jovenes–musulmanes–en–francia–dice–que–la–ley–islamica–esta–por–encima–de–las–leyes–del–estado–20210125–1355/

73 Disturbios de Francia de 2005. (22 de julio de 2019). en *Wikipedia*. https://es. wikipedia. org/wiki/Disturbios–de–Francia–de–2005

74 Burke, J. (30 de octubre de 2005). Los incendios de la guerra civil estallan en Paris. *The Guardian*. https://www. theguardian. com/world/2005/oct/30/france. jasonburke

resistencia francesa contra la invasora Alemania nazi. Ni siquiera esos trágicos sucesos del 2005 fueron suficientes para despertar a la decadente Francia. Sólo el movimiento de los chalecos amarillos parece traer algo de esperanza a aquella nación bajo ataque constante de su elite hostil masónica–globalista. Curiosamente apareció luego el Covid19… ¿para asustar, aterrorizar, distraer y perseguir disidentes?

El 7 de Julio de 2017, el periódico INFOBAE publicó:

> Mientras Italia ha lanzado el enésimo grito de alarma por la inmigración, el resto de Europa persiste en mirar hacia otro lado, la progresía internacional lo niega y los izquierdistas enceguecidos acusan de islamófobos a quienes informan sobre "zonas de exclusión" en varias ciudades europeas donde la sharia se aplica.(Infobae, 2017) [75]

En Youtube varios periodistas ciudadanos que exponían estadísticas sobre la teoría del *El Gran Reemplazo* y sobre los crímenes cometidos por inmigrantes ilegales, han sido censurados, eliminados y removidos. En Estados Unidos cuando el tema es abarcado por algún periodista honesto de los grandes medios, como fue el caso de Tucker Carlson de FOX News, es duramente atacado por el izquierdista CEO dictatorial de la ADL, exigiendo su silencio y renuncia. Aparentemente Carlson dijo algo criminal digno de ser censurado:

> Sé que la izquierda y todos los pequeños guardianes de Twitter se vuelven literalmente histéricos si se usa el término 'reemplazo', si se sugiere que el Partido Demócrata está tratando de reemplazar al electorado actual…, …Pero se ponen histé-

---

75   Chaya, G. (7 de julio de 2017). En Paris crece el uso de la app No–Go Zone para evitar areas donde rige la sharia. *Infobae*. https://www. infobae. com/america/mundo/2017/07/07/ en–paris–crece–el–uso–de–la–app–no–go–zonepara–evitar–zonas–donde–rige–la–sharia/

ricos porque eso es lo que está sucediendo en realidad. Digámoslo. Es verdad.

Quiero decir, todo el mundo lo está convirtiendo en un problema racial. Oh, ¿el, ya sabes, el reemplazo del blanco? No, no, ésta es una cuestión de derechos de voto ", agregó Carlson más tarde, diciendo que los cambios en la población diluyen el poder político "de los votantes registrados actuales". (The Hill, 2021) [76]

No está permitido contradecir la corriente hegemónica de los medios liberales "políticamente correctos". Un pequeño desvio del relato establecido, se traduce en la ruina social o la pérdida del trabajo. El Big Tech ya comenzaba a censurar mucho antes que apareciera el virus de China, solo que esa censura selectiva iba dirigida solo a quienes intentaban reaccionar contra la política de fronteras abiertas. Luego ésta se expandió a todo discurso de derecha.

Existe un claro esfuerzo por ocultar la realidad y los problemas existenciales a la gente. Observar cómo la censura corporativa contra determinadas ideas y perspectivas va ganando terreno día a día, llenan de oscuridad el futuro, son actos netamente totalitarios que no deberían tener lugar en Estados de Derecho. Los gobiernos tienen que asegurar las libertades esenciales resguardadas por las constituciones nacionales. ¿Pero si esos gobiernos también han sido infiltrados por filomarxistas, qué puede esperarse? Los maestros del engaño fueron trepando posiciones burocráticas y políticas, tejiendo redes para asfixiar a los patriotas. Los globalistas han ocupado muchos gobiernos occidentales, pero han sido asustados por Trump.

La elite globalista a través de la desestabilización y bombardeo a países africanos y de Medio Oriente, fomentó durante las últimas 2

---

76 Moore, T. (9 de abril de 2021). La Liga Antidifamación pide el despido de Tucker Carlson. *The Hill.* https://thehill. com/homenews/media/547439–anti–defamation–league–calls–for–tucker–carlson–to–be–fired

décadas la inmigración masiva para desestabilizar Europa, esta situación se asemeja a una bomba de relojería con cuenta regresiva, la explosión del 2005 fue solo un pre–anuncio. Las crisis económicas generadas por las cuarentenas abusivas, destruyeron millones de empleos, y esa gente querrá comer, enardecida verá que tiene nuevos competidores en la búsqueda de empleo, ilegales venidos de lejanos países serán mirados con reencor. El 25 de enero de 2021 me llegaron reportes de levantamientos populares contra las cuarentenas eternas y amenazas de guerra civil en Holanda, Austria, España, Dinamarca, Alemania, e Italia.

El Presidente Donald Trump quiso evitar que ese fenómeno de avalancha de ilegales, se contagie en los Estados Unidos algún día, y para ello es necesario prevenir, actuando sobre las causas que generan este problema. Las elites europeas han traicionado a sus pueblos abriendo de par en par sus fronteras, seducidos con dineros de magnates liberales y con la narrativa de la izquierda socialdemócrata. Ahora todo amenaza estallar en mil pedazos.

Trump supo ver y denunciar este peligro inminente y tuiteó:

¡No queremos que nos pase a nosotros lo que está pasando en Europa con la inmigración! Merkel cometió un error catastrófico al acoger a los inmigrantes. El pueblo alemán le está dando la espalda a sus gobernantes debido a que la inmigración está sacudiendo la débil coalición de Berlín. La criminalidad en Alemania está subiendo. **Un gran error por parte de toda Europa el aceptar a millones de personas que cambiaron tanto y tan violentamente su cultura.** (*Trump, D. 2018*) [77] [78]

---

77 Trump, D. [@realdonaldtrump]. (18 de junio de 2018). [Twitter] https://twitter. com/realDonaldTrump/status/1008696508697513985

78 La vanguardia. (18 de junio de 2018). Trump arremete contra Merkel por su política migratoria. https://www. lavanguardia. com/internacional/20180618/45224859914/trump–merkel–politica–migratoria. html

El Presidente se basó en datos comprobados por la agencia de noticias Reuters, que publicó las conclusiones de un estudio que verificó *"los delitos violentos aumentaron aproximadamente un 10 por ciento en 2015 y 2016. Se atribuyó más del 90% de eso a los jóvenes refugiados varones."* [79]. La ola de refugiados fue acompañada por otra ola de terrorismo, dijo el especialista Avigdor Eskin citando los datos de *The Heritage Foundation* [80]. Es posible comprobar que desde el 2014, los ataques terroristas en Europa tuvieron 327 víctimas mortales y aproximadamente 1. 417 heridos [81]. Como era de esperar, ridiculizaron a POTUS por aquellas declaraciones resaltando que estaba equivocado, intentando ocultar el sol con un dedo.

Trump se encamina por el lado del pragmatismo geopolítico, de evitar y oponerse que un país históricamente cristiano, reciba millones y millones de musulmanes ilegales deseosos de imponer más tarde sus reglas, su religión o la "Ley Sharia" en ciudades o Estados, incluso en contra de la voluntad de todos. Nadie quiere ver en su propia casa a un grupo, (así sea minúsculo) *de personas extremistas* declarando una guerra santa fundamentalista, utilizando el terror, poniendo bombas y matando inocentes como ya se ha visto en Europa en los últimos 20 años. Una larga lista de atentados brutales y masivos, que podría haberse evitado cerrando y blindando las fronteras. No es islamofobia defenderse del terrorismo.

Para no ir tan lejos, en Agosto de 2019 en Stuttgart Alemania un inmigrante Sirio asesinó a un alemán con una catana en plena

---

79   Alkouasaa, R. (3 de enero de 2018). El crimen violento aumenta en Alemania y se atribuye a los refugiados. *Reuters.* https://www. reuters. com/article/us–europe–migrants–germany–crime/violent–crime–rises–in–germany–and–is–attributed–to–refugees–idUSKBN1ES16J

80   Simcox, R. (1 de agosto de 2018). Conspiraciones y ataques islamistas europeos desde 2014, y cómo puede ayudar Estados Unidos a prevenirlos. *The Heritage Foundation.* https://www. heritage. org/europe/report/european–islamist–plots–and–attacks–2014–and–how–the–us–can–help–prevent–them

81   Sputnik Mundo. (28 de junio de 2018). Trump ahoga a Merkel en el mar Mediterráneo. https://sptnkne. ws/hTyb

calle, partiéndolo en muchos pedazos [82]. La gente buena busca la paz, rechaza estas sociedades multiculturales ultraviolentas, inseguras, fragmentadas, divididas, y desean la restauración de los Estados Nacionales seguros donde estos hechos aberrantes no sucedían jamás. Una nueva elite de patriotas debe entrar en control.

Generalizar y presuponer que todos los musulmanes son terroristas, sería también tan erróneo como racista, eso sería injusto, no todos los musulmanes son violentos o terroristas. Como en toda religión o cultura hay gente buena y mala. Pero sería ingenuo por otro lado, no ver que estos extremistas que han causado miles de muertes, han nacido como *frutos del árbol del Islam* en torno a las ideas de la Yihad o "Guerra Santa" contra lo que ellos denominan "infieles". El Islam es la tierra fértil donde muchos extremistas nacieron. No hay atentados de "extremistas budistas" todos los meses...

El erudito musulmán Ibn Jaldún (1332–1406) escribió:

> En la comunidad musulmana, la yihad es un deber religioso, debido a la universalidad de la misión (musulmana) y (la obligación) de convertir a todo el mundo al Islam ya sea por persuasión o por la fuerza... Los demás grupos religiosos no tienen misión universal, y para ellos la yihad no era un deber religioso, excepto solamente para fines de defensa. De este modo sucede que la persona encargada de los asuntos religiosos en (otros grupos religiosos) no se ocupa de ejercer el poder en absoluto"[83]

---

82   Mic, M. (1 de agosto de 2019). Un inmigrante sirio asesina a un hombre en Alemania con una catana. *CasoAislado.* https://casoaislado. com/un–inmigrante–sirio–asesina–a–un–hombre–en–alemania–con–una–catana/

83   Ibn Jaldún, Muqaddimah. p 99 de la edición árabe, p 303 de la edición inglesa, traducida a su vez del árabe por Franz Rosenthal, 1958. edición inglesa: https://asadullahali. files. wordpress. com/2012/10/ibn–khaldun–al–muqaddimah. pdf . Aunque debemos matizar aclarando que hay eruditos que afirman como el suizo Tariq Ramadan que: "yihad" nunca significa "guerra santa" con miras a "imponer" o "propagar" el Islam en todo lugar. De hecho yihad y qitâl (lucha armada)

Muchos militares norteamericanos, preocupados por la defensa nacional, han observado el carácter profundamente político, exclusivista e imperialista que tienen ciertas religiones del Medio Oriente.

Trump debería ser aplaudido por su valentía y claridad. Manteniendo a raya a extremistas del Islam en sus tierras de Oriente Medio. De este modo, logra evitar desde hoy, futuras situaciones de crisis internas, aún más divisiones e inestabilidad, como se evidencia en la alarmante situación Europea.

Han juzgado negativamente a Trump por querer evitar en USA, el caos que las inmigraciones ilegales están causando en Europa. Que cada quien reflexione sobre esto.

Hoy en día en Bélgica por ejemplo, existe un partido político llamado I. S. L. A. M. conformado por inmigrantes e hijos de inmigrantes ilegales, que promete a su electorado que en 2030 aquel país será Musulmán. Eso es lo que desean y por lo que luchan abiertamente. Al igual que en Francia celebran su tasa de natalidad alta, desprecian a los nativos europeos y quieren reemplazarlos en su propio suelo. A las mujeres europeas occidentales las llaman prostitutas por no llevar velo, y no sólo eso, pretenden destruir el Estado de Derecho, sustituyéndolo por la Ley Islámica (Sharia). Su portavoz y cofundador del partido, *Redouane Ahrouch* fue condenado en 2003 a seis meses de cárcel por amenazas y agresiones a su mujer (El machismo nace en el Medio Oriente). Y recientemente en el 2018 fue despedido de su trabajo, porque sus valores e ideas no representan a la empresa que lo empleaba [84].

---

significan exactamente lo opuesto de lo que solemos pensar: en vez de ser los instrumentos que justifican la guerra, son las medidas aplicadas para conseguir la paz por medio de la resistencia a la agresión injusta"

84   The Brussels Times. (3 de mayo de 2018). Cofundador del partido Islam de Bélgica es destituido de STIB. http://www. brusselstimes. com/brussels/11185/co–founder–of–islam–made–redundant–from–stib

El efecto de este nuevo partido, según Michaël Privot, experto sobre el islam, y Sebastian Boussois, politólogo, podría ser la "implosión del cuerpo social". Algunos políticos belgas, como

Gran parte de los asilados y refugiados son víctimas, personas buenas, que solo huyen de las guerras generadas por la elite global. Pero infiltrados entre ellos se cuelan los extremistas que en vez de agradecer la buena fe de los países Occidentales que le dan lugar, ven en el proceso migratorio una oportunidad para realizar una **conquista demográfica silenciosa a largo plazo**. Pretenden así establecer los pilares que les permitirían poder imponer luego su poder y sus dictaduras teocráticas de corte musulmán. China es otra de las varias naciones que está desarrollando un esquema de **conquista por diáspora e infiltración** muy similar a los fundamentalistas islámicos. Sus elites fanáticas están corruptas y sedientas de poder ilimitado. La diáspora ilegal constituye un activo para los invasores imperialistas, una amenaza para la seguridad nacional. El problema en sí, no son los inmigrantes, sino las elites políticas expansionistas, que intervienen en los asuntos internos de los demás países y usan a la gente como tropa de choque y ocupación.

Algunos países como Arabia Saudita financian fuertemente la construcción de Mezquitas en Occidente, incluyendo millonarias sumas de dinero a la gente que se instala en Europa de manera ilegal. No es la primera vez que el Islam intenta conquistar Occidente… la triste historia de España habla de ello (de esta clase de colonización inversa nadie habla, pues muchos ingenuos europeos han sido criados bajo el complejo de culpa).

A nadie parece llamarle la atención que los pobres refugiados cruzan un continente entero para llegar hasta Alemania o Inglaterra, y no vayan hacia los más cercanos y ricos Estados musulmanes como Arabia Saudita o Qatar, por sólo nombrar algunos. ¿Qué tipo de logística y ayudas han recibido? ¿con qué objeto? Los tra-

---

Richard Miller, están defendiendo ahora la ilegalización del Partido ISLAM. Por otro lado Olivier Servais un sociólogo de la Universidad Católica de Lovaina afirmó "Casi un tercio de la población de Bruselas ya es musulmán", "Los practicantes del islam, a causa de su alta tasa de natalidad, habrá de ser mayoría en 'quince o veinte años'.

ficantes de personas se benefician de ellos y abonan con sus crímenes el multiculturalismo, que es a su vez una clave para la extinción de Occidente.

Piense y reflexione por sí mismo. Piense sobre los numerosos traficantes de humanos que quieren lucrar a través del sufrimiento de los más vulnerables. Son neoesclavistas que deben ser combatidos con toda la fuerza de la ley y el orden.

"Sin fronteras no tienes un país" dijo Trump. La fórmula es muy simple. Es por ello que la izquierda liberal día y noche propaga subliminalmente el concepto "sin fronteras" como algo maravilloso.

Trump pareció querer evitar este proceso migratorio descontrolado y peligroso para todos, que luego de no ser frenado, traerá un choque violento (hasta una posible guerra Civil).

POTUS ([85]) ha señalado el total fracaso de las políticas de fronteras abiertas que reciben a refugiados de Medio Oriente o África, implementadas por gobiernos decadentes como el de Suecia, que mira hacia otro lado frente a las nuevas oleadas de violaciones masivas a mujeres. Tal vez hasta se podría declarar la política de fronteras abiertas, como un crimen contra los derechos humanos de los milenarios nativos europeos.

Trump visitó el Museo Afroamericano el año (2017) y en su discurso expresó su compromiso hacia el pueblo estadounidense, sin distinciones raciales, deplorando las exclusiones raciales que se llevan a cabo en otras partes del mundo. Se ha sacado fotos, publicándolas en su instagram junto a al vicepresidente Mike Pence el 21 de Enero de 2019, posando bajo la estatua gigante de Martin Luther King Jr. Memorial, un símbolo moderno de los derechos civiles afroamericanos. ¿Qué racista haría esto? El mismo día publicó también en esa red social un mantra muy liberal "...*no importa cuál sea el color de nuestra piel o el lugar de*

---

85   POTUS = President of the United States. Es una abreviatura para Presidente de los Estados Unidos.

nuestro nacimiento, todos somos creados iguales por Dios" [86] y proclamó el mismo 21 de enero de 2019 feriado federal en honor al afroamericano Martin Luther King Jr [87]. **Cualquier acusación de racismo, no sólo es ridícula, es evidentemente mal intencionada**. Lo preocupante es observar que la mitad de los Estados Unidos han sido absolutamente manipulados por la prensa privada.

Como vemos, los medios de comunicación "serios", "respetables", "imparciales" han mentido, han desinformado sobre Trump. Estados Unidos está inmerso en una guerra de la información, donde se engaña a las mayorías mediante la representación sesgada de los hechos.

Podemos comprender entonces, por qué él los acusó de crear noticias falsas, una expresión que se popularizó como las "fake news". Los grandes noticeros, el Big Media, el Mainstream media, son fake news. Inventan fuentes, inventan noticias, las usan para fortalecer las ideologías y organizaciones que protegen sus intereses.

Trump supo exponer esos intereses tirando cebos, jugando con el lenguaje, siendo a veces polisémico, con supuestos silbatos de perro, con abigüedades, demorando acusaciones a extremistas de derecha que la prensa progresista anhelaba. Como fue el caso del primer debate presidencial el 29 de septiembre de 2020 en Cleveland, frente a su nuevo rival Joe Biden. El moderador Chris Wallace de la cadena Fox, que recibió críticas por su pobre papel, que lejos de ser neutral, atacó e interpeló constantemente al candidato republicano Trump, le pidió expresamente que condenara a los grupos de extrema derecha de su base electoral. A lo que el Presidente se negó primero, y al rato lo hizo, aunque de manera ambigua. *"Casi todo lo que veo [de violencia] es de la izquierda, no de la*

---

86   Donald J. Trump [@realdonaldtrump] (21 de enero de 2019). [imagen]. *Instagram.*

87   White House. (18 de enero de 2019). *Proclamación presidencial sobre Martin Luther King, Jr., feriado federal, 2019.* https://trumpwhitehouse. archives. gov/presidential–actions/ presidential–proclamation–martin–luther–king–jr–federal–holiday–2019/

derecha" [88] [89], refiriéndose al caos de los saqueos e incendios provocados por Antifa y BLM y que asolaron a los Estados Unidos por meses. Wallace preguntó: *"¿Está dispuesto, esta noche, a condenar a los supremacistas blancos y a los grupos de milicias, y decir que deben retirarse y no aumentar la violencia en algunas de estas ciudades como vimos en Kenosha, y como hemos visto en Portland?* Trump respondió: *"Claro. Claro, estoy dispuesto a hacer eso".* Luego pidió una aclaración, diciendo: *"¿A quién le gustaría que condene?"* Wallace mencionó *"supremacistas blancos y milicias de derecha".* Biden intervino proponiendo a "Proud Boys". A lo que Donald Trump respondió ***"Proud Boys, retrocedan y esperen,*** *pero les diré qué, les diré qué, alguien tiene que hacer algo con Antifa y la izquierda, porque este no es un problema de derecha"* [90]. Unos días mas tarde, ante la presión de los medios, el 1 de octubre, Trump dijo en el programa de Sean Hannity: *"Lo he dicho muchas veces, y déjame ser claro de nuevo:* ***condeno al Ku Klux Klan". Condeno a todos los supremacistas blancos. Condeno a los Proud Boys.*** *No sé mucho sobre los Proud Boys, casi nada. Pero lo condeno"*

Dicha organización fundada por Gavin McInnes en el 2016, se destaca principalmente por su activismo por las armas –avalado por la segunda enmienda constitucional–, y aparentemente tienen ciertos vínculos con el nacionalismo blanco, según los "expertos" en combatir esas organizaciones. Un ex asesor y amigo de Trump, contó con voluntarios a Proud Boys para su protección personal [91].

---

88   Mars, A. (1 de octubre de 2020). El caos y los ataques personales marcan el primer debate entre Trump y Biden. *El PAIS.* https://elpais. com/internacional/elecciones–usa/2020–09–30/el–caos–y–los–ataques–personales–marcan–el–primer–debate–entre–trump–y–biden. html

89   Laborde, A. (30 de septiembre de 2020). Proud Boys, el grupo de ultraderecha solo para chicos que Trump se negó a condenar. *EL PAIS.* https://elpais. com/internacional/elecciones–usa/2020–09–30/proud–boys–el–grupo–ultraderecha–solo–para–chicos–que–trump–se–nego–a–condenar. html

90   Wikipedia (s. f.). Proud Boys. Recuperado el 19 de diciembre de 2020. https://es. wikipedia. org/wiki/Proud–Boys

91   Tillman, Z. (24 de febrero de 2019). Los "voluntarios" de Proud Boys de Roger Stone lo han estado defendiendo en línea después de que el juez ingresó una orden

Roger Stone estuvo vinculado a dicha organización a quien acudió para mantener seguras algunas reuniones MAGA de la violencia habitual de ANTIFA (una organización de extrema izquierda). A principios de 2018, antes de una aparición en la Conferencia Republicana Dorchester anual en Oregon, Roger Stone buscó a los Proud Boys para que actuaran como sus guardias de seguridad.

El vínculo entre el trumpismo y esta organización dio letra al amarillismo periodístico para reforzar la idea del racismo de Trump.

Nuevamente basta con excarbar un poco para ver la farsa caer. La supuesta organización "supremacista blanca" esta liderada desde 2019 por Enrique Tarrio, un hombre de piel oscura, que no tienen nada de malo por ello, pero el mismo no encaja con el estereotipo de "supremacista blanco" que las fake news de los medios venden para atemorizar a la gente. Tan solo con este dato queda desmantelado el relato estigmatizante de la prensa progresista–liberal, cuyo activismo constante fue hacer la guerra al Presidente y ciertos grupos que defienden la segunda enmienda constitucional. En febrero de 2021 los demócratas y la prensa llegarian al extremo de querer denominar dicha organización como "terroristas domésticos". El partido demócrata infitrado por la izquierda neomarxista, pretende quitarles las armas a los ciudadanos norteamericanos.

Ahora… llamar terroristas domésticos a quienes ejercen sus derechos constitucionales vinculándolo a racistas, parece ser un viejo truco de manipulación de "culpa por asociación". Hace décadas que los socialistas luchan por el desarme de la gente. Pues toda tirania antes de mostrar sus dientes, requiere que el pueblo este desarmado e indefenso. A los globalistas no les gusta que los estadounidenses estan armados.

---

de mordaza. *BuzzFeed News.* https://www. buzzfeednews. com/article/zoetillman/ roger–stone–proud–boys–volunteers–mueller–instagram

1. 5* ¿Es Trump un antisemita?

Han pasado 75 años desde el fin de la Segunda Guerra Mundial, un momento traumático donde el mundo descubrió la pesadilla genocida ocasionada por el régimen nacionalsocialista contra los judíos. Las naciones libres se pusieron de pie contra un pueblo cuya elite imperialista alteraba la paz mundial y amenazaba con gobernar el mundo entero bajo el dominio de la cruz esvástica. El pretendido "imperio que duraría mil años" erigido por un mesiánico dictador alemán, comenzó en el año 33´ del siglo pasado y duró apenas 12 años.

Como una ley de hierro se demostró que *la caída*, es el destino ineludible de todos aquellos impulsos imperialistas y globalistas que sólo saben odiar al diferente. El fracaso es el destino de todos aquellos cuyas ambiciones desmedidas, violan la soberanía de otros pueblos y naciones intentado acabar con ellas. Luego de finalizada la Segunda Guerra Mundial, los Aliados erradicaron y proscribieron el nazismo y combatieron con el peso de la ley el antisemitismo. Varias generaciones fueron intensivamente "reeducadas" en colegios, universidades, diarios, TV, cine, y radio sobre aquellos tiempos sombríos, para evitar que la desgracia volviese a repetirse. Las doctrinas de odio fueron sepultadas y erradicadas de la vida política postmoderna. Aquellas medidas intensivas de desnazificación se aplicaron en todo Occidente y continúan hasta el día de hoy. Dejando a las posturas extremas por fuera del marco de lo "políticamente correcto" de las "sociedades abiertas".

Por esa razón es imposible encontrar hoy un "antisemitismo sistémico", también es muy raro verlo como diatriba política en las democracias occidentales. Las acusaciones de la prensa contra Donald Trump acusándolo de antisemita, causaron asombro, dudas, miedo y terror. El Big Media afirmaba sin titubear que el entonces candidato al sillón de la Casa Blanca ¡era un antisemita! Y lo siguieron haciendo por varios años. ¡La difamación incluyó a su asesor Steve Bannon! Un supuesto supremacista blanco fanático (a pesar que lo ha negado y es pro–Israel). Las alarmas se prendieron. Todos corrieron y se alteraron. Había que frenar al deplorable de Trump. Mientras el miedo mermaba, la suspicacia crecía.

El gran problema comenzaba cuando fríamente uno intentaba analizar los hechos más allá de los titulares de las noticias. ¿Qué había dicho el potencial genocida?, ¿Trump acaso proponía exterminar a los judíos?, ¿los difamaba por su religión, cultura o nacionalidad? Por más que uno se empeñe en encontrar hechos o frases realmente comprometedoras en su contexto… no había nada relevante, "peligroso", ni extremista en sus discursos.

¿Qué era entonces toda aquella histeria desatada contra él?: simplemente un acto de difamación y mentira política. Más allá que nunca agredió, ni atentó contra la vida o la propiedad de un judío ¿es posible probar que **no es** un antisemita? Sí, por supuesto.

Uno de los testimonios más valiosos y cercanos que se puedan tener sobre Trump en este tema, es el vertido por su yerno judío Jared Kushner, así comenzaba su exposición en el (*Observer*, 2016) diario del que es propietario [92]: ***"Mi suegro no es antisemita. Es tan simple como eso. Donald Trump no es antisemita y no es racista"***. Enfatizó. En el mismo artículo continúa diciendo:

> El hecho es que mi suegro es una persona increíblemente amorosa y tolerante que ha abrazado a mi familia y nuestro judaísmo desde que comencé a salir con mi esposa. Su apoyo ha sido inquebrantable y desde el corazón. Lo he visto personalmente abrazar a personas de todos los orígenes raciales y religiosos, en sus empresas y en su vida personal. Esta caricatura que algunos quieren pintar como alguien que ha "permitido" o alentado la intolerancia simplemente no refleja el Donald Trump que conozco.

---

92   Kushner, J. (6 de Julio de 2016). Jared Kushner: el Donald Trump que conozco. *Observer*. https://observer. com/2016/07/jared–kushner–the–donald–trump–i–know/

Aclarando de una manera muy atinada, el motivo de la controversia que genera Donald en su entorno:

> La gente ve en él lo que quiere ver: si no les gusta su política, podrían ver otras cosas que no les gustan, como el racismo. Si les gusta su política, podrían imaginar que están escuchando "silbatos de perro". Tocará temas que los políticos intentan evitar. Esto es parte de porque atrae a tantos." "En mi opinión, acusaciones como "racista" y "antisemita" están siendo lanzadas con un descuido que corre el riesgo de hacer que estas palabras carezcan de sentido.

Coincido con Jared Kushner, en esta brillante interpretación de lo que sucede con Trump! Aquí, él respondía a una periodista anti-Trump de su propio periódico –que se había sentido ofendida como judía–, explicándole el por qué razón, ella estaba equivocada con sus miedos infundados ([93]). Si muchas personas se equivocan en acusar a alguien de antisemita, el subjetivismo aumenta y se corre el riesgo de banalizar el término.

Describió a Trump como *"instintivamente pro-judío y pro-Israel"*. Jared está casado con Ivanka, una hija de Trump, quien debió convertirse al judaísmo para poder casarse con él.

Aunque cueste creerlo, la Liga Anti-Difamación rechazó las explicaciones defensivas de Trump y su ¡yerno judío! diciendo: "Donald Trump debería dejar de jugar el juego de la culpa y aceptar que en su campaña twiteó una imagen con evidentes connotaciones antisemitas y que, según los informes, fue levantada de un sitio web supremacista blanco" (CNN, 2016) [94], dijo de manera altiva el

---

93   Schwartz, D. (5 de julio de 2016). Una carta abierta a Jared Kushner, de uno de sus empleados judíos. *Observer*. https://observer. com/2016/07/an-open-letter-to-jared-kushner-from-one-of-your-jewish-employees/

94   Diamond, J. (5 de julio de 2016). La última controversia de Donald Trump: ¿un tuit antisemita?. *CNN*. https://cnnespanol. cnn. com/2016/07/05/la-ultima-controversia-de-donald-trump-un-tuit-antisemita/

presidente de esa institución Jonathan Greenblatt en un comunicado, según informaba la CNN.

Dan Scavino, director de medios de comunicación social de la campaña presidencial, aclaró en un comunicado cuáles eran los orígenes de la imagen: *"El gráfico utilizado en las redes sociales este fin de semana no fue creado por la campaña ni se obtuvo de un sitio antisemita"*, *"Se tomó de un usuario de Twitter anti–Hillary donde aparecen innumerables imágenes".*

Respecto a este mismo incidente, Jared comentó en el mismo artículo del Observer:

> Si el equipo de rápido movimiento de mi suegro fue descuidado al elegir una imagen para retuitear, bueno, parte de la razón por la que es tan impactante es que es un candidato real que se comunica con el público estadounidense en lugar de los ejércitos de manipuladores que evalúan a los candidatos comunes (*Observer*, 2016)

Una de las acusaciones más ridículas lanzadas contra Trump es la de "encarnar el antisemitismo". Nuevamente estamos ante un evidente rol ideológico y políticamente sesgado de la prensa masiva.

Por un lado tenemos la prensa liberal (de tolerancia selectiva), censurando o reprochando al presidente republicano en cada uno de sus comentarios. Por otro lado tenemos un Trump siempre provocador, pero tangencial, tocando las fibras de la sensibilidad progresista.

Intentando salir del terreno de los subjetivismos extremos y como no es posible juzgar intenciones, es necesario analizar con mayor objetividad los hechos.

En una reunión del AIPAC en Marzo de 2016, dijo unas emotivas palabras que derritieron los miles de corazones judíos de la sala: *"Mi hija, Ivanka, está a punto de tener un hermoso bebé judío. De hecho, podría estar sucediendo en este momento, lo que sería muy bueno en lo que a mí respecta"*. (Jewish Telegraphic Agency [2016])[95] Todos los judíos presentes aplaudieron llenos de alegría.

Como demuestran Jared e Ivanka, el pueblo judío en su histórica diáspora se ha mezclado profundamente, incorporando a su colectividad integrantes de pueblos europeos, americanos, turco–mongoles, eslavos, africanos, a tal punto que hoy en día, hay judíos de todos los colores, un verdadero crisol, un rico melting pot. Una realidad evidente que desmonta todas las caducas teorías racistas que han usado los antisemitas contra los judíos.

Donald Trump en su largo camino de éxito empresarial, tuvo la oportunidad de conocer muchos judíos y hacer amistades con algunos de ellos. El abogado Roy Cohn fue uno de ellos y él mismo lo cuenta en su libro "El arte del Trato" escrito hace veinte años.

El presidente ha designado algunos judíos de confianza para que ocupasen puestos de poder, no sólo en su emporio inmobiliario, sino también en el gobierno. Demostrando con ello que la acusación de antisemitismo es totalmente infundada e irracional. Los nombramientos más relevantes o de más alta jerarquía fueron: Jared Kushner (Asesor, en la Casa Blanca), y Steven Mnuchin (Secretario de Tesoro), cuya colaboración en la campaña fue muy importante. Jared formó un equipo de 100 expertos en social–media autodenominados "Project Alamo". Mnuchin, por su lado, fue un destacado recaudador de fondos para la campaña (tardía). Además de ellos, contó con el respaldo de una docena de colaboradores de menor rango.

Pero para no dar letra a los antisemitas que creen en la odiosa teoría del "judío de la corte", hay que destacar que de 29 secretarios en total que conformaron su administración, tan sólo 2 eran judíos. Trump no era ningún "títere" de nadie, tampoco Jared Kushner detentaba un "control en la sombra" sobre toda la administración. Dichas ideas están sólo en las mentes más afiebradas del antisemitismo rancio. Y en cuanto a los demás nombramientos de

---

95 Jewish Telegraphic Agency. (21 de marzo de 2016). Read Donald Trump's speech to AIPAC. https://www. jta. org/2016/03/21/politics/read–donald–trumps–speech–to–aipac

judíos, han sido puestos menos relevantes, diplomáticos, administrativos de escasa importancia.

Cada vez que la Liga Antidifamación (dirigida por un judío) acusaba de "antisemita" al propio Trump, un valiente ejército judío salía a defenderlo contra las acusaciones infundadas. La Coalición Judía Republicana también defendió a Trump en reiteradas oportunidades.

A fines de Febrero de 2017, realizó una condena explícita contra el antisemitismo. "Las amenazas contra la comunidad judía y los centros comunitarios son horribles, dolorosos y un triste recordatorio del trabajo que todavía debe hacerse para erradicar el odio, el prejuicio y la maldad" (EL PAIS, 2017) [96] dijo en una visita al Museo Nacional de Historia y Cultura Afroamericana.

Los primeros días de Diciembre de 2017, Trump firmaba el reconocimiento oficial de Jerusalén como Capital del Estado Judío. Algo que no se había atrevido hacer ningún otro Presidente norteamericano. [97]

El 14 de mayo de 2018, Trump traslada efectivamente la embajada de Tel Aviv a Jerusalén, en un hecho concreto histórico que benefició a Israel y al pueblo judío entero.

El 8 de Mayo de 2018 Trump rompió definitivamente el pacto nuclear con Irán, y restableció las sanciones. "El acuerdo descansaba en una gigantesca ficción: que un régimen asesino deseaba sólo un programa nuclear pacífico. Si no hacíamos nada, el mayor patrocinador mundial del terrorismo iba a obtener en poco tiempo la más peligrosa de las armas" se justificó Trump

El 25 de Marzo de 2019 Trump reconoce la soberanía israelí en los territorios en disputa de los Altos del Golán. Un gesto no sólo

---

96   Faus, J. (21 de febrero de 2017). Trump condena por primera vez como presidente el creciente antisemitismo. *El País*. https://elpais. com/internacional/2017/02/21/estados–unidos/1487700310–990919. html

97   BBC Mundo. (6 de diciembre de 2017). Donald Trump anuncia que Estados Unidos reconoce oficialmente a Jerusalén como la capital de Israel. https://www. bbc. com/mundo/noticias–internacional–42258517

favorable al Estado Judío, sino también para Benjamín Netanyahu de cara a las elecciones que se avecinaban entonces.

Hizo al menos 5 declaraciones públicas contra el antisemitismo, y visitó el muro de los lamentos. Declaró en mayo de 2020 "mes de herencia judío–americana".

Estos hechos son una realidad, ya de por sí elocuentes. Sin embargo su discurso en 4 años, tuvo algunos episodios desconcertantes.

No abrazó a todos los judíos, sino exclusivamente a los sectores minoritarios de derecha, específicamente sionistas, conservadores, y ultra religiosos.

En algunas de sus presentaciones llegó a juguetear con ideas típicas del antisemitismo más rancio. El medio digital *Jewish Insider* (2015) publicó extractos de lo que dijo Trump en su carrera hacia la Casa Blanca, cuando se dirigió al Foro Presidencial de la Coalición Judía Republicana en DC, para solicitar apoyo a los donantes judíos:

'No me vas a apoyar aunque sepas que soy lo mejor que le puede pasar a Israel. Sé por qué no me vas a apoyar. No me vas a apoyar porque no quiero tu dinero´…, ´Quieres controlar a tus propios políticos´. [98]

La alarmante frase, fue dicha a modo de broma, aunque estaba realizando una declaración bastante fuerte, insinuando difamatoriamente que los presentes se dedicaban a comprar candidatos con su dinero. Sin embargo solicitaba *"Me encantaría su apoyo"."Esta sala negocia acuerdos, quizás más que cualquier otra sala con la que haya hablado"*.

Luego de lo que dijo, se permitió seguir bromeando: *"Voy a ganar"*, *"A menos que algo suceda, cruzo la calle y sucede algo incorrecto... creo que voy a ganar"*. Lejos de ofenderse por tratar los presentes de ma-

---

98 Jewish Insider. (3 de diciembre de 2015). Trump: los donantes judíos quieren controlar a los elegidos. https://jewishinsider. com/2015/12/ trump–jewish–donors–want–control–over–electeds/

fiosos, o insinuar que compran candidatos con dinero, la multitud de judíos estalló en carcajadas. El estilo de Trump logró ese extraño efecto en los presentes. Medio en serio, medio en broma, dijo cosas que ofendieron a algunos observadores.

Eso sí, aquellas frases polémicas fueron hechas luego de detallar en su largo discurso todo lo bueno que hizo por los judíos, de ahí que no pareciera ofensivo si se analizaba el todo en su conjunto.

Jonathan Greenblatt, el Director Ejecutivo de la Liga Anti–Difamación, (él mismo judío) dijo que luego de haber estudiado detenidamente el discurso y el contexto, la ADL:*"no cree que fuera la intención de Donald Trump evocar estereotipos antisemitas"*.

"Ha hecho comentarios similares sobre gastar su propio dinero en la campaña y no pedir dinero de los donantes a muchos otros grupos", dijo Greenblatt en un comunicado. **Aquí, el contexto lo es todo. La presentación del Sr. Trump fue un completo apoyo a Israel y la comunidad judía,** incluso si uno pudiera estar en desacuerdo con él en algunos de los otros asuntos que planteó".

"En este caso, está hablando con un grupo de republicanos judíos, una parte importante de los cuales son empresarios. No creemos que haya querido que sus comentarios sobre las negociaciones y el dinero se relacionen específicamente con su carácter judío".

Explicó Greenblatt defendiendo por primera y última vez a Trump. [99]

Trump tuiteó el 15 de Octubre de 2015: "Sheldon Adelson está buscando darle muchos dólares a Rubio porque siente que puede moldearlo en su marioneta perfecta. ¡Estoy de acuerdo!" [100]

Adelson como P. Singer eran donantes del rival partidista de Trump en campaña: Marco Rubio.

---

99 Wildman, S. (8 de diciembre de 2015). Los aspirantes presidenciales republicanos hacen su discurso a los judíos republicanos. *Jewish Telegraphic Agency.* https://www. jta. org/2015/12/08/politics/republican–presidential–hopefuls–make–their–pitch–to–gop–jews

100 Trump, D. [@realdonaldtrump]. (13 de octubre de 2015). Sheldon Adelson is looking to give big dollars to Rubio because he feels he can mold him into his perfect little puppet. I agree!. *[Twitter].* https://twitter. com/realDonaldTrump/status/653884577300267008

Trump también apuntó sus misiles contra el multimillonario donante Paul Singer, por sus posturas sobre la inmigración: "Paul Singer representa la amnistía y él representa la inmigración ilegal que llega al país", dijo Trump. [101] [102]

En ambas oportunidades fue acusado de "antisemita" a pesar de no hacer referencia alguna a religiones, ni razas.

Luego que Trump dejara fuera del ring de la arena política a Marco Rubio, Adelson se convirtió en uno de los donantes más destacados del que sería futuro Presidente.

Aunque sea increíble, uno de los episodios más ridículos que la prensa liberal del mundo entero utilizó para comenzar a "etiquetar" masivamente a Trump como "antisemita", fue un simple tuit de campaña con la foto de Hillary Clinton. En la imagen se resaltaba con una estrella roja la frase: "la candidata más corrupta de la historia". El recurso gráfico utilizado en la imagen para resaltar esa frase fue mal interpretado, y por ello el tuit que "ofendió" fue borrado presurosamente por el equipo de campaña de Trump. ¡Sí…, eso fue todo! A partir de allí fue rotulado como "antisemita". La imagen fue subida nuevamente aunque sustituyendo la estrella con un círculo.

¿Cuál era exactamente el problema?, bueno, la estrella tenía 6 puntas, como la estrella de los sheriff, pero también como la estrella de David que utilizan desde hace algunos siglos los judíos. Tampoco era una estrella demarcada, era una estrella normal rellena de rojo pleno, como la que suele usarse en algunos supermercados. En el fondo se alcanzaba a ver una textura hecha con dólares. Trump basó gran parte de su relato de campaña afirmando que los Clinton eran corruptos y deshonestos, que

---

101 Bloomberg. (4 de noviembre de 2015). Donald Trump critica a Marco Rubio, Paul Singer sobre inmigración. https://www. bloomberg. com/news/videos/2015–11–04/donald–trump–rips–marco–rubio–paul–singer–on–immigration

102 La Nación. (15 de marzo de 2016). Marco Rubio se retiró de la campaña presidencial en EE. UU. https://www. unz. com/pgiraldi/draining–the–intelligence–community–seamp/

eran criminales, e irían presos por lo revelado en los correos de Wikileaks. La imagen de la estrella así contextualizada, denotaría significativamente más una asociación con la estrella de los Sheriff. Nadie imaginaría otra cosa.

Lo más notable es que la imagen tampoco fue creada por la campaña, sino que fue sacada de una red social popular. El encargado de medios Dan Scavino, aclaró que "Se tomó de un usuario de Twitter anti–Hillary donde aparecen innumerables imágenes". Las fake news del mainstream media decían que la habían extraído de un sitio de extrema derecha.

Hillary acusó a Trump de *"uso de imaginería antisemita"* proveniente de sitios *"de internet racistas"* y que debía ser motivo de preocupación para los votantes republicanos. A lo que Trump respondió:

"falsos ataques de Clinton que tratan de vincular la estrella de David con una estrella básica… son ridículos","Clinton a través de sus sustitutos, sólo está tratando de desviar la atención del comportamiento deshonesto de ella y de su marido. Las verdaderas preguntas son, ¿Por qué fue la reunión de Bill Clinton en secreto con la Fiscal General de EEUU y dónde están los 33 mil mensajes de correo electrónico y toda la otra información que falta en su caso?"

Trump se refería al misterioso encuentro en un aeropuerto entre Bill Clinton y Loretta Linch, la Fiscal General que sería la encargada de investigar el caso de los emails que Hillary Clinton envió ilegalmente desde un servidor de e–mails privado e inseguro cuando era Secretaria de Estado de Obama.

"Medios deshonestos están haciendo su mejor intento para representar una estrella en un tuit como la estrella de David, en vez de una estrella de sheriff, o una estrella normal" tuiteo Trump, también… "Yo dije: 'Lástima, debieron haberla dejado', yo hubiera preferido defenderla". Más tarde llamó a quienes se habían ofendido por su tuit: "Gente enferma".

Es decir, la prensa liberal anti–trump instrumentalizó esta acusación de antisemitismo, como pantalla de humo para desviar la atención y encubrir el encuentro de Bill Clinton con Loreta Lynch (pues la mayoría de los grandes medios "confiables" omitieron reflejar la respuesta de Trump).

El ex jefe de campaña de Trump, Corey Lewandoswski dijo a la CNN:

> La conclusión es que esto se trata de una corrección política fuera de control. Si esto llegara a ser una estrella junto a Clinton sin el dinero detrás (de la imagen) nadie se cuestionaba esto", "Esta es la misma estrella que los departamentos del Sheriff en todo el país utilizan para representar la aplicación de la ley… pusieron un nuevo tuit con el círculo, pero el mensaje es el mismo y es que Hillary Clinton es corrupta.

El intento de Hillary por criminalizar internet o los foros alternativos destacan como el mayor empeño de la elite en censurar masivamente a conservadores (algo logrado en el 2020).

La gran "prueba" de antisemitismo contra Trump es puesta aquí en evidencia como una *Fire News*. No espere que los verificadores de datos censuren las noticias con sesgo demócrata como "falsas", los verificadores son financiados por magnates izquierdistas.

Fuentes referidas al polémico tuit: [103] [104] [105] [106]

---

103   BBC Mundo. (4 de julio de 2016). Elecciones en EE. UU.: el polémico tuit borrado por el que Donald Trump es acusado de antisemita. https://www. bbc. com/mundo/noticias–internacional–36708155

104   Univision.(4 de julio de 2016). Trump negó que la estrella de seis puntas de su tuit fuera "antisemita". https://www. univision. com/noticias/elecciones–2016/trump–nego–que–la–estrella–de–seis–puntas–de–su–tuit–fuera–antisemita–y–la–campana–de–clinton–lo–ataca

105   La Vanguardia. (4 de julio de 2016). Trump enfurece a los judíos con un tuit antisemita. *Clarín.* https://www. clarin. com/mundo/Trump–enfurece–judios–tuit–antisemita–0–H1Vs26wI. html

106   Schvindlerman, J. (24 de febrero de 2017). ¿Antisemitismo en la administración Trump?. *Infobae.* https://www. infobae. com/opinion/2017/02/24/antisemitismo–en–la–administracion–trump/

En una declaración muy osada y nuevamente en plena campaña presidencial (2016), el CEO de la Liga Anti–Difamación (ADL) Jonathan Greenblatt (ex funcionario de la Casa Blanca para Barack Obama), volvió a acusar a Trump de *"usar cínicamente al pueblo judío y al Estado de Israel como escudo"* [107]. Haber sido funcionario de gobierno bajo el ex presidente B. Obama, como Director de la Oficina de Innovación Social y Participación Cívica en la Casa Blanca ¿pudo motivar sus interminables acusaciones anti–Trump, imprimiendo en ellas un sesgo partidista? Politizar el antisemitismo es exactamente la forma incorrecta de combatirlo y Jonathan debería saberlo.

Al parecer J. Greenblatt no creyó o no quiso creer que la amistad de Trump con los judíos sea sincera. ¿Pero acusarlo de antisemita oculto? ¿No es demasiado atrevimiento? ¿Cuán dañinas son las falsas acusaciones de antisemitismo para la causa de exponer a los verdaderos antisemitas?, ¿hasta qué punto las acusaciones de antisemitismo son utilizadas como un arma política entre uno u otro bando?, ¿Greenblatt tiene algún problema a nivel personal con Trump? Reiteradas veces entró en el camino de las subjetividades, la paranoia, y la cacería de brujas...

La hipótesis del "escudo" por él planteada, implicaría caricaturizar a Trump como un "Maquiavelo en las sombra", un Padrino capo–mafia ultra calculador, cínico, conspirando contra los judíos por detrás, mientras entrega caramelos por delante. Sea como sea, plantear semejantes conjeturas equivale a sumergirse en el terreno pantanoso y poco serio de las teorías conspirativas más lunáticas. Greenblatt ha perdido toda credibilidad con su desempeño irresponsable e ideológicamente sesgado. Parece haber llevado a la ADL al desprestigio absoluto, perjudicando gravemente a todos los judíos. Tal vez hasta podrían llamarlo antisemita debido a ello.

---

107   Kampeas, R. (10 de septiembre de 2019). En la era del periodismo 'gotcha', a veces las acusaciones de antisemitismo son solo otra arma. *Jewish Telegraphic Agency.* https://www. jta. org/2019/09/10/politics/in–the–era–of–gotcha–journalism–charges–of–anti–semitism–are–just–another–weapon

ISRAEL UN EJEMPLO PARA OCCIDENTE

Muchos antisemitas estadounidenses que formaban parte de la base electoral del republicano, han dado la espalda a POTUS 45 por su alianza con Israel y los judíos ortodoxos (algo demostrado en el lamentable atentado antisemita de Pittsburg). Han querido retratar difamatoriamente a Trump como un peón de Netanyahu, o que es "más de lo mismo", no advirtiendo lo lejos que están de ser ciertas dichas afirmaciones, por todos lados mal intencionadas.

Más allá de amores y desamores con un país o algunos individuos, es necesario entender cuáles pudieron ser los motivos por los que el presidente Trump forjó una alianza con Israel.

En un principio Trump dijo que sería neutral ante el conflicto Israelí–palestino. Con el tiempo cambió de opinión. Ante todo debe tenerse en cuenta que el gobierno israelí es de derecha nacionalista, si se quiere, y las facciones políticas de Palestinas son de izquierda, muchas de ellas vinculadas al terrorismo. La alianza natural de Trump iba ser con la derecha. Todo pueblo tiene derecho a tener su "tierra prometida" donde ejercer su libertad plena como colectivo humano.

Los judíos en Israel son un buen ejemplo de lo bien que puede funcionar un nacionalismo democrático. Son un excelente ejemplo de cómo legislar a favor de la Nación, cómo escuchar a las mayorías, cómo contener la inmigración ilegal, cómo combatir el terrorismo, cómo desalentar la asimilación. También, cómo favorecer políticas pro–natalistas de los sectores más intelectuales y espirituales, y cómo proteger las fronteras para mayor seguridad de sus ciudadanos. Trump quedó maravillado por los muros de Israel y recordó que los países se hacen de vallas, fronteras, y muros. Sin ellos no hay independencia, ni libertad, ni propiedad privada.

Gracias a esa alianza, las acusaciones de antisemitismo contra Trump lucieron ridículas, y los patriotas en Occidente pudieron atacar de frente al Leviatán globalista, neutralizando la hegemonía absoluta del progresismo. Y en el plano internacional también sirvió para torpedear varias organizaciones multilaterales, que hasta ahora no habían sido cuestionadas.

Por su lado, Bibi Netanyahu contó con el respaldo del presidente de la primera potencia mundial. A su vez la "ola trumpista" evitó a nivel global una creciente y peligrosa crítica hacia Israel por su trato hacia los palestinos. Bibi lideró con mano firme la única democracia del Medio Oriente. Tuvo el valor de hacer lo necesario para proteger a su gente sin importar el qué dirán, algo que parece haber olvidado la corrupta casta dirigencial de cada país de Occidente, que de manera suicida abren las fronteras para todo el mundo.

Israel llega tarde a la carrera de los nacionalismos, pero va al frente de ella, independiente, soberano, de manera sabia, brillando como una luz que ilumina a las naciones del mundo.

1. 6* ¿Es Trump un outsider?

Un outsider es alguien que está por fuera. Lo contrario a insider –que está dentro–. Se entiende entonces que el planteo aquí es determinar, si Donald Trump fue con su administración parte del sistema, o realmente se contrapuso a los intereses de la elite globalista plutocrática.

Que Trump suscite este interrogante ya es digno de atención. Las explicaciones simplistas, apresuradas o prejuiciosas no sirven para determinarlo.

Los EEUU vienen siendo gobernados hace muchas décadas, por demócratas y republicanos que en esencia son parte del sistema globalista de dominio. Dos caras de una misma moneda. Bush (R)–Obama (D), son un ejemplo paradigmático.

Será necesario apreciar el presente libro de investigación en su conjunto para sacar una conclusión muy aproximada. En tanto existen elementos para acercarnos a conceptos e instrumentos de análisis, así como indicios que pueden ir develando ciertos patrones que indicarían, no sólo una dirección declamativa, sino también operativa.

¿Cómo puedes saber si Trump es parte del sistema o está en su contra? La respuesta a este interrogante se irá exponiendo a medida que avancemos y se vayan abarcando aspectos claves "del cómo" funciona el complejo entramado de estructuras de poder global. Y cómo se estarían desenvolviendo las facciones patrióticas anti–establishment.

Muchos han puesto en duda el papel de Trump en la lucha contra el sistema globalista imperante, han cuestionado si realmente esta del lado del pueblo estadounidense, debido a determinadas alianzas políticas que ha forjado… No obstante es necesario despegar la mirada del árbol para poder observar desde más arriba el bosque entero.

Todo lo que rodea el discurso "trumpiano" posee un aire relativamente desafiante. Totalmente raro en el ambiente político Occidental. POTUS 45 ha roto todos los tabúes del "pensamiento único" establecido desde hace muchas décadas. Rastrearemos algunos de sus orígenes e influencias.

Él ha utilizado la expresión "drenar el pantano", que significaría purgar el sistema corrupto desde adentro, neutralizando los agentes más hostiles y antinacionales del Estado Profundo o Establishment globalista. Los seguidores de Trump aplaudían el intento de combatir la influencia de cabilderos, corrupción, financiamiento de campañas y pagar por jugar. Muchos vieron en el millonario de piel naranja alguien independiente en quien podían confiar.

El 22 de diciembre de 2016 el medio *Político* reportaba que la frase "drenando el pantano" estaba siendo utilizada por Trump. El núcleo de la propuesta de reforma ética de Trump eran 5 puntos bajo el título "drenar el pantano" (Drain the swamp) y fue presentada el 17 de Octubre de 2016, cuando el presidente usó por primera vez de manera pública la frase.

> Trump prometió prohibir a los funcionarios ejecutivos ejercer presión durante cinco años; pedirle al Congreso que haga lo mismo por sus propios miembros y personal; expandir la definición legal de cabildeo "para que cerremos todas las lagu-

nas que usan los ex funcionarios del gobierno etiquetándose como consultores y asesores cuando todos sabemos que son cabilderos"; prohibir a altos funcionarios de la administración ejercer presión para los gobiernos extranjeros; y evitar que los cabilderos extranjeros recauden dinero para las elecciones estadounidenses. (*Político, 2016*) [108].

El 20 de Octubre de 2016 publicó un twit "¿Quieres acceso a Crooked Hillary? ¡No lo olvides, te va a costar! #DrainTheSwamp #PayToPlay " ([109])

Sin embargo, aquella no es una expresión nueva. Y es interesante rastrear el origen de la misma. Existe un aparente patrón discursivo de Donald al utilizar frases del pasado para expresar de manera indirecta las presuntas intenciones subyacentes.

Investigando descubrí que es una expresión que se dio a conocer tras la publicación del libro del Dr. Harvey Francis Bernard titulado **"Draining the Swamp, the NESARA story" (Drenando el Pantano, la historia de NESARA) –1996–**, cuyo autor daba a conocer una revolucionaria propuesta de **reforma económica monetaria y fiscal** para los Estados Unidos, donde aplicaba sus conocimientos de doctorado en sistemas, a la economía. El núcleo de sus ideas acabaría con el imperio de los bancos…

Es un libro muy difícil de conseguir hoy en día. El autor tenía un sitio web nesara. org que ya no existe, pues ha fallecido y el sitio fue dado de baja, sin embargo en *www. archive. org/web* es posible acceder a capturas de sitios antiguos caídos ([110]). En su sitio el Dr.

---

108 Arnsdorf, I., Dawsey, J., Lippman, D. (22 de diciembre de 2016). ¿'Drenar el pantano' será la primera promesa incumplida de Trump?. *Político.* https://www. politico. com/story/2016/12/trump–drain–swamp–promise–232938

109 Trump, D. [@realdonaldtrump]. (20 de Octubre de 2016). Want access to Crooked Hillary? Don't forget – it's going to cost you! #DrainTheSwamp #PayToPlay. (Twitter). https://twitter. com/realdonaldtrump/status/789170710270742528

110 Archive ORG: https://web. archive. org/web/20020925071939/http://nesara. org/main/index. htm

Bernard se enfrenta a la elite financiera proponiendo una ley The National Economic Stabilization and Recovery Act (NESARA)

Allí expone un decálogo de propuesta de ley:

* Promueve la propiedad universal de la vivienda.
* Termina o reduce drásticamente la deuda hipotecaria.
* Proporciona nuevas reglas bancarias que sean equitativas para todos.
* Elimina los impuestos federales sobre la renta.
* Permite a los padres solteros mantener a sus familias.
* Restaura la privacidad financiera.
* Restaura las ciudades del interior como áreas económicas vitales.
* Mejora la balanza comercial.
* Restaura los trabajos productivos bien remunerados.
* Aumenta los beneficios para las personas mayores.
* Duplica el nivel de vida promedio.
* Elimina las quiebras bancarias.
* Proporciona 500 mil millones de dólares para proyectos de infraestructura.
* Hace al público responsable de la creación de divisas.
* Elimina un billón de dólares de deuda pública.
* Elimina la inflación.
* Beneficia a los estadounidenses con un auge económico sin precedentes.
* Brinda un futuro más seguro para todos.

Captura del sitio original −14 de Septiembre de 2002 ([111]).

Hasta el reporte del 29 de julio de 2002, el sitio oficial de NESARA decía que el proyecto de ley no se había presentado ni debatido en el congreso y tampoco había sido promulgado. Sólo se había

---

111   Archive ORG: https://web. archive. org/web/20020914074300/http://nesara. org/main/index. htm recuperado 11 julio 2020.

informado sobre la propuesta NESARA a una lista de personas influyentes de la política, a las que citaba una por una. Entre ellos el presidente George Bush, Colin Powell, Hillary Clinton, Charles E. Schumer, John McCain, John Kerry, y un largo etc. ([112]).

Ninguno de todos estos personajes republicanos y demócratas que hundieron los Estados Unidos y el mundo, entregándolos al globalismo, iban a llevar al congreso dicha propuesta. Múltiples ideas conspirativas afirmaban que dicha ley se había aprobado en el año 2000 y se activaría en cualquier momento. Eso es falso.

Lo que sí es cierto, es una conexión tangencial entre la campaña de Donald Trump y las ideas de H. F. Bernard a través de la frase "drenar el pantano". Las ideas contra la elite financiera, en cierta forma se compatibilizan al mismo tiempo con las ideas Jacksonianas antibancarias de las que Trump es adepto. La derecha alternativa que conforma gran parte de su base electoral, había impulsado nuevamente la frase y las reivindicaciones de NESARA, y GESARA (que serían las reformas económicas nacionalistas llevadas a un plano internacional). Tal vez haya sido un truco propagandista, otro silbato de perro para los adeptos de esa teoría.

Una instantánea que permite comprender la habilidad del Presidente en captar y canalizar el clamor popular, convirtiéndolo en un activo político, fue cuando reveló qué pensaba de la frase.

Al principio a Trump no le gustaba dicha expresión, pero al ver cómo había prendido en la gente, como pragmático, comenzó a encantarle. "Lo dije hace una semana, y no me gustó tanto, no sonaba tan bien. Y el mundo entero lo recogió", dijo Trump en un mitin el 26 de octubre en Charlotte, Carolina del Norte. "Es curioso cómo suceden cosas así... Así que drenar el pantano, no me gustó, ahora me encanta, ¿verdad?".

Nuevamente tenemos a un Donald haciéndose el distraído y espontáneo. Hubiese sido bueno preguntarle como se le ocurrió di-

---

112 Archive ORG: https://web. archive. org/web/20020802224328/http://nesara. org/main/status–of–the–bill. htm recuperado 11 julio 2020.

cha expresión, o quién se la sugirió ¿Algun asesor militar?, ¿Algún asesor estudioso del Big Data?

Otro dato anecdótico, la expresión "drenando el pantano" también está muy presente en el ideario del anti–liberal geopolítico ruso Alexander Dugin, que colaboró a frenar el avance del liberalismo occidental en Rusia.

Muchos analistas se han apresurado irresponsablemente al intentar definir a POTUS en sus primeros meses de gobierno. Creyendo que todo es A o B, Blanco o Negro. Es un error, puesto que Trump es algo inusual, un personaje gris, que debe analizarse con más variables y desde una perspectiva superadora del clásico izquierda–derecha. No puede ser comprendido desde una perspectiva lineal, sino más bien desde una en 3D. Terminando su primer mandato, él no ha mostrado aún todas sus cartas.

En el desarrollo de esta investigación, el lector podrá apreciar de qué manera voy armando un gran puzle, para comprender su papel histórico.

Los partidarios y los detractores deben moderar por igual su entusiasmo y sus críticas, y darse cuenta de que un cambio tan profundo no se realiza de un día para el otro. Se estaría luchando contra intereses multisectoriales creados en el transcurso de muchas décadas. Esos intereses creados hace tiempo, poseen su propia y arrolladora inercia. La elite globalista está formada por jugadores de grandes ligas, astutos como el zorro y venenosos como la serpiente. Esos poderes, más allá de las ideologías y partidos, odian a Trump; han intentado apartarlo del poder o derribarlo desde que asumió su cargo. No se trata de partidos políticos. No se trata de que los demócratas hagan esto o aquello. El Sistema entero, el establishment, el Estado Profundo, las oligarquías bancarias que viven del sudor del pueblo, se han puesto muy nerviosas con su aparición. Las elites hostiles han perdido gran parte del control político durante 4 años. Es algo que no había pasado en gran parte de la historia de los Estados Unidos, mucho menos a un nivel tan excepcionalmente alto en el último siglo. Nunca imaginaron que Trump pudiese ganar.

Algunos detractores han seguido y abonado la corriente masiva de opinión mediática de atacarlo, y algunos partidarios se han apresurado a tildarlo de "disidencia controlada". Todos estos conceptos serán estudiados. Lo importante es estar atentos a los mensajes, a los metamensajes y a los hechos. Lo que se dice, lo que se hace, cuándo y cómo.

El camino para derrotar al Estado Profundo globalista se parece más a una maratón (carrera larga), que a un sprint (carrera corta), no es para impacientes ni ansiosos. Ni lo hará un solo hombre en 4 años.

Muchos nacionalistas observaron cómo, desde un principio, se rodeó de algunos elementos que forman parte del orden viejo que supuestamente el presidente pretendía derribar. Analizaremos a grandes rasgos cómo estuvo compuesto su gabinete de ministros, cómo y cuándo fueron removidos, así como las luchas internas de poder más relevantes.

Es necesario que el lector deje abierto su juicio sin intentar definirlo, por lo menos hasta que todos los elementos y variables analíticas estén "sobre la mesa" hacia final del libro.

Desde el comienzo de su mandato, hubo preocupaciones bien intencionadas y legítimas por parte de aquellos que esperaban que Trump fuese un verdadero opositor al sistema globalista. Su temor provenía de la incertidumbre de que el 45° Presidente podría, más allá del discurso disruptivo, terminar "vendiéndose" o rindiendo a la presión colosal de la elite, en medio del proceso hercúleo de drenar el pantano. También había temores de que el partido fuera infiltrado por globalistas neoconservadores.

Dichas dudas llegaron a convertirse incluso en decepciones entre algunos sectores nacionalistas que lo habían respaldado en su camino a la Casa Blanca. Cuando vieron que en su gabinete nombraba algunos personajes que durante su vida se destacaron actuando como parte de la elite globalista–especulativa como Steven Mnuchin, Wilbur Ross y su yerno J. Kuschner (ex demócrata), hubo rencillas internas marcadas entre los partidarios de Trump debido a estos polémicos nombramientos que entraban en conflicto con su discurso de campaña.

A ello se sumó la posterior purga del ala "nacionalista" y patriota con Steve Bannon, Sebastian Gorka, Michael Flynn. Cabe destacar que fue por presión mediática, pujas internas y no por voluntad plena de POTUS.

Entre los seguidores de Trump hay conservadores, patriotas, nacionalistas y gente de la derecha alternativa. Así como nacionalistas blancos, supremacistas blancos, supremacistas pro–israel; y adictos a las armas como los Proud boys, los Boogaloo boys cuya idea de libertad gira en torno a la posesión de armas como derecho constitucional.

Entre neoconservadores y nacionalistas hubo fuertes roces, como fue el caso de una disputa de internet que trascendió a escena pública, entre el joven entusiasta America First nacionalista–paleoconservador y ex youtuber Nicholas Fuentes, y otro joven neoconservador seguidor de Trump Charlie Kirk. Fuentes dijo: "... los jóvenes nacionalistas de América Primero estamos rechazando la oposición controlada en nuestro partido y creen que pueden darme una lección. Pues que se jodan! Esta guerra cultural apenas comienza" (Dic. 2019). Es extraño que el nacionalista Trump haya apoyado al neoconservador Kirk. Tal vez la retórica de Fuentes es extremista para POTUS.

Sin embargo, "la caída del nacionalismo" no es tampoco lo que parece. Es Trump el principal jugador patriota y nacionalista en el puesto más alto. Por su parte "los expulsados de la Casa Blanca" también siguen como activos agitadores pro–Trump en la batalla cultural de la derecha, no fueron proscriptos. S. Bannon ha estado intentando llevar el nacionalismo populista a Europa tendiendo puentes allí, y ha acompañado extraoficialmente al movimiento MAGA hasta el presente. Sebastian Gorka fundó un sitio de noticias sebgorka. com, donde hace bombo por MAGA. Mientras que Michael Flynn ha sido liberado de sospechas sobre el Rusiagate y se baraja la posibilidad de que vuelva a trabajar oficialmente con la administración Trump, apenas consiga su libertad.

Eso no es todo, el 4 de julio de 2020, Flynn publicó un video dirigiendo a su familia a realizar un juramento de lealtad a la Constitución estadounidense y como "soldado digital" [113]. Un juramento que millones de seguidores de Trump estaban viralizando en las redes sociales durante la última semana. Siguen la idea del soldado digital que ya a fines de 2016 Flynn había explicado conceptualmente. Se basa en la idea de que el pueblo debe unirse a la «guerra de la información» del lado de los patriotas, contra el Estado Profundo que controla las corporaciones mediáticas, desinforman e intentan voltear a Trump.

Lo más curioso y llamativo fue descubrir que dicho juramento estaba siendo impulsado dos semanas antes a fines de Junio de 2020 por el misterioso y polémico movimiento de diseminación de inteligencia anónimo: "Qanon".

El juramento dice:

> Juro solemnemente que apoyaré y defenderé la Constitución de los Estados Unidos contra todos los enemigos, extranjeros y nacionales; que tendré verdadera fe y lealtad a la misma; que asumo esta obligación libremente, sin ninguna reserva mental o propósito de evasión; y que cumpliré bien y fielmente los deberes del cargo en el que estoy a punto de ingresar: Ayúdame, Dios. WWG1WGA" *(Divulgación Total, 2020)* [114]

Las implicancias de que una figura tan relevante como Michael Flynn —ex Asesor de Seguridad Nacional, y ex Director de la Agencia de Inteligencia de Defensa— estuviera haciendo dicho juramento impulsado por "Q", son muy evidentes y reveladoras. Fue el mayor guiño de ojo hecho a los seguidores de

---

113 Divulgación Total. (5 de julio de 2020). ¡El General Flynn Jura Como Soldado Digital!. https://divulgaciontotal. com/w/?p=11176#more–11176

114 Divulgación Total. (27 de junio de 2020). Que dice el juramento. https://divulgaciontotal. com/w/?p=10996#more–10996

Qanon, que recubre de gran verosimilitud dicha operación de diseminación de inteligencia. Al final del video, todos, incluido Flynn, dicen: «Where we go one, we go all» (Donde va uno, vamos todos) un lema adoptado frecuentemente por los seguidores de Qanon.

Una semana después de ser electo Trump y un año antes de que apareciera Qanon por primera vez en internet, Flynn había hablado de los soldados digitales y la necesidad de establecer una contracorriente de opinión independiente a las corporaciones mediáticas. Dos años y medio después, de la viralización del movimiento "Q", un 4 de julio, el mismo individuo aparece haciendo el juramento impulsado por "Q" una semana antes. Muy sugestivo. No es descabellado ahora pensar que Flynn estuvo de alguna manera involucrado en la creación de "Q" como una operación de diseminación de inteligencia para orientar al pueblo de manera no oficial.

Es posible que Dan Scavino, Subjefe de Estado Mayor de la Casa Blanca para Comunicaciones y Director de Redes Sociales, en quien POTUS confía ciegamente, esté involucrado en la operación, o esté al tanto de la misma. Los abogados de Trump como Lin Wood, y Sidney Powell, así como el general McInerney, utilizaron simbología retórica del movimiento "Q–anon". Sólo Trump ha evitado hacerlo. Este tema en particular será analizado en otro capítulo relativo a las teorías conspirativas que han motivado a gran parte de la base electoral del presidente republicano. Es imposible soslayar dicho movimiento, ya que no se trata de un pequeño grupúsculo, sino de millones de personas.

Los investigadores independientes, sociólogos, incluso algunos seguidores de Trump, fueron presurosos y poco analíticos al pretender definir sus verdaderas intenciones con aquellos nombramientos y purgas bajo presión, sin ver el cuadro completo. El movimiento zigzagueante y esquivo de su cintura política, permitía disparar entre sus seguidores, toda suerte de especulaciones. Sin analizar todas las variables y piezas en el juego, toda visión podría ser acotada y errada. Muchos ya daban a POTUS el pulgar hacia abajo, pretendiendo que era otro títere más del Estado Profundo.

¿El establishment dobló su muñeca?, ¿lograron cooptarlo?, ¿lograron vencerlo?

¿POTUS ha dado pistas sobre cómo y cuándo drenaría el pantano?

Sí, lo hizo. El 24 de noviembre de 2016 en su primera entrevista con la CBS luego de ser electo, se refirió al drenaje del pantano y cómo lo harían:

> Todo el mundo es lobista allí, **ese es el problema con el sistema: el sistema**.
>
> Ahora mismo, vamos a limpiarlo. Tenemos restricciones sobre el ingreso de dinero extranjero, vamos a poner límites de plazo, con los que mucha gente no está contenta, pero estamos poniendo límites de plazo. Estamos haciendo un montón de cosas para limpiar el sistema. Pero todo el mundo que trabaja para el gobierno, deja luego el gobierno y se convierte en lobbista, en esencia. Quiero decir, el lugar entero es un gran lobbista. Estoy diciendo que conocen el sistema en este momento, pero vamos a eliminarlo.
>
> **Tienes que eliminarlo gradualmente**. *(CBS News, 2016)* (El énfasis es agregado).

Claramente POTUS señala que el modo en cómo pensaba drenar el pantano, era a través de la gradualidad. No se trata solamente de eliminar la influencia de cabilderos. Es algo mucho más profundo, estratégico, se trata de cortar los hilos de los titiriteros de la elite hostil que robaron la soberanía al pueblo. Un lineamiento estratégico de tipo militar, de inteligencia, similar al adoptado por Vladimir Putin para liberar a Rusia del Estado Profundo que gobernaba aquel país luego de la caída de la URSS. En aquel entonces, Putin purgó su país de la oligarquía globalista, sustituyéndola por una nacionalista. El presidente ruso tardó más de una década en liberar su país del Estado Profundo globalista. Y aún hoy, veinticinco años después, soporta resabios de fundamentalistas liberales en su propio partido y los medios de comunicación. Rusia no oculta el hecho de que intenta poner en práctica una alternativa a lo que considera "liberalismo obsoleto", y se presenta como el defensor de los valores, la familia tradicional y el cristianismo. Su nacionalismo se basa en el respeto de las particularidades étnicas y la soberanía popular. Estableciendo líneas de gran pragmatismo, identifica el dilema de extinción que enfrenta Occidente, e impulsa medidas procreativas para revertir el invierno demográfico, evitando cometer el error propuesto por socialistas de llenar el vacío con inmigrantes ilegales, ya que aceleraría el caos y la violencia. Con mano firme Rusia ha logrado neutralizar las agrupaciones y actores hostiles movidos por ideologías radicales subversivas que proponen los globalistas.

Un cambio drástico en el drenaje del pantano podría ocasionar un cataclismo, una guerra civil o una debacle financiera, que arrastraría no sólo al país sino al mundo entero a una gran crisis sin precedentes. La idea era drenar el pantano sin arrastrar a todos hacia el abismo.

Existen jugadores del Establishment demasiado grandes para caer, que poseen una influencia tremenda y no pueden ser borrados del mapa de una manera fácil, rápida y legal. La administración Trump tomó la vía larga de la resolución legal para drenar el pantano, eso implica lidiar con el enemigo en la propia casa, incluso acostarte con él y ceder algunas posiciones. Esto es posible hacerlo sin dimitir ni ceder la soberanía total. Es una gran partida de ajedrez, hay veces que puedes regalar material, sacrificar un alfil, una torre o un caballo para ganar la partida al final.

1. 7* ¿Es Trump un instrumento de la elite global?

La mayoría de las personas, principalmente aquellas influidas por ideas progresistas (izquierda filomarxista), dirán que presuponer que Trump es anti sistema es un error, pues un magnate millonario forma parte de la elite con tan sólo observar su riqueza. La perspectiva materialista establece un análisis reduccionista, que debe dejarse a un lado para poder entender más dimensiones del asunto.

Un análisis más frío, menos ideologizado, nos señala que el nivel de riqueza no mide el grado de alineación, apoyo o rechazo al Sistema de dominio imperante, más allá que pueda o no beneficiarse del mismo. Ni tampoco el grado de riqueza define si una persona está dentro o fuera de la Elite globalista, aunque quien tiene riquezas exorbitantes suele ser reclutado o cooptado por ésta.

Hubo un tiempo en que la elite gobernante de los Estados Unidos fue la desplazada y hoy extinta WASP ([115]), que representaba principalmente la "América de los fundadores y herederos" que llevó a América a ser independiente, a convertirse en nación y posteriormente a ser una potencia Mundial, fue una América basada en una herencia y una tradición europea predominante.

Desde 1913, pero principalmente luego de la Segunda Guerra Mundial, y la apertura irrestricta de las fronteras en 1965, esa **Elite Fundadora** (nacionalista–patriótica) fue progresivamente desplazada por la **Elite Globalista** (internacionalista), integrada por banqueros cosmopolitas y una amplia variedad de tecnócratas, políticos, intelectuales y periodistas a sueldo. Ese cambio de guardia es el que ocacionó el derrumbe de los Estados Unidos, tal como el mundo lo conoció en su época de gloria.

Desde hace 50 años esta nueva elite, por su esencia, es diametralmente opuesta a los intereses de la mayoría de los estadouni-

---

115 Son las iníciales que hacen referencia a la elite Blanca Anglosajona y Protestante. (White Anglo–Saxon Protestant)

denses (que ignoran por completo su situación). Se ha encargado de incrementar las desigualdades, destruir el Estado Nación, desmantelar el Estado de Bienestar y el Estado de Derecho, así como transformar la república y la democracia en una ilusión orwelliana.

El fenómeno Trump es en apariencia y un primer momento una reacción contra el troyano globalista, un retorno tibio de la elite fundacional, mezclada con elementos de la elite globalista sirviendo como peones y escudos. Todo hace suponer que es Trump quien tiene la sartén por el mango. Mucha gente lo intuye y por eso lo apoya. Guste o no, es una revolución emancipadora, un traspaso de poder desde las elites al pueblo. Y esto es solo la génesis de esa emancipación.

Un dato objetivo del cual uno puede fiarse, es aquel evidente desprecio que la elite globalista siente por Trump, y esa es una gran señal para la clase media y los trabajadores.

La realidad demuestra que no todos los magnates forman parte de la elite globalista, sería muy erróneo creerlo. Esta elite tiene un carácter sumamente cosmopolita, y anti–nacional. POTUS no forma parte de ella. Él dice ser un patriota y un nacionalista, alguien que ama su tierra y su pueblo y quiere gobernar por el bien de las mayorías. La gente puede o no creerlo. Los hechos son los que deben ser contrastados con las palabras para descubrir la verdad.

Por el contrario, una parte importante de la elite globalista se reúne todos los años en torno al CFR, a Davos, la Comisión Trilateral y el Club Bilderberg. En éste último, la reunión celebrada en junio de 2016 en Dresde Alemania, había dos temas principales en la mesa de los grandes poderosos del planeta: frenar el Brexit e impedir que Trump llegue al Poder.

Sus intentos fueron infructuosos, un **total fracaso**, y a los poderosos no les gustan los fracasos. Seguirán luchando hasta eliminar a Trump en el camino o hasta doblarle el brazo o impedir un segundo mandato (sea como sea). Pero es destacable y alentador descubrir que hasta la súper–elite puede fallar teniendo todo a su favor, y perder contra su voluntad estas batallas cruciales, en un país crucial. Esto debe ser tenido en cuenta por los pueblos libres; y principalmente por aquellos individuos pesimistas, que presuponen que el poder de la oligarquía globalista es omnímodo e invulnerable. Estos individuos creen que la oligarquía lo controla absolutamente todo, al punto de no reconocer ningún intento exitoso de una disidencia real triunfante. Trump y el Brexit son triunfos del verdadero "Occidente" contra la elite parasitaria y explotadora mundial. Han intentado frenar, y domar dichos cisnes negros, pero éstos poseen su propia fuerza.

El Brexit es una abreviatura de dos palabras en inglés, Britain (Gran Bretaña) y exit (salida), que significa la salida del Reino Unido de la Unión Europea. Esta salida fue señalada e interpretada brillantemente por Trump: *"Lo hemos visto en el Reino Unido donde han votado para **liberarse del gobierno mundial**, de los tratados comerciales mundiales, de los **tratados mundiales de inmigración** que han destruido su soberanía y **han destruido a tantas naciones"** [116]

El Grupo Bildelberg, y todo el resto de la elite globalista hicieron una gran campaña invirtiendo millones de dólares en propaganda contra el Brexit, pero no fue suficiente, los británicos valientemente demostraron que son inteligentes y aún no están perdidos. Son la primera pieza de dominó que arrastrará a los demás Estados europeos hacia su liberación de las garras de una Unión Europea dictatorial que actualmente digita autoritariamente la agenda globalista desde Bruselas. La UE es el último experimento de la oligarquía globalista para poder gobernar, controlar, esclavizar y destruir más fácilmente a la díscola Europa. Intentan ahora domarla y someterla tal como lo han hecho desde 1965 hasta ahora con los Estados Unidos.

Desde hace muchas décadas, la elite bancaria globalista financiaba un candidato demócrata, y un candidato republicano al mismo tiempo, de este modo, ellos siempre ganaban las elecciones. El Estado Profundo siempre se imponía a las divisiones partidistas,

---

116   Discurso 13 Octubre 2016. Florida Palm Beach. El resaltado es mío.

pues la agenda del Establishment es bipartidista. Y las políticas de Estado que esta misma elite diseña pueden ser mantenidas en el tiempo, gobierne quien gobierne, brindando ventajas competitivas sobre cualquier otro país sobre la tierra que adoptase la democracia partidocrática.

Los Presidentes se convirtieron en gerentes generales de los grandes bancos neofeudales internacionalistas, y las farmacéuticas... Ellos habían transformado la democracia en una ilusión, en una farsa, la democracia había sido hackeada.

Otros medios de control que la elite utiliza para cooptar a los candidatos presidenciales, son su "necesaria" pertenencia previa a Think Thank como el Council on Foreign Relations (CFR). O a la masonería o logias paramasónicas. Sus diseños institucionales e ideológicos persiguen colocar en el poder a personas sumisas y predecibles, que puedan obedecer por las buenas o las malas, a las directivas de los banqueros internacionales a cambio de los beneficios individuales que puedan obtener (Poder, dinero, fama). A estos prostitutos políticos que han vendido su alma a fuerzas hostiles, les llaman "insider". También hay periodistas y magnates que han vendido su alma a esas fuerzas oscuras.

Toda esta maquinaria de control sutil funcionó bastante bien por décadas, y cuando surgió una anomalía, "un rebelde", un "outsider", que aspiraba a defender realmente los intereses del pueblo, una bala acabó rápidamente con su vida. Lincoln y Kennedy son dos ejemplos de lo caro que sale devolverle al pueblo su soberanía monetaria.

Ahora irrumpió Trump, un outsider, un impredecible, que ya ha criticado la Reserva Federal, coquetea con las ideas de Jakson, con lemas de reforma económica–financiera. Un outsider que no forma parte de la secta globalista, ni de las estructuras tecnocráticas privadas de control Estatal (CFR). Un hombre que fue capaz de financiar su propia candidatura. Ha creado pánico entre los poderosos que ya se preparaban para brindar por la instauración del Nuevo Orden Mundial.

Él no quiso un lugar en el selecto salón de baile, él vino a decirles "apaguen las luces, la fiesta ha terminado, devuelvan el salón a sus verdaderos dueños". Por esto su vida corrió peligro, e intentaron voltearlo durante 4 años, Trump no confió en la CIA hasta no ser depurada, y tiene razones para ello. La CIA ha sido el principal brazo clandestino de la elite globalista para realizar todo tipo de operaciones sucias, ilegales y criminales a nivel mundial (gran parte del odio anti–americano se debe a estas operaciones clandestinas). Trump contrató un equipo privado de custodia para reforzar su seguridad con el servicio secreto, él no puede ciegamente darle la espalda a la CIA por miedo a recibir un puñal por la espalda.

El Grupo Bildelberg y el mega–magnate liberal George Soros confiaron que los cuantiosos recursos destinados a financiar a su candidata Hillary Clinton, sumados al apoyo masivo de la prensa prostituida, serían suficientes para alcanzar el triunfo en las elecciones presidenciales de 2016. Esta vez, la elite no podía financiar a ambos candidatos del modo que lo habían hecho por décadas. Ellos hubiesen deseado una presidencial dirimida entre Hillary Clinton por los demócratas, contra un McCain por los republicanos (o un Marco Rubio).

Trump es millonario, no necesita dinero; es famoso, no necesita fama. No puede ser comprado. Peor aún, él criticó los lobbys, los superpac, los donantes que quieren transformar a los políticos en sus títeres. Él pudo haber ido a pedir apoyo a uno u otro lugar, pero bajo sus condiciones o tratos. Es decir, negociar desde una posición ganadora, no suplicante y subordinada.

La elite entró en pánico, y apostó a todo o a nada por la victoria de Hillary Clinton. El papel de sumisión total de la demócrata a la red de poder global, quedó demostrado con la filtración de WikiLeaks de numerosos correos electrónicos.

Desde un comienzo, todo tipo de jugadas mediáticas sucias emprendieron contra Trump. La oligarquía plutocrática no se quedaría de brazos cruzados viendo a su enemigo emergente ganar terreno. Una amplia campaña de miedo fue unida a altas dosis de rusofobia. Las balas de aquellos magos oscuros parecían rebotarles a Donald.

Frente a todo pronóstico arribó a la Casa Blanca. De inmediato el Estado Profundo articuló el Rusiagate para destituirlo. Para intentar derrocarlo negando la autoridad y legitimidad de la victoria democrática. Dos años duró el conjuro que demostró ser finalmente falso. Sin embargo gracias a ese movimiento la elite globalista logró dividir el pueblo contra Trump, obteniendo resultados favorables en las elecciones de medio término y logrando exitosamente usar el Rusiagate para purgar "la corte" de Trump de elementos patriotas.

Supuestos casos de acoso sexual y comentarios obscenos contra las mujeres de hace 16 años salieron a luz. Los micrófonos de los periodistas eran puestos en alta voz cada vez que él opinaba contra mexicanos o musulmanes. Sus frases eran quitadas de contexto y del mismo modo el micrófono se apagaba cuando criticaba públicamente a la globalización. Numerosas encuestas pagadas y adulteradas daban como ganadora absoluta a Hillary. La respuesta obtenida de tal manipulación era el odio o rechazo contra Trump. La idea era caricaturizarlo como un ser repugnante o estúpido. Tan confiados estaban de sus estrategias que hasta su revista Newsweek, mandó a la imprenta la edición donde presentaba en primera portada la victoria electoral presidencial de la candidata demócrata. 125 mil ejemplares debieron ser retirados de los kioscos, ya habían sido largados a la calle! Informaba el New York Post [117]

La elite lanzó desde el principio las municiones más pesadas con todo el arsenal de acusaciones infundadas que ya hemos estudiado. Éstas habían sido activadas en el subconsciente colectivo por décadas, esperando ser usadas. Pero los norteamericanos son muy

---

117 Kelly, K. (9 de noviembre de 2016). Retirada nacional después de que Newsweek fallara con la portada de Clinton. *New York Post.* https://nypost. com/2016/11/09/national–recall–after–newsweek–misfires–with–clinton–cover/

inteligentes, sólo la mitad fue engañada. Un pobre resultado para un control tan totalitario de los medios de comunicación masivos.

Esos tumultuosos primeros momentos de campaña fueron relatados claramente por el economista español Roberto Centeno:

> ¿Qué es más relevante para decidir quién debe ser el presidente de la nación más poderosa de la Tierra? ¿Una expresión machista, soez y vulgar pronunciada ante un grupo de amiguetes hace 11 años o los correos —revelados por WikiLeaks— en los que Hillary dice una cosa en público y la contraria en privado, como los dirigidos a las élites de Wall Street, de quienes ha recibido más de 30 millones de dólares por conferencias en los últimos tres años, a los que aseguró defender sus intereses "por encima de los de fuera" —el pueblo norteamericano— o la desastrosa Primavera Árabe que ha sumido a Libia, a Siria y a Irak en el caos absoluto, creado el ISIS (Estado Islámico) y apoyado a Al Nusra, el grupo terrorista de Al Qaeda? Para el 'New York Times', el 'Washington Post', la CNN, la CNBC y todos los medios al servicio de las élites que ostentan el poder, lo único importante es lo primero. El resto lo ocultan.
>
> Como también han ocultado el hecho gravísimo y denunciado el pasado día 8 por el ministro de Exteriores alemán, Frank–Walter Steinmeier, alertando de que la confrontación entre EEUU y Rusia es hoy más peligrosa que durante la Guerra Fría. En concreto, afirmó que "la intervención de Rusia en Siria y la congelada, pero aún peligrosa, confrontación sobre Ucrania puede acabar en un enfrentamiento militar entre EEUU y Rusia", algo que podría tener consecuencias catastróficas. La belicista Hillary Clinton, para quien no hay país en el que no esté dispuesta a intervenir, empieza a hacer saltar todas las alarmas ante las graves tensiones que Obama ha desencadenado en Siria, y el sábado se ha sabido que la CIA está preparando un ciberataque a Rusia en "represalia por su interferencia en las elecciones presidenciales". Esta es

una escalada que solo Trump sería capaz de eliminar, llegando a un acuerdo con Putin y desmantelando la OTAN como ha prometido" (*El Confidencial, 2016*) [118]

Efectivamente la belicista Hillary estaba amenazando incluso con usar armas nucleares en una gran guerra contra Rusia. Muchos simpatizantes que apoyaban a Bernie Sanders en las primarias para elección de candidatos para la presidencia dentro del partido demócrata, estaban contra Hillary Clinton por el riesgo que representaba para la Paz mundial. Incluso el famoso y prestigioso músico británico antiglobalista **Roger Waters** (exbajista de Pink Floyd): *"Tengo la terrible preocupación de que ella pueda convertirse en la primera mujer presidente (sólo) para dejar caer una maldita bomba atómica sobre alguien"*, *"Hay algo aterradoramente agresivo en ella"* dijo a la revista Rolling Stone dejando entrever lo que muchos pensaban. Él estuvo en lo cierto. Y muchos norteamericanos comprendieron esto, si Trump podía llegar a ser "un mal", Hillary Clinton era sin lugar a dudas "un mal mucho mayor". No sólo porque ella es peligrosa y servil a la elite globalista, sino porque a través del partido demócrata en general, se canalizan de manera más creciente la agenda progresista de los Banqueros y especuladores financieros.

Vladimir Zhirinovsky, líder del Partido LDPR (Rusia), en una entrevista con Reuters (2016), dijo:

> Los que votan el próximo 8 de noviembre en EE. UU. deben darse cuenta de que están votando por la paz en el planeta Tierra si eligen a Trump. Pero, si las urnas dan la victoria a la candidata demócrata, es la guerra. Será una película corta. Habrá Hiroshimas y Nagasakis por todas partes.

---

118   Centeno, R. (17 de octubre de 2016). Elecciones USA: el 'establishment' contra el pueblo. *El Confidencial.* https://blogs.elconfidencial.com/economia/el–disparate–economico/2016–10–17/elecciones–usa–el–establishment–contra–el–pueblo–1275682/

Podía ser factible que con Trump se desencadenaran guerras, es impulsivo e imprevisible. Pero era a su vez poco probable que él sea engañado para llevar a los Estados Unidos hacia una devastadora guerra mundial de tipo nuclear contra Rusia o China, como algunos medios de prensa afirmaron. Pronunciarse en contra de las guerras interminables del Medio Oriente es algo que tranquilizó a quienes lo votaron.

La filtración de correos de Wikileaks expuso la corrupción de Hillary, y su papel crucial en la invasión a Libia. Se demostró en las urnas lo que los estadounidenses no querían al frente de la Casa Blanca: a un belicista.

Finalizando su primer mandato de Trump no invadió ningún país. El mandatario electo ha cumplido con sus promesas de paz efectiva, recibiendo tres postulaciones para el premio nobel de la Paz.

Zhirinovsky aseguraba atinadamente que si el magnate llegaba al poder, EE. UU. se alejaría de lo que estaba pasando en Ucrania o en Siria e Irak, lo cual se ha cumplido absolutamente. También advertía: *"Clinton es una persona peligrosa".* Con ella EE. UU. seguirá interviniendo en asuntos de otros países. *"Ella podría iniciar una guerra nuclear",* remarcaba.

Expertos norteamericanos también opinan del mismo modo. Ivan Eland el Director del Centro de Paz y Libertad del Instituto Independiente de Oakland, ha explicado en un artículo para *The National Interest* que el intervencionismo beligerante de Hillary Clinton hacía que la posibilidad de guerra, incluso la nuclear, sea mucho mayor que con Trump. *"Donald Trump tiene razón a la hora de cuestionar el anticuado, inflexible y costoso compromiso de proteger a un gran número de países alrededor del mundo",* afirma el columnista.

La demócrata Hillary fue la candidata "del Sistema" quien puso en circulación –al mejor estilo republicano George W. Bush– una nueva versión del "eje del mal": *"Rusia, Irán y Siria, el régimen de Al–Asad"* [119].

---

119   Cuando gobernaba el republicano G W. Bush, los "neoconservadores" tomaron los Estados

La elite globalista pretende que sus propios enemigos, sean los enemigos de todos. Generalmente esos "enemigos de la humanidad" son presidentes nacionalistas: De Gaulle, Juan D. Perón, Victor Orban, Vladimir Putin, por sólo citar algunos de los más moderados. Satanizarlos es su deporte principal, en una hábil e incansable propaganda. Es tan sutil y masiva que nadie parece advertirlo.

Anteriormente cuando el presidente Hugo Chávez vivía, Venezuela estaba incluida entre los "Estados Canalla" que "amenazan la paz mundial" (Rogue State). La Venezuela de Chavez era nacionalista y antiglobalista en sus comienzos, luego viró rápidamente hacia un socialismo radical decadente que fue sumergiendo a su país en el caos absoluto. El presidente Maduro profundizó y afianzó el progresismo globalista de extrema izquierda, una dictadura roja despiadada y sanguinaria que ha provocado una crisis humanitaria jamás antes vista. Venezuela prácticamente flota sobre el petróleo, debiera ser uno de los países más ricos del mundo. Sin embargo su población fue desarmada, y hoy es rehén de un régimen socialista brutal. Los gobiernos de extrema izquierda, siempre intentan coartar libertades individuales y desarmar a la población. Solamente pueden mantenerse en el poder mediante la violencia armada, es decir bajo el poder coercitivo del Estado. Buscarán cualquier excusa para dejar indefenso al pueblo. Es lo que busca toda tiranía: poder absoluto, sin garantías ni libertades del lado de los gobernados.

Después de la guerra fría, el modelo unipolar globalista se expandía e imperaba por el mundo, la elite hostil engañaba a los es-

---

Unidos para transformarlo en el garrote del Nuevo Orden Mundial. Los neocon han sido siempre la tropa de choque belicista de la Elite Globalista, infiltrados en el gobierno republicano. A principios del 2002 Bush denominó a Irak, Irán y Corea del Norte como **"El Eje del Mal"**, palabras con connotaciones de la Segunda Guerra Mundial ya que **"El Eje"** estaba formado por "Alemania, Italia y Japón", y connotaciones de la Guerra Fría (Ronald Regan había denominado a la URSS "el Imperio **del Mal**". http://news. bbc. co. uk/2/hi/americas/1796034. stm . Hillary (demócrata), no se diferencia mucho de Bush, ella vive señalando y acusando a Irán, Rusia y Siria y quiere guerra contra ellos. Ella sigue órdenes de los magnates del Estado profundo.

tadounidenses haciéndoles creer que esta suerte de neo-imperio estaba bajo su control. Pero la elite iba socavando lentamente los cimientos del Estado Nación soberano estadounidense, al tiempo que acumulaba poder. Promovía inmigraciones masivas para romper la cohesión y la homogeneidad nacional. Derribaban fronteras y regulaciones que habían frenado a los depredadores financieros. El experto en comercio internacional Clyde Prestowitz quien en 1989 estableció un grupo de expertos fundando el Instituto de Estrategia Económica (ESI). Destacó en sus numerosos libros el papel negativo de "Los tres apóstoles: Greenspan, Rubin y Summers" a quienes culparía de la pérdida de prosperidad de Estados Unidos. Las leyes y medidas de desregulación relativas a los instrumentos financieros adoptadas en 1989 y 1993, y luego en el 2000, jugarían un papel importante en el colapso de los mercados de 2008–09, exentos de la supervisión dcl gobierno. Alan Greenspan en particular, un férreo liberal era un apasionado de sacar al gobierno del camino, evitando el "intervencionismo" en los mercados. "De hecho, Greenspan detuvo en gran medida la supervisión activa de la Fed de la industria bancaria". Junto con el Secretario del Tesoro, Robert Rubin, y el subsecuente Secretario del Tesoro, Lawrence Summers, desregularon el sector financiero que colapsaría unos años después, causando el sufrimiento y la bancarrota a millones de norteamericanos.

Todos los actores hostiles de la elite, lentamente fueron destruyendo el exitoso modelo del Estado de Bienestar que había expandido y protegido a la clase media trabajadora por 5 décadas.

En los mercados especulativos fueron emergiendo nuevos actores improductivos capaces de extraer riqueza a sectores productivos. Nacieron luego de la Segunda Guerra mundial y fueron ganando terreno progresivamente, durante la segunda mitad del siglo XX y principios del Siglo XXI hasta la actualidad. Un sinfín de instrumentos financieros, Holding, fondos de cobertura, fueron creados para comerse a los Estados Unidos que todos conocimos. Alfred Winslow Jones, Goldmand Sachs, Ray Dalio, Paul Singer, Mitt Romney, George Soros, Jamie Dimon, Larry Fink (el rey actual).

Economistas como Max Keiser y Stacy Herbert han puesto en relieve el papel de algunos de esos actores hostiles en su programa Keiser Report. Al igual que Michael Hudson exponiendo el peso del endeudamiento y el carácter parasitario del sector F. I. R. E.

El aparato mediático y el sistema educativo, fueron impregnándose de progresismo e ideas disolventes de la nueva izquierda cultural, las teorías críticas se infiltraron en círculos académicos alienando la clase intelectual y los liderazgos de la sociedad civil.

Bajo un Occidente hegemonizado por el consenso progresista del cual nadie podía disentir, Rusia comenzaba a liderar en soledad la resistencia al avasallante "pensamiento único". A medida que Vladimir Putin afianzaba su poder y acababa con los oligarcas del Estado Profundo ruso, activaba la resistencia democrática y diplomática al plan de la dictadura mundial unipolar de los banqueros internacionales.

Rusia se ha caracterizado por ser fuerte, y soberana, por eso la elite hostil odia aquel país, han querido verla debajo de una nube radioactiva. Intentaron boicotearla por todos los frentes. La nueva Rusia libre cuenta con potentes intelectuales como Alexander Dugin, y el pragmatismo nacionalista de Vladimir Putin, quien con otro puñado de hombres han sabido llevar a Rusia por el sendero opuesto del globalismo ideológico. La rusofobia lo señala como dictador, pero fue electo democráticamente obteniendo mayorías abrumadoras siempre y jamás ha violado la constitución rusa. Generalmente todo aquel que se opone al globalismo es señalado por la prensa liberal como dictador malvado. es un patrón histórico. Quien entiende estos sesgos, no es engañado por la sutil propaganda periodística.

El astuto ex agente de inteligencia convertido en presidente Vladimir Putin, siguió una agenda propia de nacionalismo multipolar, caracterizada por la búsqueda incesante de soberanía nacional. Ha resistido con gran coraje los ataques mediáticos occidentales, las injustas sanciones económicas de Estados Unidos y el acoso hostil cada vez más insolente de las fuerzas militares de la OTAN al borde de sus fronteras.

La OTAN o NATO (iniciales en inglés), es una organización militar internacional obsoleta de la época de la guerra fría, cuya existencia actual no se explica racionalmente, pues fue creada para contener la expansión de la extinta URSS. La actual Rusia capitalista, no representa ninguna amenaza real para "Occidente". Todo el discurso rusofóbico es alentado por intereses económicos belicistas del globalismo. Pues la nueva Rusia sí representó una amenaza mortal al progresismo izquierdista.

Debemos ser conscientes que cuando la prensa habla "del peligro" de determinados Estados, gobernantes o personas "demoníacas", "deplorables", "abominables", (actuales o del pasado), no representan un peligro "para todos" ni "para la humanidad", sino pura y exclusivamente representan una amenaza para la elite globalista y sus intereses oligárquicos neoimperialistas.

La virulenta rusofobia y el creciente cerco en torno a la Rusia de Putin, se manifiesta a través de las sanciones y la expansión de los países de la OTAN, que rodearon cada vez más de cerca de Moscú. Ni las extorciones, ni las presiones doblaron a los rusos en su deseo de ser libres, independientes y soberanos. Cuando esto sucede con un país que es una gran potencia, los amos del mundo intentan voltear al gobierno de diferentes maneras, si no lo logran desde adentro con una revolución de color o infiltrando sus filas de agentes liberales, suelen armar una guerra mundial o una pandemia...

Hillary representaba la voluntad de la elite de sepultar las esperanzas de los pueblos libres de vivir en paz en un mundo multipolar. Solamente a través de la hipocresía lograban invadir países musulmanes simulando su liberación. En esencia, no buscaba otra cosa que subordinación y dependencia al Nuevo Orden Mundial.

Trump parece encarnar la opción anti–sistema al decir: *"Al–Asad no me gusta en absoluto, pero él está matando al Daesh. Rusia está matando al Daesh e Irán está matando el Daesh"*. Trump llegó al poder y terminó con el circo terrorista y apeló a la autarquía energética, para que el complejo militar industrial no utilizara la excusa del petróleo para cumplir con sus objetivos geopolíticos. El punto de vista que el presidente desarrolló en su política exterior es la de destruir realmente el EI/ISIS/ISIL/Daesh, un enemigo creado artificialmente por los servicios de inteligencia. Hasta asesinó a un líder terrorista que en realidad trabajaba como doble agente para el Estado Profundo. En pocos meses logró lo que las anteriores administraciones no lograron en casi 2 décadas. Trump reconoció que Rusia e Irán estuvieron realmente combatiendo contra el terrorismo, algo que pone de muy mal humor a la oligarquía planetaria, que desea fervientemente guerra contra esos dos países. Hago un énfasis en *realmente* pues hasta ahora "la lucha contra el terrorismo" de Bush–Obama habían sido una completa farsa, siendo ampliamente funcional a los intereses de la elite globalista. Meras excusas para poder invadir países de Medio Oriente con una "causa justa", cuando en realidad iban por petróleo y para proteger a su "aliado privilegiado". Trump durante la marcha de su gobierno, cambiaría su retórica hacia Irán, y le endilgaría ser el principal promotor del terorrismo internacional.

Sabemos que aquellas organizaciones terroristas durante Bush–Obama fueron promovidas y financiadas por los servicios de inteligencia, para justificar las intervenciones militares, los saqueos, y la influencia en Medio Oriente. Todo con el fin de canalizar petróleo barato hacia Israel, asegurar sus fronteras, lucrar con las reconstrucciones. Lamentablemente también para traficar con una marea de inmigrantes ilegales hacia Europa. Este programa aberrante de limpieza étnica cumplía así con los sueños húmedos del genocida y repudiable racista austro–nipón **Richard N. Kalergi**, que en sus libros expresaba el deseo de borrar todos los pueblos originarios europeos mediante la inmigración masiva del tercer mundo. La inmigración ilegal provocaría luego la asimilación con otros pueblos y razas, creando una especie de "Estados Unidos Europeos" pero de población mayoritaria asiática–africana. Él fue el tristemente célebre fundador del **movimiento paneuropeo** que dio forma a la actual y decadente "Unión Europea", una suerte de dictadura dirigida por Bruselas donde una casta no electa de burócratas, toman decisiones vitales a espalda de los pueblos. Alemania recibió la loca cifra de más de un millón de inmigrantes ilegales en solo un año, hay ciudades que ya no parecen alemanas ni hablan alemán. Merkel es una criminal que ha traicionado a su pueblo. La socialdemocracia que ella defiende, fue crada por la elite globalista. Es aquella fuerza encargada de implantar el germen de la descomposición de las naciones, el derribo de fronteras es su prioridad.

El trabajo de la socialdemocracia es lograr el fin de Occidente, la infiltración desde adentro del sistema (con un rostro civilizado), allanando el camino al socialismo radical marxista. Los focos de una gran explosión social están siendo plantados. Si el problema no es neutralizado con remigraciones pacificas y voluntarias, tarde o temprano estallará una guerra civil en Europa. Los ingenieros sociales cuando planificaron la invasión a Libia y el caos en Siria eran conscientes de esto.

La farsa de la guerra contra el terror quedó expuesta en el conflicto en Siria. Años de guerra civil desangrando a aquel país para voltear a Al Assad y cercar aún más a Rusia y Europa (con la oleada de refugiados).

Llegó un momento en que la valiente Rusia reaccionó, interviniendo a tiempo contra el terrorismo. Y en operaciones militares altamente eficientes –que duraron poco tiempo–, acabaron prácticamente con todos los terroristas del ISIS en Siria, incluso algunos misiles fueron dirigidos a centros de comandos de inteligencia del Estado Profundo que ayudaba a los terroristas.

Luego Trump hizo su parte para acabar con los últimos resabios del terrorismo allí en Siria anunciando su posterior retirada de tropas una vez neutralizado ISIS. Algo que disgustó mucho a su aliado Israel.

Hillary repetía una y otra vez que los Estados Unidos no estaban en guerra contra el Islam, sin embargo la superpotencia bajo mandato demócrata, ha invadido e intervenido una multitud de países islámicos: Afganistán, Irak, Siria, Yemen, Somalia, Libia, y zonas tribales de Pakistan, sin nombrar la insistente guerra mediática contra Irán.

La elite hostil globalista quería una guerra eterna contra el terrorismo internacional, Ya lo había planificado en el PNAC para así justificar intervenciones militares en todo el planeta, grandes negociados y la abolición de libertades civiles en Occidente. Detrás de ello también existía un deseo fundamentalista de auto–cumplir fraudulentamente con profecías bíblicas de corte mesiánico.

En noviembre del año 2000 George W. Bush fue elegido en medio de denuncias de fraude electoral. Dick Cheney quien dirigió su campaña se auto nominó vicepresidente y nombró un grupo amplio de neoconservadores que habían formado parte de un Think Thank llamado PNAC (Proyecto para el Nuevo Siglo Estadounidense) [120] y redactado un informe especial. Despues de 8 meses de presidencia Bush Jr. llegó el esperado "evento catastrófico" como un nuevo "Pearl Harbor" que el PNAC había anhelado un año antes en el informe.

Esta guerra perpetua contra el terrorismo islámico fue abolida por Trump, quien dispuso una nueva **Estrategia Nacional de Defensa en 2018**. En ella estableció como prioridad la **"rivalidad estratégica entre Estados"** como su primera preocupación, quitando al "terrorismo islámico" el nivel de prioridad que tenía con las anteriores administraciones globalistas (Bush–Obama). Esto fue un hecho fundamental que bajo este análisis geopolítico, demuestra que el presidente Trump está defendiendo activamente los intereses del pueblo frente a la agenda hostil del establishment. Este cambio de prioridades en la *estrategia de defensa,* fue un gran movimiento de *soberanía nacional* contra los planes de los globalistas.

Frente a la peligrosa y agresiva política exterior de Hillary Clinton, signada por guerras falsas contra el terrorismo y una rusofobia sistémica, Trump con su política de aislamiento activo y pacífico

---

120　Project for the New American Century (PNAC).

salvó al mundo de una catástrofe nuclear, justo lo contrario de lo que decía el Big Media.

Hoy Trump es mucho menos amigable con Putin de lo que podría esperarse (debido tal vez a la presión mediática), no obstante está muy lejos de entrar en guerra contra Rusia.

En el mejor de los casos los pueblos del mundo están ganando tiempo para liberarse del unipolarismo fanático y mesiánico encarnado por el Establishment de EEUU que ha estado utilizando esa gran Nación como una mera marioneta.

1. 8* Perfil psicológico

Con el objeto de entender cómo piensa y cómo es Donald Trump, me aventuré en hacer un perfilamiento psicológico básico de su personalidad. Pude obtener valiosa información accesoria que ayuda en gran parte a comprender, el por qué actúa como actúa. Tras leer uno de sus célebres libros "El arte de la negociación" [121] se descubre un Trump muy trasparente, dispuesto a brindar varios secretos del éxito, y donde es posible advertir cómo ve el mundo y cómo es él.

Se debe ponderar el hecho que este libro lo escribió tres décadas antes de convertirse en político, y está enfocado exclusivamente en los negocios. Sin embargo me fue posible advertir cómo muchos de los conceptos usados para el éxito empresarial, fueron aplicados en su vida política. En numerosos pasajes se trasluce su forma de percibir el mundo y su carácter. Por ello encuentro en éste un valor para la presente investigación. En cuanto al tema que Trump desarrolla, específicamente como "el arte de la negociación", lo considero poco didáctico, y francamente no era lo que esperaba, es más una autobiografía.

---

121 Trump, D., Schwartz, T. (1987). *The art of the deal*. Titivillus. ePub base r2. 1. Traducción: J. A. Bravo

Estos son algunos de los rasgos de carácter que observé:

* Considera que no tener estructuras permite mayor emprendimiento, flexibilidad y creatividad.
* Fue contra un banco porque creyó injusta la ejecución de hipoteca de una trabajadora tras el suicidio de su marido.
* No permite que lo pisoteen.
* Nunca admite un *no* como respuesta definitiva.
* Le gusta poner a prueba a la gente. Los desafíos. Gente que no rehúye a la lucha.
* Pasar a la ofensiva y no dar concesiones a los críticos.
* Trump es trasparente.
* Falto de esquematicidad.
* Pocos rasgos narcisistas. Este punto debe ser matizado, podemos destruir un mito mediático persistente, el que caricaturiza a Trump como un extremo narcisista. Por el contrario la imagen que Trump proyecta es autodestructiva y es exactamente lo contrario de cómo actúan los narcisistas patológicos, ya que prosperan para ser amados y admirados por todos a cualquier precio. A POTUS simplemente no le importa si él te gusta o no, lo que lo convierte en el mejor antinarcisista, por su definición psicológica. Es un hecho bastante simple e innegable. Su narcisismo extremo es un mito, no es superior al que pueda tener cualquier persona promedio en una red social.
* Comprende la casta de los políticos. Refiriéndose a ellos se lamenta, que antes de adoptar un criterio ven hacia donde sopla el viento. Y no les importa cuánto gastar porque no es su dinero. Criticando esos rasgos como débiles y reprobables.
* "A veces el planteamiento más franco es el más eficaz".
* Si uno quiere comprar algo no debe mostrar tanto interés.
* Valora la importancia de maximizar la propia imagen. Referencia a la "organización" Trump cuando aún era minúscula. La importancia de la identidad corporativa.

* Valora la importancia de una buena presentación.
* Desde pequeño y joven fue pendenciero y un líder nato.
* Proclive a la fanfarronería.
* Propensión al trolleo. Es el Troll N°1 del mundo. Lo hace con buen humor y contra rivales. Mire su maliciosa burla a Hillary Clinton y Barack Obama, mientras se sentaba con los generales de cara más dura que pudo encontrar, para tomar una foto en una llamada "sala de situación" mientras simulaban el monitoreo de la muerte del terrorista y doble agente Al–Baghdadi en algún lugar donde no podía estar, exactamente como lo hicieron sus predecesores criminales hace mucho tiempo, con el falso asesinato de Bin Laden. Incluso presionó a la farsa hasta agregar los detalles de un perro que reconoció al falso califa de Daesch olisqueando su ropa interior. Algo sabido que es falso puesto que se usó ciber–espionaje para ubicarlo. Al–Baghdadi era un agente doble al servicio de la elite hostil, liderando el terrorismo. Trump lo sabía, y montó un show para eliminarlo y burlarse de todos. Con este sólo episodio se burló de McCain, del Estado Profundo, de complejo militar industrial, de Israel, de Hillary Clinton y Obama. Y se granjeó el merito de acabar con el Terrorismo. Con el negocio del terrorismo. También se ha burlado de otros oponentes políticos como a E. Warren ("pocahontas"), a J. Biden ("sleepy Joe").
* El padre de Trump era parte del club demócrata.
* Si se enoja es capaz de no hablar a la persona por 1 año. Pero es capaz de reconocer su error en retrospectiva y enmendar su actitud.
* Reconoce la gran importancia de las relaciones públicas.
* Sabe delegar y contratar a las personas más capaces.
* Para cerrar un trato exitosamente hay que ir con el patrón directamente. No con el empleado.
* Desprecia a los intermediarios de todo tipo.

* Pedir todo lo más posible. Para luego cuando venga la rebaja de la otra parte, el resultante obtenido presente un margen a favor previamente esperado. Presentó algunos ejemplos como en su negociación fiscal con el ayuntamiento. También cita una partida de póker donde nadie tiene una mano fuerte y están todos obligados a ir de farol.

* Ha demostrado que valora el respeto a la persona, incluso muerta a costa de toda pérdida económica. Cuenta como fue a un funeral en la otra punta del país, de una persona que estimaba mucho, justo el día que debía realizar una gran reunión para cerrar un trato que había tardado meses en organizar. Asistió al funeral perdiendo millones. Porque el honor vale más que el dinero.

* El camino al éxito no va sino con la simple insistencia.

* Admira a todos aquellos que convierten en oro todo lo que tocan.

* Admira a los que aún creen en el valor de la palabra y el honor. Considera "gentuza abominable" aquellos que al estrechar las manos, no significa ni vale nada, en tiempos donde sólo cuenta el contrato escrito.

* Considera la desesperación un arma de doble filo.

* Deseoso de construir algo monumental, original y memorable.

* Fue él, el que cambió el rostro de la 5ta avenida modernizando las construcciones y abriendo paso al resto. Fue un precursor.

* Ganó y cerró muchos tratos con la *teoría de las 2 maquetas*, de la que sería autor intelectual.

* Dispuesto a correr riesgos calculados.

* Habla a favor de las mujeres. Contrató muchas mujeres que son mucho más eficaces que los hombres que la rodean. Las pseudofeministas que lo piquetearon el primer día de mandato, si hubiesen sabido leer, se hubieran sorprendido enormemente, ahorrándose la necesidad de protestar en las calles.

* No le gusta hacer el papel de malo de la película, si no es absolutamente necesario.

* En 1979 derrumbó una fachada art deco para modernizar un edificio. Lo que le ganó mala prensa por un artículo del NYT que lo había figurado como "el villano". No obstante observó como tal episodio le hizo aumentar sus ventas de manera considerable. Allí aprendió una gran lección que la aplicó para toda la vida. Concluyó:

Aunque la publicidad fue adversa, fue mucha y llamó poderosamente la atención sobre el Trump Tower y dio un salto ascendente en las ventas´... La experiencia me enseñó una cosa: la buena publicidad es preferible a la mala, pero que desde el punto de vista puramente comercial, la mala publicidad a veces todavía es mejor que ninguna publicidad. En una palabra, la polémica vende.

Indudablemente ha llevado esta fórmula a la propaganda política.

* Se jactó que con las ventas de su **Trump Tower marcó una tendencia contra la discriminación** ya que lo único necesario para comprar un inmueble allí era tener el dinero. La tradición en la zona era vender con condiciones de aceptación muy estrictas. Se solía vender únicamente a americanos o europeos. Él vendió a árabes, latinoamericanos, y japoneses.

* En la lucha contra un competidor inmobiliario muy famoso, cuenta que ellos pusieron los precios de los departamentos más baratos que los de Trump. Lo cual en vez de aventajarlos los perjudicó. Él apuntaba a un target que si bien regateaba todo, no escatimaba en la adquisición del lugar donde vivirían. Hacer descuentos a celebridades es un símbolo de debilidad para Trump. Mientras más inalcanzables mostraban que era cada departamento, más larga la cola de espera.

La técnica de crear sensación de escases para aumentar su valor. Y conforme aumentaba la demanda él aumentaba los precios. El truco era presentar al principio una falsa lista de espera. Luego ésta se creaba en la realidad. Es decir, creaba artificialmente una sensación de escases, luego la gente demandaba y se hacía rogar.

* La calidad atrae más calidad.

* Trump cree mucho en el instinto. En darle a la gente lo que pide. No se fía de legiones de expertos.

* Él hace sus propios estudios y extrae sus propias conclusiones. Pero si recaba la opinión de muchos antes de decidir. Se ha confiado más de la opinión de vecinos y taxistas —gente común— antes de contratar firmas prestigiosas que cobran fortunas para redactan libros de informes sin conclusiones y con poca experiencia en la calle.

* No le molestan los críticos, excepto que se conviertan en obstáculos para sus proyectos. Contrario a modas de opinión.

* Lo mejor es negociar desde una posición de fuerza y ésta es la que encierra una posición de ventaja. Tener algo que el otro quiere o necesita.

* La ventaja no es siempre dada desde el principio, lo cual requiere un esfuerzo del área vendedora.

* Trump dice: "Mi estilo de negociación es muy sencillo y llano: Apunto muy alto y desde ahí todo es tirar y tirar hasta que consigo lo que quiero. A veces me conformo con menos pero muchas veces obtengo lo que me había propuesto". Esto fue realmente revelador, cuando analizaba sus negociaciones con China por ejemplo; ningún analista advirtió esta táctica de los negocios aplicada a la política. Trump fue brillante, innovador. Cuando los periodistas torpedeaban a Trump como un loco por pedir "demasiado", ni sospechaban que era parte del juego. ¿Se alcanza a comprender por qué es importante conocer cómo piensa el hombre? Recomiendo la lectura completa de su libro, y más si el lector está en los negocios.

* Según Trump, la negociación es una facultad innata, está en los genes. Algo de inteligencia se necesita pero es ante todo un instinto.

* Cree en la importancia de la herencia "Genes, instintos y condiciones".

* "pensar a lo grande, siempre lo hago, puesto que hay que pensar, mejor que sea a lo grande. Muchos piensan en pequeño porque temen tomar decisiones. Temen ganar."

* Hablando de algunos competidores inmobiliarios y el ambiente hostil en el que se enfrentó en toda su carrera: "hay que tratar con algunos de los individuos más astutos, más inflexibles y peor intencionados del mundo. Casualmente a mí me gusta enfrentarme a gente de esa especie y adoro ganarles en su propio terreno". Los analistas más finos, aquellos que leen entre líneas, advertirán lo que esto significa. Para los que no lo hayan advertido, además de las actividades bancarias y especulativas, el sector inmobiliario es uno de los preferidos de la elite globalista. Trump los ha descripto de un modo nítido, y se ha ubicado como su adversario. ¿Se alcanza a comprender por qué lo desprecian tanto y le temen? El viene desafiando a la elite hostil desde hace décadas, en su propio campo de juego.

* Trump se caracteriza por valorar en grado sumo la lealtad y la palabra de las personas. Y condena fuertemente la traición y la deslealtad como uno de los peores actos de bajeza humana. Con nostalgia ha recordado la época donde los negocios y los tratos no necesitaban papeles ni firmas sino el sólo apretón de manos de dos caballeros. En una entrevista afirmo que le gustaría perder todo para saber quien realmente quedaba a su lado leal. El griego Epicteto decía "El infortunio pone a prueba a los amigos y descubre a los enemigos", Trump empatiza con este concepto estoico.

* Una de sus opiniones que llamó mi atención y que explican en gran parte su actuación política, consta en su consejo

de permanecer flexible y no atarse a un sólo planteamiento. Él dice *"Lo mío es el malabarismo. Mantengo muchas bolas en el aire todo el tiempo. Muchos negocios fracasan por más prometedores que parezcan al principio."* El uso de discursos aparentemente defendiendo posiciones contrarias realmente es una forma de malabarismo, que no obstante mantiene de fondo ciertas convicciones irrenunciables.

* No se fía mucho de las credenciales académicas. Tan cierto es esto que lo dijo disimuladamente en la ONU cuando se refería a las teorías económicas que demostraron ser falsas, refiriéndose negativamente a los tratados de libre comercio internacionales que hundieron a los EEUU. Es sabido su predilección por el proteccionismo y el éxito que le reportó en 3 años de aplicación. Trump no siguió los consejos de "expertos del Instituto Cato–Koch", ni los teóricos neoliberales.

* De joven pensó una vez en ser actor, le encanta lo teatral y grandioso. No hace falta ser muy perspicaz para descubrir cómo es de su gusto poner toda clase de caras, gestos, expresiones realmente teatrales alimentando la producción de memes. Ya sea para defender posiciones o para atacar contrincantes políticos. Cautiva emocionalmente a su base electoral, seducida con numerosos memes en forma de imágenes, gif, stickers o cortos audiovisuales.

* Admira el poder de las palabras. Un episodio de su juventud le hizo admirar a un hombre físicamente insignificante que únicamente con el poder de su palabra, lograba cosas asombrosas incluso enfrentar grandulones que lo hubiesen destrozado.

* Confiesa que la persona que más lo influyó fue su padre. Su principal mentor. De él aprendió cómo *"motivar a las personas y de cómo juzgar la competencia y la eficacia"*

* Aconseja no dejarse intimidar y que si es necesario montar un show para espantar rivales se lo monta.

* Se hizo amigo de un judío que era su inquilino en un complejo de medio status. Gracias a su consejo humilde pudo

vender el complejo entero a tiempo, ya que el mismo se devaluaría por la criminalidad creciente de la zona.

* No le caen bien los abogados. Porque la mayoría prefiere "un mal arreglo a un buen pleito".

* En los negocios y las demandas judiciales prefiere el pleito a la conciliación.

* Cuenta que su padre, en general no alquilaba viviendas a personas insolventes en situación de asilo sin importar sexo, origen, color (actuando del mismo modo que cualquier propietario sensato), lo que buscaban era gente que pueda pagar su alquiler. Y aunque tenían inquilinos afroamericanos, todo desembocó en una injusta demanda del gobierno, por presunta "discriminación racial" en los procesos de selección de inquilinos. Tenían todo para ganar. Pero necesitaban un abogado brillante. Su padre envió a Donald para conseguir alguien para que los represente. Para solucionar el problema contrató a un renombrado abogado judío llamado Roy Cohn, un personaje muy excéntrico y contradictorio, que a pesar de ser judío profería discursos antisemitas, y a pesar de ser homosexual era homofóbico. Sea como sea, a Trump le agradó y lo contrató para defender la firma familiar en esa demanda, eligiéndolo ante todo porque no rehuía al choque y era capaz de conseguir ganar el pleito. Finalmente ganaron el enfrentamiento legal, fueron a juicio y rebatieron la acusación. Con el tiempo se hicieron amigos cuenta Trump, quien admiraba su sentido de lealtad. Fue Roy Cohn quien le presentaría Roger Stone a Donald Trump. Roger sería una especie de asesor y mentor experimentado con amplios contactos que ha estado al lado de Donald hasta el día de hoy. Desde aquel entonces Roger ya veía al joven Donald como un diamante en bruto que llegaría lejos. Donald aprecia los consejos, pero en el fondo siempre fue un autodidacta. En las elecciones del 2000 sus propias presuposiciones respecto a cuál partido

elegir en el caso de presentarse, y que sólo podría llegar a la presidencia eligiendo un partido grande, fueron más atinadas que las de Roger.

Debido a una vida de excesos sexuales y promiscuidad, Roy moriría tempranamente de Sida. Cuando Trump gana las elecciones en 2016, se dice que vio a Roger Stone y juntos recordaron a Roy con nostalgia *"¿No le encantaría a Roy ver este momento? ¡Cómo lo echamos de menos!"* [122].

* "Si estas en lo correcto, tienes que tomar posición o la gente pasara por encima de ti"

* Uno de los pasajes que mejor parece describir la realidad que vemos hoy y su relación con la prensa, las cosas que dice, cómo las dice, cuándo, su ambigüedad premeditada:

Una cosa que he aprendido de la prensa es que siempre están hambrientos de una buena historia, y mientras más sensacionalista mejor. Está en la naturaleza de su trabajo, comprendo eso. El punto es que si eres un poco escandaloso, o si haces cosas que son astutas o controversiales, la prensa escribirá sobre ti.

* Enseña que uno debe crear interés, y atención a través de la emoción, y es eso lo que crea valor. Parece que a este exitoso empresario autodidacta hoy Presidente de Estados Unidos, no le ha ido tan mal en su vida aplicando sus conocimientos intuitivos y experimentales.

* Por último, otra observación que hice sobre su personalidad describe a POTUS como alguien que siempre disfruta, o se empeña en disfrutar y divertirse en lo que hace. *"El éxtasis*

---

122 Font, S. (11 de septiembre de 2018). Roy Cohn, el abogado que enseñó a Trump (casi) todo lo que sabe. *XLSemanal.* https://www. xlsemanal. com/personajes/20180911/abogado-trump-roy-cohn-polemica. html

real es jugar el juego". Intenta que todo aquello que emprende lo divierta, lo disfrute o le apasione. Todos estos son rasgos de personalidad que se han manifestado más allá del ámbito empresarial. Imaginen una persona mayor, que no obstante con su gran vitalidad es capaz de motivar a jóvenes en redes sociales, haciendo constantes bromas con memes. Se evidencia un gran entusiasmo y pasión por lo que hace con sinceridad. Esa energía es trasmitida y multiplicada por sus hijos Donald Jr. Y Eric Trump, junto a un equipo de soldados digitales y periodistas ciudadanos –denominados así por el General Michael Flyn en la conferencia de Young Americans for Freedom (Jóvenes Estadounidenses por la Libertad) una semana después de las elecciones del 2016.–[123]. Otros adversarios políticos también avanzados en edad demuestran por el contrario un acartonamiento y rigidez que lejos están de cautivar a los jóvenes. Trump deja así a la competencia política más cercana, muy por debajo de los estándares de las exigencias electorales del 2020.

De jovencito, en sus primeras épocas de empresario exitoso decía "El mundo está hecho de gente con instintos asesinos o sin instintos asesinos; y la gente que emerge es aquella que es competitiva y con cierto instinto para ganar." [124]

---

123   Fuente: Divulgación Total en Youtube. https://www.youtube.com/watch?v=j9wcjiWvVKw Chequeado 5 de Julio 2020. En este video Flyn habla que Estados Unidos está bajo un ataque militar irregular en el campo de la política, que los medios de comunicación no están cumpliendo con su deber. Y que los ciudadanos honestos están llevando la delantera en la trasmisión de información valiosa que las corporaciones mediáticas censuran o distorsionan.

124   Peel, B., Bogado, D., Zinni, N. (2017). TRUMP: AN AMERICAN DREAM [Documental]. 72films. https://www. netflix. com/ar/title/80206395

RESUMEN DEL PERFILAMIENTO EN PERSONALIDAD

A través de sus distintas expresiones, conceptos y acciones desarrolladas en su vida, es posible establecer una serie de patrones conductuales subyacentes, que conforman su temperamento y carácter. De tal modo que es posible explicar su personalidad, su forma de hacer política y prever en forma tentativa sus próximos pasos o explicar los pasos dados.

Trump posee una intencionada y consciente personalidad histriónica. Es flexible, emprendedor, creativo. Posee empatía con el trabajador. Le gusta escuchar al hombre sencillo y la sabiduría de la calle. Le gusta luchar y ganar. No le gusta la gente que huye de sus problemas o se vive lamentando. Desprecia los obstáculos y le motiva superarlos a como dé lugar, ama los desafíos. Sensible a la crítica. Le gusta pasar a la ofensiva. No es esquemático. Abierto a lo alternativo. Prefiere obrar que teorizar. Ciertos rasgos narcisistas capaz de superarlos por un fuerte altruismo y sentido de misión. Rencoroso y vengativo. Determinado. Enérgico. Calculador. Es capaz de reconocer errores. Es un vendedor nato. Gran motivador. Fanfarrón. Le gusta escuchar lo que su intuición le dicta. No se fía demasiado de la opinión de los expertos, aunque le gusta escuchar varias perspectivas de un mismo tema. Es un jugador desafiante. No le gusta perder, propensión al trolleo como una manera de humillar al rival y marcar jerarquías. Fiel a su palabra. Es optimista, animoso y positivo, y extremadamente cauto antes de hacer su jugada. Al plantearse un objetivo necesita divertirse en el proceso de ejecución. Le gusta la actuación. Le gusta jugar al póker. El engaño y la astucia son aceptados para obtener el logro de su meta. Habla con polisemia, hipérboles y simbolismos crípticos. Valora el poder de las palabras, las expectativas, las estrategias y lo magnífico. Comprende a la perfección a la prensa.

Escucha versiones alternativas demostrando gran apertura mental. Es capaz de posicionarse en un tema aunque toda la opinión pública este en contra, lo cual denota pensamiento independiente. No teme quedar como "distraído" o poco informado si con ello escapa a preguntas incómodas. Cree en Dios, pero no es muy religioso como algunos de sus compañeros. Es capaz de montar un show, o decir cosas escandalosas si a cambio logra posicionarse en la opinión pública. Abstemio, no bebe, puede auto–controlarse evitando vicios. Cree en la importancia de la herencia genética o líneas de sangre.

Ha sido siempre tolerante con minorías, homosexuales, y mujeres. Más allá de la retórica, no es violento. Es alguien que piensa en grande, proyecta en grande y quiere estar entre los primeros. Un estratega y negociador innato. Obstinado. Tesonero. Ama su familia y la vida. Defiende a los niños. Desprecia los vicios. No es alguien que se deje pisotear. No teme ser confrontativo, pero tampoco teme ser huidizo. Es capaz de sacrificar su reputación y dinero por el bien común. Pragmático. Previsor.

Tal vez algunos de estos rasgos hayan sido de gran atractivo para sus votantes, deseosos de encontrar algo nuevo y genuino en la arena política.

En el capítulo 3 (Tomo II) abordaré el perfil ideológico de Trump.

CAPITULO 2

Globalización y el enemigo invisible

"Guste o no, tendremos un Gobierno Mundial.
La única cuestión es si será por
concesión o por imposición"
Banquero James Paul Warburg [125]

"En 2050 habrá un gobierno mundial"
Banquero *Jacques Attali* [126]

Hoy en día los politólogos, sociólogos, economistas e incluso geo—estrategas, por lo general (y en su mayoría), al hablar de "globali-

---

125 Cabal, Esteban.(2012). *Gobierno Mundial.* Ediciones Mandala. (Ante el Senado de EEUU el 17 feb. 1950.)

¿Quién fue James Paul Warburg (1896–1969)?, fue un influyente banquero internacionalista, asesor del Presidente americano Franklin Delano Roosevelt. Su padre fue Paul Moritz Warburg (1868–1932) nada más y nada menos que el arquitecto alemán del Sistema de la Reserva Federal y miembro de la primera junta de la FED y vicepresidente hasta 1918. Este banquero globalista fue el principal mentor del Banco de la Reserva Federal de los EEUU fundado en 1913, el mismo año que se estableció el IRS y la ADL. Lo que muchos no saben, es que este mega–banco encargado entre otras cosas, de emitir los dólares del mundo, es fundamentalmente privado, de "Federal" solo tiene el nombre. La jugosa máquina de hacer dinero verde se encuentra en manos privadas, no del pueblo americano.

126 Corradini, L. (1 de diciembre de 2004). "En 2050 habrá un gobierno mundial", asegura Jacques Attali. *La Nación.* https://www. lanacion. com. ar/658930–en–2050–habra–un–gobierno–mundial–asegura–jacques–attali

—Attali fue el banquero y ex asesor especial del Presidente Frances François Mitterrand durante diez años y primer presidente del Banco Europeo de Desarrollo (BED).

zación", "estructuras de poder global" y "relaciones internacionales", realizan sus análisis atados al sesgo educativo impuesto por los
patrocinadores globalistas a través de los planes de estudio. Dichos
análisis se encuentran condicionados a su vez, por los prejuicios
circundantes en el medio cultural. Ésta "cultura", a su vez es controlada por medios masivos de comunicación, cuyos propietarios
son… globalistas. Por esta razón incluso los "profesionales universitarios" –a pesar de su intensa formación– son falibles si no son
capaces de explorar, discernir o investigar –con doblemente espíritu crítico– la realidad circundante. Deben apelar a la libertad de
pensamiento y atreverse principalmente a bucear en lineamientos
heterodoxos de investigación.

La verdad puede encontrarse en lugares insospechados y hasta
"odiosos"; y uno debe tener la apertura mental para enfrentar todo
tipo de "demonios". Si este milagro no sucede, sus perspectivas
permanecerán altamente limitadas por dichos condicionantes, que
alienarán sus conocimientos llevándolos por los caminos sesgados
que pretenden los grupos de poder interesados.

En la amplia sumatoria de variables y factores que convergen en
el complejo fenómeno de la globalización, omiten tener en cuenta
una perspectiva fundamental: la preponderante influencia del Capital Financiero internacional en el establecimiento y promoción
de esto que hoy llamamos: **_Globalización_**.

Es decir, se relativiza o directamente se omite el enorme papel
jugado por un determinado grupo de poderosos neofeudalistas: la
elite financiera conformada por un compacto puñado de banqueros y especuladores, que desde hace mucho tiempo ya, buscan
imponer incansablemente su _agenda globalista_ al mundo entero.

Lejos de una perspectiva conspiracionista, la realidad de la dinámica social sustenta esta visión con hechos históricos que cualquiera puede corroborar, cotejando pruebas y dejando de lado prejuicios o posturas ingenuas, o ideologizadas.

Para descubrir las raíces antiglobalistas del **_fenómeno Trump_**,
y lo que realmente representó su victoria electoral para la historia

mundial, es de vital importancia entonces, aclarar primero el concepto de ***Globalización*** más allá del equívoco significado presente en el imaginario colectivo.

Gran parte de la esclavitud postmoderna que nos trajo la globalización, se la debemos a la escasa capacidad que existe de cuestionar el sistema establecido.

Por un lado la gente ha sido anestesiada, drogada, distraída, y embrutecida; mientras que por otro lado el mismo *Sistema de dominio* ha dibujado sobre sí una imagen distorsionada e ilusoria de lo que realmente es, a los fines de dificultar la oposición. El núcleo de la oligarquía globalista se ha auto–blindado contra la crítica, logrando condenar moral y legalmente a sus opositores gracias a la programación predictiva y el monopolio del Discurso.

2. 1* Globalización en el imaginario colectivo

Frecuentemente escuchamos la frase: "vivimos en un mundo globalizado", interpretado a veces como "vivimos en un mundo avanzado, interconectado, interrelacionado".

Se suele señalar como origen de dicho fenómeno, el aumento del comercio internacional, a los desarrollos tecnológicos, de transporte y/o comunicativos. Las connotaciones del concepto *globalización* son por esto, la mayoría de las veces positivas. ¿Quién se opondría a los avances tecnológicos y comunicativos? Los medios de comunicación le dicen a la gente que *la globalización* es un proceso histórico surgido de manera espontánea y "natural", donde el avance de la tecnología, la democracia y el capitalismo han integrado e interrelacionado estrechamente los países formando una "aldea global". En los últimos 75 años Estados Unidos llevaría la democracia liberal y el capitalismo liberal al mundo. El establecimiento de Organismos internacionales como Naciones Unidas (ONU), constituirían espacios de entendimiento que acabaría con las guerras y los genocidios.

Nada podría ser "más perfecto", y al mismo tiempo tan engañoso. Todo lo anterior parece música para los oídos. Pero es tan sólo el **discurso propagandístico de fachada** que la elite globalista diseñó para que los ingenuos abracen su modelo de opresión silenciosa sin cuestionamientos profundos. ¿Has escuchado sobre esta "globalización"? Oh sí, es muy buena entonces…

Cuando el proceso globalizador se hizo más avanzado, *la gente comenzó a intuir* que algo **no** estaba funcionando, que **la realidad era más dolorosa que el relato**. Crash financieros, pérdidas de empleos, inflación, intereses por un lado; por otro, aumento de impuestos, funcionarios traidores, derribo de fronteras, nuevos vecinos que llegaron de manera ilegal provenientes de países lejanos, abordaron las tierras por las que murieron nuestros antepasados, sumando más caos y competencia por los mismos recursos.

Así los más despiertos fueron descubriendo una verdad que se desnudaba frente a ellos: **los medios de comunicación mienten y la narrativa oficial es falsa**. Mucha gente comenzó a instruirse libremente por internet compartiendo su verdad por redes sociales. La democracia y la libertad de expresión al fin había llegado a través de ella y los medios alternativos, las redes sociales, los sitios web independientes fueron una ventana para los librepensadores. Una ventana que la elite no podía dejar abierta por mucho tiempo.

Lamentablemente el Sistema se ha encargado en los últimos años de minar con algo de desinformación el terreno en los ambientes alternativos, con el fin de desacreditarlos. Para luego censurar videos en youtube, información en Twitter, instagram, y facebook. En pleno 2020–21 han proliferado los métodos de censura socialista en las grandes compañías de redes e internet. Algo que hacían desde hace 10 años pero no era tan notorio por su baja escala.

Policías del pensamiento justifican su censura afirmando luchar "contra ideas de odio", contra "negacionistas", y difusores de "teorías conspirativas" e "información falsa". Los fact–chekers progresistas comenzaron el ciber–patrullaje cerrando esa milagrosa ventana que la tecnología occidental había abierto para disfrutar de la sagrada libertad de expresión.

Para poder explicar la globalización como fenómeno geopolítico de estudio sociológico, y la intervención de la oligarquía globalista como un nuevo actor autónomo de poder mundial que opera en el marco de las relaciones internacionales, no es necesario – ni conveniente– apelar a especulaciones de tipo conspirativas. Es contraproducente hablar acerca de un "mundo controlado" por "entidades malignas", "superiores desconocidos", "el diablo", "el demiurgo", "extraterrestres", "anunnakis", "nobleza negra", "reptilianos", o "los illuminattis". Muchas de esas teorías ganan adeptos en ambientes alternativos, ya que sus teóricos mezclan un poco de verdad con muchas fantasías.

La mente humana tiende a creer en simplificaciones fantasiosas tejidas en torno a lo desconocido, pues brindan a la persona un falso sentimiento de estar empoderada con un conocimiento privilegiado, a la vez que ofrece cierta sensación de certidumbre en un mar de incertidumbre e impotencia. No es necesario apelar a especulaciones del más allá para explicar las motivaciones mal intencionadas de humanos de carne y hueso, no es académico ni científico al menos. Las explicaciones del mundo que remiten a causas externas e in–comprobables sustituyen el papel de las religiones apelando a lo irracional y las simplificaciones estériles.

En el presente libro en cambio, todo se trata sobre hechos históricos comprobados, datos extraídos de la realidad misma. Se apela aquí a la razón, al sentido común y a la reflexión. Siendo estos "bienes escasos" pero suficientes para llegar a ser libres como individuos y comunidad.

Las especulaciones metafísicas sobre causas últimas, se reservan para el fuero íntimo de cada persona. Es verdad que al comprobar ciertos hechos perversos y llenos de malicia realizados por la elite hostil, uno puede llegar a preguntarse seriamente si tanta maldad puede emanar de un simple ser Humano. No obstante en resguardo a la seriedad y la forma que aquí competen, se apelará a categorías fácticas y comprobables para el lector, que no debiéndose conformar con lo dado, debe seguir su propia senda de investigación.

Es hora de abrir los ojos… La globalización según la idea vigente en el imaginario popular, es ante todo un concepto engañoso por ser demasiado amplio, polisémico, lleno de retórica colorida y mal intencionado. Fue diseñado así, para lograr apoyo voluntario a un determinado Sistema de dominio a escala planetaria. Es únicamente una fachada semántica para ganar *el consenso*, para granjearse el apoyo de la opinión pública, es decir, para lograr el consentimiento popular.

Se puede apreciar como incluso intelectuales de derecha antiprogresista, declarados enemigos del socialismo, se inclinan ingenuamente a apoyar la globalización y combatir el globalismo, sin ver en todo ello una flagrante contradicción. Esa es una senda minada por la contradicción. Izquierdas y derechas han quedado obsoletas. O se está del lado del pueblo apoyando el nuevo nacionalismo populista, o con los globalistas que quieren barrer la Civilización Occidental del mapa (incluidos sus habitantes). No hay punto medio.

2. 2* Globalización en la realidad

*"Tienes que comprender que la mayor
parte de los humanos son todavía
parte del sistema.
Tienes que comprender que la mayoría
de la gente no está preparada
para ser desconectada.
Y muchos de ellos son tan inertes, tan
desesperadamente dependientes del sistema,
que lucharían para protegerlo"*
—Morfeo a Neo. The Matrix

Hoy en día, ya todos hemos escuchado –prácticamente **sin alarmar-
nos**–, palabras y conceptos como "mundialismo", "globalización",
"nuevo Orden Mundial", "un mundo sin fronteras". Incluso ¡¡¡Gobierno Mundial, Gobernanza global, y Globalización gobernada!!!.

Economistas del establishment como Joseph Stiglitz (ex Banco
Mundial) o Paul Krugman lo promueven hace 15 años desde la
prensa masiva ([127]). Otros autores lo promueven desde Davos, desde las reuniones de internacionalistas en Dubai, desde la ONU, e
incluso desde universidades de Elite en América y Europa, etc. Lo
cual demuestra hasta qué punto *los dueños del discurso,* que no son
otros que los *dueños del poder global,* han sabido lavar y anestesiar
poco a poco el cerebro de millones de personas, instaurando paulatinamente en el imaginario colectivo una neo–colonización cul-

---

127 Trillas, A. (25 de septiembre de 2004). Stiglitz y Krugman reclaman globalización
gobernada para reducir las desigualdades. *EL PAIS.*

Estos son los mismos economistas de la elite que asesoran al Papa Francisco, e intentan lavar
el rostro del capitalismo extremo, de manera de acelerar la globalización, de ninguna manera
piensan en mejorar el sistema o hacerlo más humano. Es tan solo una lavada de cara retórica.

tural a través de ideas favorables a su agenda. Hace noventa años, la sola mención de estos conceptos, habría generado una alarma nacional que habría terminado en persecuciones y guillotinas.

Por ejemplo el británico Arnold Toynbee en 1931 decía:

> En el presente estamos trabajando discretamente, pero con todo nuestro esfuerzo para arrancar esta misteriosa fuerza llamada soberanía de las garras de los estados nacionales de nuestro mundo. Y todo el tiempo estamos negando con nuestros labios lo que hacemos con nuestras manos, porque impugnar la soberanía de los estados nacionales del mundo es todavía una herejía por la cual un hombre de estado o un publicista, puede ser quizás no quemado en la hoguera, pero sí desacreditado y excluido de la sociedad ([128])

A principios del siglo **XXI** han penetrado a tal punto con estas ideas, que los perseguidos, censurados y desacreditados son los patriotas y nacionalistas, y no aquellos que están destruyendo la soberanía de las naciones mas civilizadas del planeta.

Muchos años de intensa propaganda han adormecido a las personas. Gobierno mundial, nuevo orden mundial, gobernanza global etc. Son todos distintos términos, que aunque poseen una sutil diferencia, tienen una sola concepción del mundo, una idea de fondo similar, y un mismo objetivo final. Los eufemismos sirven para no atemorizar a la gente. Ya lo reveló públicamente el banquero Jacques Attali en el periódico más leído de la Argentina, sugiriendo unos cambios en los organismos multilaterales para el 2050 *"A partir de ese momento habría un **gobierno mundial**. **Se lo podría llamar de otro modo, para no darle miedo a la gente**, pero tendríamos una auténtica estructura de gobierno."* (*La Nación, 2004*) [129] Énfasis agregado.

---

128   (Junio 1931). Cuarta conferencia anual del Instituto para el Estudio Científico de Relaciones Internacionales. Copenhague.

129   Corradini, L. (1 de diciembre de 2004). 'En 2050 habrá un gobierno mundial',

La falta de una claridad unívoca desde lo semántico, ejemplifica la capacidad que el Sistema posee para controlar el lenguaje en general, o determinados vocablos en particular, imponiendo con el aparato mediático los significados que se inclinen a reforzar sus objetivos, o simplemente jugando con su ambigüedad para hacer oscura su comprensión e ininteligible ciertas realidades y problemáticas...

A través de la industria del entretenimiento, la prensa coludida, la publicidad y los planes de estudios académicos van "reseteando" y "formando" la opinión favorable a tales fines.

Que la mayoría de "blancos universitarios" rechacen a Trump y su nacionalismo populista, no se debe a que sean "más inteligentes", sino por el contrario, han recibido 5 años más de adoctrinamiento de elite súper—intensivo, con un sesgo globalista y antinacional. No es un fenómeno exclusivamente estadounidense, es comprobable a nivel mundial. Varias carreras profesionales se han desviado, para convertir a sus egresados en meros engranajes funcionales al sistema, instruidos en determinadas funciones y enfoques. Meros peones bien remunerados. Tecnócratas, cuasi autómatas...

Las universidades no sólo forman profesionales súper—especializados, sino también peones de excelencia para la elite globalista. No son todas las carreras ni todas las universidades, pero sí una amplia mayoría y particularmente es un fenómeno observable en las últimas décadas. El pensamiento crítico verdadero es abolido por una montaña de libros escritos por intelectuales internacionalistas cuyo material deben los alumnos **estudiar y aplicar**. Las ideas heterodoxas simplemente son excluidas de los planes de estudio, reinterpretadas o denostadas a niveles irrisorios. La teoría crítica de origen neomarxista, entró a todas las aulas, llenando a la clase intelectual de ideas que sabotean la civilización que les dio todo, incluso su propio estilo de vida de primer mundo.

Todos estamos culturalmente bajo un neo—colonialismo globalista de tipo semántico—lingüístico, del cual todo librepensador debe in-

---

asegura Jacques Attali. *La Nación.* https://www. lanacion. com. ar/658930—en—2050—habra—un—gobierno—mundial—asegura—jacques—attali

dependizarse. Las ideas influyen en las acciones. Occidente está bajo ataque y el principal campo de batalla está en cada cerebro.

Por otro lado la nueva derecha nacionalista y populista de hoy, es más una voluntad arrolladora y un gran impulso de resistencia, que una teoría definida.

El conocimiento transmitido en la presente investigación, permitirá a la disidencia genuina ponerse de pie para caminar por su propio sendero.

A los efectos de liberarnos de las definiciones y esquemas interpretativos del mundo que el Sistema mismo va imponiendo sutilmente, con el objeto de subordinar a todos a su propia agenda. Se hace necesario que detalle aquí mismo, lo que propongo que sea *nuestra* **propia visión y definición alternativa de estos conceptos fundamentales**. Una visión que servirá para vigorizar el impulso del nacionalismo populista emergente por todo Occidente.

Paralelamente a la presente investigación, estoy desarrollando una cosmovisión, una teoría contestataria al globalismo desde la perspectiva de las naciones libres. La he denominado **soberanismo**, pues es una perspectiva nueva, que reúne varios elementos teóricos abarcados de manera integral e interdisciplinaria.

Aunque el ataque sin–forma contra el sistema globalista, presenta una ventaja táctica (como la emprendida por la derecha alternativa) permitiendo gran flexibilidad de acción, tarde o temprano los pueblos demandaran los auspicios conceptuales genuinos, que garanticen a largo plazo un nuevo pacto o convenio social tácito de lealtad mutua, con sus líderes nacional–populistas.

Estas nuevas perspectivas que desarrollo detalladamente *en otro libro*, ayudarán a la nueva derecha antiglobalista, a contar con una base teórica sólida para emprender una exitosa lucha cultural, política y económica contra el progresismo y la izquierda radical – históricamente funcionales al globalismo–.

Es bajo esta ***teoría soberanista*** que analizo el fenómeno de la globalización y el globalismo, dándoles a los vocablos los respectivos significados que más se acercan a la realidad según la experiencia histórica, y por ende resultando éstos más útiles para la batalla cultural y de ideas que la derecha disidente debe librar.

2. 3* Conceptos esenciales: Globalización, Globalismo, Mundialización y Tecnificación

A continuación presento un resumen breve —pero esencial— de cuatro definiciones personales, que he articulado para la mejor comprensión geopolítica del mundo contemporáneo. Cuatro palabras parecidas, cuyos significados difieren. Por esta razón es necesario abarcarlos, conocerlos y difundirlos: Globalización, globalismo, mundialización y tecnificación.

De manera resumida puede decirse que:

Mundialización: es un *proceso* de desnacionalización del poder político.

Globalización: es un *proceso* de desnacionalización del poder económico y financiero.

Globalismo: es un *sistema ideológico*, que promueve la concentración del poder a escala mundial y la transferencia de la soberanía de las naciones, a entidades supranacionales, para conformar una estructura de poder global totalitaria. Para lograrlo propaga un conjunto de ideas que de manera directa o indirecta, conllevan a la disolución del Estado–Nación Soberano y las libertades individuales.

Tecnificación: es el *proceso* de avances tecnológicos e industriales surgidos en Occidente, que revolucionaron para siempre el transporte y las comunicaciones.

Siéntase libre de difundir masivamente estos cuatro conceptos abreviados, solo citando la fuente.

La primera distinción a tener en cuenta es que tanto la globalización como la mundialización son *procesos*, mientras que el globalismo es una *ideología*.

En la *teoría soberanista* estos conceptos son ampliados y analizados detalladamente. Pero aquí debe alcanzar para comprender la diferencia entre la "globalización en el imaginario colectivo" vs "globalización en la realidad"; distinguiendo cómo la *elite hostil* fusiona conceptos diferentes en uno, haciendo foco en lo que sería la tecnificación, solamente para hacer más atractiva y "amigable" la idea general.

2. 3. 1* Tecnificación

La tecnificación es un proceso evolutivo espontáneo, paralelo y no causal de la globalización. No necesariamente nace por una división *internacional* del trabajo, ni por un sistema económico, ni surge gracias a la voluntad política de una elite supranacional.

La tecnificación es fruto exclusivo del indómito talento innovador de los pueblos occidentales (principalmente anglosajón, etnia de la que no formo parte, pero admiro), que desde hace pocos siglos vienen revolucionando el mundo como nunca antes ningún otro pueblo lo ha hecho, trayendo inventos, industria y ciencia a toda la humanidad.

La tecnificación hoy, lamentablemente se ha convertido en un instrumento al servicio del Poder global. Sin embargo la tecnificación es en sí misma un fenómeno que puede ser encausado, ya sea para la agenda globalista o para la nacionalista. La tecnificación sirve la mayoría de las veces al poder dominante.

La tecnificación es otro concepto que suele confundirse con globalización, adornándola a ésta de factores positivos, con el único fin de manipular a la gente.

Distinguiendo, disociando y extrayendo el concepto de *tecnificación* al concepto general de *globalización* que flota en el imaginario colectivo, es que el peligro contra los pueblos queda al descubierto. Evidenciando este grave problema en su más íntima esencia, queda representado frente a nuestros ojos, un peligro existencial para el destino de todos los países.

El proceso de desnacionalizar la economía y las finanzas, convirtiendo la misma en un mero apéndice dependiente de la voluntad despótica de otro país (como China), o un puñado de magnates internacionalistas, es únicamente un fenómeno (económico–financiero) que proviene de una causa mayor que lo ha motorizado e ingenierizado: La ideología del **globalismo**. Éste último es el que impulsa la globalización como proceso.

Oponerse al **globalismo** por un lado, abrazando la **globalización** por el otro, no sólo es contradictorio, es como querer cortar la cabeza del pulpo, protegiendo al mismo tiempo uno de sus brazos. Evidenciando así una gran ignorancia sobre la dinámica de los procesos globales y sus actores principales.

Poder identificar y clarificar categorías semánticas del problema, es el primer paso para establecer una ruta de acción teórico–práctica de insubordinación, para revertir los procesos destructivos y opresivos que la elite globalista ha puesto a rodar sin el consentimiento consciente de los pueblos.

Teniendo en claro los anteriores conceptos esenciales, expresados de manera breve para poderlos recordar y difundir con mayor facilidad, ahora haremos hincapié en profundizar específicamente sobre la globalización y el globalismo.

2. 3. 2* Macro ideología: Globalismo

Es un *sistema ideológico*, que promueve la concentración del poder a escala mundial y la transferencia progresiva de la soberanía de las naciones, a entidades supranacionales, para conformar una estructura de poder global totalitaria. Para lograrlo propaga ideas que de manera directa o indirecta, conllevan a la disolucióndel Estado–Nación Soberano y las libertades individuales.

No es casualidad que los **nacionalistas y los amantes de la libertad** se hayan unido bajo la figura del nacionalista Trump, para combatir un enemigo común: El globalismo (que odia la Nación y la Libertad).

El globalismo promueve la concentración de las decisiones globales en las manos de una elite internacionalista, que viola sistemáticamente el derecho de autodeterminación de las naciones.

El globalismo es un Sistema ideológico conformado por un conjunto interrelacionado de sub–ideologías que de manera sinérgica convergen y fundamentan los procesos de desnacionalización del poder político, económico y cultural a escala global.

Estas sub–ideologías las he denominado *micro–ideologías globalistas*, puesto que se anidan bajo la idea *macro globalista* que trata específicamente sobre un asunto fundamental: dónde reside la soberanía ¿en entidades tecnocráticas supranacionales o en los Estados nacionales? Las micro ideologías globalistas operan de manera independiente y sinérgica. Podriamos entender la idea macro–globalista como aquella tendiente a fomentar los objetivos geopolíticos estratégicos. Mientras que las ideas micro–globalistas operan fomentando procesos y objetivos tácticos. Las micro–ideologías serán descriptas brevemente en el punto 2. 12. También las desarrollo ampliamente en un libro aun inédito en el que trabajo en paralelo y ofrezco un esquema de respuesta doctrinariamente pro–activo para las naciones, para detener el globalismo definitivamente.

El globalismo es homogeneizante, amenaza borrar la diversidad humana del planeta. Su modelo pretendido intenta forjar un "ciudadano del mundo" que no se reproduce, tolera absolutamente todo, incluso su autodestrucción. La homogeneización es forjada por los mercados, en el marco de una pseudocultura consumista de malos hábitos. Los disidentes del sistema son estigmatizados.

El globalismo puede ser entendido como un proyecto geopolítico de tipo neo–imperialista, unipolar, neo–feudalista, neo–

esclavista y neocolonial. A diferencia de los imperialismos del pasado, no es impulsado por un Estado en particular, sino que es impulsado por una elite oligárquica hostil, de tradición nómade–cosmopolita.

La tierra o Patria no es el sagrado lugar donde uno nace en comunidad, sino un mero factor de producción disponible a explotar, un recurso cuyo valor depende del beneficio individual que otorga. El globalismo es una guerra emprendida por el 1%, contra el 99% de la Humanidad. Y ese 1% no son los sectores ricos–productivos, son los especuladores monopolistas destructores de la libre competencia. El 99% es el pueblo que ve día a día cómo su estatus y sus libertades son borradas junto a sus fronteras.

El globalismo es la causa y el fundamento, de los procesos de globalización y mundialización. Éstos dos últimos son consecuencias directas del proyecto globalista.

El globalismo es una ideología internacionalista, que pretende concebir el mundo como un **territorio político único**. Una ideología utópica que pretende imponer la forma política homogénea de la "aldea global", en un escenario donde en rigor de verdad reina la diferencia y la diversidad.

Tras la engañosa idea de la "aldea global", conformada por los estandarizados snob "ciudadanos del mundo", se demanda públicamente ya un gobierno único, capaz de dirigir su destino.

Este modelo hegemónico globalista, impone jerarquías basadas en la dominación y la desigualdad sistémica, trata de suprimir todo localismo y todo nacionalismo, sólo para legitimar e incrementar su supremacía internacionalista.

El globalismo promueve la actitud política de poner primero los intereses del mundo entero antes que los de la propia nación. Una moralina hipócrita vendida por la elite y comprada por una ingenua y manipulada clase media acomodada, gustosa de sacarse fotos en sus viajes por el mundo junto a niños desnutridos del África o Bangladesh, solamente para demostrar vanidosamente lo interesados que están por resolver los problemas de la pobreza extrema en el mundo, al tiempo que ignoran a los pobres de su propio país, o peor… quieren abortarlos.

El **América First** es una forma simple de nuevo nacionalismo de Siglo XXI, donde se promueve la actitud política de anteponer primero los intereses de la propia nación, en otras palabras: **defender el interés nacional.**

Trump desde sus eslóganes políticos ha estado promoviendo el nacionalismo, el patriotismo y el antiglobalismo al mismo tiempo. Según Trump, la "ideología del globalismo" se opone a su lema de "Estados Unidos primero". Afirmó: *"EE. UU. siempre va a escoger la independencia y la cooperación por encima de gobiernos globales, control y dominación". (Ver Cap 3, Tomo II).*

"Yo honro el derecho de cada nación a seguir sus propias costumbres, creencias y tradiciones", sentenció Trump, agregando que su país es "gobernado por estadounidenses" y que por eso, en vez del globalismo, él abraza la "doctrina del patriotismo".

La elite globalista, tiene como principal arma política *la infiltración*. Hace un uso hábil de la hipocresía, el engaño y la manipulación. Al mismo tiempo incrementa la concentración del poder y la riqueza en pocas manos (a escala internacional), lanza ideologías y "disidencias controladas" que dicen luchar por "la igualdad", y por un concepto particularmente distorsionado de libertad (que termina siendo libertinaje–liberticida). Dichas disidencias controladas terminan siendo funcionales al poder dominante, ya que no afectan los intereses vitales del mismo.

El problema de la infiltración y los traidores internos fue abordado ya por los fundadores de la civilización Occidental.

Una nación puede sobrevivir a sus tontos e incluso a sus ambiciosos. Pero no puede sobrevivir la traición desde adentro. Un enemigo a las puertas es menos formidable, porque es conocido y lleva su estandarte abiertamente. Pero el traidor se mueve libremente entre los que están dentro de la puerta, sus astutos susurros cruzan todos los callejones, que se escuchan en los mismos pasillos del gobierno.

Porque el traidor no parece traidor; habla con acentos familiares a sus víctimas, y usa su rostro y sus argumentos, apela a la bajeza que yace en el corazón de todos los hombres. El pudre el alma de una nación, trabaja en secreto y desconocido en la noche, para socavar los pilares de la ciudad, infecta el cuerpo político para que ya no pueda resistir. Tienes menos que temer a un asesino. El traidor es la plaga.

—Marco Tulio Cicerón.

La izquierda filomarxista (desde la Escuela de Franckfurt), vio una ventana abierta en los puntos débiles del liberalismo occidental, para infiltrar su veneno por dentro. Allí es donde surge el progresismo. Desviando el liberalismo clásico hacia la agenda globalista.

Así lograron los neo–marxistas de izquierda radical imponer disimuladamente su ideología. Utilizando el colectivismo de minorías, o "colectivos minoritarios" como tropa de choque contra sus propios enemigos y competidores: las mayorías de clase media trabajadora y los sectores productivos de la industria capitalista nacional. (Ésta última es la que brinda la soberanía económica de un país).

Ya Marx emprendía desde su libelo de odio: "El manifiesto Comunista" una guerra indirecta contra la clase media a la que llamaba reaccionaria, y una guerra directa contra los empresarios capitalistas de la industria productiva. El globalismo esta barriendo justamente estos sectores y no es casual.

El globalismo posee objetivos políticos, económicos–financieros, culturales y principalmente demográficos. Los objetivos están expresados bajo el arsenal de sub–ideologías, lanzadas para socavar la existencia de las naciones. En éste último sentido, existe una gran correspondencia entre los objetivos del globalismo y el marxismo socialista clásico y la nueva izquierda cultural progresista (llamada por Trump: liberales o izquierda radical).

Antes de proseguir, es necesario hacer una salvedad semántica en cuanto a la utilización de la palabra "liberal", o "liberalismo", en la presente investigación. Éstas son unas de las palabras y expresiones que más se han distorsionado en último siglo, su significado varía dependiendo del momento histórico, y lugar geográfico. Varía si es utilizada en EEUU, o en la periferia (Latinoamérica–Europa).

Ni los autodenominados liberales suelen coincidir entre sí para definirlo, prácticamente hay un liberalismo para cada individuo liberal, a menudo se los ve enmarañados en interminables batallas de conventillo. Pues hay liberales de derecha, liberales de izquierda, liberales clásicos, nuevos liberales, liberales progresistas, liberales conservadores, libertarios originales, libertarios modernos, liberprogres, etc. Lejos de tolerar puntos de vista diferentes, cada uno quiere imponer su visión atacando a los demás. De ese modo han convertido el liberalismo en todo y en nada al mismo tiempo. Lo que dio su mayor fortaleza en un pasado, hoy es su mayor debilidad. Es mejor escapar de esos ambientes minados que no conducen a ningún otro lado más que al conflicto, la división y la pérdida de tiempo. Observando la necesidad de combatir un enemigo común (el progresismo de izquierda radical), los amantes de la libertad parecen hoy unirse bajo el liderazgo nacionalista de Trump.

Para evitar malos entendidos, respecto a la utilización del término "liberal", se adopta aquí la postura popular en los Estados Unidos, un criterio naturalmente utilizado también por Donald Trump.

Cuando el lector lea "liberal" utilizado de manera despectiva o peyorativa, de ninguna manera se refiere a los defensores y amantes de la libertad, la propiedad privada, y el capitalismo, sino que refiere específicamente a la izquierda que se dice "liberal". En el presente estudio, liberal es sinónimo de izquierda cultural (salvo que se especifique lo contrario).

Toda esta aclaración puede ser innecesaria para el lector estadounidense acostumbrado a comprenderlo de esta manera. Pero se torna sumamente necesaria para eventuales lectores de países de Latinoamérica y Europa, acostumbrados a asociar la palabra liberal a la derecha. Como el libro va dirigido principalmente a un público norteamericano se adopta el criterio de POTUS y los EEUU.

Y para que no queden dudas... El nacionalismo populista emergente apoya la propiedad privada, la libertad y el capitalismo nacional productivo e industrial, únicos capaces de garantizar la independencia económica de un país y el fortalecimiento de la clase media.

En su política exterior este nacionalismo populista usa el principio de no agresión, también presente en la bandera amarilla Gadsden con la cascabel enroscada. El nacionalismo populista trumpiano también impulsa reducciones de impuestos, y desregulaciones burocráticas que impiden prosperar a las empresas e industrias nacionales dentro de la Patria. En ningún momento apoya, sino mas bien rechaza los nuevos credos liberticidas de izquierda, y las distorsiones de un "supra–capitalismo" internacionalista financiero, (que en realidad no es capitalismo, sino neofeudalismo bancario). El nacionalismo trumpiano rechaza los tratados internacionales injustos de libre comercio. Estos tratados de "libre comercio" articulados por la elite globalista son los que destruyen la industria nacional, los puestos de trabajo locales y quienes crean dependencia económica a potencias extranjeras políticamente socialistas (como China).

Aclarado ésto, retomo el tema prosiguiendo a detallar cómo muchas de las peligrosas propuestas filosóficas del viejo marxismo, han sido adoptadas y adaptadas a los nuevos tiempos por la ideología globalista. Entre ellas, numerosas herramientas de ingeniería y control social.

Lo único que cayó en 1989 con la caída del muro de Berlín y la Unión Soviética, fue el régimen formal de los socialistas, mas no así su ideología implícita, que supo sobrevivir, infiltrarse y prosperar bajo nuevas formas radicalizadas de izquierda, y lo más sorprendente… haciéndose presente en partidos de falsa "derecha" bajo la forma de "neoconservadurismo".

Los amantes de la libertad de derecha conservadora lo denunciaron y por esa razón chocan constantemente con los liberales progresistas (o liber–progres).

Trump se posicionó en diversas entrevistas, discursos, presentaciones y mítines, como:

1) Nacionalista, 2) patriota, 3) capitalista–proteccionista, 4) conservador, 5) aislacionista, 6) pragmático, 7) multipolar–antiimperialista, 8) anti–socialista, 9) anti–liberal–progresista, 10) anti–globalista.

Los detalles serán abordados en el Capítulo 3 del presente libro (Tomo II). Pero es importante entender desde ahora que tal posicionamiento no es casual, ni fruto de una improvisación articulada a la ligera. Estos 10 puntos conforman las bases no dogmáticas de una nueva potente derecha disidente, nacionalista y populista.

Como novedad en el arco de la teoría política, puede destacarse su anti–globalismo explícito. Hasta el 2016 no hubo en toda la historia un líder político marcadamente anti–globalista que haya llegado tan lejos, y menos a la presidencia de los Estados Unidos, –país epicentro y promotor del proceso globalizador–.

Trump es una anomalía en el Sistema bajo todo punto de vista.

De manera coherente su marcado anti–globalismo va de la mano con su marcado anti–socialismo marxista y veremos a continuación el porqué.

2. 4* Globalismo y Marxismo

Tal como el marxismo internacionalista hizo en el pasado, el globalismo pretende ahora dinamitar la exitosa Civilización Occidental, atacando sus pilares, desde las más elementales de sus partes hasta sus fundamentos espirituales.

Familia, Nación, tradiciones, símbolos, religión, fronteras, propiedad, libertades, valores… todo es agresivamente torpedeado por una elite cosmopolita apátrida y hostil de banqueros privados. Sus métodos son indirectos en primera instancia, y directos en segunda instancia.

Este establishment piensa únicamente en su propio beneficio. A través de la tremenda influencia del dinero, ha venido comprando políticos, jueces, medios de comunicación, agencias de inteligencia… Es decir han venido raptando los Estados Nacionales para instrumentalizarlos a su favor, mientras que al mismo tiempo socavan sus fundamentos, dinamitándolo por dentro. Naturalmente los pueblos se sienten estafados por su clase política, pero no logran ver las intrincadas estructuras de poder privado y particular que la controla.

Durante 70 años el socialismo marxista dominó la mitad del planeta, pretendiendo expandir el comunismo hasta cubrir toda la tierra, un experimento sanguinario que provocó más de 120 millones de muertos, el genocidio más grande y brutal de la historia de la humanidad. Un experimento que causó dolor, pobreza, hambrunas, desabastecimientos, injusticias y destrucción como ningún otro régimen. El marxismo superó incluso en muertes, y violencia al horrendo régimen nazi (quienes copiaron a los comunistas los abominables campos de concentración llamados Gulag). Pero usted no verá películas donde expongan los crímenes comunistas. No es casual. El Big Media esta controlado por socialistas que no ensuciarían la imagen de la ideología que constantemente quiere imponer.

Veamos a continuación algunas características y objetivos fundamentales que el globalismo comparte con el marxismo de izquierda radical.

Puntos en común entre la ideología marxista y el globalismo:

1* Internacionalismo / anti–nacionalismo. Gobierno único global.

2* Totalitarismo

3* democratismo formal (apariencia de democracia)

4* antipatriotismo / abolición de fronteras y países
5* Materialismo economicista.
6* universalismo / anti–particularista
7* subversión contra la autoridad.
8* anti–familia
9* Concentración de la riqueza en manos de una elite internacional.
10* contra un pueblo libre y armado
11* Abolición del dinero físico, y nacional. Moneda única global
12* Anarquismo Anti/estado soberano
13* Abolición del trabajo asalariado

El globalismo puede ser entendido como una nueva reconfiguración del marxismo.

1*Internacionalismo/anti-nacionalismo. Gobierno único global

Son conocidas las reuniones internacionales de políticos socialistas (hoy progresistas). La esencia del socialismo de tipo marxista es internacionalista. No todos los socialismos en la historia fueron iguales. Al comienzo emergió como una reacción contra ciertos abusos y explotaciones que derivaron en ciertas críticas honestas al sistema capitalista, a fines de mitigar y revertir las condiciones inhumanas de trabajo casi esclavo en algunas fábricas.

Pero Marx era un globalista que logró desviar y "capitalizar" el curso del socialismo descentralizado y orgánico (expuesto por Proudhon y Bakunin), hacia una agenda favorable para la elite bancaria internacional monopolista. El nuevo "apóstol de los trabajadores", creó su obra para beneficiar a los grandes banqueros globalistas.

Es por ello que Bakunin y sus seguidores "anti–autoritarios" fueron expulsados de la Asociación Internacional de Trabajadores (la Primera Internacional).

El alemán Marx transfirió su Consejo General de Londres a Nueva York, la ciudad que pronto se convertiría en la capital occidental de los globalistas. Fue justamente en Nueva York donde otro globalista alemán llamado León Trotsky, prepararía la revolución bolchevique rusa con un montón de secuaces que ni siquiera sabían bien el idioma ruso.

Contarían con el abundante y bien documentado apoyo financiero de los banqueros alemanes y los de Wall Street, como Jacob Schiff [130] y la banca Kuhn Loeb & Co [131], íntimamente asociados a la banca europea Rothschild. Por otro lado el investigador Paul Koch (2005) afirma:

> El dato que no suelen recoger las enciclopedias, aunque los originales se guarden en las colecciones de documentos del British Museum, es que fue Nathan Rothschild quien firmó los cheques de la llamada Liga de los Hombres Justos, con los que Marx fue gratificado por la elaboración de sus famosas obras. (p. 11) [132]

Marx logró excluir a Bakunin de la "Primera Internacional", pues éste último descubrió la alianza que Marx tenía con los grandes banqueros, y denunció públicamente el intento de **fraude intelectual e ideológico del programa comunista.**

Según historiadores, el período de 1820 en adelante se convirtió, en *"la era de los Rothschild"*, de modo que a mediados de siglo era un dicho común: "Allí en Europa sólo hay una potencia, y esa es Rothschild". Ahora bien, ¿cómo es posible que un hombre que se propuso denunciar al capitalismo y la explotación del hombre por el hombre, al punto de presentarse como su máxima antítesis, haya evitado toda referencia a sus más degenerados exponentes,

---

130   Sutton, Antony (1974). *Wall Street y la revolución bolchevique.* Clairview Books, 2011. Disponible también Online: https://archive. org/details/sutton–201611/mode/2up

131   Salbuchi Adrian. (2001). *El Cerebro del Mundo.* Cap. "Balance of Power y Convergencia". 3ra edición. p114. Ediciones del Copista.

132   Koch Paul (2005). *Illuminati.* 3ª edición. p. 11. Editorial Planeta.

omitiendo al mismo tiempo sus refinadas técnicas de expoliación y control? Marx protegía a los banqueros que lo habían financiado.

¿Por qué la élite globalista de banqueros financiaría a Marx? Simplemente porque toda la batería filosófica marxista tiene como objetivo afianzar la supremacía de la élite internacionalista. El marxismo es un dispositivo utilizado para "justificar" y para consolidar el poder de esa élite hostil.

Es un gran sofisma. No tiene nada que ver con aliviar la miseria de los pobres o hacer avanzar a la humanidad hacia la justicia social. Es ante todo un dispositivo político para la concentración del poder en manos de una minoría tiránica. Un cheque en blanco para legitimar el abuso de poder.

El secreto es que Marx concentraba el foco de toda su ideología en atacar exclusivamente la Industria nacional capitalista (Capital nacional productivo), protegiendo y cubriendo con un manto de humo discursivo al sector financiero globalista (Capital internacional financiero).

Ni una sola vez mencionó el imperio de los Rothschild como los "súper–capitalistas explotadores del mundo" (Es conocida la historia de cómo hicieron su fortuna estafando al pueblo británico).

Marx no desconocía el poder de los banqueros, pues habló incluso brevemente de la "soberanía moderna de las finanzas". Sin embargo desestimó su poder relativo, explicando que el sistema de crédito es externo a los medios de producción (que pretendían expropiar), y se trataba de algo "precapitalista". Lo cual es una verdad a medias, muy engañosa, puesto que desde tiempos bíblicos –incluso mesopotámicos– se reconocía que la relación asimétrica entre acreedor y deudor llevada al extremo a través de los intereses compuestos, desembocaban a la larga en una relación de explotación "El que toma prestado es siervo del que presta" (Proverbios 22:7).

Tampoco criticó el brutal poder del interés del dinero, cualidad ya denostada hace más de 2 mil años por el inigualable filósofo Aristóteles, que Marx había leído y no pudo desconocer. Con esto, su deshonestidad intelectual queda expuesta fuera de toda duda, demostrando que su **ideología paraguas**, sólo pretendía atraer y desviar el odio de los asalariados oprimidos hacia los capitalistas nacionales, que eran competidores del Capital financiero y monopolista de la elite internacional. Manteniendo los ojos de la turba enardecida lejos de los bancos. Al mismo tiempo brindaba con un relato analítico sesgado, una justificación "moral" que servía en la práctica como un cheque en blanco para la toma del poder violento, por parte de un puñado de saqueadores internacionalistas, asociados estrechamente con los banqueros y los Trust monopolistas occidentales. Si hubo un genio maligno y mal intencionado, ese fue Marx.

Coincidiendo con el argumento de Bakunin de 1872, Antony Sutton (1974) dijo en su revelador libro *"Wall Street y la Revolución Bolchevique"*:

Una barrera para la comprensión madura de la historia reciente es la noción de que todos los capitalistas son los enemigos amargos e inquebrantables de todos los marxistas y socialistas. Esta idea errónea se originó con Karl Marx y fue indudablemente útil para sus propósitos. De hecho, la idea no tiene sentido. **Ha habido una alianza continua, aunque oculta, entre capitalistas políticos internacionales y socialistas revolucionarios internacionales, para su beneficio mutuo.** Esta alianza ha pasado desapercibida en gran medida porque los historiadores, con algunas excepciones notables, tienen un sesgo marxista inconsciente y, por lo tanto, están encerrados en la imposibilidad de que tal alianza pudiese existir. El lector de mente abierta debe tener en cuenta dos pistas: los capitalistas monopolistas son los amargos enemigos de los empresarios del laissez–faire; y, dadas las debilidades de la planificación central socialista, El estado socialista totalitario es un mercado cautivo perfecto para los capitalistas monopolistas, si se puede hacer una alianza con los agentes del poder socialista. ¿Supongamos, y es solo una hipótesis en este punto, que los capitalistas monopolistas estadounidenses pudieron reducir una Rusia socialista planificada [o Alemania] al estado de una colonia técnica cautiva? ¿No sería esta la extensión internacionalista lógica del siglo XX de los monopolios ferroviarios de Morgan y la petrolera Rockefeller de finales del siglo XIX?" (el énfasis es agregado)

Lenín declaró: "Paz significa, muy simplemente, el dominio del Comunismo sobre el mundo entero". ([133])

Karl Marx proponía la dictadura internacional de los "proletariados", para tomar los medios de producción por la fuerza (la riqueza era confiscada, la propiedad privada abolida). Es decir, proponía la concentración del poder político y económico en pocas manos. Lenin iba más allá y apostaba explícitamente por una revolución violenta en cada país del mundo. Es famosa la frase de Marx "proletariados del mundo, uníos" queriendo disfrazar el saqueo violento de la propiedad privada con una "causa social justa".

La URSS, era la Unión de Repúblicas Socialistas Soviéticas, un experimento sanguinario cuya idea era expandirse ilimitadamente por todo el globo hasta cubrirlo con su bandera roja y su símbolo de la hoz y el martillo. **El marxismo proponía explícitamente la formación de una República Universal proletaria.**

El globalismo propone explícitamente lo mismo con su concepto de **"Nuevo Orden Mundial"**, **"gobernanza mundial"**, o peor **"Gobierno Mundial"** y lo hace desde el Foro Económico Mundial de Davos al igual que desde un centenar de ONG neoliberales, neoconservadoras y de izquierda liberal progresista (todo el abanico político servil a la elite). El culto al internacionalismo y el odio visceral al nacionalismo es distintivo de las ideologías que siguen la agenda globalista, sean conscientes o no de ello.

---

133   Lenín, V. (1920). Tesis sobre las Tareas de la Juventud comunista. *Pravda.*

El nacionalismo es la única esperanza para garantizar el último reducto de libertad, independencia y autogobierno, frente a al intento totalitario y tiránico de establecer un Gobierno Único global, del cual nadie podrá escapar.

Este neoimperialismo de izquierda supraestatal, se da como fase última de la acumulación extrema del Poder en instancias supra–nacionales (ya sea en manos privadas, o como por un súper–Estado).

El presente globalista se muestra como un neoimperialismo, cuyo eje central no es ningún país en especial, sino un compacto número de mega–poderosos internacionalistas del 1% de la población, que se organizan para tener su propio imperio al margen de las leyes de los Estados nacionales.

Este globalismo artificialmente elitista, que es también neofeudal, reclama lealtad hacia los banqueros y los medios masivos de comunicación. Del mismo modo impone el derribo de fronteras para debilitar aún más a los pueblos frente al saqueo de fondos buitres que pretenden operar sin limitaciones. Tenía razón Ronald Reagan cuando dijo *"El poder concentrado ha sido siempre el enemigo de la libertad"*. A lo que habría que acotar que: **el poder no sólo puede ser concentrado en manos públicas, sino también en manos privadas.**

La elite globalista intenta cooptar siempre a las potencias mundiales, para hacer más fácil su trabajo destructivo. Hasta el 2016 la gran potencia coludida al servicio de la banca era los Estados Unidos, –el garrote del globalismo–.

Como Trump arruinó sus planes denunciándolos abiertamente desde su campaña, hubo intentos para que China tome su lugar como nuevo líder de la globalización y gendarme del mundo. No lo han logrado y no lo lograrán. Tampoco es de extrañar que la ONU se encuentre copada por elementos neomarxistas y globalistas extremos. La elite internacionalista siempre ha querido también empoderar progresivamente los organismos multilaterales, pues en la medida que lo hace, debilita los Estados soberanos.

El 28 de octubre de 2018 Trump se autodefinió como nacionalista: "¿Sabes lo que soy?, soy nacionalista, ¿ok? ¡Soy nacionalista!" ([134]). Es por esta razón que los globalistas y neomarxistas han intentado voltearlo una y otra vez.

2* Totalitarismo

Recordar las palabras del novelista distópico Aldous Huxley (1967):

> Por supuesto, no existe ninguna razón para que los nuevos totalitarismos sea parezcan a los viejos. Gobernar a palos y con pelotones de fusilamientos, con hambrunas artificiales, con detenciones en masa y expulsiones masivas, no sólo resulta inhumano (aunque esto a nadie le importe demasiado hoy en día); sino que es demostradamente ineficiente y en la era de la tecnología avanzada, la ineficiencia comporta un crimen contra el espíritu santo. Un estado totalitario realmente eficiente sería aquel en el que el todopoderoso ejecutivo de jefes partidarios y su ejército de gerentes, controlan a una población de esclavos que no deban ser obligados a obedecer ya que adoran su servidumbre. Hacer que la adoren comporta la tarea asignada en los actuales estados totalitarios a los ministerios de propaganda, a los editores de periódicos y a los maestros de escuela (p. 12)[135]

Los cambios estructurales que proponía aplicar el marxismo en una sociedad, eran posibles establecerlos solamente mediante regímenes totalitarios y dictatoriales. La historia demuestra lo san-

---

134 "You know what I am? I'm a nationalist, ok? I'm a nationalist" dijo en "The Ingraham Angle" – Fox News 28 Oct 2018. // Re, Gregg (29 de octubre de 2018). Trump adopta la etiqueta de nacionalista. *Fox News.* https://www. foxnews. com/politics/ trump–rejects–blame–for–packages–sent–to–top–dems–says–suspect–was–insane–a–long–time
135   Huxley, A. (1967). *Un mundo felíz.* p12. Bantam Bookks.

guinarios que han sido esos regímenes cuando pasaron de la teoría a la práctica. La ola roja de dictaduras se expandía por Europa del siglo XX, bajo los auspicios de las mismas fuerzas globalistas (internacionalistas de entonces). No obstante una revolución que prometía ser universal e "inevitable", tuvo reveses importantes.

Los pueblos, tradiciones, fronteras e ideales nacionalistas supieron detenerlos a tiempo, se opusieron desde un principio a la avanzada *internacionalista* planteada por el socialismo marxista.

Después del fracaso de la revolución de 1848 en Alemania, Marx escribió que, "sólo hay una forma en la que las agonías asesinas de la vieja sociedad y los estertores sangrientos del nacimiento de la nueva sociedad pueden acortarse, simplificarse y concentrarse, y esa manera es el **terror revolucionario**" [136].

Todos los regímenes tiránicos socialistas han hecho uso consciente del "terror rojo". Fueron quienes popularizaron las torturas a los opositores políticos (Ver "116 millones de muertos por la utopía Marxista" S. P Melgounov).

El objetivo de la revolución era establecer la "dictadura del proletariado", como una transición hacia la abolición de todas las clases. Esta "etapa" dictatorial era "necesaria" para que el proletariado se defienda de la contrarrevolución reaccionaria y cree sin obstáculos la sociedad sin clases. Como decía Stalin, los obstáculos se los quitaba con balas, y si eran millones los ejecutados, simplemente no eran más que "estadísticas".

El mismo socialista Mikhail Bakunin en Statism and Anarchy (1873) [137], advertía que el pretendido "estado proletario" de Marx "es una mentira detrás de la cual se oculta el despotismo de una minoría gobernante". Y "que ninguna dictadura puede tener otro objetivo que el de perpetuarse, y que sólo puede engendrar y ali-

---

136 Marx, K. (1848). La victoria de la contrarrevolución en Viena. *Marxists. org.* https://www. marxists. org/archive/marx/works/1848/11/06. htm

137 Bakunin, M. (1873). *Statism and Anarchy.* Cambridge Texts in the history of political thought. https://libcom. org/files/statismandanarchy. pdf

mentar la esclavitud en las personas que la padecen". Bakunin sospechaba que si Marx se salía con la suya, un puñado de extranjeros apátridas como él, terminarían gobernando el "Estado comunista". Lo cual se cumplió. Rusia se plagó de extranjeros internacionalistas en el poder. Cuando los marxistas logran una muy breve y luego frustrada revolución en Alemania, muchos de ellos apenas sabían alemán.

Aunque la expresión "dictadura del proletariado" no aparece literalmente hasta 1852, la idea está claramente expresada en el Manifiesto de cuatro años antes:

"El proletariado utilizará su supremacía política para arrebatar, poco a poco, todo el capital a la burguesía, para centralizar todos los instrumentos de producción en manos del Estado, es decir, del proletariado organizado como clase dominante; y para aumentar la cantidad de fuerzas productivas" [138].

Sin tapujos, luego amplía el concepto: "Los comunistas no se cuidan de disimular sus opiniones y sus proyectos. Proclaman abiertamente que sus propósitos no pueden ser alcanzados sino por el **derrumbamiento violento de todo el orden social tradicional**" [139]

No obstante, los marxistas se toparon con el fracaso una y otra vez. El nacionalismo fue la única fuerza capaz de detenerlos eficazmente. Es por ello que emprendieron una lucha radical y eterna contra el nacionalismo, intentando a su vez alcanzar el poder por otros medios.

Desde hace mucho antes que cayera la URSS, intentaron el camino comunista por vía indirecta, **a través de la democracia** (August Bebel y Eduard Bernstein fundadores de la socialdemocracia), **la infiltración por el largo camino de las instituciones**

---

138 Marx, K. (1848). *El Manifiesto Comunista*. Cap. Proletariados y comunistas. (p. 44). Editorial Aguilar.

139 Marx, K. (1848). *El Manifiesto Comunista*. IV Posición de los comunistas ante los diferentes partidos de oposición. (p57–58). Editorial Aguilar.

(Antonio Gramsci) y **la Cultura** (Escuela de Frankfurt–Gramsci). A ese virulento caos antioccidental se sumaría el liberal Karl Popper con su teoría de "sociedad abierta" abrazada por el magnate George Soros. Para rematar el golpe se sumarían pensadores decadentes postmodernos como Michel Foucault declarando la guerra frontal a la normalidad y la naturaleza.

Hoy en día, la cultura y la educación —en pleno capitalismo—, han sido infiltradas por los herederos de esas corrientes, inspirados en la guerra cultural. Hasta ahora vienen logrando imponer su agenda de despoblación Occidental, totalmente antinatalista, antiprocreativa, destruyendo todas las relaciones humanas e instituciones tradicionales que en Occidente garantizaban la vida y la prosperidad. Hasta ahora no hubo reacción desde la derecha que se encuentra anestesiada y cegada por enfoques meramente economicistas. Con el nacionalista Trump la derecha comienza a dar batalla cultural. Desde su jefatura se hizo todo lo posible por desmantelar los influjos de la *Teoría Crítica*. Inclusive institucionalmente bajo Orden Ejecutiva plantó bandera contra la Teoría crítica de la raza. Dicha teoría es una ***ideología racista de izquierda***, que estigmatiza y culpabiliza a los euroamericanos de todos los males del universo. Es una ideología filomarxista destinada a dividir y fragmentar la nación, inyectando odio y resentimiento en las minorías contra las mayorias. Esa ideología divisiva a su vez intenta dominar y anestesiar a las mayorias a traves de la culpa, para que éstas no sean un obstáculo en la revolución socialista. Trump dijo:

> Los estudiantes de nuestras universidades están inundados de teoría crítica de la raza… Esta es una doctrina marxista que sostiene que Estados Unidos es una nación malvada y racista, que incluso los niños pequeños son cómplices de la opresión y que toda nuestra sociedad debe transformarse radicalmente. La teoría crítica de la raza se está imponiendo en las escuelas de nuestros niños, se está imponiendo en las capacitaciones,

en el lugar de trabajo y se está implementando para destrozar a amigos, vecinos y familias. *(Time, 2020)* [140]

Ron Unz el valiente fundador de la revista online ***UNZ Review***, se atrevió a describir el dilema existencial que experimentan los Estados Unidos con la cultura de la "cancelación", montada por la izquierda radical en colusión con el Big Media y el Big Tech. Un testimonio desgarrador y controvertido que responsabiliza frontalmente a los globalistas como los principales saboteadores de la república y la democracia norteamericana.

Los principales héroes de la República Americana desde su nacimiento en 1776 se enfrentan a una "cancelación" y esta repentina ola de ataques ha ganado claramente un considerable respaldo de la élite. El *New York Times* tiene un enorme peso en tales círculos, y el martes pasado su artículo de opinión principal pedía que el Jefferson Memorial fuera reemplazado por una imponente estatua de una mujer negra, mientras que uno de sus columnistas regulares ha exigido reiteradamente que todos los monumentos en honor a George Washington sufran un destino similar . Stacy Abrams, a menudo mencionada como una de las principales posibles vicepresidenciales de Joe Biden, había previamente propuesto como parte de su plataforma de campaña, la destrucción del histórico Stone Mountain Memorial de Georgia, por lo que ahora parece que estamos a uno o dos pasos de las creíbles demandas políticas de que el Monte Rushmore sea dinamitado al estilo talibán. *(UNZ Review, 2020)* [141]

---

140   Lano, C. (29 de septiembre de 2020). El presidente Trump ha atacado la teoría crítica de la raza. *Time.* https://time. com/5891138/critical–race–theory–explained/

141   Unz, R. (14 de julio de 2020). Purgas ideológicas y el efecto Lord Voldemort. *The Unz Review.* https://www. unz. com/announcement/ideological–purges–and–the–lord–voldemort–effect/

Para evitar esa cultura totalitaria neomarxista, Trump el 18 de enero del 2021 formó **La Comisión de 1776**, todo un símbolo contra la tiranía. La misma fue compuesta por algunos de los eruditos e historiadores más distinguidos de Estados Unidos. Éstos han publicado un informe que presenta una crónica definitiva de la fundación estadounidense, una poderosa descripción del efecto positivo que los principios de la Declaración de Independencia han tenido en la historia de esta nación. Esta Comisión creada por Trump constituyó un interesante dispositivo de refutación de los intentos imprudentes de "reeducación" que buscan reformular la historia estadounidense en torno a la idea de que Estados Unidos no es un país excepcional, sino maligno ([142]). Trump insistió en lo fundamental que era la educación patriótica para evitar el totalitarismo y el influjo de la teoría crítica de la izquierda. Una de las primeras acciones de gobierno de Biden, el 21 de enero fue disolver la Comisión de 1776. Todo un símbolo de quién es quién. Cadenas de noticias intolerantes como CNN celebraron la medida iconoclasta de cancelación.

La pandemia de covid19 les otorgó excusas a los gobiernos corruptos coludidos con la elite global, para abolir libertades individuales básicas, destruyendo a los pequeños y medianos productores. No sólo fueron socialdemócratas sumisos como los gobiernos de Argentina, Canadá y Alemania, sino también neoconservadores como el británico, con Boris Johnson a la cabeza. Los internacionalistas jamás abandonaron su sed totalitaria para expandir su programa bajo las democracias y para ello no se contentaron únicamente en dominar la izquierda, colonizaron también la derecha.

El progresismo basado en las reivindicaciones ultra-victimistas de los "colectivos minoritarios" y de género, fue su obra maestra

---

142 White House. (18 de enero de 2021). https://www. whitehouse. gov/briefings-statements/1776-commission-takes-historic-scholarly-step-restore-understanding-greatness-american-founding/

para destruir Occidente. Los neomarxistas logaron imponer este totalitarismo ideológico transversal y bipartidista, que ahogó todo pensamiento independiente. Hasta la derecha fue infiltrada con esa táctica de izquierda.

Desde 1945 hasta 2016, el nacionalismo había sido erradicado de occidente. Trump provocó un quiebre anti–progresista imprevisto. Un proceso irreversible hacia el sendero de la verdadera libertad, que viene exponiendo las actividades criminales de un grupo reducido de psicópatas internacionalistas que se creen con el derecho de gobernar el mundo a su antojo aplastando toda disidencia genuina. La virulencia totalitaria demostrada por los globalistas después del inicio de la pandemia de coronavirus, debe ser un llamado urgente de atención para todos los patriotas de cada país. La lucha recién comienza. Nuevas formas de totalitarismo global buscan establecer sus dictaduras bajo paraguas sanitarios para combatir virus de dudosa procedencia, pero visionarios hace siglos ya previnieron esas aristal del abuso de poder. *"Cuando un pueblo permita que un gobierno dicte la comida que pone en sus bocas y las medicinas que ponen en sus cuerpos, sus almas estarán pronto en la misma penosa situación de los que viven en una tiranía"* –Thomas Jefferson.

Las nuevas formas totalitarias del régimen globalista están queriendo instaurarse en estos momentos. Identificaciones digitales unidas a carnet de vacunación, redes 5G con las que los servicios de inteligencia puede eliminar disidentes a control remoto, dinero digital, sistema de crédito social, gran hermano Big Tech silenciando la oposición. Monstruos monopólicos privados que avanzan contra las libertades individuales y coluden con gobiernos para incrementar su opresión. Ya Trump denunció en la misma ONU, este peligro que representaban para las libertades individuales.

3* democratismo formal (apariencia de democracia)

Aldous Huxley (1932) afirmaba:

> Una dictadura perfecta tendría la apariencia de una democra-
> cia, pero sería básicamente una prisión sin muros en la que los
> presos ni siquiera soñarían con escapar. Sería esencialmente
> un sistema de esclavitud, en el que, gracias al consumo y al
> entretenimiento, los esclavos amarían su servidumbre. [143]

Los regímenes marxistas aún en dictaduras brutales se auto–des-
cribieron de manera formal como "democracias". Las democracias burdas de partido único, no fueron sino simulacros electorales
lamentables, rodeados de brutales persecuciones a toda disidencia. Corea del Norte, China, Cuba, Venezuela son sólo algunos
ejemplos.

El sistema globalista por su parte ofrece en Occidente una pan-
tomima bipartidista donde las elites financian ambos bandos para
ganar siempre. Un puñado de banqueros, magantes, ONG, grupos
de reflexión, logias, y grupos de presión eligen y promueven sus
propios candidatos que luego el pueblo vota, creando una ilusión
de voto y democracia. Dichos partidos se oponen en cuestiones
secundarias o triviales pero coinciden en la agenda globalista, progresista y política exterior.

Si por milagro llega aparecer un líder nacionalista carismático
elegido democráticamente que rechaza el internacionalismo, el beli-
cismo, el progresismo y el globalismo, abogando por liberar al pueblo de esa ilusión creada por la elite, todas las armas de ingeniería
social comienzan a apuntar contra ese líder populista, con el objeto
de voltearlo, desacreditarlo, destituirlo, desautorizarlo, deslegitimar-
lo en su gobierno. Trump es el mejor ejemplo de ello, Putin, Orban,
y Bolsonaro también. Nacionalistas conservadores que usan el Poder

---

143   Huxley, A. (1932). *Un mundo felíz*. Bantam Bookks. (1967).

del Estado para defender a su pueblo de actores internacionalistas hostiles, son la oposición no controlada al globalismo.

4* antipatriotismo/abolición de fronteras y países

En el manifiesto Comunista Karl Marx deja muy claro que: "En las diferentes luchas nacionales, los proletarios ponen por delante y hacen valer los intereses comunes a todo el proletariado, **sin caer en el patriotismo**" [144] Desde 1848 la elite globalista intenta sabotear públicamente los valores Occidentales.

> … se acusa a los comunistas de querer **abolir la patria, la nacionalidad… Los obreros no tienen patria**. No se les puede arrebatar lo que no poseen,…las demarcaciones nacionales y los antagonismos entre los pueblos desaparecen de día en día con el desarrollo de la burguesía, la libertad de comercio y el mercado universal, con la uniformidad de producción industrial y las condiciones de existencia que le corresponden. **El advenimiento del proletariado les hará desaparecer más deprisa todavía**. (Marx, 1848, p. 42–43) [145]

Marx increíblemente reconoce la **confluencia de objetivos entre el ultra capitalismo liberal sin fronteras y el socialismo que él mismo traía,** prometiendo que las naciones y países desaparecerían aún más deprisa con su propio modelo de régimen socialista de tipo internacionalista.

Las fronteras de los países eran un estorbo a su idea de una República Universal (Gobierno Mundial), las patrias, eran reducidas conceptualmente a meras "divisiones contra la clase obrera", por

---

144   Marx, K. (1848). *El Manifiesto Comunista*. Cap II Proletariados y Comunistas. (p. 36) Editorial Aguilar.

145   Marx, K. (1848). *El Manifiesto Comunista*. Cap. II Proletariados y Comunistas. (p. 42–43) Editorial Aguilar.

ello debían ser derribadas todas las fronteras, costumbres y naciones. Para estos materialistas no importaba donde habías nacido, sino de que clase social eras, si tenias en tus manos "medios de producción". Los burgueses capitalistas debían ser exterminados en sus campos de concentración llamados Gulag. Los símbolos patrios eran rechazados, siendo sustituidos por toda la parafernalia comunista, la bandera roja, el símbolo de la hoz y el martillo, el himno comunista etc.

La URSS era un Imperio expansionista y monopolista disfrazado de una presunta causa de "justicia social". Tan relativa y de bajo valor era la Patria para los internacionalistas que incluso Lenin, ya había dicho que estaba dispuesto a sacrificar la revolución en Rusia si podía imponerla en Alemania, o Inglaterra (las potencias más avanzadas). Los socialistas internacionales no son leales a la tierra donde nacen, están dispuestos a traicionar a su pueblo si con ello logran expandir la revolución en un país más importante. Siempre ansiaron conquistar los EEUU. El Estatismo tampoco era un fin, era visto solo como un medio o una etapa previa a la destrucción del Estado y las clases, que tendría lugar con la llegada del "paraíso comunista" sobre toda la tierra.

Los marxistas de izquierda radical son internacionalistas, apátridas, cosmopolitas, maquiavélicos dispuestos a traicionar al pueblo y la tierra que los vio nacer en cualquier momento, se infiltran en los partidos establecidos para cambiarlos desde adentro. Incluso para ellos no hay nación, solo hay clases sociales y están en guerra.

El globalista que es el rostro renovado del marxista, opera del mismo modo, no tiene patria, son cosmopolitas y a su imagen pretenden moldear a todos sus subordinados, para transformarlos en "ciudadanos del mundo", nómades, desarraigados, hedonistas con tendencias autodestructivas.

Sólo que para que sus siervos de la derecha no representen una amenaza a su poder, difunden el individualismo y el egoísmo para mantenerlos atomizados y divididos (A. Rand). Las fronteras son estorbos a sus negocios neoimperiales "sin fronteras", un estorbo para su gobierno mundial. El poder político pretenden concentrarlo en organismos supranacionales (Unión Europea, NAFTA, MERCOSUR fueron sus grandes experimentos fallidos), y en el mejor de los casos en la ONU, ONGs, Think Thanks, Fundaciones. Al servicio de gigantes empresas multinacionales monopólicas que aplastan toda competencia y destruyen los mercados nacionales. La concentración de ese poder económico es inversamente proporcional a la propiedad privada de la que dispone los individuos o súbditos del régimen globalista. Socialismo para las masas, capitalismo monopólico para la elite.

La República universal, un Estado Mundial, o Gobierno mundial, no es sino un imperio sin bandera que destruye fronteras, sin un eje nacional de poder centralizado territorialmente, el eje mismo es la elite oligárquica–intelectual.

La izquierda que constituye su tropa de choque, hoy reclama más poder ejecutivo en organizaciones supranacionales como la ONU. Constantemente intenta limitar las soberanías nacionales y promoviendo todo tipo de ideas divisivas y atomizantes.

El pensador de izquierda globalista Alain Badiou (2020), dijo recientemente:

> Hay que aprovechar el interludio epidémico, e incluso, el confinamiento (por supuesto, necesario), para trabajar en nuevas figuras de la política, en el proyecto de lugares políticos nuevos y en **el progreso transnacional de una tercera etapa del comunismo**, después de aquella brillante de su invención, y de aquella, interesante pero finalmente vencida de su experimentación estatal. [146]

Es decir, esta tercera etapa actual del comunismo es para los extremistas: la supra–Estatal, la globalista. La izquierda intelectual

---

146 Badiou, A. (23 de abril de 2020). Sobre la situación epidémica. *Socompa*. https://socompa.info/opinion/sobre–la–situacion–epidemica/

se presta –como en el pasado– a ser funcional al proyecto globalista totalitario.

La izquierda ve en la centralización absoluta del poder del proyecto mundialista, una posibilidad para tomarlo y superar siglos de derrotas políticas. Ellos no escatimarán en utilizar como peones a mujeres "rebeldes" con pelos en las axilas, minorías raciales o sexuales rosas para lograr su objetivo hegemónico, aunque más no sean como cortinas de humo para distraer y dividir a la gente.

La izquierda intelectual, ya ha copado en gran parte la ONU, las universidades y otras estructuras internacionales afines.

Es interesante observar cómo destacados intelectuales "conservadores" hoy en EEUU como Jordan Peterson y el joven Ben Shapiro corren a erigir batallas dialécticas contra esas cortinas de humo (necesarias en un clima asfixiante de progresismo), dejando de lado la lucha real y frontal contra el globalismo y la defensa del nacionalismo. Esos dos intelectuales, aunque brillantes en lo suyo, son parte de una nueva derecha que vuelve a ser conservadora en lo social, pero sigue siendo liberal en lo económico y como era de esperar... **antinacionalista**. Shapiro desde Breitbart News montó una guerra contra Steve Bannon y contra Trump, es interesante saber que está afiliado a cierta fraternidad de la elite: Phi Beta Kappa, un dato que llama a la suspicacia. Han sido expuestos.

Por ello de alguna manera sutil, son funcionales a la elite hostil en última instancia. Son necesarios para combatir el progresismo de izquierda radical, pero no constituyen la cresta de la ola de la nueva derecha, ni la solución exacta o integral al principal problema por el que transita Occidente.

5* Materialismo economicista

El marxismo proponía que **el motor de la historia era la lucha de clases, ya no había naciones, sino sólo clases.** Una persona era valorada en tanto pertenecía a una u otra clase social, es decir, por su nivel de riqueza (homo economicus). Si eras rico y productivo entrabas en la categoría *burgués*, por lo tanto enemigo del proletario, en su lógica binaria de antagonismo maniqueo y simplista de la sociedad. Tu propiedad privada era confiscada por el Estado (un puñado de sanguinarios funcionarios incautaban la riqueza y la herencia de la gente).

Hoy el hedonismo, el consumismo, el materialismo, (el homo economicus) es característico de la globalización. Si no es el Estado, son los mega–bancos y el sistema de la deuda el que va expropiando, ejecutando hipotecas y robando propiedades a través del endeudamiento. Los individuos tienen cada vez menos propiedad privada en sus manos, cada vez le cuesta más competir frente a las multinacionales monopólicas, financiadas y rescatadas por Bancos Centrales privados (los nuevos planificadores centralizados de la economía) u organismos de crédito multilateral, controlados por la misma elite (FMI, Banco Mundial, BID etc). La asignación de recursos es así dirigida a las corporaciones de sus propios primos, constituyendo un negocio redondo, y con dinero de los contribuyentes.

El materialismo elevado a cultura tiene como contrapartida su carácter anti–espiritual. El marxismo declaró la guerra mortal contra el cristianismo. El globalismo plantea la destrucción del mismo aunque no lo declara abiertamente. Lo camufla con el multiculturalismo, y en la medida que permite, defiende y estimula inmigraciones masivas ilegales, **suprime paulatinamente el cristianismo y la nación misma**. Ambos regímenes lo han estado intentando por distintas vías. El marxismo y el globalismo son esencialmente anticristianos.

En gran parte del mundo occidental el cristianismo ha descendido a un cascaron vacío, y ello se debe a la acción incansable de los fanáticos globalistas que siempre despreciaron profundamente aquella religión.

El materialismo ateo de Marx, consideraba a las religiones como el opio de los pueblos (atacando indirectamente al cristianismo). Marx concentraba su ideología en la lucha de clases y los "medios de producción", cuestiones solo en apariencia "meramente económicas". En toda su teoría, caía en reduccionismos simplistas y desconocía puntos de vista integrales más complejos. Esos atajos sofisticos fueron duramente criticados por socialistas no–marxistas como el citado anarco–socialista Bakunin (1872), quien decía:

> Marx ignora por completo un elemento de suma importancia en el desarrollo histórico de la humanidad, es decir, el temperamento y el carácter particular de cada raza y cada pueblo, un temperamento y un carácter que son en sí mismos producto natural de una multitud de factores etnológicos, climatológicos, económicos, y causas históricas, pero que ejercen, aún con independencia de las condiciones económicas de cada país, una influencia considerable en sus destinos e incluso en el desarrollo de sus fuerzas económicas. ([147])

El reduccionismo economicista del marxismo, coincide con el reduccionismo economicista de los clérigos fanáticos de los mercados libres "sin fronteras" (defensores de la globalización y el "consenso de Washington"). Todos están enfrascados en un ciego *homo economicus*, un materialismo desalmado que excluye a pueblos, naciones y etnias de sus fríos cálculos abstractos. Incluso reducen y subordinan el concepto de la libertad política, a la exclusiva libertad de los mercados (justificando incluso atroces dictaduras militares como la de Chile y Argentina de los años 70`).

El verdadero opio de los pueblos que debería erradicarse para evitar la alienación y la ruina de las naciones, son las ideólogias antinacionales como: el socialismo, el marxismo, el neomarxismo y el liberal–progresismo.

---

147   Bakunin, M. (5 de octubre de 1872). Carta a los editores de La Liberté. *Marxists. org.* https://www. marxists. org/reference/archive/bakunin/works/1872/la–liberte. htm

6* universalismo/antiparticularista

La idea de la república universal "proletaria", la centralización extrema del poder y la economía en pocas manos a escala mundial, se asemejan a las ideas de "gobernanza global", "globalización gobernada", "gobierno mundial", "nuevo orden mundial", etc. Un neoimperio cuyo centro no es ningún país, sino una casta de dinastías de banqueros globalistas coludidos con funcionarios políticos corruptos y/o tecnócratas al servicio de sus intereses. La criminal *Unión Soviética* fue el ejemplo más evidente –aunque burdo– de esta estafa.

Tanto el marxismo como el globalismo, no conocen límites naturales, son ideologías universales "aplicables para todos los países del mundo", son homogeneizantes, pretenden borrar absolutamente toda diferencia nacional, étnica, racial, cultural, exterminando todo a su paso. Todo particularismo colectivo esencialmente natural está siendo borrado. Adiós costumbres, adiós naciones, adiós historia, adiós diversidad. Todas las personas son declaradas "ciudadanos del mundo" por igual, hijos de la **república universal globalista**. Todos bajo el despotismo disimulado de una minoría hostil, que odia a todos los pueblos, menos a los de su propio grupo elitista. Las escuelas se han convertido en adoctrinadores que preparan a los niños a ser dichos "ciudadanos globales", con simulacros de participaciones diplomáticas en la ONU. ¿Servir a tu Patria y a tu gente? No, es cosa del pasado, el nuevo opio de los pueblos exige servir "al mundo", a "la humanidad" y a los que ponen el dinero.

7* subversión contra la autoridad

Donde el marxismo no ha llegado al poder, inicia inmediatamente una guerra subterránea contra la autoridad y las instituciones tradicionales.

El globalismo también ha iniciado hace tiempo, una guerra contra las instituciones nacionales y religiosas.

Hoy vemos la confluencia de magnates globalistas financiando ANTIFA (antifascista) y BLM (las vidas negras importan), organizaciones que están quemando todo los Estados Unidos, e iniciando una insurrección iconoclasta contra la policía, la historia, las esculturas, la ley y el orden.

Una vez que triunfa el marxismo socialista viene la dictadura más abominable, el exterminio de intelectuales, cristianos y poseedores de capital en campos de concentración. Si se permite que triunfe el neomarxismo, que intenta colarse con justificativos sociales, el régimen dictatorial globalista más atroz de todos los tiempos será desplegado.

El marxismo–globalismo ha emprendido una guerra contra la autoridad de los héroes fundadores, contra la autoridad nacional, la autoridad de la ley, la legitimidad del uso de armas, la autoridad de los padres, la autoridad eclesiástica, de los maestros, militares y policías.

La campaña "demócrata" para desfinanciar la policía es absolutamente de origen socialista–marxista. En todos los países usan los mismos esquemas, en Argentina también atacan a la policía y los militares, usando tópicos en el caso de policías "abuso de fuerza, gatillo fácil, detenciones por portación de rostro, derechos humanos" gran parte de su actividad consiste en defender criminales invirtiendo los roles victimario–víctima. Atacan a los fundadores, héroes y próceres de la independencia. Los izquierdistas crearon la leyenda negra de la colonización, los antes llamados civilizadores se transformaron en monstruos genocidas y esclavistas. La idea es que todo americano debe sentir culpa por lo que hicieron "sus antepasados" hace 5 siglos. ¡Si las razas no existen! ¡Tampoco existen culpas colectivas!, mucho menos por hechos del pasado.

Hasta el 2016 existieron ciertas autoridad que jamás fueron cuestionadas antes por nadie: 1) los medios masivos de comunicación. 2) los bancos internacionales. 3) las causas progresistas.

Todos los tabúes fueron desmontados, las contenciones y firewall que los globalistas habían montado para protegerse y proteger el statu quo fueron ¡deconstruidos! Trump lo logró solo en 4 años.

Todo ha cambiado en esta lucha contra la hegemonía del discurso único globalista. El controvertido papel histórico de la "alt–Right" y la elección de Donald Trump en 2016, funcionó como una bisagra para lograr una victoria contra el globalismo y izquierda contra–cultural.

Únicamente por ello, y a pesar de una superficial ambigüedad, el presidente norteamericano pareció estar luchando a favor del pueblo, no siendo una marioneta globalista.

Los pueblos ven hoy el despertar nacionalista como el antídoto ideal para salvar todo aquello que aman y han construido por siglos. Estados Unidos se resiste a ser infiltrado, parasitado, sometido y destruido por dentro, han liderado una contraofensiva memorable. Y como dijo Trump, lo mejor está por venir.

8* Antifamilia

La abolición de la propiedad privada que proponía Marx incluye también la *"abolición de todos los derechos de herencia"*, especialmente porque el Manifiesto Comunista también proclama la *"abolición de la familia"*, vista como una institución burguesa *"basada... en el capital, en la ganancia privada"*.

El marxismo planteaba erróneamente que la lucha de clases nacía en la familia, siendo el hombre el que asume el rol del explotador capitalista, y la mujer y los niños los proletariados explotados. De allí nacen las proyecciones del fantasmagórico y conspirativo "patriarcado" que tanto odian las lesbo–feministas, las familias deben ser abolidas para que acabe "la explotación perpetua". De aquí nace también el intento de destruir los roles tradicionales de género.

Dice Marx "¡Querer abolir la familia! Hasta los pensadores más radicales se indignan al oír este infame designio de los comunistas. ¿Sobre qué base descansa la familia burguesa de nuestra época? Sobre el capital, el provecho individual en su plenitud" ([148])

Avanza justificando la injerencia ideológica en la educación de las masas y los niños, sustituyendo la familia "Nosotros quebrantamos, decís, los lazos más sagrados sustituyendo la educación por la familia, a la educación por la sociedad" ([149]). Justamente del mismo modo, en tiempos de globalización, los niños cada vez más pequeños son arrebatados de las manos de sus padres, para caer bajo la educación del Estado progresista. De manera alarmante la izquierda ha avanzado sobre los planes de estudio de esta última década, que incluye la sexualización temprana y la inversión de roles y percepciones sexuales.

Hoy existe una industria del entretenimiento globalista, no pública, sino privada, destinada a destruir la familia natural y tradicional a través de la proposición y promoción de otros tipos de relaciones y uniones no naturales y no tradicionales. Los ataques al matrimonio como institución, el ataque a la masculinidad, o al deseo de procrear, son hegemónicamente notables en la TV, en Series, películas, novelas, libros. Se ofrecen y se venden (como productos) modas y estilos de vida autodestructivos, hedonistas, promiscuos, liberales egoístas e individualistas. Tienen como objetivo hacer imposible la formación de una pareja duradera, un hogar y una familia funcional. El terror al matrimonio, a la maternidad, al cuidado del hogar. La gran mayoría de esta ideología neomarxista–globalista se vende como "entretenimiento". Se siembra la desconfianza en las relaciones entre hombre y mujer, mientras que se aplaude la infidelidad, el libertinaje, y la homosexualidad como estilos de vida cool. Netflix y Hollywood han aplicado técnicas propagandísticas funcionales a estas ideas esencialmente antinatalistas, y envenenan a diario las mentes de millones de personas por

---

148   Marx, K. (1848). *El Manifiesto Comunista.* Cap. II Proletariados y Comunistas. (p. 41) Editorial Aguilar.

149   IDEAM

todo el mundo. Incluso mucho de los "antiprogresistas" y "anti–izquierdistas" de derecha no han percibido la ideología implícita en tales plataformas de industria cultural. Los propagandistas han alcanzado tal nivel de sutileza que es poca la gente que advierte el adoctrinamiento constante y masivo. Netflix es la peor cloaca progresista, una maquinaria de sutil lavado cerebral. La misma se ha visto envuelta en una masiva fuga de usuarios que acusaban a la plataforma por promover la pedofilia. Sus acciones cayeron por el piso, luego del reclamo masivo bajo el hashtag #CancelNetflix.

El globalista desprecia Occidente y ve en el invierno demográfico su triunfo. Su intencionalidad por acabar con la familia no es económica, sino demográfica. ¿Por qué? Porque el hombre occidental con sus costumbres, naciones, religión, tradiciones e idiosincrasia siempre se ha interpuesto en los proyectos internacionalistas de un gobierno mundial mesiánico. Los globalistas y liberales de izquierda radical se han apoderado del Aparato de Cultura y Educación para propagar e imponer sus ideologías de un modo disimulado, en las "moralejas" implícitas de las historias relatadas en la industria del entretenimiento se cuelan estas doctrinas de odio como meta–mensajes.

El resultado es el caos de las relaciones interpersonales en el que transita Occidente. No es un fenómeno espontáneo, es una **decadencia orquestada** que responde a una ingeniería social con un fin político–demográfico. Un Occidente que no quiere reproducirse es un Occidente que ha perdido la guerra básica, "la guerra de las cunas". Observando los resultados de los programas de despoblación, sólo han funcionado con euroamericanos, y europeos (invierno demográfico). En Asia hay superpoblación, en Africa superpoblación, en Medio Oriente superpoblación. Sin embargo la nueva ideología Thanos–Gates apunta a encontrar adeptos sacrificables únicamente en Occidente, y vaya que lo han logrado. Gente que ha sido impelida a creer que traer niños al mundo es una mala idea, constituyen los esclavos perfectos del régimen globalista. Ideologías para dummies.

Pero Occidente se está poniendo de pie como un gladiador heroico, y está despertando hoy mismo. Rusia y Hungría son los primeros países nacionalistas de Occidente en aplicar medidas efectivas para proteger la familia y promover con incentivos monetarios un aumento de la natalidad eurodescendiente, hoy en peligro de extinción. Rusia de Vladimir Putin y Hungría de Victor Orban han sido pioneros en la lucha total contra el progresismo neomarxista de izquierda contracultural, aunque aún les faltan batallas por ganar. Vladimir Putin, fue uno de los primeros líderes de una potencia mundial en dar un jaque al globalismo unipolar liberal. La rusofobia reinante es consecuencia de una elite hostil desesperada, que no acepta la oposición encarnada por grandes líderes de países disidentes a su *des—orden mundial.*

9* Concentración de la riqueza en manos de una elite despótica internacionalista

Con la bandera del socialismo marxista, un puñado de fanáticos internacionalistas tomó violentamente el poder de varios países, y en nombre de los pobres y trabajadores se enriquecieron como nadie. Tomaron por la fuerza bruta el control de toda la propiedad privada y riquezas de todo país que caía bajo su dominio. Eran dictaduras burdas, pero eficaces, ríos de sangre, torturas, limpiezas genocidas, donde se discriminaba a la gente por tener propiedades, fue un saqueo organizado y monopolizado desde el Estado.

Muchos creyeron en el relato—paraguas, de que realmente lo hacían por el bien de "los proletarios". Solamente hay que advertir que en Rusia no había industrias desarrolladas, por lo tanto no había una masa amplia de proletarios. El materialismo histórico marxista se demostró erróneo.

El éxito de la revolución en Rusia fue tal vez, la máxima prueba de las inconsistencias teóricas de dicha ideología, pues Marx profetizaba según sus deducciones "científicas" que la revolución estallaría en los países más industrializados y capitalistas como Alemania e Inglaterra, con exclusión de todos los demás. Estos países desarrollados eran los únicos destinados a iniciar y llevar a cabo esta revolución soñada. Según su propia teoría que intentaba hacer futurología, la revolución no era exactamente esperada en Rusia, un país aún "precapitalista".

Luego Marx decía: "Los comunistas pueden resumir su teoría en esta fórmula única: "abolición de la propiedad privada" [150]

A través del Estado se confiscaba masivamente la propiedad de la gente. Lo mismo se está haciendo paulatinamente en países capitalistas a través de impuestos cada vez más altos. Hoy en día en la zona capitalista, estas confiscaciones, aunque menos violentas, las hacen también los Bancos a través de ejecuciones de hipotecas y prendas, por dar un ejemplo. Las compras a crédito, el endeudamiento bancario, y el interés del dinero son utilizados como un arma de guerra que la elite globalista usa para someter al pueblo, logrando una transferencia paulatina de la propiedad a sus propias manos.

Otros métodos más agresivos son implementados por fondos de cobertura, bancos de inversiones que estafan clientes con activos tóxicos, administradores de activos y compras apalancadas. Sin mencionar los colapsos financieros planificados desde los bancos centrales a través del control de la oferta monetaria. El Banco de la Reserva Federal fue fundado en 1913 para "evitar las crisis financieras" de los años anteriores, tan sólo 16 años después, en 1929 Estados Unidos sufrió la peor crisis financiera de su historia, dando fin al capitalismo liberal y abriendo el paso al capitalismo keynesiano. Hubiera sido un momento ideal para abolir o mejor aún nacionalizar la FED por completo, quitándole así a los globalistas el poder de emitir el dinero, que desde el Tratado de Breton Woods se convirtió en la moneda global (1944). Sí patriotas, la máquina más lucrativa de la historia está en manos de accionistas privados

---

150   Marx, K. (1848). El Manifiesto Comunista. Cap. II Proletariados y Comunistas. (p. 37) Editorial Aguilar.

y son globalistas. Tienen la capacidad de endeudar a la potencia mundial y tenerla bajo sus pies.

Lo que hay que tener muy en claro, es que a la elite hostil, no le interesa si este pretendido monopolio centralizado de la riqueza se logra por la vía pública de revolución comunista (control del Estado), o por la vía privada (control del Banco Central).

Los globalistas sueñan con que el control de toda la riqueza mundial quede en sus manos, mientras que la austeridad, el sufrimiento y la pobreza, es algo que debe ser soportado por el 99% de la población del mundo. Este objetivo hoy está plenamente logrado, ya no se contentan con la riqueza, quieren el poder absoluto.

Globalistas fanáticos fueron los líderes de la Unión soviética, globalistas fanáticos son los funcionarios de la ONU, los líderes de la UE, y los dueños de los Bancos centrales privados de todo el mundo, capaces de imprimir el dinero de la nación más poderosa de la tierra, y distribuirlo a su antojo. El efecto Cantillon y una nutrida red de ONG, y Lobbys hace el resto: convertir el dinero en poder político. Y a través de la administración de las crisis y la especulación, la elite procede a realizar la transferencia de riqueza masiva de muchas manos a unas pocas. No hablamos de riqueza bien ganada de forma productiva, sino de robo. Los planificadores centrales privados de la economía se han posicionado en un lugar de privilegio, donde la asignación de recursos es totalmente arbitraria.

El nacionalismo patriótico, no se conforma con evitar tiranías desde el Estado, sino también propugna la lucha para evitar la tiranía desde los mercados. No tolera esos abusos contra la nación, provengan de donde provengan, ya sea desde el ámbito público o del privado.

10* contra un pueblo libre y armado

No hay peor enemigo para las tiranías, que los individuos librepensadores y los pueblos armados. El marxismo y los regímenes de extrema izquierda siempre han abolido la libertad de expresión y han desarmado a la población, para que ésta no tenga medios para defenderse del poder coercitivo de un gobierno hostil.

Hoy tales tendencias socialistas son evidentes en los globalistas. En Estados Unidos, los demócratas infiltrados por la izquierda radical se esfuerzan por abolir progresivamente derechos constitucionales fundamentales. Plantean legitimar la censura a través de la excusa de silenciar "discursos de odio" y la "discriminación". Los globalistas han montando ONG–Observatorios de "discursos de odio", donde adoptan papeles de árbitros de la moral, eligiendo cuál es el discurso políticamente incorrecto y cuál es el correcto, de este modo están aboliendo en la práctica el derecho fundamental de libre expresión. El globalismo es esencialmente tiránico.

Los CEO de las Big Tech, que forman parte del mismo club, aúnan sus esfuerzos por censurar voces conservadoras–nacionalistas.

En cuanto a las armas, por ejemplo en la decadente Venezuela actual, el régimen socialista de Nicolás Maduro, desarmó a la población. La misma ahora es incapaz de defenderse de la dictadura roja. En Argentina, el progresismo de izquierda Kirchnerista desarmó la población, en un proceso de creciente imitación del régimen venezolano.

La posesión de armas no sólo tiene que ver con la defensa de la propiedad privada del asalto de algún ladrón de la calle, este discurso reduccionista predominante hoy en día, está desplazando un punto de vista de vital importancia. Como todo norteamericano sabe, la libre posesión de armas (de guerra si se quiere), tiene que ver con la defensa de la soberanía del pueblo frente a su gobierno. Es una garantía fundamental de la libertad por sí misma, pues si tal gobierno toma un desvío hacia una tiranía y utiliza la fuerza coercitiva del Estado contra el bienestar de la gente, el pueblo armado puede oponerse con su propia fuerza de fuego. La libre tenencia de armas, permite otorgarle al Estado la administración del poder de la fuerza coercitiva, recordándole que no tiene un monopolio absoluto de las armas, y que el poder de policía y árbitro, es delegado a condición de responder siempre al bien común del pueblo, en todo momento. Sólo un Estado tiránico (o un partido) con muy malas intenciones tendría miedo que el pueblo esté armado.

Los fundadores de los Estados Unidos iluminaron el mundo con este derecho fundamental. Que lamentablemente pocos han comprendido su esencia. Los Estados Unidos tienen aún una gran misión educadora por delante.

Hoy en día los medios de comunicación, que responden a la agenda izquierdista, pretenden hegemonizar el discurso sobre la tenencia de armas y la peligrosidad que representa para la gente, debido a los tiroteos masivos. Tuve la oportunidad de estudiar varios de esos tiroteos, y algunos lucen como atentados de falsa bandera, perpetrados sólo para justificar el posterior pedido de control de armas.

Nuevamente los patriotas y nacionalistas no caen en esas trampas de las banderas falsas y las campañas de propaganda pro–desarme. Las ideas genuinas sobre libertad, Nación, Patria y las armas, son los garantes del triunfo sobre el régimen tiránico que está impulsando la elite hostil.

11* Abolición del dinero físico, y nacional. Moneda única global

El marxismo no sólo quería abolir la propiedad privada. Un punto fundamental del programa comunista es la abolición del dinero papel. A cambio propugnaban bonos horas–trabajo o bien la distribución directa de la producción a través de cartillas de racionamiento. Las hambrunas provocadas por sistemas de racionamiento se llevaron millones de vidas humanas inocentes.

El dinero papel permite al hombre ser dueño del fruto de su propio esfuerzo. El marxismo pretendía destruir la independencia del individuo "burgués", mediante la abolición del dinero.

El socialismo Marxista e incluso pre–marxista, pretendía alcanzar la destrucción del capitalismo mediante la abolición del dinero. El socialista francés Pierre Joseph Proudhon (de quien Marx robaría muchas ideas), y el marxista Moishe Postone expusieron estas ideas de *abolición del dinero* destinadas a suprimir la independencia económica del individuo, sumergiéndolo en un colectivismo opresivo.

Hoy en día la globalización financiera también pretende abolir el dinero físico haciéndolo absolutamente digital.

Quien tiene el poder de controlar tus cuentas bancarias, controla tu libertad. La abolición del dinero físico es el sueño tiránico de la elite globalista. La idea es digitalizar absolutamente las unidades de cuenta (dinero). No importa si es por derecha o izquierda…

En China comunista están largando el Yuan digital (respaldado en oro, como si esto fuese una garantía de algo positivo). En Suecia, se está llevando a cabo el experimento de eliminación de efectivo –dinero papel–, para ir adaptando a la gente para que ellas mismas de manera voluntaria lo reclamen como un cambio "necesario". En Alemania la iniciativa fue frenada por algunos intelectuales patriotas.

Muchos millenials (y generaciones más jóvenes aún) han sido tentados a sentirse superiores por no usar dinero papel, creyendo con ello que forman parte de la "ola del futuro", no advirtiendo la estafa y el peligro que representa para la libertad de todos.

Una dictadura totalitaria "de buenos modales", puede ser capaz de controlar a los ciudadanos y **principalmente suprimir a los disidentes**, simplemente expropiando o bloqueando cuentas bancarias y las formas legales de ingresos con un solo clic en las pantallas de ordenadores bancarios, es parte de la peor de las distopías que pudiesen existir.

Un disidente cuyo acceso al dinero digital es bloqueado, no puede tener su dinero a cambio de un trabajo, no puede comprar, ni vender… simplemente no puede subsistir. Sin mencionar la pérdida absoluta del derecho a la privacidad de lo que compra y consume. La información personal que la elite bancaria y/o gubernamental obtiene de ti, puede ser usada en tu contra, y en el peor de los casos cerrar el grifo del dinero digital en su cuenta, en caso de plantarle oposición.

Para el globalismo el más lejano de sus sueños totalitarios, es establecer y controlar una **única moneda global** supra nacional, cuya emisión y suministro pueda ser manejado por una entidad o banco bajo su control. El FMI y el británico J. M. Keynes propusieron desde hace décadas este proyecto tiránico que aplastaría la soberanía de las naciones y las libertades individuales. Keynes propuso el DEG (Derechos Especiales de Giro), algo que hoy mismo el FMI esta reflotando. Afortunadamente en aquel entonces la voluntad de Estados Unidos por fijar el dólar como divisa de reserva mundial en Breton Woods dejó en el freezer la idea de establecer una moneda internacional única independiente de un país. Hace algunos años el presidente del FMI Strauss-Kahn reflotó aquella idea que ponía en jaque la hegemonía del dólar, rápidamente fue removido de su cargo por un escándalo sexual (2011).

En junio de 2019, el globalista Mark Zuckerberg, Presidente Ejecutivo de Facebook, dio a conocer su iniciativa para crear una Moneda Única Global llamada "Libra", una criptomoneda absolutamente bajo su control, ni más ni menos. Intentaba apalancarse utilizando su red social, para convertirse en el banquero amo del mundo, claro está bajo el paraguas de "Libra Association" una organización "sin fines de lucro" con sede en Suiza.

Afortunadamente Trump acabó con el sueño del ultra globalista, quien debió comparecer en el Congreso frente al Comité de Servicios Financieros de la Cámara de Representantes el 23 de octubre del mismo año, recibiendo la oposición de congresistas liberales y conservadores. Los argumentos de Zuckerberg para la audiencia se centraron en que el motivo para crearla era "ayudar a las personas sin cuentas bancarias", lo que haría más fácil y barato hacer transferencias de dinero. Los congresistas dijeron que Facebook tenía un escaso historial en ayudar a estos grupos, por lo que cuestionaron sus motivos reales para crear Libra. En rigor de verdad tal moneda hubiera representado una amenaza frontal al dólar.

Consultado en este punto sobre el Bitcoin, sólo puedo afirmar que no es una moneda digital global creada por la elite, ya que su emisión no es controlada por una autoridad monetaria centralizada (como el Yuan digital), sino que está basada en tecnología blockchain descentralizada, y su emisión es limitada por algoritmos. Es un gran invento de una mente prodigiosa, que evitará un posible monopolio global monetario por parte de un distópico Gobierno Mundial. También constituye un refugio de valor soberano, no confiscable. Dicho esto, también debe aclararse que más que una moneda, se asemeja en su uso mayoritario a un activo intangible, cuyo valor es propenso a conformar una burbuja especulativa. Y toda burbuja tiende a estallar… Pero eso no ocurrirá en el corto plazo, hasta puede que caiga el dólar como divisa de reserva mundial antes. Tal vez el Bitcoin haya llegado para quedarse por un largo tiempo. Es sumamente interesante observar como luego de la definición más clara de elecciones norteamericanas, todos estos criptoactivos se dispararon de manera ascendente en su valor debido a una demanda abundante, fruto de la desconfianza de un Biden en el Poder, una creciente deuda pública y un eventual advenimiento del socialismo. Cuando la FED que emite el dólar vuelva a manos de patriotas, éstos abandonaran el Bitcoin. Pero mientras que la emisión del dólar esté en manos de globalistas, el Bitcoin, las altcoin, la plata y el oro metal serán una buena opción como depósito de valor.

Si el Yuan digital, Libra o la moneda del FMI se llegasen a imponer por la fuerza, los patriotas tendrán el Bitcoin como refugio soberano de valor. No les será fácil a los internacionalistas establecer un Gobierno Mundial sin un control monetario global absoluto. El Bitcoin ha transformado en una utopía el sueño oscuro de los banqueros centrales. Intentarán golpear la criptomoneda con banderas falsas para desplomar su valor pero este luego de una gran caída volverá a emerger en el largo plazo.

Los soberanistas tampoco creemos que la descentralización de la moneda sea lo ideal, ya que el volumen de su emisión, para un Estado Nación debe corresponder al volumen de la riqueza producida para cada individuo en una comunidad (Silvio Gesell, 1911)*[151]. El nacionalismo siempre propuso una moneda soberana nacional; así como utilizar dinero papel, ***emitido y controlado por el pueblo y sin deuda*** a través del Banco Central (moneda libre). El dinero papel brinda libertad al individuo y permite su empoderamiento. La moneda libre y soberana controlada por un gobierno patriótico democráticamente electo, que lucha por el bien común, constituye un instrumento fundamental para garantizar la libertad individual, y colectiva de una Nación.

En el pasado la facultad de acuñar moneda (señoreaje), correspondía al señor feudal, con las revoluciones nacionalistas ese poder pasó al pueblo. Los globalistas neofeudales constantemente intentaron arrebatar ese poder a las naciones, eso lo lograron con los Bancos Centrales que monopolizaron el señoreaje. ¿Se entiende porque los banqueros globalistas odian el nacionalismo? La autoridad monetaria nacional también era el principal obstáculo para una moneda global monopolizada por ellos. Por esa razón la elite hostil se apoderó de todos los Bancos Centrales del mundo (la gallina de los huevos de oro). Hoy los mismos son "independientes", es decir, independientes de los gobiernos y el público, lo que se traduce: están bajo su control. Es hora de devolver el poder de emisión al pueblo soberano como hizo Lincoln, Kennedy y los nacionalismos europeos.

12* Anarquismo Anti/Estado Soberano

El marxismo propone que luego de lograda la "dictadura del proletariado", el Estado no tendría razón de ser, por lo que el mismo

---

151   Gesell, S. (1911). El Orden Económico Natural. Por libremoneda y libretierra. El dinero tal cual es. Editado por E. F. Gesell (1936).

proletariado lo disolvería espontáneamente. Mostrando así su arista a favor del anarquismo. Desde el principio, anarquismo y socialismo estuvieron íntimamente relacionados, por ejemplo M. Bakunin era un socialista anarquista, también Pierre–Joseph Proudhon (1809–1865) a quien Marx plagió sus principales planteos.

Aunque el marxismo tuvo su etapa Estatista, no era doctrinariamente una meta, el fin último era abolirlo. Aboliendo el "Estado" no tienes un país. Sin Estados, los neofedualistas gobiernan el mundo.

Eso es exactamente lo que propugna hoy el globalismo, sus intelectuales proponen abiertamente borrar fronteras, países, y Estados, pues sólo quieren una globalización centralizadamente gobernada, controlada por banqueros centrales y monopolistas que desprecian la idea de Patria y Nación. Estos son los últimos obstáculos para ellos, que pueden defender a los pueblos de un totalitarismo planetario.

El Marxismo no tuvo jamás la intención de aplacar el antagonismo de clases. Por el contrario, propugnó la intensificación del conflicto hasta el punto de provocar una sangrienta guerra civil. Debemos recordar aquí que destrozar el tejido social de las naciones exacerbando las tensiones sociales, raciales, generacionales o de género es una estrategia que los intelectuales globalistas han utilizado hasta la fecha. Su truco consiste en recubrir el caos provocado, de aparentes causas justas.

Los EEUU de hoy, incendiados por los movimientos de izquierda radical ANTIFA y BLM son claros ejemplos de la vigencia de los peligrosos pensamientos neomarxistas, que utilizan banderas de causas justas o reclamos sociales, pero únicamente para encubrir su deseo de poder ilimitado y destructivo.

La nueva izquierda, ya no se preocupa por agitar las masas de proletarios de las industrias (ya que muchas han sido deslocalizadas ha Asia), sino minorías raciales o de género para subvertir de manera anárquica la autoridad del Estado y su cultura. La apología cada vez más notoria y constante a la homosexualidad, desde series y películas dirigidas al gran público heterosexual, es una manera de minar el cuerpo social y crear futuros votantes y activistas de izquierda liberal.

La corrupción sistémica y la traición de las elite nativas a favor de la elite globalista, crea rechazo al Estado creando un sesgo naturalmente anarquista. Pero lejos de favorecer la situación, la empeora. El problema no es el Estado en sí, sino la intención de quien lo maneja. La intención del gobernante es lo que hace que el Estado funcione a favor o en contra de los intereses del pueblo.

Todo lo que sea anarquista, es decir que se posicione contra el Estado en sí, intentando desautorizar su existencia misma (o infravalorando su importancia relativa, sin distinguir si es un Estado fallido, o un Estado eficiente), son en el fondo funcionales a los internacionalistas que pretenden Estados débiles, mínimos o nulos. Pues en la medida que estas ideas avancen, la elite se acerca cada vez más al fortalecimiento de las estructuras supranacionales y súper–concentradas de gobierno mundial. Estas ideas anarquistas o anarcoglobalistas no son exclusivas de la izquierda radical socialista, también se ha infiltrado en las derechas libertarias "austríacas" que apoyan la globalización. Fueron los grandes globalistas y monopolistas Rockefeller–Koch, quienes han auspiciado y financiado a los teóricos liberal–conservadores de moda como L. Mises, F. Hayek, A. Rand, M. Rothbard (éste último un fanático anarco–capitalista). Todos, al igual que Marx, odiaban dogmáticamente el nacionalismo (como el encarnado por Trump). Ya es sabido cómo la Red Koch le hace la guerra a Trump y de qué manera Trump los ha puesto en ridículo (ver Capitulo 4, Tomo II). Él sabe que sus ideas son en esencia globalistas. La elite internacionalista ya mismo está intentando infiltrar con esas ideas a los partidarios de Trump, y muchos ingenuos jóvenes de secundario formados con wikipedia, twitter e instagram, están siendo cooptados o manipulados por esas ideologías de falsa derecha o disidencia controlada.

Los enemigos del pueblo reclaman la abolición del Estado, o pretenden Estados débiles o mínimos. Los nacionalistas reclaman Estados eficientes y fuertes (no grandes), para poder servir al bien común.

13* Abolición del trabajo asalariado

"No hay socialismo sin abolición del trabajo asalariado" ([152]) con ello pretenden "quitar la base fundamental sobre la que se estructura el modo de producción capitalista".

Ya desde 1848 Marx decía: "…detrás del derecho al trabajo está el poder sobre el capital, y detrás del poder sobre el capital la apropiación de los medios de producción, su sumisión a la clase obrera asociada, y por consiguiente, la abolición tanto del trabajo asalariado como del capital y de sus relaciones mutuas" ([153]).

En una conferencia preparada por Marx para trabajadores titulada "Salario, precio y ganancia", desmontaba la idea de que la lucha por los aumentos de salarios tenga contenido revolucionario, porque la revolución consiste en liquidar el sistema del trabajo asalariado y con ello el capitalismo. Dice Marx, refiriéndose a las organizaciones de los trabajadores, que:

> *En general, son deficientes por limitarse a una guerra de guerrillas contra los efectos del sistema existente, en vez de esforzarse, al mismo tiempo, por cambiarlo, en vez de emplear sus fuerzas organizadas como palanca para la emancipación definitiva de la clase obrera; es decir, para la abolición definitiva del sistema de trabajo asalariado* (p. 76). [154]

Hoy en día el globalismo opera desde hace tiempo −esforzándose en Occidente− para lograr la destrucción de la economía indus-

---

152   Azcurra, F. (14 de abril de 2020). Marx y la abolición del trabajo asalariado. *La Joven Cuba.* https://jovencuba. com/marx−trabajo/

153   Marx, K., Engels, f.(1980). Obras Escogidas. Tomo I, (p. 157). Editorial Progreso. Y en formato digital: https://www. marxists. org/espanol/m−e/oe/pdf/oe3−v1. pdf

154   Marx, K., Engels, F. (1980) Obras escogidas. T. II. (p. 76). Editorial Progreso. https://www. marxists. org/espanol/m−e/oe/pdf/oe3−v2. pdf

trial (algo que beneficia a China). Si logran su cometido alcanzan un objetivo: la abolición del trabajo asalariado. Este fenómeno se evidenció en EEUU desde 1980 hasta el 2016. Si no es la abolición del trabajo asalariado es su precarización extrema, al nivel de la servidumbre. Las recetas liberales de "flexibilización laboral" van hacia ese camino. La idea de fondo en realidad es quitarle al individuo toda capacidad de seguridad, estabilidad, ahorro, de independencia y empoderamiento frente al Estado, o frente al capital monopolista global que se aprovecha de los trabajadores desesperados. Los individuos así no pueden reproducirse y formar familias numerosas, no pueden planificar, y lo más importante: no pueden pensar, pues están bajo un **estrés financiero constante**, afrontando la depresión o la incertidumbre de no saber si en un mes dormirá en la calle. Eso es el globalismo y el marxismo.

Las metas que ambas ideologías intentan alcanzar, se encaminan a lograr que la norma sea un trabajador esporádico o con bajos sueldos, es decir un esclavo neofeudal que apenas pueda disponer de lo básico para sobrevivir, dependiendo absolutamente de su Señor patrón (El Estado, el Banco o el monopolista).

Ciertas teorías económicas, de falsa derecha, como las de Milton Friedman han hecho todo lo posible para destruir las condiciones dignas de los trabajos en Occidente. El beneficio absoluto y exclusivo de los accionistas, desmereciendo los efectos negativos en el resto de la sociedad y la naturaleza, han revelado cómo los globalistas constituyen un factor antisocial, que actuan de la mano con el socialismo planetario. Ya sea propugnando la deslocalización, la reducción de salarios, despidos compulsivos sin indemnizaciones, sin aportes sociales, sin jubilaciones etc. Su influencia hace retroceder varios casilleros en los logros que la Civilización Occidental supo alcanzar empoderando a una clase media vigorosa, industriosa y pujante.

La elite hostil quiere que el trabajador autóctono sea presa de la voluntad autoritaria del capital global, o del gobierno socialista, y por sobre todo, presa de la incertidumbre de poder contar con una actividad que le permita obtener los medios de subsistencia y una vida digna a largo plazo. La deslocalización de industria y el desempleo consecuente, así como la destrucción del Estado de bienestar, son parte de estas ideas globalistas. Ellos siempre encuentran argumentos "razonables" para justificar su avanzada contra la Civilización y saben capitalizar el sesgo de quienes ven el árbol pero no el bosque entero.

2. 4. 1* Mundialización ([155])

Es un *proceso* de desnacionalización del poder político. Se desarrolla a través de la concentración del poder político a escala mundial, y en la progresiva instauración de instituciones supranacionales, encarnadas por diferentes organismos multilaterales capaces de influir y/o determinar decisiones políticas de los Estados nacionales. Hasta ahora, sus promotores lo están logrando sin oposición y de manera persuasiva a través de acuerdos y pactos internacionales, pero quieren lograrlo a través de formas coactivas impartidas desde instituciones formales.

Mundialización es el proceso que proviene del Mundialismo, que es la ideología "francesa" que propugna la fusión de todos los países del mundo bajo una sola sociedad política artificial, con un gobierno único. Nacida en 1946 de la mano de Robert Soulange, más conocido como Robert Sarrazac. El 3 de marzo de 1966, trece "Ciudadanos del Mundo" firmarían un manifiesto mundialista entre ellos se encontraba Bertrand Russell de la Sociedad Fabiana. Esta fue sólo la formalización pública de las ideas que la elite globalista ya estaba aplicando.

---

155 En inglés utilizan *globalización* sin distinción. La Real Academia Española define mundialismo como: Movimiento en favor de la colaboración de todos los países y de la creación de un gobierno mundial. El término *mundialización*, es un galicismo derivado de la palabra francesa *mondialisation*, en lugar de *globalización*, que es un anglicismo procedente del inglés globalization, puesto que en español *global* no equivale necesariamente a *mundial*, como sí ocurre en inglés.

Algunos de los principales entes mundialistas son: la Organización de las Naciones Unidas (ONU), Organización Mundial del Comercio (OMC), Organización Mundial de la Salud (OMS), Corte Penal Internacional, la OTAN, UNICEF, ACNUR, UNESCO, G7, G8, G20, INTERPOL, FMI, BM, BIS, BED, etc. Si se observa son instituciones encargadas de política, comercio, salud, justicia, educación, finanzas, policía; es decir, un gobierno mundial de hecho (no de derecho).

También contribuyen a este proceso disolutivo de los países y su soberanía, organizaciones mundialistas de grandes bloques como la **Unión Europea** (UE), Mercosur–Parlasur, UNASUR, NAFTA, La Comunidad Económica Euroasiática (CEEA), El Sistema de Integración Centroamericano (SICA). Organización de la Unidad Africana (OUA), El Consejo de Cooperación del Golfo (CCG), la Unión Asiática (CEAT, Council on East Asian Community), Prosperity Partnership Of North America. Toda clase de instituciones que nucleen varios países en bloque, a través de pactos, acuerdos, y tratados que toman decisiones por sobre la voluntad de los pueblos (incluso violando sus constituciones en algunos casos).

Todo este proceso es vendido como una "tendencia natural a integrarse, complementarse en relaciones de interdependencia", rechazando el "aislacionismo, y el proteccionismo". En la práctica no es otra cosa que la substitución en la toma de decisiones políticas nacionales, por las decisiones políticas a nivel mundial realizadas por entidades supranacionales. Y lo hacen a nivel de política, cultura, comercio, finanzas, policía, medio ambiente, etc.

Una de las primeras denuncias públicas hechas contra el mundialismo provino de **Emilie Flourens** (1841–1920) un brillante intelectual, lúcido escritor y político francés miembro de la Liga francesa antimasónica. Llegó a ser Ministro de Asuntos Exteriores de Francia (1886–1888). Denunció públicamente las premisas de la *Sociedad de las Naciones* (la predecesora de la ONU) y la *Corte Permanente de Justicia Internacional* como un aberrante intento de establecer un **Gobierno Mundial**, con una justicia mundial y una religión global (no cristiana).

Vinculó los intentos mundialistas a círculos masónicos. **Según él querían eliminar el derecho de libre determinación de los pueblos reemplazándolo por el derecho internacional**. Para él, el derecho internacional debía permanecer de forma arbitral y de ninguna manera pasar a una forma judicial, pues de hacerlo aboliría la soberanía de las naciones. Afortunadamente la Sociedad de las Naciones fracasó. Sin embargo los globalistas retomarían fuertemente su agenda apenas terminada la Segunda Guerra Mundial.

El prestigioso politólogo y ensayista francés Dr. en Ciencias Políticas y profesor de Relaciones Internacionales **Pierre Hillard** (2010) comenzaba de la siguiente manera su ensayo en la *Red Voltaire*, sobrc la génesis del globalismo:

> Presentamos la historia de una corriente ideológica y de las poderosas personas que están detrás de todo esto. Estas buscan el surgimiento de bloques regionales tipo Unión Europea o UNASUR para orientarlos, poco a poco, hacia una forma de **Gobierno Mundial. Su objetivo no es impedir las guerras sino extender su poderío financiero y comercial en el mundo entero**. Su pensamiento reivindica el proyecto de un «Nuevo Orden Mundial» que debe edificarse sobre las ruinas de los Estados–Naciones. Hoy más que nunca resulta indispensable estudiar este proyecto de globalización político afín de impedir que el ideal de Unidad Humana se transforme en una pesadilla totalitaria. (*Voltarire, 2010*). [156] (El énfasis es agregado).

Hoy la ONU ha sido monopolizada por la *izquierda contracultural*. Desde la "república universal" de la ONU van imponiendo a

---

[156]   Hillard, P. (7 de agosto de 2010). Historia del Nuevo Orden Mundial. *Red Voltaire.* https://www. voltairenet. org/article166611. html

los Estados nacionales "desde arriba", políticas de tipo globalistas. Con tratados internacionales van limitando la soberanía de las naciones. En esos tratados fraudulentos a espaldas del pueblo van incluidas políticas de inmigración y destrucción de fronteras, el último fue el *Pacto Mundial de Migración* de la ONU (diciembre de 2018).

Una nación libre y soberana no acepta estos pactos, allí lo tuvieron al valiente Trump (2018) en la asamblea de la ONU diciendo:

> Reconocemos el derecho de cada nación en esta sala a establecer su propia política de inmigración de acuerdo con sus intereses nacionales, al igual que pedimos a otros países que respeten nuestro propio derecho a hacer lo mismo, lo que estamos haciendo. Esa es una razón por la que Estados Unidos no participará en el nuevo Pacto Mundial sobre Migración. La migración no debe ser gobernada por un organismo internacional que no rinda cuentas a nuestros propios ciudadanos. (*Político, 2018*) [157]

Quien aún tenga dudas sobre si Trump esta del lado de la gente o del lado de la elite globalista, analizando lo que dijo en esa asamblea podrá encontrar la respuesta (Ver capítulo 3, Tomo II de la presente investigación). Muy diferente fue el caso del Presidente Argentino *Mauricio Macri*, un empresario liberal–progresista, tecnócrata que firmó dicho pacto y acató todas las directrices progresistas exigidas por los organismos multilaterales y financieros, ONU, FMI, BM, G20 etc. traicionando al pueblo que lo votó.

Estos agentes serviles al globalismo, que hoy ocupan hasta el Ejecutivo máximo de un país, adoptan felices los Pactos Mundiales de Migración, la agenda 2030, el aborto, las políticas de

---

157 Politico (25 de septiembre de 2018). Discurso de Trump ante la ONU, transcripción texto completo. https://www. politico. com/story/2018/09/25/trump–un–speech–2018–full–text–transcript–840043

género, etc. Son absolutos traidores a la patria y a su pueblo. Con su accionar convierten a los países en meros municipios o protectorados dependientes de las estructuras de poder global. Emulan el papel lamentable de un virrey al servicio de un imperio global sin bandera.

En comparación, el pueblo norteamericano, tuvo un presidente realmente nacionalista y patriótico, que a todas luces parece estar luchando por la supervivencia de un país entero, y eso incluye a todos.

¿Saben por qué Argentina, siendo un país tan rico en recursos siempre le va mal? Porque la democracia aquí es una ilusión. No hay verdaderas opciones. Todos nuestros presidentes en las últimas 4 décadas han estado al servicio de los globalistas. Hoy mismo nos gobiernan los Fernández, representantes de una "izquierda progresista", mientras que la oposición está encarnada por el ex presidente Mauricio Macri de una "derecha progresista". El consenso progresista es servil al globalismo, la elite se ha encargado de evitar que emerja un candidato que encarne una verdadera oposición fundada en el nacionalismo soberanista al estilo de Trump.

La mundialización tiende a destruir la soberanía y la independencia *política* **de las naciones**. Se manifiesta en la progresiva subordinación hacia las políticas emanadas desde la ONU, OMC, OMS, FMI, etc. La agenda 2030 es tan sólo un ejemplo.

Numerosos banqueros, economistas, cabilderos y políticos han expresado ya públicamente sus deseos de formar un Nuevo Orden Mundial, un Gobierno mundial. Lo hacen desde los Medios de comunicación masivos, es decir los medios oficiales, los "serios", los "objetivos", los "imparciales". Aquellos lunáticos ideólogos no reciben críticas, sino bombos y platillos. Por ejemplo el periódico más vendido de la Argentina "La Nación" publicaba el 1 de diciembre de 2004 una valiosa entrevista titulada: **"En 2050 habrá un gobierno mundial"**, realizada por la periodista Luisa Corradini a **Jacques Attali** (primer presidente del Banco Europeo de Desarrollo –BED–, asesor presidencial durante 10 años de François Mitterrand y organizador de 11 reuniones del G–8)

El banquero Attali, luego de aplaudir el retorno al nomadismo y la destrucción de las fronteras nacionales, planteó la necesidad de un proyecto que de forma a los cambios internacionales que ellos desean:

Ese proyecto de largo plazo es la constitución de un planeta unido con **un gobierno mundial**.

LC–¿Ese gobierno mundial tendría que pasar por las Naciones Unidas?

JA–Hay una forma muy simple, que es fusionar el Consejo de Seguridad de la ONU con el G–8: que todos los miembros del Consejo de Seguridad estén en el G–8, y viceversa. Naturalmente será necesario agregar a América latina, que no está en ninguno de los dos. Y a África. En segundo lugar, habrá que someterle el Fondo Monetario Internacional (FMI), el Banco Mundial y la Organización Mundial de Comercio (OMC), para darle al Consejo de Seguridad una nueva legitimidad. Tercero, cambiar los estatutos del Consejo de Seguridad, para que todos los países puedan participar en las decisiones. Esto se puede hacer en diez minutos. No es demasiado complicado. A partir de ese momento habría un gobierno mundial. **Se lo podría llamar de otro modo, para no darle miedo a la gente**, pero tendríamos una auténtica estructura de gobierno.

LC–¿Pero qué pasaría con la soberanía de los Estados?

JA–El actual proceso de construcción europea muestra que es posible crear una entidad con varios niveles en la cual coexistan las soberanías nacionales con una estructura supranacional. Por eso la construcción europea es tan importante. No sólo para los europeos, sino porque es **una especie de laboratorio de lo que conviene hacer a escala planetaria**.

…Los bloques permitirán construir progresivamente una estructura global… **Estoy convencido de que será una realidad dentro de 50 años. La cuestión es saber si existirá antes de una guerra, en lugar de una guerra o después de una guerra…**

LC– Usted es un humanista, pero ¿cuál es la ventaja, para el mundo del dinero, de hacer una cosa semejante?

JA– Mire: **los ricos tienen interés en hacerlo porque es la única manera de evitar que el mundo les estalle en la cara.** Deben evitar la violencia, porque la miseria es fuente de violencia y de frustración. La segunda razón, aunque a usted no le guste, es comercial: **los pobres son un mercado**... *(La Nación, 2004)*. [158] Énfasis agregado.

La entrevista es extensa, Attali habla de mesianismo, de la concentración de las decisiones globales, la destrucción de la industria, los nuevos trabajos "independientes", la "nueva educación" virtual, las virtudes del nomadismo, y lo bueno del mundialismo contra una "globalización anárquica".

El descaro de esta gente, no tiene límites. Son supremacistas que odian las naciones, una amenaza existencial para todos los países y la principal explicación del porque muchos de ellos se han vuelto disfuncionales. La elite desea convertir al mundo en una unidad política única, un Gobierno Mundial que barra definitivamente con los países tal cual los conocemos. Ya no lo ocultan, no pueden acusar a nadie de teorías conspirativas, hay pruebas por miles. Lo que antes era considerado una "teoría conspirativa" ya ha salido a la luz hace décadas.

Según el periódico nacionalista Patria Argentina, en el 2005 el intelectual, investigador y escritor francés Hervé Ryssen, expuso en su libro "Les Esperances planetariennes" la génesis sectaria del globalismo (que él llama planetarianismo), reuniendo cientos de citas históricas públicas sobre ello, causando con sus conclusiones personales un terremoto de incorrección política. Sus molestas investigaciones y opiniones consideradas por la prensa como

---

158 Corradini, L. (1 de diciembre de 2004). "En 2050 habrá un gobierno mundial", asegura Jacques Attali. *La Nación*. https://www. lanacion. com. ar/658930–en–2050–habra–un–gobierno–mundial–asegura–jacques–attali

"odiosas", le han costado la censura y la cárcel. Demostrando la paulatina extinción de la libertad de expresión en las "democracias liberales", especialmente para aquellos que incomodan realmente a la elite hostil, con su pluma peligrosa. Los oscurantistas han sido siempre iguales, los globalistas son oscurantistas.

2. 5* Orígenes históricos del globalismo

Aunque se tienda a creer erróneamente que el globalismo es un mal surgido con la caída de la Unión Soviética, las ideas elementales del mismo son más arcaicas y retrógradas de lo que se pueda uno imaginar.

La génesis del globalismo pertenece a una era pre–civilizatoria, de cuando reinaba la ley de la selva. Los pueblos tribales aún eran nómades y no habían alcanzado siquiera el estadio evolutivo del sedentarismo.

Mientras que algunas tribus avanzaron, otras continuaron en ese estado de barbarie "sin fronteras", yendo de un lado hacia otro, errantes, sin asentarse en un suelo propio, sin patria, sin ciudad, sin Estado, sin ley y sin libertad institucionalmente garantizada. Allí donde fueron, trataron de imponer estos dis–valores y formas de vida arcaica.

El impulso primitivo nómade de emigración constante en busca de recursos, impulsó la sed del saqueo, el asalto, el robo de propiedad, botín, invasiones, matanzas genocidas, tiranía y brutalidad. ¿Le suena a socialismo?, está en lo cierto, éste tiene sus orígenes históricos más virulentos en *la tradición nómade*.

Si bien algunas tribus y pueblos sedentarios también tuvieron *excepcionalmente* estas conductas e inclinaciones, fueron las tradiciones nómades las que caracterizaron mayoritariamente estas tendencias como un *estilo de vida*. Ésto se evidenció en aquellas tribus o grupos naturalmente poco dotados para el desarrollo de una civilización elevada. No pudiendo crear nada bueno en la cultura o la tecnología para ser admirados y respetados por otros pueblos, se abocaron exclusivamente a la conquista (violenta o pacifica), al parasitismo y al saqueo (evidente o sutil) de los demás pueblos. Con su impronta violaban así el principio natural de no intervención en el autogobierno y autodesarrollo de los demás pueblos, naciones o razas.

Esto se daba también por haber sido tribus muy poco inclinadas a la obtención de medios de vida a través del trabajo propio, pues era más fácil y rápido depredar recursos que otros ganaron con esfuerzo y dedicación (de allí su carácter parasitario o intervencionista sobre la propiedad de otros).

Con el tiempo la evolución histórica provocada por el descubrimiento de la agricultura en el neolítico, impulsó a algunas tribus a asentarse en un territorio, formando comunidades emparentadas más amplias. Así se desarrollaron formas más complejas y maduras de organización social, iniciando ***la tradición sedentaria***.

En esta tradición las tribus trabajaban las tierras que habitaban, asegurándose techo y comida a través de la producción propia, o el fruto de su esfuerzo. Esto provocó una tendencia a marcar, delimitar y proteger fronteras, para así cuidar la naciente propiedad privada y el fruto del trabajo individual y colectivo. Naturalmente con el tiempo se desarrolló evolutivamente la idea más civilizada de la Ciudad–Estado y finalmente la forma perfecta de autogobierno y armonía social: la Nación–Estado o Estado Nación. Donde todos los individuos están unidos por un parentesco común, una familiaridad que inspira lazos de hermandad ciudadana, así como genuinas acciones de solidaridad y sentimientos de empatía natural hacia el prójimo. Las tribus y pueblos que pasaban generaciones habitando un suelo generaban lazos de amor y estima por el mismo, la tierra de los padres y ancestros se convirtió en Patria, una tierra que era símbolo de un pasado y un destino común. Estas formaciones son más que sociedades, son comunidades.

Toda esta estrategia naturalmente evolutiva llevó a conformar la civilización más avanzada de la historia: la Occidental.

Si todos los pueblos hubiesen apostado por la auto–sustenta-bilidad, la autarquía, el aislacionismo, y el respeto por los demás pueblos, la paz hubiera sido un hecho y la guerra cosa del pasado.

Lamentablemente mientras unos pueblos iban por la curva ascendente del sedentarismo y la civilización, otras tribus y pueblos jamás evolucionaron, y mantuvieron su salvajismo intacto, no pudiendo jamás superar su estadio primitivo de nomadismo. Sumemos, las ambiciones desmedidas de tiranos, la ignorancia, las luchas religiosas monoteístas que competían por ser el credo dominante y "verdadero", así como la codicia ilimitada e imperialista por hacerse con la riqueza acumulada por otros pueblos, transformaron esta posibilidad de Orden, en un terrible Caos.

Tribus nómades arribaban a territorios de sociedades sedentarias arraigadas a la tierra. El choque no tardaba en presentarse con violencia. Algunas veces los nómades o seminomades sometían a los autóctonos hasta borrarlos del mapa, y otras veces los sedentarios expulsaban a los extraños con violencia, pues los arribistas llevaban consigo la tendencia antisocial al saqueo.

Para los pueblos de tradición sedentaria, la tierra siempre fue un valor máximo. La Patria era percibida como la tierra de los ancestros, el legado, la herencia, el fruto del trabajo y el alimento; para los patriotas idealistas el lugar místico donde transcurre el milagro de la existencia, un valor trascendente, una unidad de destino en libertad, un lienzo compartido donde se teje una historia común con la familia ampliada (tribu–nación).

Para los pueblos de tradición nómade, el valor por la tierra era prácticamente nulo, su valor era reducido a algo accidental, una mera conveniencia material, "un recurso" al cual depredar y explotar. La tierra que se deseaba ocupar era un producto de la elección movida por el egoísmo, el interés circunstancial y la codicia. Por otro lado el infortunio de la expulsión podía forzar a una ocupación involuntaria, el valor dado a la tierra entonces era aún más bajo. Para esta tradición errante, prácticamente no existe la lealtad a la Patria y a los pueblos nativos.

Muchos de los valores o mejor dicho *dis–valores* hoy presentes en la cultura de las decadentes sociedades cosmopolitas, tienen su génesis en la propagación que hace de ellos una elite internacionalista de tradición nómade.

Hoy existe un discurso nómade dominante: el desprecio por el Patriotismo, el nacionalismo, y las fronteras seguras, tienen su correlato inverso en la promoción del cosmopolitismo, el liberalismo, las fronteras abiertas, el egoísmo, la cultura de la cancelación y el sálvese quien pueda. Todo se traduce en la adopción sutil del globalismo y distintas formas de legitimación del saqueo o apropiación de la propiedad privada. Ya lo dicen los Protocolos de la Corona Británica *"Todo dominio se basa en que el dominado acepte y crea en el Discurso del Poder"* [159]

Los globalistas de tradición nómade (unidades políticas sin asiento territorial), con el tiempo perfeccionaron sus métodos de saqueo, y manteniendo su temperamento cosmopolita han intentado forjar un mundo a su imagen y semejanza. Hoy vivimos el caos de su triunfo, un mundo donde rige la ley de la selva

Ellos instrumentalizaron los avances técnicos y científicos de **los pueblos civilizados (unidades políticas con asiento territorial)**, que de manera ingenua pensaron que todos los grupos humanos del mundo mantenían los mismos códigos éticos de los pueblos libres (Como el principio de no agresión, de la bandera Gadsden). Los códigos de libertad y respeto a los derechos de los demás, la no agresión, la no expansión, el no saqueo, son totalmente desconocidos para los grupos bárbaros de tradición nómade. Ambas tradiciones no pueden coexistir.

Fréderic Bastiat decía, "cuando el saqueo se convierte en una forma de vida para un grupo de personas, crearán para ellos a lo largo del tiempo, un sistema legal que lo autoriza y un código moral que lo glorifica". Bien podríamos aplicar esta frase para referirnos a los

---

159 Ricciardelli, H., Schmid, L. (2004). *Los Protocolos de la Corona Británica.*(p. 6.). Editorial Struhart & Cia.

nómades, y las formas de organización social, creadas por ellos. **Es evidente que la expropiación masiva usada por el socialismo internacionalista, y los métodos extractivos de las finanzas internacionales no son sino dos formas sistémicas de saqueo autoglorificado por los teóricos que lo justifican**.

Los banqueros internacionales formatearon la teoría económica para favorecer sus intereses.

Paul Samuelson uno de los más influyentes economistas monetaristas, representando dichos intereses dijo parafraseando a Rothschild: *"No estoy preocupado por quién hace las leyes de una nación… Si yo puedo escribir sus textos de economía"* [160]

El globalismo como una idea expansionista sin límites, pretender extender el Estado más allá de los límites nacionales. Pretendiendo con ello violar la naturaleza biológica y antropológica común que sustenta la cohesión y homogeneidad comunitaria.

Toda Nación tiene derecho a tener su propio territorio blindado con fronteras seguras donde pueda ejercer su libertad. Pero no tiene derecho a digitar la vida de otras naciones. Toda nación tiene derecho a tener un Estado eficiente, sin el cual las fuerzas extranjeras hostiles, o los intereses particulares centrífugos tienden a destruir esta forma de organización social.

Un Estado que supere en extensión a la *Nación natural* es un artificio socialista: una "república universal" (URSS). Algo que sólo puede ser impuesto por la coerción y la fuerza, o la progresiva desaparición física de las naciones a través del mestizaje. ¿Creen que es casualidad que exista una proliferación de series, y películas que aplauden las parejas mixtas?, no buscan crear tolerancia, el globalismo busca exterminar todas las naciones y razas. La asimilación es tan solo un medio para lograrlo. Es parte de la sutil batalla cultural del globalismo para destruir las identidades comunitarias de raigambre natural.

Estas dos grandes tendencias naturales llegaron a producir al día de hoy un cambio de paradigmas, que aún no es percibido

---

160   Elletson, R., Money, A.(1998). *Medium of Power.* (p. 25). Grand Teton University Press.

del todo, éste es el choque entre el nacionalismo populista y el globalismo.

Por un lado ***los nacionalistas*** herederos de la *tradición sedentaria* que, por evolución se desarrollaron en Occidente, trajeron al mundo ideales que condujeron al nacimiento de la civilización tecnológica y científica más avanzada de la historia humana. Ésta se fundó sobre los pilares naturales de la libertad, tradición, patria, nación, familia, orden, estado, soberanía, propiedad privada, solidaridad, empatía, respeto por la vida, justicia social y el capital productivo.

Por el otro lado ***los globalistas*** todos aquellos herederos de la *tradición nómade*, cosmopolitas que tienden a destruir las últimas fortalezas de la libertad (las fronteras de tu país y tu gente), para transformar al mundo en un negocio gobernado por banqueros y corporaciones, donde los ciudadanos son meros esclavos consumistas, sin lazos naturales que trasciendan su limitada individualidad. Los representantes de esta *tradición nómade*, no tienen Patria, no respetan lealtades más que su propio beneficio o el de su clase privilegiada. Su accionar predatorio contra las naciones libres está llevando a todos a un mundo arcaico, caótico pre—civilizatorio. Los globalistas son los representantes de la barbarie, el internacionalismo, el cosmopolitismo, la involución, el atraso, el oscurantismo, la depredación, la inequidad y la destrucción de Occidente.

LA NUEVA DERECHA SOBERANISTA LUCHA CONTRA EL RACISMO GLOBALISTA

Desde una perspectiva soberanista, el globalismo representa el verdadero racismo genocida que pretende abolir la diversidad a través de la mezcla o fusión de pueblos disímiles. Es por ello que la elite globalista fomenta la destrucción de fronteras, la inmigración ilegal, y las uniones mixtas con los recién llegados (o minorías).

El globalismo desprecia las mayorías autóctonas y pretende reducir su natalidad de manera genocida.

La verdadera lucha contra el racismo, comienza luchando contra el globalismo, principal responsable del mismo.

Los globalistas son los verdaderos racistas, que disfrazan sus intenciones hostiles contra el cuerpo nacional a través de la retórica amigable del "antirracismo", la "tolerancia" y la lucha contra la "antidiscriminación".

Los verdaderos racistas se disfrazan de antirracistas, el globalista utiliza la hipocresía como arma política. Con ello logran anestesiar la resistencia patriótica de los pueblos frente a la importación descontrolada de inmigrantes ilegales, con quienes lamentablemente trafican, manipulan, utilizan y esclavizan. El discurso falsamente humanitario que la elite vende desde el Big Media, va dirigido a engañar a quienes ven el árbol y no el bosque entero de esta gran batalla de fondo.

El globalismo históricamente también ha estado subyacente en un conjunto de ideas más o menos mesiánicas de diferentes culturas y religiones. Estas describían que el cambio "positivo" en el desarrollo de una sociedad o grupo de creyentes, se daría a partir de la llegada futura de una figura emblemática "proféticamente esperada", de un líder, enviado divino, o héroe, al que correspondía el establecimiento de un "nuevo orden" que daría origen al mundo utópico soñado.

Dichas leyendas absurdas muchas veces diferían entre sí, en general servían para dar refugio y fuerza a corazones desesperados por condiciones opresivas, pero también para impulsar la justificación moral de conquistas desalmadas. Dichos mesianismos no se limitaron a mitos religiosos, sino que impregnaron ciertas ideologías extremistas como el Marxismo. Éste conceptualizaba al sujeto revolucionario (el proletariado), como la fuerza mesiánica que traería el "paraíso sobre la tierra" (el comunismo). El sacerdote y profeta supremo era Karl Marx y la biblia El Capital y el manifiesto comunista. El fundamentalismo de izquierda provocó el exterminio de 116 millones de seres humanos en nombre de la igualdad y el socialismo.

No obstante los promotores del globalismo, siempre han sabido vender muy bien sus ideas, escondiendo sus intenciones oscuras bajo palomas de la paz y justicia social. Por ello las peores atrocidades de la historia han sido cometidas "con las mejores intenciones".

Desprovista de sus ropajes, en el fondo toda idea globalista promueve la realización de un atroz imperialismo sin fronteras, llevado al extremo utópico de extender los dominios hasta lograr la conquista de absolutamente todo lo existente. En el trasfondo destructivo del eslogan "un mundo sin fronteras" asoma la tradición nómade. Los lobos visten sus ideas de ovejas. ¿Cuántas publicidades hermosas de un mundo sin fronteras has visto últimamente? Suelen acompañarlas de ideas de tolerancia, solidaridad, o progreso… solo para engañar tu mente, con una falsa fachada que sirve a su narrativa, pero cuyo trasfondo es oscuro. [161]

Las ideas globalistas expresadas sutilmente bajo ropajes de ideas mesiánicas, pueden rastrearse desde tiempos inmemoriales hasta nuestros días. Estando presentes en lugares tan disímiles como en la mitología bíblica abrahámica (judeo–cristiana), así como en otras culturas y tribus como los mongoles (nómades) de Gengis Kan. O imperios europeos impulsados por tribus seminómades anglo–germanas, que aunque con el tiempo lograron civilizarse haciéndose semi–sedentarias y sedentarias, tuvieron siempre esa tendencia a la conquista, la invasión, el pillaje, el botín y la piratería. Los germanos conformaron tribus semi–nómades en un pasado remoto, y lograron en gran parte evolucionar a formas

---

161   Algunos pocos ejemplos pueden ser "Médicos sin fronteras", "amor sin fronteras", Cruz Roja, UNICEF (ayuda a niños), ACNUR (ayuda a refugiados). Lemas y ONG que sirven para reforzar la narrativa como un valor positivo. Médicos sin fronteras recluta médicos y fondos para servir en los lugares más desfavorecidos del mundo, refuerza la idea positiva del "sin fronteras" como algo que no puede impedir el espíritu solidario. El problema es que dicha ONG olvida a los enfermos autóctonos. Todo tiene su contrapartida. Con los demás ejemplos sucede lo mismo. Con el agravante que muchas veces esconden actos criminales detrás de dichas organizaciones, hay miles de denuncias de abuso sexual infantil y tráfico humano perpetrado por personal de la ONU contra niños y mujeres de zonas sensibles. Con lo que la "ayuda" monetaria a dichas ONG por parte de voluntarios, se convierte en un financiamiento y complicidad indirecta de actividades criminales llevados adelante por dichas organizaciones internacionales.

más sedentarias en los últimos siglos, muy de vez en cuando manifestando tendencias regresivas.

Las peores formas de mesianismo parecen nacer y desarrollarse en tribus nómades primitivas altamente hostiles contra todos los demás grupos humanos, Gengis Kan con su antigua tribu mongol es un caso paradigmático. Una mitología de predestinación y designio mesiánico acompañó su nacimiento. Culminando con su papel de "Emperador Universal", o "Emperador de Emperadores", "rey de reyes", conquistaría así el mundo barriendo las fronteras, ejerciendo una tiranía brutal y un despotismo absoluto, aplastando toda oposición y libertades. Gengis Kan consideraba la vida nómade de los mongoles como la más perfecta forma de sociedad, por ello su principal objetivo de sus luchas y conquistas, no era otro que el de poner fin a todas las ciudades y civilizaciones existientes para instaurar su propia forma de vida nómada. Fueron de los primeros en utilizar la guerra psicológica del terror. El nomadismo mongol provocó uno de los primeros grandes genocidios (90% de la población persa). El imperio globalista de Gengis Kan avanzaría hacia el Oeste, venciendo la alianza entre cumanos, alanos, búlgaros y jázaros. Éstos últimos conquistados, tomarían nota y se inspirarían en Gengis Kan para desarrollar su propio proyecto globalista.

La tribu turco–mongol de los Jázaros, es otro ejemplo de lo conflictiva y crítica que pueden ser para los pueblos sedentarios libres, industriosos y civilizados, las relaciones con grupos inspirados en *la tradición nómade*.

Existe una relación directa entre ***nomadismo–globalismo–barbarie*** por un lado, y entre ***sedentarismo–nacionalismo–civilización*** por otro. Son dos cosmovisiones radicalmente diferentes que brindan impulso a dos tipos opuestos de organización social y relaciones entre humanos (a nivel individual y colectivo).

La coexistencia es algo imposible entre estos dos sistemas de organización social. Si sucede tal yuxtaposición bajo un mismo territorio, no tardarán en manifestarse el choque inexorable, expresado como opresión, desigualdad sistémica y explotación del hombre por el hombre. El primer grupo —invasor nómade— parasitará y explotará al segundo —sedentario dueño de casa— al límite de quitarle libertades, soberanía, y propiedades destruyendo su nación. Como vimos antes, los autóctonos tenderán a restablecer el equilibrio respondiendo ante la agresión antisocial.

No es necesario que la ocupación o invasión de una agrupación humana de tradición nómade sea violenta. Su tradición primitiva se manifiesta al intentar manejarse siempre según la antisocial ley de la selva. Formas modernas de nomadismo como las multinacionales, Trust, holding, fondos buitres y bancos internacionales tienden a encarnar los impulsos más despiadados del nomadismo apátrida, pre–sedentario, y supra–nacional (internacionalista). Muchos cometen el error de llamar a esto capitalismo salvaje sin distinguir su diferencia y origen con el verdadero capitalismo industrial (productivo y nacional).

El rechazo o desprecio hacia los banqueros viene de hace milenios, de épocas pre–capitalistas donde se manifestaban formas de explotación del hombre por el hombre no detalladas, ni denunciadas por Marx. Fue el genial sabio Aristóteles quien advirtió a la posteridad *"A los hombres llamados banqueros los odiaremos, ya que ellos se enriquecen mientras no hacen nada"* identificando la actividad parasitaria de los mismos.

Estas actividades desarraigadas, extractivas, de rapiña, parasitismo, nada productivas, vinculadas exclusivamente al sector bancario y especultativo, podemos denominarlas *financierismo*, para no confundirlo con capitalismo.

Estoy desarrollando desde hace algunos años, un sistema económico llamado **superalismo**, donde describo detalladamente estas cuestiones.

La obra de Karl Marx, con sus 4 tomos de "El Capital", ha servido en la práctica, para invisibilizar y proteger la actividad explotadora de los banqueros, quienes encargaron su obra.

Lo malo no son los humanos que adoptan dichas prácticas parasitarias, sino la *tradición nómade primitiva* que los impulsa y las organizaciones de saqueo y opresión sistémica que originan.

Esta lucha entre las dos tradiciones caracteriza la esencia de la macro–historia —desde una perspectiva soberanista—, que ve la historia universal en términos de milenios y siglos, desentrañando los paradigmas, la epistemología y los orígenes antropológicos de las concepciones del mundo y el desarrollo de las sociedades humanas.

En la educación contemporánea (pública o privada) focalizada en la micro–historia, jamás se le enseña a las personas esta perspectiva, pues esa educación masiva está destinada a crear gente alienada, para que ciegamente siga la agenda del Poder hegemónico (hoy globalista).

Muchos pueblos y culturas del mundo han derrapado por el camino de la **violencia imperialista**, muchas figuras históricas, dictadores, emperadores, reyes y líderes mesiánicos han querido expandir sus dominios por todo el mundo. Es decir, intentaron unir coactivamente bajo un mismo *cetro imperial* un amplio marco geográfico que incluía diferentes pueblos, etnias y razas de todos los continentes. Con buenas o malas intenciones esos proyectos nómade–expansionistas sólo trajeron guerras, muertes, opresión, injusticias y caos. Pues la voluntad de un pueblo a expandir su dominio, chocaba con la voluntad de otro de ser libre y soberano. Todas esas iniciativas terminaron en fracaso, y por esta misma razón el globalismo fracasará inevitablemente.

El globalismo es un neoimperialismo tiránico que encubre mejor sus tácticas, mientras que sus promotores son discretos. Ya no son emperadores o países, sino una oligarquía financiera soberana de magnates y criminales sedientos de poder por poder. Este neoimperialismo no busca expandir una civilización, por el contrario, persigue únicamente el auto–beneficio exclusivo de ciertas dinastías bancarias que desprecian a todos los humanos que no pertenecen a su exclusivo club. Y culturalmente difunden toda clase de idea disolvente y subversiva social, para acelerar, prever, precipitar y/o provocar la llegada de la próxima crisis, de la cual extraen cuantiosas ganancias, aprovechándose de la adquisición de los activos depreciados por la misma.

El neofeudalismo bancario internacionalista, que tiene sus orígenes en la tradición nómade, tiene como uno de sus fines, la acumulación exponencial de capital, que no lo obtiene por producción propia, sino a través del endeudamiento y parasitismo de los sectores productivos (capital industrial y trabajo) de la economía real. Esa elite ha estado utilizando las potencias mundiales para sus propios fines.

Las manifestaciones históricas más evidentes o "actualizadas" del globalismo, vinieron a presentarse naturalmente en la curva ascendente máxima de la época de los imperialismos europeos, principalmente el británico. Y era de esperar, en tanto representa la idea extremista de un imperialismo totalitario sin fronteras instaurado a escala global, como Estado Único. Fue en la aristocracia anglosajona donde confluyeron las ideas mesiánicas, y de un imperialismo global que definió el primer modelo netamente globalista de la historia. Fue en Inglaterra donde se fundó la Sociedad Fabiana, un instituto que floreció en Londres en el año 1884, de la mano del político inglés Sydney Webb y de su esposa Beatrice Webb. La Sociedad Fabiana se vio involucrada en la creación de la London School of Economics en 1895. De donde saldrían los principales actores propulsores del globalismo hasta hoy en día. Uno de los principales ideólogos fue el escritor Herbert George Wells quien en varios de sus libros propuso explícitamente la formación de un Nuevo Orden Mundial (*La Destrucción liberadora – The World Set Free. 1914*) y un Estado Mundial (*La conspiración abierta – Open conspiracy. 1928*). [162]

Los fabianos actuaron en estrecha colaboración con dos destacados promotores de la utopía globalista, Cecil Rhodes y Lord Milner.

---

[162] Hillard, P. (7 de agosto de 2010). Historia del Nuevo Orden Mundial. Red Voltaire. https://www. voltairenet. org/article166611. html

A los 24 años con la fuerza de una revelación religiosa, surgía en la mente del magante **Cecil Rhodes** "la idea elemental" de un imperio global de Estado Único. Uno de los hombres más ricos del mundo, creador del imperio minero de oro y diamantes, fundador de un país llamado Rhodesia (hoy Zimbawe), escribió en su segundo testamento, que su dinero iría a la fundación de una sociedad o red:

> Cuyo verdadero objetivo será extender el dominio Británico alrededor del mundo, el perfeccionamiento de un sistema de emigración desde el Reino Unido y la colonización por ciudadanos británicos de todas las tierras donde los medios de subsistencia puedan ser alcanzados por la energía, el esfuerzo y el emprendimiento y especialmente, por la ocupación por los colonizadores británicos de todo el continente africano, Tierra Santa, el Valle del Éufrates, las islas de Chipre y Creta, la totalidad de América del Sur, las islas del Pacifico que hasta ahora no están bajo el dominio británico, la recuperación final de los Estados Unidos de América como parte integral del Imperio Británico, finalmente la fundación de un poder tan grande que de allí en más se haga imposible la existencia de una guerra y que se promuevan los mejores intereses de la Humanidad [163]

Estas ideas, no eran sino la actualización de la "Paz Romana" sólo que realizando una conquista demográfica con pobladores británicos anglosajones de todos los lugares claves señalados. Una diáspora que aumentaría su población mientras intentaría disminuir la población nativa, actuando como quinta columna para conquistar por dentro todos los países. Una especie de Deep State. Como nota al margen, hoy en día **China y otros países de Medio Oriente parecen estar desarrollando esta misma**

163　Benson, Y. (1989) *EEUU y el Gobierno Mundial.* / citado por "Boletín Especial CCP Nº183 /Suplemento del periódico Patria Argentina Nº295"

estrategia globalista de dominio a través de la implantación de pacíficos pobladores–colonos en todos los países del mundo. A través de la infiltración lograrían sus objetivos.

Según el investigador y periodista Yvor Benson, "La idea de una red, incluyendo un sociedad secreta trabajando por un gobierno Mundial, tuvo su origen en la mente de Rhodes, pero no así la idea o el ideal con el cual fue inspirado" [164]. El profesor de artes de la Universidad de Oxford **John Ruskin**, fue quien inspiró fuertemente al joven Rodhes. Según el Dr. Caroll Quigley, Ruskin "Golpeó a Oxford como un terremoto, no tanto por bellas artes, sino porque habló acerca del imperio y de las masas oprimidas de Inglaterra y, sobre todo, porque habló de todo ello como cuestiones morales" [165].

El mismo Ruskin dijo en un discurso

> Hay un destino posible para nosotros, el más grande nunca puesto ante una nación, que debe ser aceptado o rechazado… Harán ustedes de su país, jóvenes de Inglaterra, una vez más, un trono de reyes, una isla con cetro, una fuente de luz para todo el mundo, un centro de paz, señor de aprendizaje y las artes, leal guardián de principios, adorada en su raro valor de buena voluntad para con todos los hombres...

El idealismo de Ruskin fue propagado con fervor religioso neo-mesiánico, donde el Mesías de este evangelio mundano sería el pueblo anglosajón como civilizador por antonomasia.

Lione Curtis decía que su amigo Rodhes "sostenía que los hombres deberían luchar para construir el Reino de los Cielos aquí en la Tierra y que el liderazgo en esa tarea debía recaer primera y principalmente sobre los pueblos de habla inglesa" [166].

---

164 IDEAM

165 IDEAM

166 IDEAM

Los países colonizados y poblados por anglosajones notablemente se convirtieron todos en países de primer mundo, los más avanzados en ciencia, tecnología, arquitectura, orden y estabilidad social. De alguna manera los sueños de Rhodes crearon una especie de "Paraíso en la tierra". Pero el primer Imperio globalista cayó, y el progreso no se extendió más allá de 5 o 6 países, que hoy en día están desapareciendo junto a su población anglosajona.

Dicho proyecto debía encararse siguiendo un estricto secretismo, que según Benson había copiado Rhodes de los Jesuitas, iluminados y masones libres. (Extrayendo testimonios de William Stead, amigo de Rhodes).

Tales ideas anglocentristas (semi–sedentarias) altamente episcopales y WASP, entraban en competencia directa con otro modelo emergente antagónico de dominio imperial, impulsado por otra elite inmigrante llegada a gran Bretaña pero de tradición jazarocentrista (nómade). Es decir, ésta era una agenda globalista diferente, encarnada por la elite bancaria internacionalista del "Escudo Rojo", que en el fondo envidiaba y despreciaba a la elite WASP. Con el tiempo terminaría apoderándose, utilizando y ampliando la red de su competencia, así como robando muchas de sus tácticas.

Paulatinamente la "idea anglosajona" de globalismo que usaba al pueblo y al Imperio británico como base para la expansión ilimitada, sería derrocada por un globalismo absolutamente desarraigado, cosmopolita, anti–WASP, sin ninguna Patria como base (el modelo jazarocéntrico). Por ello el sistema financiero internacional mudó sin problemas su centro de operaciones desde Londres a Nueva York en el Siglo XX.

Yvor Benson (1989) diría:

Este factor ´secreto´, hizo posible que la ´red´ de Rhodes fuera penetrada, copada y usada para propósitos muy diferentes de los previstos por sus fundadores –incluyendo el desmantelamiento total del Imperio Británico– que habría de haber sido el modelo del Nuevo Orden Mundial.

Efectivamente el modelo Rhodes fue infiltrado y desmantelado, al punto que el Imperio Británico fue destruido y los países anglosajones están siendo demográficamente borrados del mapa, ahogados bajo inmigraciones ilegales masivas de países del 3er mundo. Exactamente lo contrario a lo que deseaba Rhodes.

Aunque los sueños anglocentristas de Rhodes fueron destruidos, su impronta de extender un Imperio que cubra todo el orbe, dejó aspectos y precedentes muy peligrosos.

Bajo la Red creada por Rhodes, se utilizó por primera vez a la **prensa privada como un arma política** en tiempos de paz. Se la utilizó para fomentar la guerra Anglo–Boer según relata J. A. Hobson en su libro "La Guerra en Sudáfrica". También el Teniente General Sir William Butler describió el trágico uso de la **información falsa para manipular las masas desde los "medios de prensa prestigiosos"**. Esta táctica, al igual que el "sistema de becas" otorgadas por una entidad promotora no estatal, sería emulada por la nueva elite global en todo el siglo XX, hasta el presente.

El modelo derrotado de globalismo anglosajón se basaba en el secretismo, y como ese modelo ya no existe, no caeremos en teorías conspirativas, intentando seguir el rastro de organizaciones secretas o grupos como los de la "Mesa Redonda" sumamente difíciles de demostrar.

Por esta razón en el presente estudio se pone en relieve el **"modelo jazarocentrista"** gradualmente hegemónico desde 1913 hasta el presente, que no se basó en el secretismo, sino en *la discreción* como arma para llevar a cabo su agenda. Sus actores y organizaciones fueron formalmente reconocidos. Por lo tanto hay pruebas comprobables, públicamente disponibles de las organizaciones y fines oficialmente declarados de las mismas. La improvisada elite que sostenía el modelo anglocentrista (Rhodes–Mildner–Ruskin en Reino Unido, junto a Ford–Morgan en EEUU) fue derrocada totalmente entre 1930–1948.

La nueva elite globalista, entró al juego con un nuevo modelo apátrida, que barrió a la vieja elite WASP. A base de engaños, y una alianza fraudulenta fue ganando poder paulatinamente. Esta otra elite no sería más que otro proyecto geopolítico imperialista, cuya soberanía hasta hoy, pretende transferirse a una aristocracia cosmopolita de banqueros, e intelectuales a su servicio pero sin asiento territorial específico. Una aristocracia del dinero y el intelecto conformada por dinastías cerradas monopolistas, y altamente endogámicas.

El estudio antropológico de la tribu nómada jázara (de origen turco–mongol–eslavo) que conformaría significativamente la nueva elite globalista, no será abarcado aquí para evitar el terreno minado de los prejuicios y los sistemas represivos vigentes. Pero es digno de mencionar que dichos estudios antropológicos fueron desarrollados por diversos historiadores, arqueólogos y genetistas. Entre los más destacados se encuentran prestigiosos israelíes como Artur Koestler (intelectual, historiador), Shlomo Sand (historiador, arqueólogo), y el Dr. Eran Elhaik (genetista) [167], deseosos de evitar el racismo israelí y el antisemitismo nazi. Lo cual es un fin muy noble, pues queriendo o sin querer, han brindado la herramienta conceptual que permite identificar la nueva elite globalista con bastante certeza, sin caer en sesgos ideológicos antisemitas de extrema derecha, ni en eufemismos demasiado abstractos. Algunos autores incluso, para referirse a ese grupo de un modo más sutil, también la han denominado "mafia rusa", pues los jázaros se originaron en aquellas tierras.

Con el mismo objetivo de evitar perspectivas racistas, es importante aclarar que en el presente trabajo cuando refiero a la elite globalista [168], no se hace alusión a un determinado tipo étnico–racial, sino al carácter puramente ideológico de las personas que

---

167 Los estudios más antiguos sobre la tribu jázara provienen de Ernest Renan (1882), Lothrop Stoddard (1926), y Douglas Morton Dunlop. Abarcados desde distintas ópticas, desde las más radicales, hasta las más escépticas. Luego vinieron los investigadores israelíes y continuaron con las investigaciones.

168 Aunque la mayoría de los directores de la elite globalista sean jázaros. No todos los jázaros son de la elite.

encarnan las ideas globalistas e impulsan aquella agenda, y que no necesariamente se condicen con un genotipo específico. Por ejemplo, George W. Bush no es Jázaro, pero es un globalista; Clinton no es Jázaro, pero es un globalista; Obama no es Jázaro, pero es un globalista.

No se trata de combatir a determinadas personas por su origen. De lo que se trata es de combatir organizaciones dedicadas al delito de guantes blancos; tráfico humano; actividades radicalmente antisociales y sistemas de organización con fines tiránicos y parasitarios. En definitiva actividades que son totalmente destructivas para los humanos de todos los credos y razas.

Dejando de lado cuestiones antropológicas que suscitarían debates interminables y hasta prohibidos, podríamos decir en resumen, de manera categórica, que **el globalismo es el imperialismo sin fronteras de los banqueros internacionales**. Éstos son quienes pretenden ser los detentores del poder real, es decir, quienes tengan la última palabra y voluntad de lo que sucede a escala global. Lo que parecía ser el sueño enfermo de unas viejas dinastías de banqueros, hoy en día es casi un hecho.

El politólogo, escritor y geoestratega **Adrian Salbuchi** en su libro "El Cerebro del Mundo" (2001), hace una distinción entre **Poder Real y Poder Formal**. Describiendo de que manera con la globalización, el *poder real* tiende a pasar a instancias no gubernamentales, o privadas. Quedando el poder político de la democracia partidocrática como un mero *poder formal* al servicio de intereses particulares o sectoriales.

¿Esta nueva elite fue públicamente denunciada anteriormente por autoridades competentes?, ¿existen testimonios o confesiones que hablen de esta emergente clase de privilegiados internacionalistas? Desde luego que sí. A continuación se analizarán una serie de movimientos de determinados individuos y grupos que han dejado su huella indiscutible en la historia.

Para comprender en profundidad el mundo de hoy, es necesario adoptar un cambio radical de paradigmas. Es preciso emprender una **rebelión contra los esquemas de pensamiento e ideologías**, que la elite globalista pretende imponer para que la gente siga voluntariamente su agenda sin ser plenamente conscientes de ello.

La premisa liberal de una separación estricta entre lo político y lo económico es obsoleta. Los poderosos del mundo no creen en ella, sin embargo la difunden profusamente entre la gente, pues en la medida que esta premisa sea adoptada, jamás comprenderán cuál es la dinámica del poder hoy, por ende jamás pondrán en juego sus intereses vitales.

El historiador y escritor de "Tragedia y Esperanza" Carroll Quigley, profesor en la Escuela de Asuntos Exteriores de la Universidad de Georgetown dijo:

> Los poderes del capitalismo financiero tenían un plan de largo alcance, nada menos que crear un sistema mundial de **control financiero en manos privadas capaz de dominar el sistema político de cada país y la economía mundial** en conjunto. **El Sistema sería controlado de un modo feudal por parte de los Bancos centrales del mundo,** que actuarían poniéndose de acuerdo en reuniones y conferencias privadas. En la cúspide de este sistema estaría el Banco Internacional de Pagos en Basilea, Suiza, un Banco privado propiedad de los Bancos Centrales del mundo y controlado por ellos, que eran ellos mismos corporaciones privadas". (El énfasis es agregado)

Ese banco hoy existe, es el BIS, ejerce su autoridad sobre todo el sistema financiero internacional y trabaja estrechamente con el FMI. Este esquema está operando hoy en día tal como fue descripto. La gente tiende a creer erróneamente que los Bancos Centrales son públicos o controlados por el Estado. Nada más alejado de la realidad. Tienen como principio constitutivo la autonomía e independencia frente a los gobiernos (responden a intereses privados, por ejemplo el Banco Central de Inglaterra y el de los Estados Unidos, fueron fundados por banqueros privados para su propio beneficio).

Esto queda resumido en una frase del banquero Mayer Amschel Rothschild: *"Permíteme emitir y controlar el dinero de una nación y no me importará quién haga sus leyes."* [169]. La constitución de los Estados Unidos otorga ese rol al poder público, no a un banquero privado, ni a un Banco Central de capitales privados. Sin embargo en 1913 con la fundación de la FED (Banco de la Reserva Federal–Banco Central de USA), el sistema fue hackeado.

No es mucha ciencia, imaginen que estrategia más sencilla, apoderarse de la máquina para fabricar el dinero. Y en ese caso, ¿Por qué no importa luego quien haga las leyes? Porque como dijo Napoleón, "todo hombre tiene su precio", sólo es cuestión de encontrarlo [170]. Y sabemos que quienes redactan las leyes son políticos corruptos más influenciados por cabilderos que por convicciones, y la democracia liberal es el mejor sistema que el dinero puede comprar. El sistema liberal se presta para que se efectivice la hegemonía de los amos del Dinero. Los políticos para llegar a ganar un cargo importante necesita hacer campaña y para ello necesita

---

169   Coogan, Gertrude. (1935). *Money Creators (Creadores del Dinero).*

Esta frase que revela la estrategia ilegitima de los banqueros internacionalistas, fue incluso denunciada numerosas veces hace 110 años. Salió a luz por primera vez en 1908 gracias al investigador y periodista Thomas Cushing Daniel. Y están en las actas del congreso y el senado estadounidense "Créditos rurales: sesiones conjuntas ante los subcomités de los comités sobre Banca y Moneda del Senado. 63ºCongreso, segunda sesión. 16 de Febrero de 1914". Frase también citada en Nell Breuning, Oswald von "Reorganización de la vida social" Ed. Poblet, Bs As 1946.

También figura más recientemente en el documental "America: Freedom to Fascism ("América, de la libertad al fascismo", 2006 de Aaron Russo). Esta dinastía de banqueros existieron y existen (https://www. rothschild. com/).

170   Este es un concepto estratégico que también fue utilizado por Joseph Fouché un político francés del siglo XVIII. Todo mafioso, narcotraficante y político de caja moderno, reconocen esta verdad. El dinero corrompe, compra voluntades, favores, inclina la balanza, influye para que las cosas suceden a favor de los que tienen el capital.

dinero, quienes financian las campañas no lo hacen gratuitamente, sino a cambio de favores y distintos grados de obediencia y subordinación. Esto ubica los banqueros privados en una situación doblemente privilegiada. Cuando salen héroes patriotas insobornables, la elite financiera desespera.

Los banqueros mafiosos no se conformarían con alcanzar sólo esa influencia económica. Como ya veremos, tejerían una nutrida red de contactos en los medios de comunicación y una maraña de organizaciones no gubernamentales (Fundaciones, bancos de cerebros, laboratorios de ideas), para poder controlar más fuertemente el sistema, convirtiendo la democracia en una ilusión para tontos.

***El 1er objetivo de crear o apoderarse del banco central y la casa de la moneda**, no sólo es un objetivo económico–financiero–monetario. Ellos buscan Poder ilimitado. El Banco Central es el engranaje de apalancamiento. El señoreaje es la gallina de los huevos de oro. Y al prestar dinero a gobiernos, empresas y personas, logran su creciente dependencia y subordinación. El resultado: con el tiempo todos terminan siendo los siervos de esta oligarquía parasitaria. En teoría política podría denominarse *plutocracia tecnocrática*.

En Europa la alta burguesía bancaria cosmopolita, disputaba mayores grados de influencia en las esferas de Poder político. Los globalistas emularían el primer modelo exitoso de banca internacional moderna, inventada por los Caballeros Templarios (sólo que anulando el ethos guerrero, cristiano y filantrópico que los caracterizó).

También imitarían el sistema de **banca centralizada de Suecia** (1668) –considerado el Banco Central moderno más antiguo de la historia [171]– pero fundando a su medida el **Banco de Inglaterra** (1694). A su vez, siguiendo el estudiado ejemplo de ban-

---

171 Sveriges Riksbank (s. f.). Historia. Recuperado 19 de diciembre de 2020. https://www. riksbank. se/en–gb/about–the–riksbank/history/

queros venecianos, en una táctica llamada los *Ciclos de Medici* [172], pretendían transformar el poderío financiero en poderío político, y el poderío político transformarlo en más poderío financiero.

Los modelos de éxito financiero–político de los italianos Medici y los alemanes Fugger sirvieron como base para forjar una nueva elite bancaria, pero no nacional y altruista, sino internacionalista y fuertemente anti–social.

A diferencia del Banco Central de Suecia cuya fundación –1668– fue impulsada por la nobleza y por ello se encontraba bajo control del Reino [173]; el Banco de Inglaterra fue fundado por la emergente alta burguesía cosmopolita de capitales privados. Se fundó gracias a una concesión realizada por Guillermo II en el año 1694 a bancos privados [174].

Desde Inglaterra se pretendía expandir este modelo *privado* de Banca Central hacia los EEUU. Para poder doblegar y esclavizar a los EEUU. El Imperio intentaba recuperar su colonia a través del poder financiero, aunque con nuevos amos.

Afortunadamente si hay algo que brilla en la Historia estadounidense es su singular lucha por la libertad contra los banqueros y toda forma de tiranía no sólo pública, sino también privada.

La alta burguesía bancaria que propició la sangrienta "Revolución francesa" en 1789, fue la que instrumentalizó desde aquellos momentos ciertos ideales liberales e igualitarios, sólo para agitar la furia de las masas contra las monarquías absolutas de corte cristiano en toda Europa.

Derrocarlas y ganar privilegios en el proceso –de manera indirecta–, fue su gran jugada contra la *Europa Tradicional*. Cortando la

---

172   Kaiser, M. [RT]. (7 de junio de 2018). *Kaiser Report: 'Medici cycle' in America (E1237)* [Video]. Youtube. https://www. youtube. com/watch?v=4enCWLIQNd8

173   Sveriges Riksbank. (s. f.). *1668 – Se funda Sveriges Riksbank.* Recuperado 3 de enero de 2021. https://www. riksbank. se/en–gb/about–the–riksbank/history/historical–timeline/1600–1699/sveriges–riksbank–is–founded/

174   Bank of England. (s. f.). *Nuestra historia.* Recuperado 2 de enero de 2021. https://www. bankofengland. co. uk/about/history

cabeza de los reyes y la nobleza, desprestigiando la Iglesia, la emergente alta burguesía bancaria cosmopolita, se entronizaría como la nueva clase dominante en toda Europa. Ésta con el credo liberal no buscaba en realidad la libertad del pueblo o sus individuos, sino la eliminación y/o debilitamiento de su competencia: el poder del rey absolutista, y la elite aristocrática gobernante europea. La reivindicación de un Estado secular también era un golpe indirecto de la elite financiera contra la Iglesia de Cristo, al tiempo que permitía abrir una ventana trasera para que otras religiones troyanas se hicieran la América. La "Revolución francesa" fue una forma de transformar el poder financiero en poder político. La barbarie sangrienta de 1789 en nombre de la libertad, la igualdad y la fraternidad demostró cuán similares se comportaron en sus métodos brutales a los revolucionarios comunistas.

Una vez que las monarquías fueron cayendo una a una, a través del debilitamiento de su autoridad y los subterfugios de una red de individuos resueltos bien financiados y organizados; por su lado la República, los ideales liberales y nacionalistas se iban afianzando como alternativa… el "nuevo mundo" por su lado se había erigido bajo estos ideales.

Estados Unidos, se transformaría en el primer Estado Nación moderno industrial fuera del continente europeo. Los padres fundadores de Estados Unidos fueron grandes paladines de la libertad contra cualquier forma de tiranía y absolutismo. También bregaron tanto por el bien común como por la independencia de cualquier fuerza exterior. Advirtieron de manera visionaria el poder emancipatorio de la industria nacional y por contrapartida el emergente despotismo parasitario de las instituciones bancarias extranjeras. Las mismas que jamás pensaron que su criatura se rebelaría contra sus amos. Los padres fundadores siendo coherentes con sus principios llegaron a considerar que el peligro que representaban los bancos, era mayor a los ejércitos extranjeros. Las tiranías no sólo eran Estatales, no sólo de reyes, también podían emerger tiranías plutocráticas y financieras.

Uno de los padres fundadores, **John Adams** dijo lapidariamente: "Hay dos formas de conquistar y esclavizar una nación. Una es a través de la espada y otra es a través de la deuda". ([175])

Thomas Jefferson en una carta dirigida a John Taylor en 1816, escribió: "Y sinceramente creo contigo, que los establecimientos bancarios son más peligrosos que los ejércitos permanentes; y que el principio de gastar dinero, para ser pagado por la posteridad, bajo el nombre de financiamiento, no es más que estafar el futuro a gran escala " ([176])

En un comentario de Jefferson a John Wayles Eppes en 1813, dijo: "el papel del Banco debe ser suprimido, y el **medio de circulación debe ser restaurado a la nación a la que pertenece"** ([177])

"He jurado ante el altar de Dios, hostilidad eterna contra **toda forma de tiranía** sobre la mente del hombre" ([178]).

Precisamente esto se volvió un obstáculo para esta oligarquía de banqueros internacionalista con sus pretensiones supremacistas, que luego de la independencia de las 13 colonias, pretendían a través de Gran Bretaña volver a subordinar a la joven nación

---

175 Soriano Llobera, J. (2012). *Prensa económica, ¿Ángel o demonio?, de la democracia a la actualidad.*(p. 108). Editorial Bibliolibrary.

176 Jefferson, T. (28 de mayo de 1816). Thomas Jefferson a John Taylor. *Founders Online. National Archives,* https://founders. archives. gov/documents/Jefferson/03–10–02–0053; [Fuente original: The Papers of Thomas Jefferson, Retirement Series, vol. 10, mayo de 1816 al 18 de enero de 1817, ed. J. Jefferson Looney. Princeton: Princeton University Press, 2013, págs. 86–90.] "And I sincerely believe with you, that banking establishments are more dangerous than standing armies; & that the principle of spending money to be paid by posterity, under the name of funding, is but swindling futurity on a large scale".

177 Jefferson, T. (11 de septiembre de 1813), Thomas Jefferson a John Wayles Eppes. *Founders Online, National Archives,* https://founders. archives. gov/documents/Jefferson/03–06–02–0388 . [Fuente original: The Papers of Thomas Jefferson, Retirement Series, vol. 6, 11 de marzo al 27 de noviembre de 1813, ed. J. Jefferson Looney. Princeton: Princeton University Press, 2009, págs. 490–499.]

178 Office of the Historic American Buildings Survey/Historic American Engineering Record (HABS/HAER), of the National Park Service, Library of Congress (Septiembre de 1994). Documentation of the Jefferson Memorial.

mediante el Poder Económico–financiero. No fue casualidad que en esos momentos naciese la escuela **económica liberal** clásica desde Gran Bretaña, como un intento de mantener el Statu Quo, combatiendo el proteccionismo de la joven nación, reforzando el rol de Inglaterra como fábrica del mundo y el de EEUU como proveedora de materias primas, y nación agraria, en la división internacional del trabajo y la producción.

Las teorías del **globalista David Ricardo** colocarían la cereza en la torta al establishment británico. (No olvidar que la escuela clásica de economía creó también su propio monstruo: Marx, quien basó gran parte de su obra partiendo de la falsa teoría del valor trabajo).

Pero en EEUU se amaba la libertad de una manera no dogmática y no adoptaban ciegamente las ideologías foráneas del imperio británico. Los americanos forjaron a la fuerza, su propia senda de libertad nacional. Así fueron surgiendo movimientos que desafiaban la ideología económica globalista liberal, y a pesar del asombro intelectual que ocasionó, algunos de los padres fundadores apostaban intuitivamente por una fuerte industrialización y el proteccionismo económico capitalista con vistas a lograr la independencia económica. Rechazaron de esta manera las recetas de la economía liberal.

Después del pánico bancario de 1819, surgiría el movimiento jacksoniano, partidario de un dinero solido y la guerra contra los bancos.

Andrew Jackson junto a Martin van Buren fundarían el **Partido Demócrata**. El primer punto en su agenda era abolir el BUS (Bank of the United States) cuya licencia expiraba en 1836 y debía ser renovada. Este Banco era el "Banco Central" de la época.

El Presidente Andrew Jackson fue reelegido sobre la base de su campaña contra el Banco en 1832 dando la pauta sobre la popularidad de dichas ideas. Un año después le daba un golpe tremendo privándole de los depósitos del tesoro, que los colocaría en 7 pet Banks en total. En tres años elevaría ese número a 91 bancos **para evitar un oligopolio de bancos privilegiados**. Fue un golpe tremendo contra la elite globalista internacional.

En 1835 **Andrew Jackson (el preferido de Donald Trump)**, recibía dos balazos que no llegarían a matarlo. En 1836 el mega banquero Nathan Rothschild moriría misteriosamente envenenado y el presidente Andrew Jackson cumplía su promesa de no renovar la licencia, suprimiendo así al BUS *Bank of the United States* controlado por esa dinastía ([179]).

Todos los partidarios de Trump esperaban un golpe similar contra la FED, pero Trump se limitó a una triste y suave batalla retórica. Sin embargo, tal vez por casualidad del destino unos días antes de que Trump dejara su trono, el 16 de enero de 2021 moría repentinamente el banquero Benjamin de Rothschild a los 57 años de edad, sexta generación de banqueros, Director del grupo bancario *Edmond de Rothschild,* con un imperio de 1, 5 billones de dólares según la revista Forbes…

Los jacksonianos no tenían intenciones tampoco de dejar un sistema permanente de pet Banks, por lo que el sucesor de Andrew, Martin van Buren desarrollaría un *Sistema de Tesorería Independiente* (1840), donde el gobierno federal no otorgaría privilegios especiales ni empujes inflacionarios a los bancos privados. Mantendría sus fondos en sus propias cajas fuertes y filiales del Tesoro, este sistema fue reforzado en 1846 con el Presidente Jackson Polk (demócrata), y duraría hasta la Guerra Civil.

Finalmente los jacksonianos obtuvieron la victoria contra el Banco, logrando constituir sus finanzas soberanas, con dinero solido libre de deuda y una política libre de control privado ([180]). Luego de esta batalla a nivel federal, muchos Estados siguieron independientemente la guerra por su cuenta, rechazando y repudiando las *deudas odiosas* con los bancos internacionales que asfixiaban y condicionaban sus políticas públicas. ([181])

---

179   Cabal, E. (2012). *Gobierno Mundial.* Cap. "La mafia X". Ediciones Mandala.

180   Temin, P.(1969). *The jacksonian Economy.* W. W. Norton.

181   El concepto "Deuda odiosa" es desarrollado actualmente por el economista norteamericano Michael Hudson, un gran opositor del sistema financiero internacional.

En su lecho de muerte **Andrew Jackson se despediría feliz diciendo "Yo mate al banco"**, pidiendo que su legado no sea olvidado...

El Presidente de los Estados Unidos **James A. Garfield**, también había descubierto la influencia negativa de los bancos, diciendo: ***"Quien controla el volumen de dinero en nuestro país es dueño absoluto de toda la industria y el comercio...** y cuando te das cuenta de que todo el sistema es muy fácil de controlar, de una manera u otra, por unos pocos hombres poderosos en la parte superior, usted no tiene que decir cómo se originan los períodos de inflación y depresión"*. Poco después sería asesinado. Él fue un hombre honesto, un héroe que no vendió su alma a los banqueros.

Pero todavía hay más, todos conocen a **Abraham Lincoln (Republicano)**, él dijo: "Le dimos al pueblo de esta república la mayor bendición que ha tenido, la posibilidad de imprimir su propio dinero y pagar sus propias deudas". Lincoln es otro de los Presidentes más admirados por Trump.

La cruzada jacksoniana para impedir que los banqueros privados y el Banco Central influyeran en el gobierno, tuvo su contrapartida al dejar totalmente desregulado el sistema monetario. Pues del mismo modo *la Ley del Tesoro Independiente* impedía al gobierno la capacidad de influir en asuntos económicos.

Librado todo a las fuerzas de los mercados libres, cada banco podía imprimir su dinero sin autorización federal, el resultado fue más de 7 mil billetes diferentes reconocidos en los EEUU, con más de 1496 bancos (cada uno de los cuales emitía su propia moneda). El culto al dinero de libre mercado era desenfrenado, al ritmo del fracaso y de los felices falsificadores que les era ya más fácil emitir su propio dinero, que tomarse la molestia de copiar a la perfección algún otro. Esta premisa de liberalismo económico "made in Inglaterra" era funcional a la supremacía de la Libra esterlina que aumentaba su valor frente a los demás billetes desvalorizados por la falta de confianza en los mismos.

Lincoln un político patriota brillante y honesto, dejando la ideología económica liberal británica de lado, intervino en los mercados trayendo orden en el caos y la anarquía. Así unificó y estandarizó la impresión de billetes nacionales (*Ehret, 2020*) [182] con medidas de seguridad contra falsificaciones, unificó la unidad de cuentas y restableció para el pueblo la capacidad de emitir dinero libre de deuda con los bancos privados, los llamó **Greenbacks.** La tradición del hermoso color verde de los dólares surgió a raíz de las tintas verdes que eran más difíciles de falsificar en aquel entonces.

El control soberano sobre la emisión se encuentra respaldado por el artículo 1, sección 8 de la Constitución de los EEUU, solo el poder público tiene esa potestad. Con la *Ley Bancaria* de 1863 estableció requisitos de reserva por primera vez, **limitó las tasas de interés para destruir la usura** dentro de la Nación. **Esta ley dio un duro golpe a la elite bancaria internacional** eliminando su interferencia en la política a través de Wall Street. Desde entonces **todos los directores de los bancos deberían ser ciudadanos estadounidenses (no extranjeros)**, también obligaría al 75% de todos los directores de los bancos residir en el Estado que se encontraba el Banco para evitar abusos de un Estado hacia otro, o la centralización monopolística de alguno.

Lincoln demostró como un patriota democráticamente electo puede defender los intereses del pueblo, así como lo útil que es un Estado para defender el bien común contra abusos sectoriales hostiles.

Lincoln necesitado de fondos para afrontar la guerra civil que se avecinaba inevitablemente, veía con malos ojos los créditos de la banca privada concedidos al interés excesivo del 20–25%.

Por ello ideó la manera de autofinanciarse sin endeudarse con la banca privada. Emitió de manera soberana los "**bonos 5:20**" que **unían el "interés individual"** de los inversores **con el**

---

[182] Ehret, M.(9 de septiembre de 2020.). Como salvar la república moribunda: Lincoln y los billetes verdes. *Silver Doctors.* www. silverdoctors. com/headlines/world–news/ how–to–save–a–dying–republic–lincoln–and–the–greenbacks/

"bienestar general de la nación", permitiendo así junto a los Greenbacks dirigir fondos para la fabricación de armamento, alimentos, pagos a soldados, programas ferroviarios e industriales a gran escala.

El asesor económico Henry C. Carey y el banquero patriótico Jay Cook lo ayudarían en aspectos técnicos. Carey escribió un ensayo en 1865 "Como superar a Inglaterra sin luchar contra ella", dando muestra de su brillantez intelectual y pragmática. Acompañando esas medidas Lincoln **establecería aranceles proteccionistas para favorecer la industria nacional**. En 1865 se emitiría en billetes verdes más de la mitad de toda la moneda en circulación ([183]). Fue un éxito rotundo de la Nación contra los bancos, especialmente británicos y europeos internacionalistas.

Por alguna razón de peso, el Presidente moriría asesinado, y este regalo al pueblo sería rápidamente suprimido. Inmediatamente la banca internacional con sus agentes en Wall Street, comenzaron una guerra para eliminar los billetes verdes de Lincoln ([184]). Con la nueva *Ley de Reanudación de Especies* de 1871 eliminaron el dinero soberano, y ataron la moneda de la república al Oro controlado por los banqueros especulativos en Londres...

Luego de varias décadas los Estados Unidos tendrían un nuevo superhombre como presidente, el demócrata **John Fitzgerald Kennedy.** Él daría otro gran golpe a la elite de banqueros globalistas, devolviendo al pueblo la posibilidad de imprimir su propio dinero, sin tener que endeudarse con la Reserva Federal o la banca internacional.

Seis meses antes del asesinato de JF Kennedy, aprobó la Orden Ejecutiva EO 11110 ([185]) que autorizaba al Tesoro de los Estados

---

183 IDEAM.

184 IDEAM. Según el historiador Robert Ingraham citado por Matthew Ehret, los bancos en 1862 presentaron un ultimátum al gobierno, exigiendo depositar el oro del gobierno en ellos, solicitando el monopolio de su cuidado, y la supresión de las regulaciones gubernamentales a los bancos, así como remover los billetes impresos por el gobierno.

185 Kennedy, J. F. (4 de junio de 1963). Orden Ejecutiva 11110. *The American Presidency*

Unidos a imprimir Dinero libre de deuda (notas del Tesoro de los Estados Unidos respaldadas 100% por plata). La Ley Pública 88–36 (PL88–36) autorizaba el cambio de billetes de plata por billetes nominales, mientras que la Orden ejecutiva 11110 autorizaba al departamento del tesoro a emitir los billetes nominales. Luego del magnicidio en el mes de marzo de 1964, el Secretario del Tesoro, C. Douglas Dillon, suspendió la emisión de certificados de plata [186]. Kennedy Fue un héroe incorruptible de los pueblos libres. El violento asesinato de Kennedy parece ser un patrón histórico sufrido por todos aquellos que se atrevieron a desafiar al Banco, el historiador e investigador Lauret Guyenot se ocupa de desentrañar esta escabrosa perspectiva especialmente sobre la muerte de JFK.

Como se ve, no se trata de partidos políticos, (existieron insubordinados demócratas y republicanos), sino de ser un siervo o no de los banqueros y su red parasitaria de poder.

Los padres fundadores y los héroes patriotas, verdaderos amantes de la libertad, lucharon contra la tiranía y el despotismo, y no restringieron sus miradas solo a limitar el poder político, sino también a limitar el poder económico y los mercados. Naturalmente para ello debían regular e intervenir. Eso no los convertía en socialistas (como hoy quieren hacer creer los fundamentalistas del mercado libre).

En el siglo XX una camada de falsos liberales al servicio del internacionalismo, montaron un poderoso cuerpo doctrinario-ideológico cuyo objetivo era proteger dichos intereses especiales privados, al tiempo que atacaban el nacionalismo con falacias del hombre de paja y astutos sofismas.

Project. https://www. presidency. ucsb. edu/documents/executive–order–11110–amendment–executive–order–no–10289–amended–relating–the–performance

186 Misterio Resuelto.(22 de septiembre de 2017). Kennedy no fue asesinado por nacionalizar la reserva federal. https://misterioresuelto. com/index. php/2017/09/22/kennedy–no–fue–asesinado–por–nacionalizar–la–reserva–federal/

Los nuevos liberales (libertarios austríacos), siendo funcionales a esos poderes internacionalistas hicieron vista gorda a los abusos extractivos de los mercados financieros e incluso los negaron defendiendo la usura y la depredación antisocial. Cayeron en reduccionismos dogmáticos–maniqueos como: **Estado** (todo lo malo) **vs Mercado** (todo lo bueno), que hoy solo engañan a niños onanistas formados con wikipedia y Twitter. Los más radicales toman posturas anarco–capitalistas. Su ignorancia les impide ver hasta qué punto sus sacerdotes sofistas como Mises, Hayek, Rand y Rothbard fueron funcionales a este Poder Globalista (el cual desconocen).

Hoy en día es Donald Trump (según Matthew Ehret) "el primer presidente en invocar públicamente el Sistema Americano de Lincoln por su nombre desde que el Presidente McKinley fuera asesinado en 1901" Lo hizo en la convención del Partido Republicano el 27 de agosto del 2020. Luego en el discurso de Kentucky de 2017 apeló a la industrialización. Invocando el "modelo estadounidense" afirmando:

> Este es el sistema que querían nuestros Fundadores. Nuestros más grandes líderes estadounidenses, incluidos George Washington, Hamilton, Jackson, Lincoln, estuvieron de acuerdo en que, para que Estados Unidos sea una nación fuerte, también debe ser una gran nación manufacturera. *(Donald Trump, 2017)*

Las palabras de Trump son las de un Estados Unidos que no acepta el mandato globalista de que la fabrica del mundo sea China. Ello crearía dependencia. Y Trump apela a la autarquía, el proteccionismo y el nacionalismo económico.

Su promesa de campaña de auditar la FED, y sus críticas y enfrentamientos constantes al Banco Central, junto a su amor por Jackson y Lincoln, lo convirtieron en una bomba explosiva contra la elite bancaria globalista. De allí el pánico y la histeria que ocacionó al establishment.

El deseo de las oligarquías internacionalistas fue desde un principio la concentración del poder, el control y las decisiones en instancias supranacionales. Esta concentración tiene gradientes que van desde la descentralización a la centralización. Pero en todo caso, se trata de asuntos que intentan excluir, sobrepasar o anular las soberanías nacionales. Es decir que los globalistas no solo se limitan a aspirar a un único centro absoluto de poder o gobierno mundial. El paso previo a esta centralización puede ir por el camino de formas más descentralizadas de poder mundial.

2. 5. 1* FED – CFR – RIIA

La nueva elite globalista forjaría principalmente durante el siglo XX las precondiciones necesarias para alcanzar su propia supremacía. Su táctica se basó primero en compartir poder con la elite WASP, engañándola respecto a "intereses compartidos" y "división de tareas imperiales". El ofrecimiento de servicios financieros a la aristocracia británica no pretendía ayudar a la antigua elite dominante en su labor imperial, sino subordinarla, absorberla y paulatinamente desplazarla del trono mismo. Y eso es lo que sucedió.

***Entre estas condiciones propicias fundamentales para alcanzar la hegemonía, estaba la formación de un Banco Central (Banco de la Reserva Federal) 1913.** De tipo autónomo y de capitales privados, meramente maquillado por el halo de prestigio estatal, brindado por la nominación política de los gobernadores del mismo. Luego vendrían las "franquicias" en cada país de la tierra.

El experimentado economista Larry Bates dijo "El Sistema de la Reserva Federal, no es Federal ni tiene reservas, es un banco privado propiedad de los banqueros miembros, creado por medio del engaño por un acta del congreso en 1913."

Solo de apariencia la FED es un órgano de gobierno, en realidad la máquina de imprimir dólares está en manos de banqueros privados y cada dólar emitido es incluso *prestado* al gobierno de los EEUU. **Cada dólar es emitido como dinero deuda**. Algo increíble, pero real. Los banqueros internacionales se convertirían en el prestamista N° 1 de la potencia mundial, y todo el pueblo americano se convertiría en deudor de la nueva clase dominante.

Quien estudió en profundidad el Sistema de la Reserva Federal bajo una perspectiva crítica fue Edward Griffin en su libro "El Engendro de la Isla Jekyll" (1994). Donde figuran todos los mecanismos de estafas sofisticadas al pueblo.

El banquero extranjero Paul M. Warburg de la banca *Kuhn, Loeb & Co.* fue el principal promotor y autor intelectual del Sistema de la Reserva Federal de los Estados Unidos (FED).

El Sistema monetario proporciona las bases para la dominación internacional y el control Nacional.

***Otra de las condiciones propicias para alcanzar la hegemonía, sería a través de la creación de Instituciones no gubernamentales** dispuestas a dirigir y nuclear a los actores poderosos: diplomáticos, políticos, banqueros, intelectuales, corporaciones y jefes de medios de prensa, para que sirviesen a su agenda.

Con una estrategia bipartidista, burlarían la democracia y el voto popular, que perdía su valor al no tener alternativas reales de tipo nacionalistas (o anti–globalistas). Los partidos políticos serian una mera pantalla para el show, pues los políticos ya sean demócratas o republicanos, estarían financiados y controlados por la misma elite y su infinidad de lobbys.

Así fue que formarían una institución central para efectivizar el control social y dirigir la globalización desde EEUU: **el Council on Foreign Relations –CFR–** (Consejo de Relaciones Exteriores), en los EEUU Nueva York 1921.

En Gran Bretaña la elite fundaría su organización hermana el mismo año, el **Royal Institute of International Affairs – RIIA –** (Londres) 1921.

El CFR publicó oficialmente en su informe Anual 1997 la "Mission Statement" donde recuerda sus comienzos: "El Council on

Foreign Relations fue fundado en 1921 por empresarios, banqueros y abogados que estaban determinados a mantener a los Estados Unidos involucrados en los asuntos mundiales…" ([187])

El CFR tuvo desde sus comienzos su propia publicación sobre política exterior llamada **Foreign Affairs**, que con las décadas se haría la más influyente y prestigiosa de su clase en los EEUU. El investigador argentino Adrian Salbuchi experto en geopolítica viajó especialmente a los EEUU para estudiar de cerca el CFR y las estructuras de poder global. Dicha investigación las plasmaría en su libro "El cerebro del mundo" 2001. Allí Salbuchi encontraría y desempolvaría uno de los testimonios públicos más reveladores, que hacía apología directa y explícita a un Gobierno mundial.

En el segundo número del Foreign Affairs (**1922**) decía:

> Obviamente no habrá ni paz ni prosperidad para la humanidad mientras permanezca dividida en cincuenta o sesenta estados independientes… Igualmente obvio resulta el hecho de que no habrá progreso sostenido de la civilización ni autogobierno entre los pueblos más primitivos hasta tanto no se cree algún tipo de sistema internacional que termine con las luchas diplomáticas que surgen cuando cada nación procura lograr su seguridad… **El verdadero problema hoy es el de estructurar un gobierno mundial** *(p. 97–98)* Énfasis agregado [188]

Esta cita con casi 100 años de antigüedad, en un mundo donde no existía la ONU, demuestra hasta qué punto el Poder mundial fue articulando progresivamente sus ideas en Instituciones en apariencia "bien intencionadas", es decir justificando

---

187 Council on Foreign Relations (1997), *Anuual Report.* (p. 8 – 9). Citada por Adrian Salbuchi (2001). *El Cerebro del Mundo.* 3ra edición. (p. 314). Ediciones del Copista.

188 Salbuchi, A. (2001). *El Cerebro del Mundo.* 3ra edición. (p. 66). Ediciones del Copista. Fuente original: Kerr, P. (dic. de 1922). From Empire to Commonwealth. (p. 97–98). Foreign Affair

la necesidad de un orden mundial a través de las banderas "por la paz", "la integración", "para reducir la desigualdad", "para cuidar el medio ambiente", "para cuidar la salud de todos". Y de repente en el 2021 nos vemos envueltos en una especie de **dictadura sanitaria global** que esta barriendo velozmente con todas las libertades que tanto costaron conquistar, incluso la libertad de expresión en internet, el último lugar que hasta ahora era libre...

Miembros destacados del CFR como David Rockefeller, Henry Kissinger, Zbigniew Brzezinski, Brent Scowcroft, Robert Mcnamara, Richard Holbrooke, Joseph S. Nye, Samuel Huntington, Richard Gardner, y Richard Cooper, participarían con sus artículos destacados en el Foreign Affairs.

Otro de los apologistas globales, **Hans J. Morgenthau** argumentaría en **1948** que los objetivos no se lograrían con:

> ...la limitación del ejercicio de la soberanía nacional mediante obligaciones e instituciones internacionales, sino con **la transferencia de las soberanías de las naciones individuales hacia una autoridad mundial**, la que sería tan soberana sobre las naciones individuales como éstas son soberanas dentro de sus respectivos territorios" "la primera finalidad de un **Estado Mundial** sería el mantenimiento de la paz mundial" [189] (Énfasis agregado)

Sin embargo admite que los pueblos aun:

> No están dispuestos y en condiciones de hacer lo necesario para mantener un gobierno mundial en funcionamiento. Porque no están preparados para realizar esa **revisión de todos los valores** –una revolución moral y política sin precedentes,

---

189 Morgenthau, H. (1986). Política de las naciones; Cap. El Estado mundial. Grupo Editor Latinoamericano

por cierto– que desplazaría a la nación de su trono y colocaría
en él a la organización política de la humanidad ([190])

Por supuesto que la organización política de **"la humanidad"**
les pertenecería por completo a esta pequeña oligarquía antihu-
mana global. El uso de eufemismos que el Poder usa en su discurso, siempre va dirigido a granjear adeptos entre los ingenuos que
creen en las buenas intenciones de aquellos que vienen destruyendo todo lo que el hombre Occidental ha forjado con tanto esfuerzo
y sacrificio.

Es decir Morgenthau, delineaba la misma táctica de la teoría
Crítica de la izquierda junto a las ideas del neomarxista italiano
Antonio Gramsci de una guerra cultural, un intento de **reseteo
de todos los valores y pilares que forjaron Occidente**.

Veamos dos citas que hablan sobre el gradualismo de este
proceso.

Richard Gardner, miembro del CFR y embajador del presidente Clinton en España decía en el Foreign Affers (**1974**):

La esperanza para el futuro previsible yace no tanto en
la construcción de unas pocas instituciones centralizadas
ambiciosas con miembros universales y jurisdicciones general, tal como se lo imaginó al finalizar la última guerra
mundial, sino mas bien en un proceso mucho mas descentralizado, desordenado y pragmático, que invente o adapte
determinadas instituciones de jurisdicción limitada y con
miembros selectos, con el objetivo de abocarse a problemas
específicos abordándolos caso por caso, a medida que la
necesidad de cooperación es percibida por las naciones relevantes. Semejantes instituciones de jurisdicción limitada
tendrán mayor oportunidad de hacer aquello que resulte
necesario..., ...**brindando métodos para cambiar la**

---

190   IDEAM. Citado por Boletín CCP N103. (diciembre de 2004). diario *Patria Argentina*.

ley e imponerla a medida que cambie y crezca la percepción de los intereses comunes, que son la precondición necesaria para lograr una cooperación exitosa. En pocas palabras, **la "casa del orden mundial" tendrá que ser construida desde abajo hacia arriba en lugar de hacerlo de arriba hacia abajo..., ... una carrera final alrededor de la soberanía nacional, que la erosione pedazo a pedazo, permitirá lograr mucho más que el anticuado método del asalto frontal**. *(Vol 52, N°3. p. 558–559)* [191] (Énfasis agregado)

Los "anticuados métodos de asalto frontal" son los que la elite internacional probó con los bolcheviques, pues los comunistas apostaban a un asalto frontal y violento para la toma del poder. Gardner propone entonces estructuras tecnocráticas especializadas y descentralizadas para erosionar la independencia de los países. Debilitar los Estados y hacerlos disfuncionales a los intereses del pueblo son parte de la agenda de esta elite.

El 12 de abril de **1989** en la Sala de Sesiones del Congreso, el representante demócrata Bob Traxes leyó un artículo del Wall Street Journal sobre la Globalización. El artículo decía:

Un tiempo atrás estaba de moda dar el nombre "globalizadores" a socialistas radicales que creían que los gobiernos nacionales eran un anacronismo y que los pueblos del mundo se unirían un día bajo un único Estado de los trabajadores. Estos hombres ya no son numerosos. Incluso en la Unión Soviética, el concepto esta pasado de moda. Pero algunos nuevos globalizadores han emergido esta vez de los conservadores. *(WSJ, 1989)*

---

191 Gardner, R. (Abril 1974). The Hard Road to World Order. Vol 52, N°3. (p 558–559). *Foreing Affeirs, CFR.*

La demolición de la URSS, dejó a EEUU como potencia unipolar, y llevó a la elite internacionalista a descartar provisoriamente el arma del socialismo radical como vehículo para alcanzar su ansiado globalismo mesiánico. Renovaron y ampliaron sus esfuerzos para conferir respetabilidad a la globalización, representándola como una empresa conservadora. De esta manera muchos ingenuos conservadores, liberales clásicos y libertarios han sido manipulados también para abrazar esta causa anteriormente muy de moda en la Unión Soviética. Ninguno de los llamados hombres inteligentes parece darse cuenta de esa manipulación.

Hoy en día los conservadores o mejor dicho neoconservadores (que no es lo mismo) apoyan la globalización económica, mientras que la izquierda radical apoya la mundialización, plagando de socialismo y progresismo los organismos multilaterales, y monopolizando el abanico de espectros ideológicos. De esta manera, bajo la democracia liberal, sea por izquierda o por derecha, el ciudadano apoyará sin saberlo: un modelo de tipo globalista… y antinacionalista.

El geoestratega de la misma tendencia ideológica Zbigniew Brzezinski (1993), ex asesor de Seguridad Nacional del presidente Carter, cofundador de la Trilateral Commission y miembro del CFR, decía:

> La noción de un único **Gobierno Mundial** no solo evoca fuertes reacciones negativas entre aquellos que temen que semejante gobierno quitaría su soberanía a los actuales Estados–Nación, sino que también resultaría en un dominio intolerable…, …Puede que el término "confederación global", sea una mejor descripción que "gobierno mundial", sobre aquello que **surgirá gradualmente si los nuevos procesos políticos asumen la forma de una creciente cooperación.** *(p. 150–151).* [192] (Énfasis agregado).

---

192   Brzezinski, Z. (1993). *Out of Control: Global Turmoil on the Eve of the Twentyfirst Century.* (p. 150–151). Charles Scribner's Sons.

Todo Hollywood ayudó en el proceso de formateo cerebral de la gente ayudando a "aceptar" o "imaginar el futuro". Por ejemplo la película "El quinto elemento" (**1997**) protagonizada por Milla Jovovich y Bruce Willis, describe un futuro donde ya existe un gobierno mundial y lo llaman Confederación mundial, adornado de multiculturalismo LGBT. Como éste, hay decenas de ejemplos de *programación predictiva*, que no cabrían en el presente libro.

Desde entonces los intelectuales del establishment promoverían estos proyectos anteponiendo siempre las "buenas causas" que presuntamente motivaban su realización, que no son más que excusas para lograr "una creciente cooperación", es decir el consentimiento de algo que no será sino una dictadura global dirigida por el 1%.

Su hipocresía no silencia el hecho que son ellos mismos quienes han lucrado más que nadie con las guerras, la pobreza y la enfermedad. Ellos son quienes más desigualdades han creado, y quienes han depredado la naturaleza como nadie, de repente se presentan como los "activistas climáticos corporativos". La motivación real no es sino el despotismo absoluto, el imperio de todos los imperios, la tiranía de todas las tiranías, y utilizan las banderas de moda mas efectivas. Esta oligarquía representa una amenaza directa a la democracia, la libertad y la existencia del Estado Nación (tu país). La llegada de Trump es un resurgimiento del patriotismo, como una respuesta defensiva.

El primer reclamo contra toda tiranía establecida en un territorio, es el derecho a partir, a escapar, a exiliarse, huir, a salir de un determinado país con un gobierno opresivo, o con el cual no compartimos la cosmovisión y escala de valores que imponen. Hasta ahora si uno sufría una dictadura o la instauración de un régimen que conduce al fracaso y a la pobreza, como ser la Cuba socialista o la Venezuela socialista de hoy, una persona podía escapar de alguna manera yéndose a otro país donde si se respete la libertad.

En un Gobierno mundial tiránico, de Estado único global, ningún individuo podrá tener el derecho a elegir, a irse, a cruzar la frontera en busca de libertad, pues lo abarcará todo. Será aceptar el régimen o morir. El escapa con balsas será infructuoso, porque todos los países tendrán (y están teniendo) las mismas políticas de opresión creciente. Esto está sucediendo ahora mismo. Quien no lo vea, adolece de ceguera intelectual.

El célebre banquero, mentor y teórico del globalismo **Jacques Attali** en su libro "Une breve Histoire de lávenir" (Una breve historia del futuro) 2006, visualiza el futuro del globalismo:

> …las fuerzas del mercado echan mano del planeta… Esta marcha triunfante del dinero explica lo esencial de los más recientes sobresaltos de la historia… Si esta evolución llega a su término, el dinero acabará con todo cuanto lo perjudica, incluido los Estados, a los que destruirá poco a poco, aún a los Estados Unidos de Norteamérica. Convertido en ley única del mundo, el mercado formará lo que yo llamaría el híper–imperio, inasible y planetario… la naturaleza será ordenada de golpe; todo será privado, incluido el ejército, la policía y la justicia. *(Attali, 2006)*

Con ello, los globalistas dejaron entrever que aun utilizando a los EEUU como el brazo y garrote que impone el globalismo en el mundo, éste sería también finalmente destruido como Estado Nación.

La llegada de Trump en 2016, representa un Estados Unidos que despierta de esta pesadilla justo a tiempo.

El prestigioso sociólogo norteamericano **James Petras** señalaba a Estados Unidos como un "Estado imperial" que es capaz de *"imponer nuevas reglas que moldean el comportamiento de los demás Estados"*. Ahora bien, ese "Estado Imperial" responde a las demandas e intereses de su elite financiera que trata de desplazar su capital hacia el exterior a fin de realizar actividades lucrativas a nivel mundial.

Si este "Estado Imperial" se convierte en único, pasando a un mundo unipolar, técnicamente tienes un Gobierno Mundial cuyo centro es EEUU. Pero los globalistas no querían un Estado Imperial dirigido por un Estado Nación, por eso se pusieron en la tarea de desmantelarlo por dentro, transfiriendo recursos, riquezas y soberanía a entidades supranacionales. Estados Unidos tiene al enemigo en su propia casa, un *Estado Profundo* con su propia agenda. Los insurrectos no llevan bombas molotov, sino traje, corbata y varios millones en su cartera. **Los supremacistas globales son la peor amenaza para la seguridad de las naciones. Engañan porque son terroristas de buenos modales. Pero sus acciones son devastadoras.**

En 1953 una comisión del Congreso estadounidense denominada "Comisión Reece, investigó las fundaciones exentas de impuestos como la Rockefeller Fundation, la Ford Fundation, la Carnegie Fundation y al propio CFR como beneficiario de sus donaciones. El consejero de la Comisión René Wormser (1958) escribiría en su libro:

> En el campo internacional, las fundaciones y su interacción entre algunas de éstas y ciertas organizaciones intermedias, han ejercido una fuerte influencia sobre nuestra política exterior y sobre la educación pública en materia de relaciones internacionales. Esto se ha logrado a través de amplios procesos de propaganda, entrenando a ejecutivos y consejeros para el gobierno y controlando la mayor parte de las investigaciones en esta área y a través del poder de la billetera. El resultado neto de estos esfuerzos conjuntos ha sido el de promover **el "internacionalismo"** en un sentido particular – una variante dirigida hacia el **"gobierno mundial"** y

la **derogación del ´nacionalismo norteamericano´.** (p. 304–305). ([193])

Luego de la Guerra Fría, entre 1990 y 2016 bajo el unipolarismo de los EEUU, se instauró virtualmente de hecho un *Estado Único global cultural,* donde reina hegemónica la ideología liberal–progresista de la escuela de Frankfurt (culto al multiculturalismo, culto al lesbofeminismo, culto al LGBT, cambio climático y la ideología de género Queer).

Occidente fue y es bombardeado con dicha ideología que emana de Hollywood (hoy también Netflix). Los propagandistas idearon formas creativas de influencia sutil, al punto de encubrir su adoctrinamiento como "industria de entretenimiento" e incluso cobrando por ello a sus víctimas. Todos los ideales globalistas fueron penetrando en occidente y disgregando las fibras sanas de la sociedad, para que fuese más sencillo el trabajo de formateo constante de valores y la opinión pública. No es otra cosa que una "fabrica del consentimiento". La misma gente paga para su auto–adoctrinamiento.

El corte transversal de todas las ideologías contrapuestas delata un eje común señalado por uno de los máximos sacerdotes del Nuevo Orden Mundial: David Rockefeller (2003), quien dijo: ***"En el siglo XXI no puede haber lugar para los aislacionistas; todos debemos ser internacionalistas"*** (194)

Esa hegemonía ideológica nacida en la nueva izquierda filomarxista y liberal, había abarcado todo Occidente y gran parte del mundo convirtiéndose en oficial–institucional. Ese "Estado Único" de tipo cultural duró hasta el 2016, una fecha de quiebre, con la llegada de Trump al Poder. Desde entonces dicha cultura

---

193   Wormser, R. (1958). Fundations: Their Power and Influence. (p. 304–305). Davin–adair. Y Salbuchi, A. **(2001).** *El Cerebro del Mundo.* **3ra edición. (p. 274–275). Ediciones del Copista.**
194   Rockefeller, D. (2003). *Memorias;* cap. 27 Orgullo internacionalista. Random House Publishing Group.

es interpelada, cuestionada y rechazada por POTUS y por una gran mayoría silenciosa que vio envalentonada sus aspiraciones de restaurar un pasado grandioso.

David Rockefeller publicó su autobiografía "Memorias" (2003) donde expuso lo siguiente:

> Algunos creen que somos parte de una cábala secreta que trabaja contra los intereses de EEUU y nos describen a mí y a mi familia como "internacionalistas" que conspiran con personas de todo el mundo para construir una estructura política y económica global más integrada: un mundo unificado, por así decirlo. Si ese es mi delito, me declaro culpable y me siento orgulloso de ello. (p. 405.) [195]

Semejante declaración no puede pasar inadvertida por nadie. Los nuevos líderes patriotas deberán estudiar la forma de neutralizar y llevar adelante una contraofensiva a la impune intromisión de los globalistas en la formación de monopolios, e instituciones de gobierno paralelo, ONG, grupos de base, centros de reflexión y análisis ampliamente financiados y extendidos, tendientes a promover esa agenda destructiva. Incluso para economizar costos, extendieron peligrosamente sus lazos a las Universidades, para cooptar la clase intelectual de la nación y explotar esos recursos humanos sin pagar por ello.

Otras vías de ingeniería social, han pasado por utilizar fondos de los mismos contribuyentes para financiar esas Fundaciones y ONG antinacionales, por ejemplo la red internacional liberal **"Friedrich Naumann Stiftung" con más de 40 sedes, financiadas con dinero de contribuyentes alemanes** a través

---

195Rockefeller, D. (2003). *Memorias;* cap. 27 Orgullo internacionalista. (p. 405.) Random House Publishing Group.

Imagen aquí https://earthlinggb. files. wordpress. com/2014/03/david–rockefeller–pround–internationalist. jpg consultado 2 Oct. 2020

del "Federal Ministry for Economic Cooperation and Development". Y la Neumann no es la única, también "Freie Demokraten FDP, y "Liberai Enternateonal".

Es decir los políticos globalistas permiten y articulan que el dinero de sus ciudadanos financie ONG, fundaciones y planes de estudio universitarios que socaban el Estado Nación Soberano, impulsando incluso a los más extremistas anarco–capitalistas. Hay grandes campañas de Marketing por redes sociales.

En EEUU sucede lo mismo con la ATLAS Network que cuenta con la ayuda del departamento de Estado. Toda una contradicción para el liberal economicista, recibir subsidios del Estado. Pero qué más da, nadie lo nota. La astucia destructiva de la elite hostil no tiene límites en monetizar su propia agenda subversiva, garantizando sus efectos a largo plazo a través de instituciones civiles. ¿Se imaginan si esos recursos fueran destinados a defender el patriotismo, el nacionalismo, la soberanía nacional y el interés nacional? solo es cuestión de encontrar la manera.

Una acción promotora inversa debería realizarse para fortalecer un camino constructivo para el ser humano, donde la libertad sea defendida bajo el paraguas de un Estado Nación libre y soberano, no contrapuesto al mismo.

La elite no se detiene, trabaja 24/7, hay un semillero de intelectuales globalistas, y un ejército de loros irreflexivos que repiten teorías rimbombantes, sin saber las consecuencias últimas de sus postulados. El catedrático José Vidal–Beneyto editor de "Hacia una sociedad civil global" en su artículo "Caos y gobernación del mundo" en el periódico masivo "EL PAIS" de España, el 18 septiembre de 2004, celebraba la cantidad de grupos de presión globalistas existentes como: ***Forum Tiers Monde, el Global Progressive Forum, el Focus on the Global South, el Foro Mundial de Alternativas, el People Global Action, el International Forum on Globalization, el North South Institute, el Direct Action Network, el Foro Mundial UBUNTU"***. También celebraba la penetración de nuevos programas educativos, y seminarios que *"el Colegio de Altos Estudios Europeos que nuclean **11 Universidades**, en asociación con la Agencia Europea para la Cultura, ha promovido y coordinado un programa de trabajo titulado* **'La Gobernación del mundo '".** El material teórico está reunido en 4 volúmenes de más de 2000 páginas *"1–La ventana global, 2–Hacia una sociedad civil global, 3–Poder global y ciudadanía mundial, 4–Derechos Humanos y Diversidad Cultural"* redactada por *82 "expertos".* Detalla cómo este movimiento se ha asociado actualmente a los medios de comunicación, que ya no son meros resonadores de lo que pasa sino *"actores principales de la sociedad civil".* Destacó que grandes periódicos como *"Le Monde, El País, la Repubblica, La Folha, Clarín, Public, La Nación, Le Soir, Die Zeit, El Tiempo"* estaban comprometidos con estos objetivos globalistas en "el frente" de batalla. Reconociendo la complicidad de los mismos.

Los titanes NYT, ABC, NBC, CNN, BBC, Bloomberg, EFE, Reuters, AP, AFP, ANSA y el Big Tech (así como Hollywood y Netflix) también están comprometidos en la misma agenda. No son actores imparciales frente al globalismo, sus dueños son parte de la elite hostil promotora del "pensamiento único globalista". Los mismos que desde hace un año y medio, mantienen a la población mundial en pánico tras una campaña de terror sanitario de alcance sin precedentes, con el objetivo de controlarte y vacunarte. Es necesario que la gente inteligente y emprendedora, comience a deslegitimar su reinado, desfinanciándolas y hasta ofreciendo nuevas plataformas alternativas de comunicación independiente.

Siguiendo los experimentos anteriores del CFR y RIIA, en el 2007 se fundó el **Consejo Europeo de Relaciones Exteriores** (European Council on Foreign Relations –ECFR–), nuevo órgano virulentamente globalista, destinado a ejercer aun más presión para someter a Europa.

Hasta ahora nunca nadie había cuestionado frontalmente el aura de prestigio de todas estas instituciones, bancos, Big Media y Big Tech. Donald Trump colaboró como nadie a exponer la influencia del Estado Profundo global.

No hay que desesperar, ni creer que los planes de la elite financiera son inevitables. Si hay algo que puede comprobarse es su absoluto y reiterado fracaso en alcanzar sus metas, incluso contando con la ventaja de la ignorancia de la gente que *hasta ahora* no sabía siquiera lo que era el globalismo. Hay quienes dirán que los avances también son evidentes, y es verdad, pero esto se debe a la ausencia absoluta de resistencias organizadas. Las contraofensivas recién comienzan. Una oleada de presidentes patriotas más o menos anti–globalistas, han logrado frenar en pocos años el esfuerzo que la elite realiza desde hace siglos. Pero la lucha por la libertad y la independencia son trabajos constantes. Será necesario una mano vigorosa y dura para suprimir de raíz toda aquella institución, fundación y ONG cuya esencia globalista ponga en jaque constante la existencia de las naciones. La conciencia sobre esta problemática recién comienza. El gobierno patriótico que tolere las mismas desaparecerá junto a su país. Tal vez ayude a su neutralización, enseñarle previamente a la opinión pública que dichas organizaciones supremacistas globales e imperialistas, trafican con discursos de odio antinacionales y antisociales… su esencia ideológica y operativa es la destrucción de las instituciones tradicionales, y la subversión a los valores que forjaron Occidente.

Con todo el dinero del mundo, el poder mediático en sus manos, y poderosas redes de poder, no lograron en 230 años sus oscuros sueños tiránicos. La Sociedad de las Naciones fracasó. La URSS que era su "proyecto estrella" cayó estrepitosamente; los tratados multinacionales de libre comercio que derribaban fronteras han sido eliminados por Donald Trump. POTUS ha desmantelado en 4 años gran parte de lo que la elite venía instaurando hace casi un siglo. La genocida *Unión Europea de Kalergi* también se está cayendo a pedazos, Gran Bretaña salió de ella en el Brexit y solo es cuestión de tiempo para esperar ver la salida de otras potencias nacionales liberadas de la dictadura de Bruselas. La ONU, la Corte Penal Internacional y todas las instituciones multilaterales como la OMS están mortalmente desacreditadas por países del primer mundo que la consideran un *artilugio costoso*. También están siendo rechazadas por países del tercer mundo, las consideran un instrumento de hegemonía "americana". Estas entidades tienden a desaparecer, y son mantenidas con vida solo con "respiradores artificiales". Deben ser desfinanciadas y abolidas.

Ahora los pueblos juegan con ventaja, saben el peligro que representa el globalismo y el gran despertar se está desarrollando justo ahora. Muchos líderes y profesionales que aman la libertad y quieren conservar su estilo de vida, la tradición así como los valores, están sumando sus fuerzas al nacionalismo populista emergente de Trump. Endosan su compromiso ético en el activismo tendiente a rescatar las soberanías nacionales, participando en política o en actividades de esclarecimiento cultural. No se tardará en generar medios propios, espacios propios de comunicación y liberación cultural. Hay proyectados nuevos medios de prensa, nuevas redes sociales, comunicadores independientes generadores de contenido.

Toda fuerza que empuja hacia el mismo sentido del Orden Natural es eficientemente más poderosa, que una fuerza operando en el sentido contrario a la naturaleza. El nacionalismo es la fuerza que encarna *el orden natural*, en cambio el globalismo es un artificio destinado al fracaso continuo. Es hora de un *gran despertar*, y que los patriotas del mundo ganen definitivamente la partida.

2. 6* Tiranía de Estado Mundial, en progreso

A continuación se presentará un breve resumen de algunas de las organizaciones, y eventos históricos que fueron marcando y propiciando el camino hacia la distopía en la que vive el mundo hoy.

1815 Batalla de Waterloo y Expansión bancaria Rothschild

1884 Se forma La Sociedad Fabiana

1913 Fundación del Sistema de la Reserva Federal y la Fnd. Rockefeller

1921 Fundación del CFR (EEUU) y el RIIA (INGLATERRA).

1922 Nace la Unión Soviética (URSS)

1923 Fundación de la Escuela de Frankfurt

1930 Fundación del BIS (Banco Internacional de Pagos)

1944 Tratado de Bretton Woods

1945 Fundación de la ONU

1947 Se crea el Instituto Tavistock de Relaciones Humanas (TIHR)

1947 Sociedad del Mont Pelerin

1948 Operación Mockingbird

1954 Fundación del Club Bilderberg

1957 Se forma el Mercado Común Europeo

1966 Informe Iron Mountain

1968 Se funda el Club de Roma

1971 fundación del Foro Económico Mundial

1971 H. Kissinger comienza a propiciar una China poderosa.

1972 Informe Rockefeller

1973 Fundación de la Comisión Trilateral

1991 Caída de la URSS

1993 Fundación de la UE – Europa sin fronteras (Tratado de Maastricht)

1994 Conferencia internacional sobre Población – ONU

1998 Fundación de la Corte Penal Internacional (CPI)

2001 El 11S – Guerra supranacional contra el terrorismo

2007 Tratado de Lisboa (UE)

2010 Fundación Rockefeller predice pandemia global

2013 Cumbre del Gobierno Mundial

2015 Agenda 2030 de la ONU

2016 Elección de Trump – El globalismo en piloto automático.

2018 Pacto Global de Migración (ONU).

2019 Covid19 –1r ensayo de Gobierno Mundial Sanitario (OMS)

2020 Consejo para un Capitalismo Inclusivo con el Vaticano

2021 El Gran Reseteo de DAVOS.

De manera muy breve veremos porque fueron importantes estos hechos y como se vinculan al globalismo…

"No intentes ganar por medio de la fuerza, lo que puedes ganar por medio del engaño".
—NICOLÁS MAQUIAVELO 1469–1527.

1815 Batalla de Waterloo y Expansión bancaria Rothschild

Una poderosa dinastía bancaria originada en Frankfurt, fundaría el primer imperio bancario internacionalista moderno estableciéndose en Viena, Londres, Nápoles, París y Frankfurt. El patriarca enviaría a sus 5 hijos a diversas naciones para abrir sus sucursales. Tras una especulación derivada del resultado de la batalla de Waterloo, se estafó al pueblo británico, cuyas riquezas en gran parte pasaron a las arcas de esta banca internacional, multiplicando su poderío. Se especializaron en ser prestamistas de casas reales, aristocracia, diferentes gobiernos y en propiciar la fundación de Bancos Centrales alrededor del mundo.

1884 Se forma La Sociedad Fabiana (Gran Bretaña)

Fundada por Sidney Webb y George Bernard Shaw en honor al General romano Fabio Concuctator que estuvo a cargo de las operaciones contra Aníbal y lo sometió a una Estrategia de Desgaste, o sin tiempo. Pretendían modificar el mundo *"remodelarlo con alguna forma más cercana al deseo del corazón"* [196]. Los cambios culturales

---

196 Frase que figura en el vitral de la sede de la Sociedad Fabiana en Surrey Inglaterra, inspirada en un poeta persa que dijo *"Si sólo tú y yo pudiéramos conspirar con el destino para dominar la forma*

debían efectuarse lentamente, sin provocar resistencias, siguiendo una "estrategia de desgaste", sin prisa, pero sin pausa. Dicha sociedad se inspiraba en el socialismo utópico, de aquí surgiría gran parte de la ideología globalista, donde capitalismo y socialismo no eran vistos como sistemas antagónicos sino confluyentes. El socialismo utópico coludía con un capitalismo monopolista. Esta sociedad fundaría la **London Economic School** para formar la clase intelectual globalista, allí estudiaría David Rockefeller, quien dedicaría su tesis doctoral al fabianismo. El futuro gobierno mundial privado no se edificaría sobre la libre competencia o la libre empresa, sino sobre una economía social, planificada y monopolista. Un capitalismo para ricos banqueros y un socialismo para pobres. H. G. Wells seria un intelectual que llevaría al gran público ideas globalistas de gobierno mundial que ya circulaban hacía varias décadas en círculos masónicos–liberales. Las ideas políticas del matrimonio Webb inspirarían también el "capitalismo sin fronteras" y abortista de Ayn Rand. Algunos de sus miembros fueron Toynbee, Bertrand Russell, John Maynard Keynes, George Orwell, H. G. Wells. Varios de los cuales desertarían asustados por el totalitarismo internacionalista que la elite británica quería establecer. George Orwell escribiría en 1948 su famosa novela distópica titulada "1984". Ideas y conceptos que al día de hoy se están cumpliendo. No obstante la Sociedad Fabiana no se limitaría a controlar la via socialista de su revolución mundial, sino también la via capitalista–liberal, algo que le daría la mayor versatilidad. Los globalistas venden una falsa dualidad en la que ellos mismos no creen. Asi como de la Sociedad Fabiana saldría un Keynes un capitalista de "izquierda", de la "La London Economic School" –su satélite– saldrían personajes vinculados a la "derecha conservadora", financiando al ex fabiano Friedrich Hayek cuando huyó de la Europa fascista. En América la Fundación Rockefeller (teñida de fabianis-

---

lamentable de todas las cosas; ¡Seguramente lo romperíamos todo en mil pedazos para luego remoldearlo con alguna otra forma más cercana al deseo del corazón" Omar Khayyam (1048dc–1131dc).

mo) haría lo mismo dando asilo y financiando a Ludwig von Mises. Todas las discrepancias y antinomias entre economistas "austríacos" y "keynesianos" son meras pantallas de humo para defender los intereses y privilegios de las corporaciones bancarias privadas que financian, impulsan y se benefician ampliamente de ambos sistemas. Los primeros, –aunque oponiéndose a bancos centrales públicos–, defienden la usura, el dinero–mercancia, la desnacionalización de la moneda, y el patrón oro (sin aclarar que la banca Rothschild siempre controló el valor del oro desde Londres). Los segundos, fomentan el endeudamiento de los gobiernos con los bancos… Ninguno en cambio, reclama que el *señoreaje* o poder de emisión pase a manos del pueblo soberano, como han defendido sistemas de nacionalismo económico (ver teoría superalista).

1913 Fundación del Sistema de la Reserva Federal y la Fundación Rockefeller

El 23 de diciembre de 1913 se fundaba el Banco Central de los Estados Unidos, un Sistema bancario–financiero llamado Reserva Federal (FED). Y fue Warburg su principal mentor e ideólogo. El 14 de Agosto de 1914 el presidente Wilson le ofrecería el cargo de Director de la Reserva Federal. El alemán Paul Warburg escribió hace un siglo un libro sobre "El Sistema de la Reserva Federal, su origen y crecimiento" de casi 1800 páginas. Con la fundación de la FED, la máquina de imprimir dólares quedó esencialmente en manos privadas.

La FED sería un instrumento vital para brindar fondos ilimitados al proyecto globalista y a los amigos más cercanos y comprometidos en la agenda mundialista.

El mismo año nacia la Fundación Rockefeller (de inspiración fabiana), ésta sería vital para canalizar el poder del Dinero hacia cambios culturales y políticos de alcance internacional a largo plazo. Esto abriría la caja de pandora en la proliferación de organizaciones no gubernamentales, institutos, grupos de reflexión, think thank, becas y todo tipo de lobbys, que promocionarían los intereses de la elite, a costas de la integridad y el bienestar de las mayorías. La Fundación Rockefeller financiaría tanto a los teóricos del *capitalismo "austríaco"* de "derecha" economicista, como a los *teóricos críticos* de "izquierda" contracultural.

1921 Fundación del CFR (EEUU) y el RIIA (INGLATERRA)

El *Council on Foreign Relations* y el *Royal Institute of International Affairs* serian instrumentos de la elite a través del cual dirigiría y nuclearía a los más poderosos actores sociales a nivel nacional e internacional. De estas organizaciones civiles surgirían decenas de otras ramificadas por todo el mundo. Estas dos organizaciones han sido descriptas como el "**cerebro del globalismo**". No son sino Instituciones de gobierno privado con las que se logra burlar y excluir la voluntad popular y el voto democrático. Los miembros de estas instituciones están infiltrados en todos los órganos de gobierno y grandes corporaciones. No se trata de una "conspiración", incluso muchos de sus miles de miembros ni siquiera saben hacia donde va el barco. Pero sus directores ejecutivos, si saben perfectamente hacia donde se dirige: hacia el globalismo. Tanto el CFR como la RIIA han sustituido en gran parte el papel que cumplía anteriormente la masonería (cooptar poderosos para colocarlos en su nómina de activos para alcanzar su agenda), adaptándose a los nuevos tiempos, y bajo los parámetros tecnocráticos.

1922 Nace la Unión Soviética (URSS)

Tras unos años de revoluciones violentas e interminables derramamientos de sangre y campos de concentración, se instaura el primer modelo de gobierno mundial por la vía coercitiva del colectivismo totalitario. La "república universal de los trabajadores" o "Estado Mundial de los trabajadores" pretendía expandirse desde

Rusia hacia todo el mundo, conquistando y destruyendo fronteras nacionales sin límites. Un neoimperialismo ideológico falaz que en la práctica terminaría dominando la mitad del mundo.

1923 Fundación de la Escuela de Frankfurt

Con dinero de su multimillonario padre y de la Fundación Rockefeller, el marxista Félix Weil fundó la Escuela de Investigación Social en la ciudad de Fráncfort (Alemania), conocida también como Escuela de Franckfurt. En torno a la cual se reúnen un grupo de intelectuales de izquierda radical dispuestos a destruir los pilares de la civilización Occidental. Para ello unirían las ideas de Marx, Freud, y Hegel, para formar un *marxismo heterodoxo*, o "neomarxismo" enfocado en subvertir la cultura y desplazar el sujeto revolucionario desde el proletariado hacia actores civiles (estudiantes, minorías, artistas y a la gente de la cultura), realizando alianzas con fragmentos de una clase obrera cada vez más aburguesada. Los principales ideólogos fueron Theodor Adorno, Walter Benjamin, Max Horkheimer, Herbert Marcuse, y Jürgen Habermas entre muchos otros. Articularían *la teoría crítica*, que de manera transversal terminaría infiltrándose principalmente en partidos de izquierda, pero también en los partidos de –falsa derecha– neoconservadores y en los medios de comunicación masivos. La clave de su éxito consistió en esconder su ideología radical bajo eufemismos de "tolerancia". Algunos de sus miembros destacados que huyeron a Estados Unidos durante el III Reich, se agruparían principalmente entorno a la Columbia University, Princeton, Brandeis y Berkeley, y trabajarían incluso para la CIA en un futuro. La mayoría de ellos contarían con amplio financiamiento de la Fundación Rockefeller, Marcuse hasta le dedicaría dos de sus libros. Más tarde surgiría una nueva generación norteamericana de "teóricos críticos" destructores de naciones, liderada por Samuel H. Flowerman, Herbert Greenberg, Frederick S. Jaffe, Harvey Goldberg, Bernard Levin.

1930 Fundación del BIS (Banco Internacional de Pagos)

Este sería el Banco Central de los Bancos Centrales, es decir un Banco Central mundial. Con su cede en Suiza, es uno de los bancos más poderosos del planeta. Existe hasta hoy y pretende imponer una única moneda global "desnacionalizada" bajo control de la elite.

1944 Tratado de Bretton Woods

Aunque la elite intentó en este tratado imponer su moneda única global e independiente de toda nación (Derecho Especial de Giro– SDR), en cuyos planes estaba implicado John M. Keynes (ex sociedad Fabiana). Un EEUU victorioso en la Segunda Guerra Mundial, hizo prevalecer su ventaja imponiendo para el mundo su propia moneda nacional como moneda de reserva internacional. Desde allí el dólar sería instaurado como divisa mundial (moneda mundial). La elite tampoco se inquietó del todo, pues ya controlaba la Reserva Federal que imprimiría los billetes verdes (pero su ideal era controlar una moneda mundial no–nacional). En este tratado nacerían también dos instituciones financieras que dirigirían las economías de muchos países durante el Siglo XX y XXI: el Fondo Monetario Internacional y el Banco Mundial (vitales en la agenda globalista). A través del endeudamiento a numerosos países, se lograba luego imponer todo tipo de políticas. Esta táctica sigue vigente en la actualidad. A cambio de préstamos, refinanciaciones, etc, se imponen programas de ideología de género, aborto y fronteras abiertas, tratos preferenciales y monopolios a empresas multinacionales etc. Cuando el imperio británico cae, EEUU toma el liderazgo, no bajo la forma de un imperio autodeclarado oficialmente, sino bajo la forma de Potencia Mundial, un "Estado Modelo Civilizador". Pero como reveló John Perkins el autodenominado asesino económico, la elite estaba al tanto que era toda una fachada que escondía un Imperio, una política imperial destinada a subyugar y dominar todos los paises del mundo, al menos controlarlos a su voluntad. Hoy la elite hostil está buscando un nuevo Bretton Woods para establecer su moneda única mundial, sustituyendo al dólar como divisa de intercambio y reserva internacional. La elite como un parásito toma las naciones libres más poderosas, y las consume hasta matar al cuerpo del huésped, continuando asi su camino hacia otro cuerpo sano al cual destruir. Hoy el parásito ha crecido de tal manera que se ha convertido en un actor independiente de los Estados nacionales y ve al mundo entero como su nuevo huésped a parasitar. Y para hacerlo necesita estructuras gubernamentales supranacionales.

1945 Fundación de la ONU

Apenas terminada la II Guerra Mundial, y borrados del mapa los nacionalismos, los Estados Nación se quedarían sin defensores teóricos y promotores prácticos del interés nacional. El globalismo contaba con el camino despejado para expandir su internacionalismo sin fronteras, curiosamente defendido por igual por el socialismo soviético y el capitalismo neoliberal. El Gobierno mundial fue un emblema de la Asamblea Parlamentaria de Naciones Unidas. Sin embargo no hay y no hubo un órgano ejecutivo con carácter vinculante que gobierne las naciones. El mundialismo tomaría forma con la ONU. El principal promotor de este proto–parlamento de Gobierno Mundial seria Rockefeller quien hasta donaría los terrenos donde se asienta la sede de las *Naciones Unidas* en los EEUU. Hoy en día se promueven programas educativos (ideológicos) en colegios, para condicionar a jóvenes a sentirse "ciudadanos globales, "ciudadanos del mundo", jugando a ser parlamentarios de la ONU. Los gobiernos nacionales son llevados a cavar su propia tumba, de manera sutil e ingenua con la complicidad de una casta política al servicio del Dinero. Solo hay un paso para convertir la estructura de un necesario y legítimo foro de naciones soberanas para la paz, en una estructura ejecutiva de Gobierno de Estado

Mundial, el ejemplo es La Unión Europea. Es necesario comenzar a desacoplarse de esa agenda con lo que he denominado **Globexit**. Un escape al régimen globalista, inspirado en el Brexit (salida de Gran Bretaña de la UE).

1947 Se crea el Instituto Tavistock de Relaciones Humanas (TIHR)

Su objeto de estudio es principalmente el comportamiento de grupos y organizaciones. Sus actividades se remontan a 1913 en Wellington House (buró de Propaganda de Guerra británica), para **crear opinión pública** a través de propaganda, publicando el *informe Bryce 1915*. Llevarían la Guerra Psicológica a categoría de Guerra Cultural, Guerra Política y Guerra Militar. En 1920 el Mayor John Rawlin Rees crea la **Clínica Tavistock Square**. Y en 1947 junto a otros expertos crean el **Instituto Tavistock**. Se especializarían en el perfeccionamiento de la Guerra Psicológica no solo durante guerras, sino también en tiempos de Paz. Las elites utilizarían de referencia dos libros *"Los instintos del Rebaño en la guerra y la paz"* –1916– de Wifred Trotter; y *"La Conformación de la Psiquiatría a través de la Guerra"* de J. R. Rees. Él junto a George Brock Chisholm, a través de la Federación Mundial para la Salud Mental, propondrían la fundación de un "Estado Mundial". Chisholm llego a ser el primer Director General de la Organización Mundial de la Salud (OMS) y diría *"Para lograr el gobierno mundial, es necesario eliminar de las mentes de los hombres, su individualismo, lealtad a las tradiciones familiares, patriotismo nacional y dogmas religiosos"*. Es decir al igual que Marx (y todo globalista), querían destruir los derechos individuales, las tradiciones, la familia, el patriotismo (nacionalista) y la religión (cristiana). Muchos de los psiquiatras de Tavistock propusieron que la lealtad de una nación fuera reemplazada por la lealtad a un Estado Mundial con gobierno único. La Elite hostil utilizaría también los libros sobre psicología de masas y revoluciones del francés Le Bon, y sobre el control de la opinión pública en democracia de Edward Bernays y Walter Lippmann (también usarían las tácticas de Joseph Goebbels y Elisabeth Noelle–Neumann). Hoy en día el Tavistok asesora gobiernos y corporaciones.

1947 Sociedad del Mont Pelerin (Suiza)

Como una continuación del Coloquio Lippmann de 1938, en este segundo encuentro internacional de globalistas ahora en Suiza: banqueros, intelectuales, economistas y aristócratas se unían para manipular el sistema a su favor. Su meta explícita era la "renovación del liberalismo", es decir formatear el liberalismo definitivamente según la agenda globalista. Tras el fracaso liberal del Crack del 29 y bajo un asfixiante clima keynesiano, se hacía necesario maquillar, y refundar la teoría liberal, de manera de poder brindar también una vía para la izquierda y otra para la derecha. Siguiendo el esquema de control de los opuestos. Así se lograba abarcar todo el abanico político en la democracia triunfante en la IIGM. De estos dos encuentros surgen el *liberalismo progresista y el liberalismo conservador*. Entre ambos conformaban una especie de totalitarismo suave. Coincidían llamativamente como **antinacionalistas y esencialmente globalistas**. Los monopolistas y banqueros globalistas financiaban a estos intelectuales que otorgaban cobertura ideológica extremadamente sutil para defender sus intereses. Su retórica taimada, solo interpela superficialmente el sistema bancario y los monopolios, pero en última instancia son funcionales al poder privado global gracias al maniqueísmo público/privado. El ex socialista fabiano F. Hayek quien organizó la Sociedad del Mont Pelerin, propondría por ejemplo la desnacionalización del dinero. Junto a Mises declararían una Guerra al Estado Nación Soberano y a todo "lo público", "nacional" o "nacionalista", confluyendo sinérgicamente con la agenda globalista. A este club de los saboteadores de los Estados nacionales se sumaría más tarde el fanático Murray Rothbard un anarcocapitalista.

Todos falsos liberales y falsos libertarios que robando banderas, reconfiguraron la derecha, silenciando las criticas del pasado hacia a las tiranías de los mercados y los bancos (algo que los verdaderos libertarios padres fundadores no olvidaron). En general los globalistas se infiltran no solo en instituciones sino en las ideas. El premio Nobel Maurice Allais un desertor de este encuentro en Mont Pelerin, diría *"Jamás firme su manifiesto. Sí, yo estuve ahí pero rehusé firmar.* **Hayek era un loco furioso, un fanático que soñaba con la desaparición del Estado"** [197]. Hoy existe una proliferación de estas ideologías economicistas que pretenden infiltrarse y tomar control del movimiento nacionalista y populista de Trump. La dulce retórica "austríaca" anti–izquierdista, solo sirve como cebo para atrapar colegiales ingenuos que no conocen el mapa completo de la batalla y creen ser economistas por repetir tres frases de Mises que leyeron en Twitter o instagram.

1947 Fundación de la CIA

Recientemente *Robert David Steele* ex oficial de la CIA (Agencia Central de Inteligencia), reveló que *"la CIA fue creada por Wall Street, precisamente para darle a Wall Street un lugar secreto dentro del gobierno para poder controlarlo todo"*, y afirma que hay varias subdivisiones o "varias CIA" que se encargan de diversos tipos de operaciones. *"más que un ejército privado, las bases militares que tenemos por todo el mundo, mil bases militares, no están allí para defender los EEUU. Principalmente están allí para ayudar a Wall Street, como bases de contrabando de jóvenes, oro, drogas, armas y dinero, particularmente jóvenes"*. Afirma que Trump vino a limpiar la CIA. *"Donald Trump escribió dos órdenes ejecutivas contra el contrabando de jóvenes. Hoy mismo estamos rescatando jóvenes y matando traficantes humanos"*. *"La NSA tiene todas las llamadas que la CIA de Jonhn*

---

197 Romo, H. (2018). *Los orígenes del neoliberalismo: del Coloquio Lippmann a la Sociedad del Mont–Pèlerin.*(vol. 15, núm. 43). Universidad Nacional Autónoma de México, Facultad de Economía. http://www. scielo. org. mx/pdf/eunam/v15n43/1665–952X–eunam–15–43–7. pdf

Brennan hizo a Bretaña, para intentar hacer un golpe contra Trump" [198] De mas estaría decir que Wall Street está en manos de banqueros y magnates globalistas.

1948 Operación Mockingbird

Fue un proyecto de la CIA para manipular a los medios masivos de comunicación. Es decir, no era el gobierno sino Wall Street quien articulaba este proyecto, a través de la CIA. Los banqueros querían y necesitaban el control de la "prensa respetable y masiva" y mucho mejor si lo lograban con dinero de los contribuyentes. Una buena manera de reducir costos…

1954 Fundación del Club Bilderberg

Fundado en el Hotel holandés del mismo nombre, para los globalistas era necesario embarcar en su agenda a las casas reales y aristocracias europeas. No podían tener su Estado mundial sin la complicidad de las aristocracias europeas. Este club cumplía esta misión y lo sigue haciendo hasta hoy en día. Es una de las grandes guaridas de la elite global. En el 2010 los investigadores y periodistas Jim Tucker, Daniel Estulin y Esteban Cabal expusieron las actividades del Club hasta entonces desconocidas, luego se sumó la investigación realizada por la brillante periodista española Cristina Martín Jiménez, quien indicó que los objetivos puntuales de este grupo elitista, en función de establecer un gobierno global, son: *"el aniquilamiento progresivo de las soberanías nacionales y su transferencia a instituciones de carácter oligárquico y transnacional. Para, de este modo, alcanzar una soberanía supra–nacional de la élite intelectual y los bancos mundiales, por sobre la autodeterminación tradicional de las naciones"*. Desde antes que

---

198 Especial TLV1 N31 (15 de septiembrede 2020). La CIA por dentro, con Roberto David Steele. CANAL TLV1– Youtube. Recuperado 21 de septiembre de 2020. https://youtu. be/ JEFVsg–MciY

Trump fuera electo, los Bilderberg intentaron impedir que llegase a la Casa Blanca.

1957 Se forma el Mercado Común Europeo

Un proceso iniciado en 1948 con la "Comunidad Europea del Carbón y el Acero", comienza con fuerza la "integración europea". Se vehiculiza como algo "económico" al principio, bajo la forma de "tratados de libre comercio en bloque". Esto daría paso a la formación en escala de laboratorio, de lo que se pretendería hacer a escala global. Una moneda común, mercados comunes, fronteras comunes (destrucción de las fronteras). Luego llegaría el turno de una unidad política común (Parlamento supranacional con efectos vinculantes). Los países desaparecerían como tales, quedando en pie solo su bandera, la soberanía de cada pueblo sería subrepticiamente transferida a Bruselas. Complejos "tratados comunes" pueden abolir la independencia de los pueblos a elegir su propio destino y proteger sus propios intereses.

1966 Informe Iron Mountain

15 eruditos terminaron luego de 3 años de investigación un informe titulado "Factibilidad y Conveniencia de la Paz", donde se consideraba la necesidad de encontrar un sustituto de la guerra, inventando un "enemigo global" para así justificar la existencia de un Estado global. La guerra fue considerada por el informe como "la principal fuerza estabilizadora social". Para erradicarla sin perder sus beneficios, se proponían a encontrar un sustituto político de la guerra, que permitiese generar la sensación de amenaza externa, y justificar el desarme de todos los países, traspasando el monopolio de las fuerzas armadas a un *ejército global* o policía global en manos de instituciones supranacionales. En nombre de la paz se reprimiría todo conato de insubordinación al Estado Único Glo-

bal. Las represiones serian presentadas en la Prensa "respetable" como "acciones militares necesarias para el mantenimiento de la paz mundial". Parte de esta retórica utilizaría EEUU en la "guerra contra el terrorismo" y en cierta forma se implementó con los Cascos Azules de la ONU y los ataques de la OTAN a numerosos países. En el informe, la búsqueda de un "enemigo global" capaz de unir en causa común a los países, arrojó como propuesta la amenaza de "*la destrucción del medio ambiente*", e incluso y aunque suene descabellado la simulación de una "invasión extraterrestre". ([199]). Coincidiendo con ello, **Von Braun** el Padre de la NASA, declararía años más tarde a **Carol Rosin** en la década de 1970, sobre las ideas que la elite del complejo militar industrial tenía para *militarizar el espacio* utilizando como excusas diversos "eventos". Esas "cartas" incluían la amenaza soviética, luego **el terrorismo**, una lluvia de asteroides, **una pandemia global** y/o una falsa invasión alienígena ([200]). Hace décadas circula también "El proyecto Blue Beam", y la creación artificialmente mediática de un falso "Moshiah" (Dugin, 2020)[201]. Un líder prefabricado que pretenden presentarlo como "el Mesías que revelará las leyes de una nueva religión global a la humanidad y realizará muchos milagros", es la apuesta más osada de una enferma elite globalista fanática y

---

199   El profesor Herschel McLandress (27 de noviembre de 1967) decía "pondría mi reputación personal detrás de la autenticidad de este informe y atestiguo también sobre la validez de sus conclusiones. Mis reservas solo se relacionan con lo poco atinado que resultó el hecho de que se lo diera a conocer a un público obviamente no condicionado", "News of war and peace You´re Not Ready For" en Book World, *The Washington Post*.

200   Salla, M. (6 de junio de 2020). ¿Deep State lanzará una bandera falsa de invasión alien después de agotar las tarjetas de control global?. *Exopolitics*. https://exopolitics. org/ will–deep–state–launch–false–flag–alien–invasion–after–exhausting–global–control–cards/

   Concluye "*La advertencia de Von Braun nos alerta sobre la amenaza de una invasión alienígena que se utiliza como carta final en una larga secuencia de eventos artificiales que justificarían la militarización del espacio y el establecimiento de un Nuevo Orden Mundial deseado por el Estado Profundo*".

201   Dugin, A. (12 de febrero de 2020). Ideología del Gobierno Mundial. *Geopolítica. ru*. https://www. geopolitica. ru/es/article/ideologia–del–gobierno–mundial

supremacista. Netflix ya ha largado una serie, demostrando que continúan haciendo ejercicios osados de programación predictiva. Si el Big Media y la censura están en sus manos, y nadie los detiene antes, solo es cuestión de tiempo para ver un evento de gran manipulación global, peor que "el terrorismo", y peor que "la pandemia de Wuhan". Ya es evidente que la elite planifica con décadas de anticipación.

1968 Se funda el Club de Roma

Es una organización no gubernamental fundada en Roma, por un pequeño grupo de personas entre las que había científicos y políticos a sueldo, dispuestos a promover el globalismo bajo eufemismos humanitarios *"preocupados por mejorar el futuro del mundo a largo plazo de manera interdisciplinar y holística"*. Las figuras claves fueron el italiano Aurelio Peccei y el escocés Alexander King. El grupo generaría una serie de estudios que reportarian las supuestas tendencias globales a largo plazo en las áreas de población, economía y medio ambiente, con el fin de promover luego propuestas de ecologismo, despoblación neomalthusianas y globalismo en general. De allí saldrían libros de gran influencia, entre ellos *Los límites del crecimiento*, 1972 (bajo la dirección de Donella Meadows); *La humanidad junto al punto de viraje*, 1974 (bajo la dirección de M. Mesarovic y E. Pestel); *La restructuración del orden internacional*, 1976 (bajo la dirección de J. Tinbergen); *Los objetivos para la humanidad*, 1977 (bajo la dirección de E. Laslo), *El tercer mundo, tres cuartas partes de la humanidad*, 1980 (bajo la dirección de M. Guernier). Desde el Club de Roma se propagarían corrientes ideológicas como el ecologismo, el ambientalismo, y el ecofeminismo. Nótese que algunas ideas matrices fueron tomadas del Informe Iron Mountain.

1971 Se crea el Foro Económico Mundial (Davos Suiza)

Una organización internacional privada para la "cooperación público–privada". Bajo este eufemismo se propicia un espacio donde la elite globalista reúne a los jefes de gobierno, científicos, y empresarios a quienes se les imparte una hoja de ruta para que éstos sigan de manera muy sutil. Hace años piden abierta y públicamente desde su sitio oficial la formación de un **gobierno mundial** y se insta a sus participantes a cooperar. Son conferencias públicas, a diferencia de las del Club Bilderberg. El fundador del Foro Económico Mundial *Klaus Schwab* avizora en el futuro un *"Nuevo Orden con un gobierno global único"*, *"Solo se logrará mediante una mejor gobernanza global"*, se necesita *"alguna forma de gobernanza mundial eficaz"* dice en su libro de 2016 *"La Cuarta Revolución Industrial"* y en el sitio oficial del foro. En los últimos años se venía hablando en ambientes alternativos, que los patriotas que siguen a Trump activarían un reseteo del sistema financiero a favor del pueblo. El Foro Económico Mundial tomó la delantera, robó el término y anunció masivamente un Reseteo mundial del sistema económico… que sin dudas favorecerá a las elites… Ninguna idea que salga de este foro puede ayudar a la gente, ni a las naciones.

1971 Henry Kissinger comienza a propiciar una China poderosa

El globalista Kissinger fue quien impulsó el "acercamiento" entre EEUU y la China comunista, fue el principal responsable del desarrollo abismal de China, a costa del sacrificio y el hundimiento de la clase media americana y occidental. La elite quería que China fuera la fábrica del mundo. Lawrence Summers (Director del Consejo Nacional Económico para B. Obama, 71° Secretario de Tesoro para Bill Clinton, economista Jefe del Banco Mundial, ex miembro del Comité Directivo del Grupo Bilderberg [202], ex

---

202   Reuniones Bilderberg. (s. f.). *Antiguos miembros del comité directivo*. Recuperado el 2 de febrero de 2014. https://www. bilderbergmeetings. org

CEO de la Universidad de Harvard y amigo personal de Jeffrey Epstein y Ghislaine Maxwell), fue otra de las figuras claves para convertir a China en Potencia Mundial, debilitar los EEUU e incrementar el poder de los banqueros especuladores. El globalista Joe Biden fue otro individuo clave para el ingreso de China a la Organización Mundial del Comercio (OMC) como nación privilegiada. Hoy todo el mundo sufre aquellas políticas iniciadas hace 50 años. Otro norteamericano responsable de la creación del monstruo Chino fue el magnate Rockefeller quien afirmaría en un artículo del New York Times: *"El experimento social en China bajo el liderazgo del presidente Mao, es uno de los más importantes y exitosos de la historia de la humanidad."* [203] Ese "experimento" chino de socialismo marxista exterminó a 70 millones de civiles inocentes en periodo de paz (*Chang, 2006*). [204] El 1 de diciembre del 2020 Trump realiza una purga en el Pentágono, expulsando a Kissinger y elementos afines a Obama y Bush.

1972 Informe de la Comisión Rockefeller

En éste informe público, se describe y promueve nada más y nada menos que la agenda demográfica de reducción de natalidad occidental. Se lo podría describir como genocida. Allí se promueve toda la agenda abortista por primera vez, estipulando con cuidado el neolenguaje y el enfoque adecuado para obtener el consentimiento popular (discurso que hasta hoy es replicado por la izquierda radical lesbofeminista y libertarios o "liberprogres" de falsa derecha). Algunos intelectuales globalistas como Bernard Berelson y Frederick S. Jaffe trabajarían juntos en el Informe de la Comisión

---

203   Rockefeller, D. (10 de agosto de 1973). De un viajero de China. *The New York Times.* https://www. nytimes. com/1973/08/10/archives/from–a–china–traveler. html

204   ABC Cultura. (25 de abril de 2006). Mao Zedong provocó la muerte de setenta millones de chinos en tiempos de paz. https://www. abc. es/cultura/abci–zedong–provoco–muerte–setenta–millones–chinos–tiempos–200604250300–1421278000590–noticia. html

Rockefeller. Muchas de las ideas discutidas en el controvertido "Jaffe Memo" de 1969, fueron incorporadas en el Informe Rockefeller de 1972. Más tarde ejecutadas a nivel nacional e internacional. (El Jaffe Memo resumía muchas propuestas de diversas fuentes, sobre el control de la población. Esta tabla contenía propuestas tales como abortos obligatorios, esterilizaciones, alentaba la homosexualidad y obligaba a las mujeres a trabajar para dejar sus hogares, pagar mas impuestos y hacer difícil la vida familiar). En el informe Rockefeller se contemplaba la diplomacia discursiva para hacer que estas propuestas genocidas parecieran no solo menos hostiles, sino incluso promoviéndolas como "derechos" frente a una población ingenua e ignorante de la agenda demográfica de la elite. Es decir el "patriarca" David Rockefeller fue quien brindó la narrativa revolucionaria del feminismo abortista que hoy vemos por todos lados. Posteriormente se desclasificó el mucho más conocido *Memorándum 200* (Informe Kissinger) que se centraba en el control de población de países del Tercer mundo (para que los norteamericanos no creyeran que el aborto pretendía eliminar su propia población). Sin embargo en países del primer mundo desde los años 70 ya existen medidas de despoblación activadas. En países del tercer mundo recién hoy están queriendo imponerse medidas de control de natalidad, por dar solo un ejemplo en toda América latina se está queriendo imponer en los últimos años la legalización del aborto. En argentina comenzaron desde el 2015, desde esa fecha la neolengua se empezó a colar en el imaginario colectivo. Antes de esa fecha nadie escuchaba ni sabia de palabras como patriarcado, femicidio, machismo, misoginia, género y un largo etc. una operación completa que logró desde el oficialismo y la oposición la legalización del aborto a fines del 2020 (había sido rechazada en el senado dos años antes). En EEUU más de 60 millones de norteamericanos fueron ya eliminados en los úteros según información oficial. Para ponerla en perspectiva, mucho más que la población de toda Argentina.

1973 Fundación de la Comisión Trilateral

David Rockefeller descontento con los lentos avances del club Bilderberg, fundaría en 1973 esta organización internacionalista que nuclearía bajo la agenda globalista a las elites nacionales de Estados Unidos, Europa y Japón. En un informe de Samuel Huntington a la Trilateral Commission en 1979, se propondría el objetivo de lograr una "democracia controlable". Se sugería propagar la apatía en la masa de ciudadanos. Unas décadas más tarde Huntington cobraría un rol importante para la elite, brindando un marco teórico globalista para respaldar el "choque de civilizaciones islamofóbico" en medio de la "guerra contra el terrorismo" después del 11S. La guerra entre naciones era invisibilizada y substituida por una guerra global contra un grupo terrorista internacional islámico que se asentaba "oportunamente" sobre los pozos de petróleo, y los países enemigos que amenazaban a Israel. Los Estados Unidos serían arrastrados por neoconservadores hacia esas guerras eternas sin sentido.

1991 Caída de la URSS

Este episodio marcaría el fin del bipolarismo (EEUU vs URSS), y el comienzo del unipolarismo, convirtiendo a EEUU en la superpotencia mundial hegemónica, el garrote de la elite globalista. Desde 1991 a 2016 Los Estados Unidos se reconvertirían en un mero instrumento para consolidar un Gobierno mundial. El problema era que en todo el proceso las ganancias eran privatizas y las perdidas socializadas. La industria nacional sería desmantelada, los empleos se irían a Asia, las fronteras se derrumbarían y los Estados Unidos importarían marginales de todos los rinconez del mundo (que la elite utiliza como mano de obra barata), los americanos serían abortados, drogados, mezclados e idiotizados por TV, y serian llevados a pelear guerras propias del establishment. Mientras tanto los bancos eran rescatados. Sería el comienzo del predominio de las ideas liberales de países sin fronteras y sociedades abiertas (como las pretendidas por el auto–declarado archi–enemigo de Trump: George Soros). Una ideología declarada obsoleta en 2016.

1993 Fundación de la UE – Europa sin fronteras (Tratado de Maastricht)

Comienza con más fuerza el experimento paneuropeo, soñado y promovido por el globalista austro–nipón Conde Kalergi. Como afirmaría el banquero Attali, la Unión Europea es un laboratorio de lo que la elite quiere implementar en una escala global [205]. Eliminación de fronteras, libre circulación de capitales, recursos y personas, sociedades multirraciales y cosmopolitas. Una dictadura burocrática dirigida desde Bruselas que ha fomentado la sustitución y el genocidio de los nativos por pobladores de otros continentes.

1994 Conferencia internacional sobre Población – ONU

El 5 de septiembre tuvo lugar la Conferencia Internacionalista de la ONU en el Cairo Egipto, sobre población y desarrollo. Donde en el mismo "programa de acción" se pide reducir la población e institucionalizar la agenda de género para el año 2015. Esta agenda globalista liberal–progresista fue desarrollada significativamente. Reivindicadas por izquierdas y ejecutadas por derechas globalistas, o viceversa, todo gobierno terminó aplicando esta política dictada desde arriba por el "Estado Único Global" aun no oficializado. La agenda abortista avanza y se expande, no se contrae. Detrás de un cuidadoso uso de las palabras utilizadas, la elite globalista lograba allí imponer su agenda neomalthusiana. Que por cierto al haber

---

205 Corradini, L. (1 de diciembre de 2004). "En 2050 habrá un gobierno mundial", asegura Jacques Attali. La Nación. https://www. lanacion. com. ar/658930–en–2050– habra–un–gobierno–mundial–asegura–jacques–attali

funcionado solo en Europa y América, se podría describir como una agenda de genocidio Occidental, la misma no es el producto de una conspiración, sino que es descaradamente pública, figura en la misma página de la ONU [206]. Todo esto tuvo su precedente con la *Population Council* (Consejo de la Población) fundado en 1952 por John D. Rockefeller, impulsor estrella de la agenda genocida de despoblación. El informe de 2007 del Banco Mundial titulado: *"La Revolución Mundial de la Planificación Familiar. Tres décadas de políticas y programas de población"*, finalmente da cuenta de cómo se impulsó con éxito y de manera sistemática esta agenda en todo el mundo. Lo que ningún experto y científico a sueldo parece advertir ni denunciar, es que el envejecimiento de Europa –referido con el eufemismo: "invierno demográfico"– sucede a la par de la "primavera demográfica" en África y Asia, que experimentan niveles record de aumento poblacional. Un solo país de Africa tiene casi la misma población que Europa. Mas de la mitad de la población mundial esta ubicada en solo dos países asiáticos. Esto demuestra lo selectivamente preferenciales que son estos planes globalistas de despoblación y genocidio contra Occidente y su gente. Los pseudos científicos sociales en vez de proponer planes pronatalistas en un moribundo Occidente, instan a no reproducirse y a implementar un control poblacional más estricto en los paieses anglosajones. Ha llegado el triste momento bajo el régimen globalista, donde querer formar una familia y procrear se ha convertido en un acto revolucionario.

1998 Fundación de la Corte Penal Internacional (CPI)

Creada por la ONU en julio de 1998 mediante el Estatuto de Roma, la CPI entró en vigor en 2002, en un intento por establecer una jurisdicción independiente a las naciones. Su sede se ubica en la Haya (Países Bajos). Constituía un objetivo largamente acaricia-

---

206 Naciones Unidas. (5 de septiembre de 1994). Conferencia Internacional sobre la Población y el Desarrollo. https://www. un. org/es/events/pastevents/icpd–1994/

do por el globalismo, un sueño de los poderosos internacionalistas hecho realidad, ampliamente denunciado hace más de un siglo por el político y escritor francés Emilie Flourens. Aquel francés prevenía que tal organización terminaría por eliminar el derecho de libre determinación de los pueblos, reemplazándolo por el derecho internacional. El derecho internacional debía permanecer de forma arbitral y de ninguna manera pasar a una forma judicial, pues de hacerlo aboliría la soberanía de las naciones, lo que daría lugar a un aberrante Gobierno Mundial. Luego de la Segunda Guerra mundial, los países vencedores montaron un show de hipocresía, juzgando y culpabilizando de todos los crímenes de guerra exclusivamente a los perdedores del conflicto, en los llamados "Juicios de Núremberg". Oportunamente se evitaba juzgar a los vencedores aliados por crímenes como los bombardeos genocidas de Dresde, las violaciones en masa de mujeres y niños alemanes por parte del Ejercito Rojo, los campos de concentración aliados en América y Europa de postguerra, o las Bombas Atómicas lanzadas sobre civiles inocentes en Hiroshima y Nagasaki. Fue un grotesco y parcializado primer intento de establecer un juzgado global. Tan así que debieron esperar 53 años para intentar establecer una Corte con un mínimo de seriedad y apariencia de imparcialidad.

La CPI está íntimamente relacionada al Consejo de Derechos Humanos. La CPI es el primer tribunal internacional de carácter permanente encargado de juzgar a los responsables de "crímenes contra la humanidad, de genocidio, y crímenes de guerra". La Fundación Ford y Rockefeller se destacaron en impulsar la narrativa de los derechos humanos y el derecho internacional. No es sino el intento evidente de **desnacionalizar la Justicia**. De más está decir que el monopolio de la justicia a nivel planetario permitirá a la elite cometer crímenes impunemente, mientras juzga de "crímenes contra la Humanidad" a aquellos que se opongan a su agenda. [207]

---

207 Un nacionalista como Trump, sabe el significado de una Corte Penal Internacional, y dijo

2001 El 11S – Guerra supranacional contra el terrorismo

Su importancia para el proyecto globalista radica en que a partir de éste evento de bandera falsa, se creó artificialmente un enemigo global, algo que la elite buscaba desde hacía décadas. La estrategia de guerra ya no estaba signada por la hipótesis de conflicto entre Estados, sino por una red terrorista que operaba internacionalmente. Mientras todos los enemigos de su aliado Israel fueron debilitados, EEUU se granjeaba el odio real del mundo. Gran cantidad de países musulmanes fueron demolidos bajo las bombas de los halcones globalistas, generando un flujo de refugiados que fueron monetizados por mafias de tráfico humano, logrando de este modo desestabilizar Europa y poner en jaque la supervivencia de los europeos como pueblo. La "guerra contra el terror" permitió abolir paulatinamente muchas de las libertades individuales en los países Occidentales. Esta más que claro quiénes fueron los ganadores y los perdedores de esta primera guerra mundial globalista contra un enemigo manufacturado por los servicios de inteligencia. Hubo países perjudicados, países beneficiados… Los globalistas aun permanecen impunes por estos crímenes contra la humanidad.

2007 Tratado de Lisboa (UE)

Se intensifica la tiranía de Bruselas y la destrucción de los Estados–nacionales. Algunos países como Francia y Holanda votaron en referéndum (2005) contra una constitución europea, este tratado multinacional burló la voluntad de los pueblos. ¿Cuándo desaparece un país? Cuando su pueblo deja de tener la última palabra y

---

"Desde la creación de la CPI, Estados Unidos ha declinado reiteradamente sumarse a la corte por sus amplios poderes fiscales, carentes de una responsabilidad superior; la amenaza que representa para la soberanía nacional; y otras deficiencias que le privan de legitimidad" (EFE USA– Trump celebra la decisión del CPI de no investigar al país por Afganistán") 12 Abril 2019.

decisión, cuando su voluntad es abolida. Plegarse y subordinarse a tratados internacionales, *aun voluntariamente*, limita la soberanía y/o la transfiere al acuerdo. No deben existir acuerdos permanentes, ni inamovibles, ni estructuras de poder supranacionales. Todas son una amenaza para la independencia y la soberanía nacional. Esto sin contar que la mayoría de los acuerdos internacionales no han sido sometidos a referendun popular, por el contrario son firmados por algunos políticos y economistas corruptos, a espaldas del pueblo.

2010 Rockefeller predice pandemia global y régimen autoritario

La Fundación Rockefeller publicó en mayo, un informe donde se plantean escenarios futuros. Uno de ellos llamado "Lock Step" (Fase de bloqueo), se describe una pandemia mundial que llevaría a todos los gobiernos hacia un totalitarismo global basado en un sofocante control policial sobre las ideas, los movimientos de las personas, la paralización de la economía, uso obligatorio de mascarillas, controles de temperatura en lugares públicos y privados, con unos ciudadanos esclavizados que ven un continuo retroceso en sus derechos y libertades. Aquí el informe [208]. Unos meses antes que la Fundación Rockefeller imaginara una pandemia mundial que derivaría en una especie de dictadura mundial, Bill Gates daba una conferencia en TED2010 donde exponía a su público que el motivo del calentamiento global era la sobre-población, y que con un gran esfuerzo se podría reducir la población con nuevas vacunas y salud reproductiva. Textualmente dijo "El mundo de hoy tiene 6.800 millones de personas. Eso se dirige a unos nueve mil millones. Ahora, si hacemos un gran trabajo con las nuevas vacunas, la atención médica y los servicios de salud reproductiva, podríamos reducir eso, quizás, en un 10% o un 15%".[209]

---

208   http://www.nommeraadio.ee/meedia/pdf/RRS/Rockefeller%20Foundation.pdf

209   Fuente oficial: https://www.ted.com/talks/bill_gates_innovating_to_zero

2013 Cumbre del Gobierno Mundial

La primera Cumbre del Gobierno Mundial se celebró en Dubai en 2013 [210] y desde entonces se ha realizado anualmente. Es una ONG que comenzó a organizar reuniones con líderes mundiales, siguiendo a rajatabla los lineamientos del Foro Económico Mundial de Davos. Curiosamente es el intento de la elite globalista de borrar su rastro y con su descarada retórica presentarlo como una iniciativa árabe, al tiempo que suman a su proyecto globalista mesiánico a los jeques ricos que no saben qué más hacer con su dinero. En su sitio oficial declaran que su visión es *"Convertirse en la plataforma global para dar forma a los gobiernos del futuro"*. Aquí esta la trampa, quien sea capaz de "organizar los gobiernos" sera EL supra Gobierno, es decir, si hay un gobierno mundial seria el que gobierna por sobre los gobiernos nacionales. Siguiendo las ideas del Foro Económico Mundial y su fundador, hablan de la implementación de la tecnología en los gobiernos y las ciudades. Es frecuente en sus reuniones hablar del proyecto transhumanista de Davos. Como misión declaran públicamente *"La Cumbre Mundial del Gobierno es la única organización mundial dedicada a dar forma al futuro de los gobiernos y establecer la agenda para la próxima generación de gobiernos en todo el mundo."* [211] Es decir un gobierno de gobiernos... Los personajes que han asistido a la cumbre van desde Presidentes, actores liberales de Hollywood como Harrison Ford, hasta altos funcionarios de las Naciones Unidas, el Banco Mundial, el Foro Económico Mundial, el Fondo Monetario Internacional, la Unión Europea, la China comunista, los bancos centrales y los jefes de Estado árabes y los defensores de la ley islámica de la Sharia de toda la región. Esa elite en su mayoría no elegida por nadie se junta todos los años

---

210 Wikipedia.(s. f.). La Cumbre del Gobierno Mundial. Recuperado 30 de noviembre de 2020. https://en. wikipedia. org/wiki/World–Government–Summit

211 La Cumbre del Gobierno Mundial. (s. f.) *Misión.* Recuperado 30 de noviembre de 2020. https://www. worldgovernmentsummit. org/about/mission

a diagramar nuestro futuro. Un sistema de "premios" y "aplausos" garantizan la colusión de la clase política corrupta local, también empresarios y actores civiles de "universidades globales". Como ciudadano no debes permitir que tus representantes asistan a tales eventos de subordinación global, independientemente de las "buenas causas que esgriman".

Este mismo año se organizó la Cumbre de Salud Global en Beijing (China), y publicó un libro "soñar el futuro de la salud durante los próximos 100 años" financiado por la fundación Rockefeller. Se detalla un plan de reducción de la población y disminución de la fecundidad, transhumanismo y declaran abiertamente que romperán los Estados Nación para crear un gobierno mundial.[212]

2015 Agenda 2030 de la ONU

Los representantes de 190 países se reunieron para respaldar los 17 "Objetivos de Desarrollo Sostenible" que pretende lograr la elite. Son 17 puntos, discursivamente "amigables" y "progresistas" que fijan una política de Estado Único Global del cual ningún país puede disentir. ¿Quién se opondría a "proteger el planeta" y "asegurar la prosperidad para todos"?. Acabar con la pobreza, luchar contra la desigualdad y la injusticia así como hacer frente al "cambio climático". Cada uno de los 17 objetivos debe cumplirse, y se debe lograr con la colusión del sector público, ONGs, medios de comunicación y empresas. Rascando debajo de los objetivos amigables, se esconde la ideología que ha llevado al fracaso al mundo entero y pretende alcanzar su meta más avanzada, robar la soberanía a las naciones, que irreflexivamente se unen a una "causa común", sin tener en cuenta las consecuencias de esta ingeniería social a nivel planetario. Se trata de una "enorme oportunidad de mercado, para las empresas y el sector financiero" según el banco BBVA. A

---

212 https://www.rockefellerfoundation.org/wp-content/uploads/1b8843cc-0d4c-4d5e-bf35-4c7b2fbbb63d-the.pdf

través de "acuerdos mundiales de cooperación", la independencia de las naciones está siendo erosionada. De manera disimulada en todos esos eventos se propaga las ideologías del multiculturalismo, Queer, la ideología de género, lesbofeminismo, aborto, reducción de población, los derechos humanos, el green new deal, vacunaciones obligatorias, la agenda verde etc. Liberales progresistas como Obama, y el Papa Francisco se mostraron dispuestos a aceptar y comprometerse a lograr los objetivos globalistas de la elite internacional. Es un Gobierno Mundial buscando consenso sutil, buscando medios para autofinanciarse, y ampliar el control sobre la población mientras va robando a nivel planetario la soberanía de las naciones y el derecho a oponerse y autogobernarse en su propio territorio. El Gobierno mundial logrado de hecho a través del engaño discursivo y la complicidad de líderes ignorantes, ingenuos o simplemente sobornados.

2016 Elección de Trump – El globalismo en piloto automático

Con la elección libre y democrática del presidente nacionalista Donald Trump, los globalistas pierden el control de su "Estado garrote". Durante toda su presidencia intentarían voltear y derrocar a POTUS en un escenario jamás antes visto de insurrección, subversión y alta traición de los jugadores implicados. Las revoluciones de colores que eran tácticas para derrocar gobiernos extranjeros, fueron aplicadas en el territorio americano a través de organizaciones ultra violentas como Antifa y BLM, engañando a millones de personas con una fachada de buenas intenciones y una prensa masiva coludida. Los medios de prensa alimentaron el odio e incitaron el camino hacia la desobediencia y la guerra civil. Hicieron vivir a Trump una verdadera pesadilla. A pesar de perder el control de los EEUU, los globalistas siguieron en piloto automático con su agenda mundial a través de sus políticos corruptos a sueldo, las mega–corporaciones, sus miles de organizaciones internacionales, multilaterales, y Fundaciones. Del mismo modo continuaron intensivamente con su batalla cultural liberal–progresista (controlando Hollywood y Netflix).

2018 Pacto Global de Migración (ONU)

El pacto mundial que pretende destruir las fronteras a través de un acuerdo digitado por burócratas globalistas, fue rechazado por países realmente soberanos que no están plegados bajo la agenda de la elite. Trump defendió las fronteras rechazando el pacto. Y lo denunció públicamente en la reunión anual de la ONU. Sin fronteras no tienes país. Sin frontera no tienes propiedad, ni libertad. No puedes delegar este poder soberano a un pacto internacional. Lamentablemente muchos países lo aceptaron. Dicho pacto de tan elevada importancia no fue sometido a referéndum popular en ningún país.

2019–20. Covid19 –1r ensayo de Dictadura Sanitaria global (OMS)

Independientemente del origen natural o artificial del virus chino, partiendo de la observación de solo los hechos y eventos vinculados, se pueden extraer algunas conclusiones. La Fundación Bill & Melinda Gates organizó junto al Foro Económico Mundial y el Centro John Hopkins para la Seguridad de la Salud el 18 de Octubre de 2019 (Nueva York), un oportuno simulacro de pandemia global de coronavirus, unas semanas antes que surgiera la famosa pandemia de COVID19 en Wuhan China. El ejercicio fue titulado "**Evento 201**" (213). En el mismo **se proponía el globalismo como solución a una pandemia**. Sugería que las organizaciones multilaterales como la OMS junto a empresas farmacéuticas multinacionales y

---

213   Centro Johns Hopkins para la Seguridad de la Salud. (s. f.). *Evento 201*. Recuperado 25 de octubre de 2020. https://www. centerforhealthsecurity. org/event201/

gobiernos "trabajasen de manera conjunta" desarrollando vacunas y combatiendo "la desinformación". El Covid19 surgido a fines de 2019, mantuvo en estado de pánico al mundo durante todo el 2020–21. Es un intento serio de subordinar la soberanía de todos los países a una autoridad única mundial, con un claro deseo de establecer una dictadura sanitaria global de cuarentena eterna. La vacunación masiva obligatoria y los carnet de vacunación son la versión Occidental del opresivo sistema de crédito Chino, una amenaza mortal a las libertades individuales que permitirá la persecución a disidentes, confinamientos y esterilizaciones encubiertas. Personajes como Bill Gates –representante de intereses farmacéuticos–, fueron presentados como héroes por una prensa masiva coludida. Se impulsó con fuerza el Proyecto ID2020 [214], y la Alianza Global para la Vacunación (GAVI), que son iniciativas de magantes globalistas para fortalecer el control sobre ciudadanos, un conducto para acelerar la abolición de libertades. Solo hay que observar los efectos ocacionados después de un año de pandemia, como ser: la mayoría de las muertes por Covid19 son Occidentales, se cerraron millares de comercios, quebraron casi todas las pequeñas y medianas empresas e industrias dejando a millones de parados; se justificó el uso de voto por correo que ocacionó el mayor escándalo de fraude electoral en la historia estadounidense, beneficiando al candidato amigo de China. Y finalmente 40 estudios internacionales detectaron efectos negativos en la fertilidad masculina en pacientes que contrajeron covid19 [215] [216]. ¿Es un arma biológica Chino–globalista para despoblar Occidente?.

---

214 ID2020. (s. f.). https://id2020. org. Éste es un proyecto de Bill Gates y la Fundación Rockefeller para digitalizar la identificación de personas, unidas a datos biométricos, carnet de vacunación obligatoria y cuentas bancarias. Una forma a través de la cual las elites globalistas junto a gobiernos corruptos podrán ejercer un control absoluto y despótico contra los ciudadanos.

215 LR La República. (12 de octubre de 2020). Médicos advierten que la COVID–19 podría causar infertilidad masculina. https://larepublica. pe/ciencia/2020/10/12/medicos–advierten–que–la–covid–19–podria–causar–infertilidad–masculina/

216 Sputnik.(26 de marzo de 2020). Científicos chinos: el Covid19 puede afectar a la fertilidad masculina. https://sptnkne. ws/BP7p

Pero no se preocupen, ya llegan las vacunas experimentales transgénicas (génicas), que ni la misma compañía Pfizer puede asegurar que no causaran esterilidad al mediano y largo plazo. Se esta experimentando masiva e irresponsablemente con humanos.

De manera burlesca la revista "The Economist" (propiedad de Rothschild–Agnelli) vocera de la oligarquia financiera global, publicaría una de sus entregas (26 de Marzo 2020) bajo el título *"Todo bajo control"* ([217]) en ella se observa una **mano gigante** llevando de una correa a **un pequeño humano con barbijo** (como si fuera un amo con su perro) y a la vez el humano llevando con una correa a su perro. Una manera sutil y ofensiva de describir la subordinación mundial a su agenda y la aclaración de quien es el amo del ser humano... ¿Es el Covid19–Vacunas génicas, un evento de esterilización masiva? ¿Por qué se vacuna masivamente cuando no hay pruebas de sus consecuencias adversas a mediano y largo plazo? ¿Por qué se censura a genetistas expertos que advierten de estos peligros?

2020 Consejo para un Capitalismo Inclusivo con el Vaticano

El 8 de diciembre se funda el Consejo para un Capitalismo Inclusivo con el Vaticano *(Council for Inclusive Capitalism with The Vatican)* ([218]) ([219])… Desde el Concilio Vaticano II los globalistas lograron infiltrar poderosamente al vaticano, logrando hito tras hito en su misión de subvertir al Vaticano contra su propia base cristiana. La construcción de la abominable Sala de Audiencia Pablo VI, o

---

217   The Economist. (26 de Marzo de 2020). Todo bajo control. https://www. economist. com/ leaders/2020/03/26/the–state–in–the–time–of–covid–19

218   Consejo para un capitalismo inclusivo con el Vaticano. https://www. inclusivecapitalism. com/

219   PR Newswire.(8 de diciembre de 2020). Se lanza el día de hoy el Consejo para un Capitalismo Inclusivo con el Vaticano, una nueva alianza de líderes empresariales del mundo. https://www. prnewswire. com/news–releases/se–lanza–el–dia–de–hoy–el–consejo–para–un–capitalismo–inclusivo–con–el–vaticano–una–nueva–alianza–de–lideres–empresariales–del–mundo–832775760. html

Sala Nervi con su profunda simbología anticristiana, es tan solo un testimonio arquitectónico que cualquiera puede observar [220]. Pero la presente investigación no abarca temas metafísicos, ni religiosos, sino más bien mundanos, las interpretaciones ulteriores quedan en el fuero íntimo de cada uno. El Papa Francisco que llegó al poder gracias a las gestiones de Obama y los Clinton, ha demostrado ser el perfecto "Papa progresista", un jesuita signado por la corrupción y el oportunismo. El hecho concreto aquí es que el Vaticano elige la fecha del Día de la *Inmaculada Concepción de la Virgen María* [221] para declararse públicamente subordinado a la agenda de la elite globalista, a través de este "Consejo" impulsado por la oligarquía financiera de siempre. Con este Consejo, los mercados globales intentan lavarle el rostro al "capitalismo". Justamente la elite neofeudal financiera improductiva que ha hundido el sano capitalismo, une su imagen a la "inclusión" y la "cristiandad", para que la feligresía progresista abrace el proyecto global de capitalismo de fronteras abiertas. El Papa demostró estar contra las Naciones al promover la acogida de inmigrantes ilegales y refugiados a Europa, sin dar el ejemplo en su propia casa. Un Papa politizado de izquierda cultural y globalista no hace más que destruir el cristianismo por dentro. Se ha rodeado de economistas liberprogres como Joseph E. Stigliz promotor del "capitalismo progresista". *"El capitalismo ha generado una enorme prosperidad en el mundo, pero también ha dejado a muchas personas atrás, llevó a la degradación de nuestro planeta y no se le confía ampliamente en la sociedad"*, señaló Lynn **Forester de Rothschild, fundadora del Consejo** en un aparente y repentino despertar de conciencia social. Y los miembros del Consejo son todos representantes de

---

220 History Play. (s. f). El trono del Vaticano que muchos consideran un monumento satánico. Recuperado 30 de noviembre de 2020. https://latam. historyplay. tv/noticias/ el–trono–del–vaticano–que–muchos–consideran–un–monumento–satanico

221 Aragón, J. M. (8 de diciembre de 2020). Por qué el 8 de diciembre es el Día de la Inmaculada Concepción de la Virgen María. *El Diario 24.* https://www. eldiario24. com/nota/ culturas/464126/por–8–diciembre–dia–inmaculada–concepcion–virgen–maria. html

la supremacista elite neofeudal improductiva: Rajiv Shah, presidente de **The Rockefeller Foundation**, Ronald P. O'Hanley, presidente y director ejecutivo de **State Street Corporation**, Brian Moynihan, presidente de la junta y director ejecutivo **de Bank of America**, Alex Gorsky, presidente de la junta y director ejecutivo de la mega farmacéutica **Johnson & Johnson**, Ajay Banga, presidente y director ejecutivo **de Mastercard**, Alfred Kelly, presidente y director ejecutivo de **Visa Inc.**, Mark Weinberger, expresidente y director ejecutivo de EY y miembro de la junta de J&J, MetLife y **Saudi Aramco**, Mark Carney representante especial de las Naciones Unidas para Acción Climática y Finanzas. Etc etc. Es decir **Banqueros, prestamistas, especuladores, agiotistas, farmacéuticas, funcionarios de la ONU, y fundaciones progresistas** que han destruido Occidente, se presentan como los salvadores del mundo, poniendo de escudo al Vaticano. Ellos no saben que los pueblos han despertado. Ningún truco por más sofisticado que sea, les servirá para perpetuar el engaño.

2021 El Gran Reseteo de DAVOS

Klaus Schwab fundador del Foro Económico Mundial, dijo: *"La pandemia representa una oportunidad inusual, y reducida para reflexionar, reimaginar y reiniciar nuestro mundo"*. Él fue uno de los patrocinadores del Evento 201 de Octubre de 2019, donde la elite simuló una pandemia global de coronavirus, justo antes que suceda. Otro patrocinador de ese mismo evento fue Bill Gates, el magnate neomalthusiano que lucra masivamente con las nuevas vacunas génicas. *"The Great Reset"*[222] fue anunciado por el Foro Económico Mundial de DAVOS, y el Fondo Monetario Internacional (FMI) unas semanas después de declarada la Pandemia de coronavirus en

---

222   Wold Economic Forum. (s. f.) El Gran Reinicio. https://es. weforum. org/agenda/archive/ the—great—reset

2020. La elite global, –conformada por los grandes y viejos tiburones del capitalismo financiero internacional–, se viste de oveja y anuncia que la crisis desatada "sorpresivamente" por la pandemia brinda la oportunidad de "apretar el botón reset del capitalismo". El Príncipe de Gales afirmó que la pandemia ofrece una "oportunidad de oro" para el Gran Reseteo, la humanidad toda debe salir como "un pueblo que comparte un planeta" [223]. La retórica globalista intenta seducir al "ciudadano globalizado" en un ideal común, engañando con la idea de unidad, integración, igualdad, etc. palabras, palabras… ¿alguien cree que la naturaleza de los tiburones y los parásitos alguna vez pueda cambiar? Pretenden crear la idea artificial de "Un pueblo global", "un planeta a salvar", para ello demandan un super Estado, un gobierno mundial, una moneda global, una Corte Penal internacional, Una policía global… La hipocresía y el engaño son sus armas de dominio preferidas. El Reseteo de DAVOS no es más que una reinvención de técnicas de control que afianzarán aún más el poder despótico de la misma elite que ha impulsado por cien años esta agenda. El Gran Reseteo anunciado por Davos robó el nombre a los patriotas seguidores de Trump que impulsaban un *Reseteo financiero* –radicalmente opuesto– tendiente a liberar a las naciones e individuos del poder de los Bancos Centrales privados y los sistemas de Deuda. Es un deber cívico y moral comenzar la batalla por la soberanía y la libertad, contra estos actores hostiles.

La construcción de estas instituciones no es espontánea, sino forzada e impulsada ideológicamente. Y por ser antinatural esta predestinada al fracaso y a ocasionar un sin fín de injusticias como las que ya se ven. Si llegase a formarse alguna vez ese utópico gobierno mundial, no tardará en disolverse, como se disolvieron los

---

223 Alessi, C. (4 de junio de 2020). "Una oportunidad de oro" – Su Alteza Real el Príncipe de Gales y otros líderes sobre el Gran Reinicio. *Foro Económico Mundial.* https://es. weforum. org/agenda/2020/06/una–oportunidad–de–oro–el–principe– de–gales–y–otros–lideres–sobre–el–gran–reinicio/

grandes imperios. Lo que se debe conservar, son las naciones, pues si estas se extinguen con el multiculturalismo, se habrá estropeado el trabajo de miles de años de evolución natural. Nuevas estructuras de poder tribal y nacional, privadas y públicas se conformarán, y serán la semilla de la liberación frente a la avanzada globalista contra las libertades y los derechos de todos los pueblos a autogobernarse. **La naturaleza y Dios, están del lado de las naciones y los patriotas**.

2. 7* Globalización y falsa derecha

De nada sirve oponerse al proceso globalista de la izquierda socialista, si por la vía de la falsa derecha se infiltra el mismo concepto internacionalista "adaptado" para otro público.

Hasta ahora abarcamos el globalismo como ideología, y su similitud con los fines que perseguían los marxistas. Es hora de distinguir el proceso de *globalización económica*.

La Globalización es un proceso socioeconómico cuyas fuerzas convergen en la desnacionalización del poder económico–financiero, y en la concentración y privatización del poder a escala global.

Sus apóstoles dogmáticos son economicistas ultra–materialistas, que al igual que la izquierda, luchan frenéticamente por la destrucción de las fronteras y quieren ver destruidas las naciones. Bajo una distorsionada interpretación de los mercados libres, éstos los conciben no fronteras para adentro, sino mercados libres a nivel internacional sin fronteras, dando muestras de su ignorancia o mala intención. En esencia lo que se sugiere es que las mercancías, los capitales y los trabajadores puedan moverse sin impedimento alguno, sin países de por medio que restrinjan ese flujo de acuerdo a sus propios intereses, (por ello las fronteras y las naciones son sus enemigos, demostrando su globalismo intrínseco).

Esto no tiene nada que ver con el capitalismo sano productivo, industrial y proteccionista que hizo fuerte a las potencias Occidentales. El capitalismo nace con el capitalismo mercantilista, no con el liberal. Solo cuando las naciones se han convertido en potencias difunden el liberalismo, para perpetuar su predominancia y asimetría sobre el resto de las naciones.

El capitalismo mercantilista protegía la propiedad privada y el capital nacional, éstos eran auspiciados y protegidos por el Estado. Las fronteras sirvieron para proteger la industria, los empresarios y capitales nacionales. El proteccionismo servia para proteger a los productores nacionales de la competencia productiva proveniente de otros Estados en productos estratégicos de gran valor agregado. Con proteccionismo e industrialismo se convirtieron en potencia: Inglaterra, EEUU y varios países europeos como Alemania y Francia.

Esto no significa que los países no puedan comerciar y complementarse en muchas áreas de la economía manofacturera —por sus respectivas especializaciones—.

Sin fronteras, los Estados nacionales y los mercados quedarian indefensos, todos serian perjudicados: productores capitalistas autóctonos, sus productos y trabajadores.

Con los mercados libres de fronteras, el flujo de capitales, recursos y trabajadores, queda controlado por "los titanes" del mercado (la ley del más fuerte, como la ley de la selva).

Al mercado lo guía los capitales y por ende los dueños de esos capitales. Cualquiera puede constatar en qué medida el Estado, el gobierno y hasta la sociedad misma deben doblegarse ante el poder de algunos emporios multinacionales o bancarios. Por ejemplo cadenas de supermercados, farmacias o automotrices, llegan de afuera y por su ventaja competitiva barren con la empresa, la industria y el empleo local dejando a todos en la pobreza. Si un país se convierte en la fábrica del mundo invadirá con sus productos tu país, ofreciéndolos a centavos, constituyendo una oferta desleal que provoca la quiebra de los productores locales por no poder competir con el precio de productos (chinos por ejemplo).

En caso que ciertas corporaciones multinacionales procedan de un país, no significa tampoco que *sean* de ese país. Las corporaciones tienen su propia agenda internacionalista que muchas veces antepone el deseo de lucro desenfrenado, sin atender al bienestar general o medioambiental. La única entidad que dispone el pueblo para garantizar ese bienestar es el Estado, bajo un gobierno democrático elegido por el pueblo. Si el Estado es débil, o los políticos son comprados por bancos, farmacéuticas o lobbys extranjeros, no puede cumplir su misión natural. En este caso específico se habla de un Estado Fallido. El Estado no es intrínsecamente malo (como pretenden los dogmáticos ancap), tampoco intrínsecamente bueno, es solo un instrumento. Dependerá de las intenciones de quien lo dirija. Si es un traidor será un ***Estado fallido***, si es un Patriota será un ***Estado eficiente y justo***.

Los promotores de las ideas globalistas son neofeudalistas, monopolistas que desprecian en el fondo la verdadera libre competencia de los mercados fronteras adentro. Frente al Estado son pseudo–anarquistas que se hacen pasar por capitalistas "rebeldes". Para esos ultra–radicales el Estado es malo intrínsecamente, propugnan la supremacía absoluta de los mercados, que son para ellos intrínsecamente buenos. La democracia e incluso la libertad política, son supeditadas a la libertad de los mercados. Son extremistas dogmáticos e irreflexivos que han llegado a apoyar dictaduras en el 3er mundo si con ello se garantizaba a los mercados globales "su libertad", es decir el hecho de poder endeudar y/o saquear la riqueza de las naciones sometidas.

Argentina e Inglaterra estuvieron en guerra por siempre, pues recordemos que Inglaterra en su época dorada de hegemonía global era la fábrica del mundo, y pretendía que Argentina no sea más que un país agropecuario exportador de materias primas, y endeudado con sus bancos. Eso era libre mercado para ellos pues en Argentina sobraban recursos naturales que necesitaban. Por su parte ellos eran la fábrica del mundo y aquí necesitábamos sus productos, pero intentábamos crear nuestra industria nacional para no necesitarlos. El libre comercio parecía algo lógico si no escondiera tras de si una subordinación y dependencia asimétrica. Algunos de los padres fundadores y libertadores de la argentina advirtieron sobre el peligro y la trampa que representaba la guerra de los valores agregados. La materia prima tiene poco valor agregado, mientras que los productos manufacturados tienen un alto valor agregado. Juan Manuel Belgrano decía *"Los paises civilizados no exportan materia prima sin antes transformarla localmente, de lo contrario estarían creando ocupación en el país comprador y desocupacion en el pais proveedor.* **No exportemos cuero, exportemos zapatos"**. La teoría liberal de la ventaja comparativa en la división internacional del trabajo en el comercio internacional –desarrollada por el británico David Ricardo–, no era sino una astuta arma ideológica del imperio. El "librecomercio", o el "mercado libre" hace más ricos a los países industriales y más pobres a los agrícola–ganaderos. Pero no todos en mi país entendieron de qué se trataba la trampa británica. Jamás desarrollamos una industria fuerte y continuamos hasta hoy en el 3er mundo.

En cambio gran parte de la elite patriótica norteamericana fundacional, fue mucho más consciente de la importancia vital de esta batalla económica proteccionista de fronteras seguras. Su victoria otorga la independencia y el éxito. Su derrota tiene como resultado la subordinación y la dependencia. Recordemos que el padre del liberalismo económico el británico Adam Smith, pretendía que Estados Unidos fuera por siempre una nación agraria, mientras que el imperio británico conservaba su lugar como fábrica del mundo ("complementando sus economías"). Smith sentenció: *"Los Estados Unidos son como Polonia, destinada para la agricultura"* (List, 1955: p. 97) [224] El padre del liberalismo económico sostuvo que la naturaleza misma había destinado a Estados Unidos exclusivamente a la agricultura, aconsejando a los líderes políticos evitar cualquier tipo de industrialización. Un consejo bastante interesado.

---

[224]   List, F. (1955). Sistema Nacional de Economía Política. Ed Aguilar.

Afortunadamente para los norteamericanos, sus líderes nacionalistas y patriotas evitaron las recetas liberales de Adam Smith, convirtiendo al país en una nación industrial, próspera e independiente. Aprendieron tan bien la lección que una vez industrializado imitó luego el truco británico de la falsa retórica liberal–economicista para colonizar económicamente a países periféricos del tercer mundo, para perpetuar las asimetrías. Los líderes patriotas del 3er mundo que quisieron evitar recetas liberales y neoliberales, apostando por industrializar sus países (por ejemplo en Sudamérica) fueron derrocados y perseguidos. Ejemplo: Juan Domingo Perón (Argentina).

El veto británico sobre la industrialización en toda América, pretendía en realidad evitar países competidores y autosuficientes. El liberalismo económico mezcló avances en una economía secular, con el mayor engaño sofista de la historia. Hasta el día de hoy, muchos liberales no ven esta trampa de imperialismo cultural–económico. El país que aceptaba –por persuasión– dichas teorías, simplemente evitaba ser competencia industrial para el imperio británico.

Cualquiera que se pregunte porque Argentina siendo tan rica en recursos naturales, sigue siendo pobre, debe saber que nosotros tuvimos a Inglaterra impartiendo el falso credo liberal entre la clase dirigente y empresarial, para perpetuar la subordinación económica–financiera–política. Cuando cayó el imperio británico, fue Estados Unidos globalista quien sustituyó su lugar como profesor hipócrita, que viene hablar del éxito del libremercado, con el objeto de penetrar nuestra frontera con sus productos, y la economía con multinacionales, y grandes bancos internacionales. Argentina generalmente se ha caracterizado por una clase política traidora, más dispuesta a vendernos desde adentro que a protegernos de los de afuera. Sin embargo Rosas, Yrigoyen y Perón siguieron el ideal del patriotismo nacionalista, pero golpes militares orquestados desde el polo norte, los barrieron oportunamente del ejecutivo nacional.

Fue **Inglaterra**, –mucho antes que los países comunistas– quienes realizaron **la primera guerra cultural ideológica**, exportando al mundo la **farsa liberal del librecomercio.** Solo para que los países que aceptaran tales esquemas conceptuales, cayeran por persuasión en la trampa de abrir libremente sus fronteras para dejar entrar sus productos y compañías, aplastando los competidores locales. EEUU convertido en potencia utilizaría la misma retórica cuando todavía era la fábrica del mundo (antes de las deslocalizaciones).

La experiencia histórica llevó a la nación americana a una forma adaptada de nacionalismo económico, que proponía el proteccionismo económico. Éste entró en confrontación con el liberalismo ortodoxo (Smith–Ricardo) que proponían apegarse a la división internacional del trabajo adoptando el libre comercio. George Washington junto a Alexander Hamilton desde el gobierno federal, impulsaron el 4 de julio de 1789 la primera ley con características proteccionistas. Las mismas estaban destinadas a proteger la naciente industria con subsidios y aranceles proteccionistas. (Gullo, 2016) [225]

En Estados Unidos la falsa derecha–liberal–globalista ha pasado de mentir al mundo, a creer su propia mentira ideológica, abriendo fronteras a China, y apoyando la deslocalización de la industria hacia el tercer mundo, para "reducir costos" siguiendo las ideas del globalista Milton Friedman ("el beneficio exclusivo de los accionistas"). Provocando así la pérdida de millones de puestos de trabajo y la ruina de la industria nacional.

Hace varias décadas, EEUU pasó de ser un país industrial a un país donde predomina el sector terciario de "servicios". Antes del final aparece Trump y con gran realismo les recuerda a todos cuales fueron las claves del éxito: *la economía productiva*. Como era de esperar, los internacionalistas liberales junto a los cabilderos chinos,

---

225   Gullo, M. (25 de marzo de 2020). La insubordinación de los EEUU. Parte 1. *Geopolitica. ru.* https://www. geopolitica. ru/es/article/la–insubordinacion–de–los–eeuu–parte–1

iniciaron una guerra feroz contra el proteccionismo económico de Trump y su intento de reindustrializar América.

Sin fronteras ni aranceles, los países como China pueden inundar a Occidente con sus malos productos a bajísimo costo, haciendo Dumping. A ello hay que sumar el hecho de que su estatus de país privilegiado en la OMC no ha cambiado, lo cual le concede una doble ventaja relativa.

La elite internacionalista ha impulsado la falsa derecha, que no es otra cosa que la oposición controlada al servicio de las entidades financieras globales y la China industrializada. Defienden ciegamente los mercados especulativos, financieros, incluso defienden la usura. A los saqueadores y fondos buitres no les gusta que los Estados regulen ni limiten sus actividades extractivas y parasitarias.

La falsa derecha apoya la *globalización económica*. Son también falsos amantes de la libertad, que han raptado su bandera y sus símbolos. Su fanatismo se asemeja a la izquierda radical. Sus argumentos falaces y circulares mantienen cautivos a sus ciegos seguidores. Son *capitalistas utópicos* que creen que los mercados pueden vivir sin los Estados, sin advertir que **el capitalismo nació en la Era de los Estados Nacionales.**

La falsa derecha, en lo que respecta a lo cultural, va de la mano con neomarxistas y se destaca por su activismo multicultural anti–fronteras.

Uno de los "sacerdotes" supremos del globalismo, fue el multimillonario **Peter Sutherland** quien en 2012 exigió a la Unión Europea: ***"Hacer todo lo posible para socavar la homogeneidad nacional de los Estados"*** (La Gaceta, 2018)[226]. Como alto funcionario de la ONU designado por Kofi Annan, se encargó de asuntos migratorios, y **propició medidas de sustitución de-**

---

226 Nuñez Huesca, R. (9 de enero de 2018). Muere a los 71 años Peter Sutherland, pontífice del Nuevo Orden Mundial. La Gaceta. https://gaceta. es/espana/ muere–peter–sutherland–20180109–1209/

mográfica en Europa. Su cruzada a favor de la inmigración masiva no tuvo límites. *"la circulación sin restricciones de seres humanos, mercancías y capital supuso el objetivo prioritario de Peter Sutherland. Un homo economicus desprovisto de identidad pero rentable para las élites empresariales"* (La Gaceta, 2018).

Estas son algunas de las características destacadas de este proceso de desnacionalización económica y financiera:

* La globalización es el sistema que asegura la prosperidad para los banqueros cosmopolitas y la austeridad para el resto de ciudadanos que aman su Patria y su gente.

* Fomenta el proceso de desmantelamiento de la industria nacional, la epidemia de privatizaciones, el genocidio de las Pequeñas y Medianas empresas frente al atropello de las multinacionales monopolistas.

* Sustituye el sano libre mercado nacional (fronteras adentro), por un despiadado libre mercado global (sin fronteras), con lo que no hacen otra cosa que permitir que los titanes de afuera penetren la frontera y monopolicen los mercados internos, lo que se traduce curiosamente en la abolición de la libre competencia.

* Es el endeudamiento de las naciones con entidades financieras supranacionales y magnates cosmopolitas. Y la subordinación de las naciones a ellos.

* También encarna el intervencionismo militar, las guerras en el extranjero, el Big Farma, la migración masiva ilegal, y el tráfico humano, todos negocios muy lucrativos que la elite hostil impulsa y protege. El dinero negro constituye los pilares del sistema bancario internacional. Son parte vital del sindicato de criminales y mafiosos.

* Los bancos que promueven la globalización, se benefician del crimen organizado y del narcotráfico, pues el dinero negro acrecienta los cofres de los grandes bancos, el secreto bancario es cómplice de criminales y terroristas. **Panama Papers** primero, y ahora ***FinCEN Files*** expuso a fines de

Septiembre de 2020 el flujo del dinero negro y el papel cómplice de los grandes bancos globales.

* La globalización genera dependencia y crisis económicas más frecuentes. Crisis surgidas en países lejanos terminan impactando fuertemente en economías locales, de un modo mayor a si existiese una economía estructuralmente autárquica, independiente, aislacionista y proteccionista.

Las crisis financieras cada vez más recurrentes (por la interdependencia creciente de economías globalizadas), dejan a ciudadanos en la calle, sin empleo y sin hogar. Mientras que los bancos ejecutores de hipotecas son premiados con rescates del gobierno coludido, con dinero de los contribuyentes. La crisis del 2008 aun está latente en la conciencia de millones de personas afectadas, que no olvidan como el primer presidente afroamericano salió a rescatar a los grandes bancos, mientras dejaba caer en bancarrota a millones de familias de clase media. El libremercado desregulado del sector financiero (en la presidencia Clinton) permitió a los bancos vender hipotecas basura, junto a las aseguradoras realizaron una de las mayores estafas del siglo, lo que llevó a las personas a desconfiar de la retórica económica liberal.

* La globalización facilita que la creación de dinero esté en manos de los banqueros privados y no en manos del pueblo. Y no solo el dinero papel o moneda que ronda 3% de la masa monetaria, sino también el dinero digital emitido por los bancos (97% de la masa monetaria). El subdirector del Banco de Inglaterra Paul Tucker, en su boletín anual (2007) reveló: *"… de lejos, el papel más grande en la creación de dinero es realizado por el sector bancario… Cuando los bancos hacen préstamos, crean depósitos adicionales para aquellos que han pedido prestado el dinero."* [227]

* El sector financiero propicia la formación de gobiernos títeres, al patrocinar las campañas de los futuros gobernantes.

---

227   Tucker, P. (2007). *Quarterly Bulletin. Bank of England.* Q3 Vol 47. No3

> En la globalización tu voto se convierte en una ilusión, no sirve de nada, pues izquierdas y derechas están compradas y cooptadas por esquemas de lobbys bipartidistas, donde el que paga al flautista… elige la melodía...

La falsa derecha santifica los mercados al punto de entronizarlos, despreciando todo lo público y estatal. La falsa derecha es egoísta, pesimista y pseudo–anarquista, no cree en el bienestar general, ni que un Estado o gobernante alguna vez en la historia haya sido bueno para su gente. La falsa derecha santifica el individualismo (y hasta el egoísmo), porque la elite global quiere a la gente dividida y atomizada. Porque aislado eres débil.

La falsa derecha desprecia a los verdaderos conservadores, porque abraza el liberalismo impuesto por la *Open Society Fundation de George Soros*, organización globalista reconocida por patrocinar activamente las causas subversivas de izquierda radical anti–occidental. Esa falsa derecha combate principalmente el nacionalismo y el populismo, porque esa es la voluntad de la elite hostil. Temen que el pueblo siga a un líder fuerte y carismático, no aceptan que nadie libere a sus súbditos.

Viktor Orban el presidente nacionalista de Hungría expulsó las organizaciones globalistas de Soros de su país y declaró: ***"Existe una campaña internacional para acabar con las naciones"*** [228], tal patriota fue apoyado masivamente por su pueblo.

El nacionalista Vladimir Putin hizo lo mismo, neutralizando la influencia de Soros a través de su Fundación. En los EEUU de Trump, a fines de junio del 2020, la Suprema Corte de Justicia restringió las actividades de la Alianza de la Open Society en suelo americano, declarando que los "operadores extranjeros respaldados por Soros no tienen acceso a los derechos de la Primera En-

---

228 Nuñez Huesca, R. (9 de enero de 2018). Muere a los 71 años Peter Sutherland, pontífice del Nuevo Orden Mundial. *La Gaceta*. https://gaceta. es/espana/muere–peter–sutherland–20180109–1209/

mienda" cortando todo tipo de ayuda federal. Ellos son parte de una verdadera derecha disidente.

Sin fronteras no tienes un país, y sin naciones, los internacionalistas privados se convierten en amos del mundo, sin que nadie pueda detenerlos. Hoy mismo se encuentran buscando excusas para hacer efectivo su dominio político. La "sociedad abierta" no busca una sociedad más justa, sino una sociedad gobernada por progresistas totalitarios. Un régimen donde los magnates financieros puedan depredar con mayor facilidad a los ciudadanos, mientras los impulsos genuinamente revolucionarios son disipados por causas artificialmente creadas, como disidencia controlada.

Frente a una izquierda globalista y una falsa derecha al servicio del globalismo, el trumpismo rompe con los viejos paradigmas obsoletos que datan del siglo XVIII, XIX, XX. Establece un posicionamiento para el siglo XXI, de decidida y renovada *derecha disidente* con una fuerte base nacionalista y patriota, radicalmente antagónica al globalismo. Sin adherir explícitamente tampoco a todos los postulados de la *Alt Right*.

Allí está el secreto de porque la elite pretende voltearlo. Trump los expuso y abrió el juego hacia la dialéctica prohibida de lo políticamente incorrecto. Los estadounidenses bien nacidos intuyeron estos movimientos, (tal vez sin racionalizarlos), pero acompañaron masivamente a Trump en cada Rally.

Los tratados internacionales de libre comercio pueden ser justos o injustos, beneficiosos o perjudiciales para un país. Cuando entró China a la OMC fue muy beneficioso para ella y muy perjudicial para el resto. Así con muchos ejemplos.

Para considerar los frutos de la política de libre comercio durante los últimos 25 años: los salarios congelados de los trabajadores estadounidenses, $ 12 billones en déficits comerciales de EE. UU., 55, 000 fábricas perdidas, 6 millones de empleos de manufactura desaparecidos, China sobrepasando a los EEUU en manufactura. Frente a esos desastrosos hechos, nadie sanamente racional puede mantener una creencia en la superioridad del libre comercio abstracto, sobre el nacionalismo económico que trajo Donald Trump.

En las mismas filas de sus seguidores, también están asechando personajes de la falsa derecha, para luego reivindicar logros como suyos y restaurar el globalismo por derecha una vez que ya no esté Trump. Los adoradores de los mercados del instituto Cato y los Hermanos Koch han estado saboteando públicamente los esfuerzos de POTUS.

El libertario Jeffrey Miron (director de estudios económicos) del Cato Institute, escribió:

> La solución a los problemas de los inmigrantes en Estados Unidos son las fronteras abiertas... Las fronteras abiertas significan que no hay muros, vallas, controles en los aeropuertos, ICE ... deportaciones, centros de detención o tribunales de inmigración. ...Los inmigrantes no inundarán Estados Unidos... El crimen no se disparará... Incluso si los valores y la cultura cambian, ¿y qué? ... ¿Quién dice que los valores actuales de Estados Unidos, algunos de ellos profundamente malvados, son los correctos?

En definitiva, para ellos el "mercado" lo es todo, la nación no interesa, la solución del problema de los inmigrantes ilegales es abrir fronteras, trasladar mil millones de chinos, mil millones de africanos, rehacer el pueblo con nuevas culturas y valores ¿Qué más da si la economía y los mercados funcionan mejor? **Los supremacistas de los mercados sin fronteras son funcionales a la agenda contra–cultural de elite globalista.** Con su credo antipatriótico y antinacional podrían sentarse, abrazarse y brindar junto con la izquierda radical por su coincidencia. También coinciden en la despenalización del aborto, la agenda multicultural, LGBT y la legalización de las drogas. Diferenciándose de la izquierda solo en el plano económico.

El teórico globalista y falso libertario Murray Rothbard, a quien muchos de la falsa derecha siguen, pedía la abolición del Estado y las naciones, la supremacía absoluta de los mercados, así como valorar *la propiedad* por sobre la vida y la libertad, llegando a aceptar el aborto por considerar al feto un parásito (al igual que el lesbofeminismo izquierdista de Simone de Beauvoir). En su soñada "sociedad absolutamente libre" Rothbard afirma que se debe aceptar la existencia incluso de un "mercado floreciente" de compra y venta de niños…, ya que los "hijos serían mercancías vendibles" (todo está en su propio "manifiesto libertario" y en "la Ética de la Libertad").

La falsa derecha "anarco–capitalista" es funcional a la agenda globalista de la izquierda progresista, y a la agenda de despoblación y tráfico de niños. Tanto Rothbard, como L. Mises, con argumentos falaces promocionan la supremacía absoluta de los mercados, el derribo de fronteras, la despenalización de drogas y el desprecio al nacionalismo. Coincidiendo con los ideales del archi–enemigo liberal de Trump: George Soros.

La globalización financiera amenazó hasta 2016 la existencia misma del *Estado–Nación*. Su triunfo se basaba en la cancelación o proscripcion del *nacionalismo*, logrando que se considere esta idea como "políticamente incorrecta". Hoy mismo el emergente e indetenible avance de líderes nacionalistas y populistas, llevan adelante un acelerado proceso caracterizado por la *desglobalización*. Un *#Globexit*. Dicho proceso está marcado por el regreso a la tribu, el nacionalismo, el aislacionismo, la autarquía, el proteccionismo capitalista industrial y un Estado eficiente. Figuras disimiles como Mateo Salvini, Erdogan, Putin, AMLO, Bolsonaro, Orban y Trump, tienen algo en común, no parecen dispuestos a seguir el plan globalista de la elite internacionalista.

El globalismo entraña la negación radical de derecho soberano de una nación a auto gobernarse y pretende eliminar la indispensable preservación de la **identidad natural de los pueblos**. El Patriotismo nacionalista de derecha, se pone de pie en el ring de la arena política con Trump a la cabeza. Quedará para los seguidores más atentos en una época post–Trump, el monitoreo para que el movimiento iniciado por él, no sea desviado y debilitado hacia una falsa derecha.

2. 8* El Dominio totalitario a través de las oposiciones dialécticas

Una nueva perspectiva de la Dialéctica fue difundida y expuesta por el filósofo alemán Friedrich Hegel (1770–1831), y desarrollada por Johan Gottlieb Fichte (1762–1814). A través de la dialéctica no se procuraba entender ni describir la realidad, ni adecuar el intelecto a ella; sino controlarla, transformarla y hasta "crearla", produciendo un cambio deseado.

Bajo la naturaleza de la realidad social, subyace un permanente estado de conflicto entre opuestos antagónicos (izquierdas–derechas; demócratas–republicanos, unitarios–federales, revolucionarios–conservadores, Dios–diablo, bien–mal, nacionales–extranjeros, nosotros–ellos, amigos–enemigos, amo–esclavo, etc). Sin embargo las oposiciones surgidas espontáneamente de manera natural, podían ser también adulteradas. La dialéctica de los opuestos entonces, podía ser entendida como un medio de control y más aún de la transformación de la realidad misma.

Es decir, **la realidad podía ser creada** en función a una negación, oposición o contradicción controlada (disidencia controlada en política).

Para ser más claro, la concepción Hegeliana de la dialéctica puede resumirse en la siguiente máxima: ***"El conflicto produce el cambio. El conflicto planificado produce el cambio planificado"***. Esto se logra anteponiendo el "efecto" (lo que se quiere lograr) a las "causas". En otras palabras, dime qué cambio quieres lograr y te diré que causas tienes que fabricar para alcanzar los efectos esperados. Es una manera de administrar anticipadamente los resultados esperados, a través de la manipulación o fabricación de las causas. Las ideas de Maquiavelo sobre que "el fin justifica los medios", se complementaban con esta visión creando un cóctel explosivo en la historia en movimiento.

Es el mismo principio utilizado para la creación de los eventos de "falsa bandera" aplicados por los Servicios de Inteligencia, los militares y estrategas de todo tipo.

El conflicto es inevitable, entonces de lo que se trata es de controlar el conflicto. Una (tesis) genera una (antítesis), el antagonismo luego produce una (síntesis). La idea era controlar o fabricar la (antítesis), para obtener un resultado esperado y controlado. La nueva síntesis luego se transforma en una tesis (que también debe ser controlada) y así sucesivamente. Un conflicto planificado que provoque cambios planificados.

Lo cierto es que tal cambio de paradigma ocasionó un terremoto en los acontecimientos futuros. Intelectuales, demagogos, la elite, servicios de inteligencia, militares, sociólogos, y empresarios, todos aplicaron estos conocimientos radicalmente revolucionarios.

La elite globalista bancaria, siempre atenta a nuevos descubrimientos que puedan acrecentar su fortuna y poder, fue la que primero tomó nota.

El último "imperio bancario internacional" había sido el de los Caballeros Templarios, el antecesor del "imperio financiero moderno". Todos conocemos el final poco feliz al que se enfrentaron aquellos "Pobres caballeros de Cristo", torturados, quemados en la hoguera y sus fortunas arrebatadas. Muertos los acreedores se acabaron las deudas del Rey francés Felipe IV que orquestó el golpe. Cuando el poder económico–financiero crece en demasía tras la acumulación de riqueza en manos privadas, desafía el poder de las autoridades establecidas, y el resultado puede ser la pérdida de todo el tesoro acumulado.

La nueva aristocracia de banqueros internacionales (tesis), frente a la luz de los nuevos conocimientos filosóficos de Hegel y una realidad social que los ponía siempre en peligro, advirtieron que era necesario controlar la oposición (antítesis) antes que ésta los devorara en cruentas persecuciones de odio (como en el pasado).

Ya se avizoraban algunos emergentes teóricos socialistas (Saint–Simon, Fourier, Owen, Bakunin y Proudhon). Era necesario fabricar una oposición controlada cuanto antes, para que sirviera como referente aglutinador. Y lo lograron financiando a Karl Marx. Éste desde su manifiesto, se encargó de desacreditar otros socialismos, a los que llamó despectivamente "socialismos reaccionarios", o "socialismos burgueses". Con grandes caudales de dinero de los banqueros, su socialismo internacionalista se entronizó como la "antítesis" perfecta del capitalismo (liberal). Previamente los banqueros habían impulsado al globalista David Ricardo para que éste creara un marco teórico adecuado del "nuevo capitalismo liberal", que se oponía al capitalismo mercantilista y proteccionista.

Los ideólogos marxistas fueron los primeros en llevar a la práctica política estos conocimientos de la dialéctica. No es ningún secreto que Marx tomaba muchas ideas sociológico–pragmáticas y filosóficas de F. Hegel, y L. Feuerbach, lo reconoce explícitamente en sus libros.

Como teórico, Marx no tenía absolutamente nada de original, menos en sus análisis (plagiados a Proudhon). No obstante si fueron originales sus "soluciones", que configuraron una ***teoría ideología de fachada*** altamente instrumental para los poderosos magnates, ante todo protegería a la elite bancaria de la emergente furia proletaria, desviando sus miradas hacia otro lado: los capitalistas industriosos y productivos.

El concepto fundamental que Marx toma de Hegel, es el de *la negación en la historia: la dialéctica.*

Lo que hace Marx inyectando su veneno globalista, es asociar el concepto de negación a una determinada clase social: "el proletariado" (antítesis). Éste negaba a "la burguesía" (tesis). A través de la lucha, el proletariado intentaría derrocar a la burguesía y su orden establecido, alcanzando una sociedad "sin clases" (síntesis). Bajo esa excusa puramente retórica, simplista, reduccionista, demagógica y sofística, todo aquello que representaba un obstáculo para "el proletariado" (léase elite globalista), sería demolido bajo la crítica: Dios, Nación, Patria, familia, tradiciones, autoridad, propiedad privada, cultura… Todo debía ser borrado del mapa y formateado violentamente. Para ello apuntaba Marx a la "base" del edificio: el sistema económico capitalista. Los medios de producción debían ser "socializados".

Vladimir Lenin también teorizaba que para tener una "revolución exitosa se debía controlar la acción y la reacción", e incluso proponía si fuese necesario "dar dos pasos adelante y uno hacia atrás" apostando al gradualismo. No es sino, el eco de la filosofía de Hegel y las ideas de la Sociedad Fabiana. La dialéctica se impregnó en muchos aspectos del marxismo.

La dialéctica Hegeliana especialmente la del Amo–Esclavo, fue traspolada a la lucha de clases a través de los opuestos: burgueses vs proletarios. Con esto Marx junto a los globalistas lograban dividir y fragmentar la sociedad (de ninguna manera conciliar sus diferencias). Más aun, lograban dividir y debilitar la Nación (el mayor obstáculo del globalismo). Socavaban así el carácter unitario de una Nación a través del fomento de la grieta, el resentimiento a partir del *antagonismo de clases* dentro de una misma nación. El camino a la guerra civil no solo era atizado, estaba garantizado.

Bajo el socialismo marxista (***comunismo***), los chivos expiatorios de todos los males eran los capitalistas industriales (competidores del capital financiero).

Con esta estratagema de ingeniería social y discursiva, **el capital financiero debilitaba mortalmente a su competidor: el capital industrial**. Los trabajadores sindicalizados bajo ideas comunistas hacían paros forzados, logrando boicotear una industria especifica, que muchas veces podía llegar a quebrar, depreciando su valor, para ser mas tarde adquirida a precio de saldo por el Capital financiero especulativo (también lograba este mismo resultado a través de la deuda usuraria).

Los banqueros crearon con Marx un gran aliado: *los proletariados*, que usarían como tropa de choque contra el capital industrial.

Nada más cínico e hipócrita que Karl Marx. Presentarse como salvador de los trabajadores en contra del "capitalismo explotador", para beneficiar indirectamente los negocios de un puñado de banqueros internacionalistas. Como táctica mínima servía como una manera de boicotear y desacreditar la competencia.

En el mejor de los casos, el marxismo era un instrumento para justificar la toma violenta del poder, el saqueo despiadado y la concentración del poder económico y político en manos de una minoría despótica de… globalistas.

Los banqueros internacionales no se conformaban con el poder económico absoluto, ellos querían también la suma del Poder político. Por ello financiaron a Marx para que bajo la pantalla de "la lucha contra la expoliación" pudiesen justificar golpes de Estado que les brindasen soberanía absoluta y el control monopólico directo de toda la riqueza de una nación. No importaba si era bajo la esfera pública o privada, lo importante era acaparar la suma del poder total sometiendo al 99% del pueblo.

Todo esto quedó comprobado en 1938, cuando la policía de Stalin (NKVD) atrapó e hizo hablar a un agente globalista llamado Christian Rakovsky (embajador soviético íntimamente vinculado con León Trotzsky el principal agente de los Rothschild). Dicho interrogatorio quedó plasmado en el libro **"*La Sinfonía Roja*"**. Rakovsky fue uno de los grandes líderes de la Unión Soviética, es más León Trotzsky en su autobiografía "My Life" se refería a él así: *"Christian G. Rakovsky … tuvo un papel activo en los trabajos internos de cuatro partidos socialistas – el búlgaro, el ruso, el francés, y el rumano – para convertirse finalmente en uno de los líderes de la Federación Rusa, un fundador de la Internacional Comunista, Presidente del Soviet de los Comisarios del Pueblo en Ucrania, y representante diplomático soviético ante Inglaterra y Francia"*

Su testimonio es relevante y valioso porque es un alto *insider,* un agente directo de los banqueros. Él declaró que **los banqueros no se contentaban con la riqueza infinita, sino que iban tras el poder ilimitado.** Intentó convencer al interrogador que Stalin debería unirse a los banqueros *"Son precisamente como usted y* *como yo. El hecho de que controlen una cantidad ilimitada de dinero, en la medida que ellos mismos lo crean, no determina los límites de sus ambiciones… los banqueros, tienen un impulso hacia el poder, hacia el poder total. Así como usted y como yo."*

Ellos crearon el Estado Comunista, como una "maquina de poder total". Afirmó: "Aquellos que ya rigen parcialmente sobre las naciones y los gobiernos del mundo, pretenden ejercer una dominación absoluta". Rakovsky, siendo él mismo un funcionario soviético, se burlaba del "marxismo elemental… popular y demagógico" que es utilizado para engañar a la muchedumbre.

El comunismo lejos de distribuir la riqueza, está diseñado para concentrarlo en las manos de las personas más ricas del mundo (El Estado posee la riqueza y ellos controlan el Estado).

"Resulta llamativo que en las revoluciones rojas, la multitud no haya tocado a los banqueros, ni sus bancos, ni sus mansiones…" Señalaba Rakovsky… Efectivamente el globalista Marx tuvo la misión de dirigir las masas oprimidas contra el Capital productivo industrial, resguardando así el Capital global especulativo y financiero.

El movimiento revolucionario marxista fue solo un medio para incrementar el poder de los banqueros mediante la destrucción del antiguo orden. Un medio para ascender socialmente, y para ir fijando las nuevas estructuras y paradigmas del nuevo orden globalista.

Josef Stalin (dictador soviético) curiosamente no siguió del todo la agenda internacionalista, fue un personaje oscuro que eliminó y persiguió algunos de ellos en las filas del partido comunista, rechazando el expansionismo y cerrándose hacia un patriotismo ruso vigoroso. El economista y escritor argentino Walter Graziano estudió su figura histórica, y con cierta evidencia llegó a la conclusión que éste dictador había sido un agente doble de los Romanov. Esto explicaría su accionar contra Trotzsky, su rechazo al intervencionismo en el exterior, su extraña muerte y el posterior proceso de "desestanlinización" iniciado por Nikita Krushev, como si Stalin hubiese sido un outsider de la Unión Soviética. Efectivamente tuvo un viraje hacia el patriotismo (repudiado por el marxismo ortodoxo).

No todos fueron éxitos para los internacionalistas, en el transcurso del devenir histórico, jamás esperaron la espontanea y violenta respuesta de los fascismos de extrema derecha. Quienes vieron como voluntariamente los trabajadores abandonaban las utopías internacionalistas para enlistarse en la defensa de la Patria y la tradición.

Aquellos fascismos coquetearon con ideas de justicia social derivadas de la Iglesia Católica (–Papa León XIII, Pio XI, Juan XXIII–). Inspirados en esas corrientes contrarias al "Imperialismo internacional del Dinero", se diferenciaron del socialismo marxismo al denunciar virulentamente a la elite bancaria global. Al mismo tiempo que rechazaron el carácter internacionalista del socialismo de tipo marxista, proponiendo –no la lucha– sino la unión de las clases en la Nación.

Tras la finalización de la primera guerra mundial, en 1919 como parte de las delegaciones y comisiones nacionales, la familia de banqueros Warburg, fueron a Versalles participando en la negociación "de la Paz" en un tratado leonino impuesto a los vencidos. Del lado ganador de la guerra, se encontraba el director de la **Reserva Federal** norteamericana: **Paul Warburg,** mientras que del lado de los vencidos estaba el director del **Reichsbank** –Banco Central alemán– su hermano **Max Warburg** [229]. Es decir, en la misma mesa de negociaciones vitales, se sentaban como representantes de ambos bandos de la contienda, la misma familia de banqueros.

Justo a finales de aquella guerra, los marxistas se dedicaban a hacer boicot a la cadena de suministros del ejército de su país. Al mismo tiempo, aprovechando que los militares estaban en el frente de batalla, se dedicaron a realizar golpes de estados y dictaduras proletarias (Steinert, 2004) [230] en distintas ciudades Alemanas, un país que aún estaba en guerra. Muchos de esos socialistas ape-

---

229   Salbuchi Adrian. (2001). *El Cerebro del Mundo*. Cap. Balance of Power y Convergencia. 3ra edición. (p. 147). Ediciones del Copista. Fuente original: Ron Chernow (1995). *The Warburg: A Family Saga*. (p. 140). Editorial Pimlico

230   Steinert, M. (2004). Hitler y el Universo Hitleriano. S. A. Ediciones B. Barcelona.

nas sabían el idioma local. Los marxistas y los banqueros internacionalistas fueron violentamente acusados por haber dado una "puñalada por la espalda" al pueblo alemán, al haber saboteado los esfuerzos de guerra. Tales acciones condujeron a la derrota de aquel país, debiendo Alemania cargar con el costo de la primera guerra mundial con la firma del leonino Tratado de Versalles. Ese clima de traición, generaría una preocupante avalancha de odio y revanchismo, que daría a luz a uno de los regímenes autoritarios más despiadados y brutales de toda la historia: el nazismo alemán. Aquello era una copia con esteroides del **fascismo** italiano. Nada más lejos de un nacionalismo civilizado, en los hechos fue evidentemente un imperialismo de tipo **expansionista, y autoritario**. Incluso su lunático fundador, Adolf Hitler era un austríaco que soñaba con ser alemán, así fue que éste inmigrante se convirtió en Dictador supremo o Jefe de Estado de Alemania y luego invadió su antigua Patria austríaca. Se autopercibia de otra nacionalidad. Las autopercepciones erróneas causan catástrofes, los progresistas y los lobbys LGBT deberían tomar nota.

De ninguna manera deben ser confundidos ni comparados aquellos nefastos fascismos, con los nuevos **nacionalismos pacifistas, aislacionistas de tipo democráticos** emergentes hoy en Estados Unidos, Rusia, Hungría, Brasil, Polonia, India... Éstos últimos por sus características generales, son más similares al nacionalismo patriótico no autoritario y no expansionista de la Francia del presidente Charles de Gaulle (que éste llamaba patriotismo), o el nacionalismo de la Argentina de Perón (que éste llamaba Justicialismo).

Tan diferente de los fascismos sería éste nacionalismo francés, que combatiría ferozmente contra los nazis. El propio De Gaulle se identificaba con el Patriotismo. Fue capaz de enfrentar a EE. UU. en los 70`, para defender sus intereses, exigiendo la devolución del oro nacional a cambio de las reservas de dólares, ante el inminente fin del patrón oro. Hizo gala de un verdadero espíritu independiente, digno de una nación soberana, que desde entonces creció económicamente hasta convertirse en potencia mundial, usando un sistema económico mixto, de fuerte industrialización y proteccionismo.

Las similitudes con el caso Argentino marcan una línea paralela en ciertos rasgos específicos, como el pacifismo, el aislacionismo y el antiimperialismo. El "peronismo" no estuvo despojado de ciertos vicios propios de un excesivo estilo de gobierno personalista propio de la época y ciertos rasgos filofascistas–autoritarios, aunque siempre bajo la democracia popular.

En la política exterior este último se decantaba por una "3ra posición" es decir, evitaba una subordinación a los caminos de las dos vías de oposición controlada que ofrecia la elite global: ni socialismo marxista, ni capitalismo liberal. Perón como fórmula universal de su doctrina "justicialista" propugnaba la *Soberanía Política, la Independencia económica* [231] *y la justicia social*. Su inclinación y empatía hacia los problemas sociales, no provenían del marxismo sino de una inspiración cristiana. El concepto "Justicia social" en el justicialismo estaba muy alejado del significado dado por el neomarxismo. Combatió abiertamente a la elite globalista denominándola: "sinarquía internacional". Una de las primeras medidas de gobierno de Perón, encargadas al militar patriota Edelmiro J. Farrell el 25 de marzo de 1946, fue **la nacionalización del Banco Central,** con el decreto–ley 8503/46 y el 24 de abril la reorganización del Régimen de Depósitos bancarios con el decreto–ley 11. 544/46. Asestando un golpe mortal a la banca internacional. Restituyendo el poder de emisión al pueblo, tal como hizo Lincoln y Kennedy en EEUU. También legalizaría el voto femenino inspirándose en la influencia de Evita Perón una carismática lideresa anti–feminista; haría gratuita la educación universitaria e impulsaría fuertemente la industrialización del país [232].

---

231   promovió el capitalismo y la industria nacional con políticas proteccionistas, nacionalizó el Banco Central, desendeudó el país con la banca internacional, y protegió los recursos naturales

232   Impacto Castex. (19 de octubre de 2020). Diez obras de Perón que cambiaron

En 1955 Juan Domingo Perón fue derrocado por un violento golpe de Estado Militar orquestado desde Inglaterra (o la City de Londres). Un hecho inédito de la historia política contemporánea, donde las Fuerzas Armadas –al servicio de una potencia extranjera– bombardeaban a su propio pueblo. Perón antes de su muerte dijo que se cortaría las dos manos antes de endeudarse con banqueros internacionales, tras su muerte, su tumba fue profanada en ritual masónico y sus manos fueron cortadas y robadas…

Su movimiento fue primero abolido y violentamente perseguido, tras varios años de exilio y luego de su retorno y fallecimiento, hoy en día el partido político por él fundado ha sido destruido por dentro, e infiltrado por liberales de derecha (Carlos Saul Menem) y por liberales de izquierda o socialdemócratas (Nestor Kirchner, Cristina Kirchner, Alberto Fernandez). Hoy en día el "peronismo" o "justicialismo" es prácticamente un insulto en el imaginario colectivo. Evidenciándose la taimada actividad propagandística de los medios de comunicación globalistas y los agentes infiltrados del progresismo liberal. Mientras Juan D. Perón era antiprogresista y se opuso fuertemente al activismo antinatalista de Henry Kissinger, los "nuevos peronistas" son progresistas y abortistas.

Todos estos acontecimientos geopolíticos en el Siglo XX, desbarataron por un tiempo los planes globales, que se reiniciaron con renovada fuerza apenas terminada la Segunda Guerra Mundial. Desde aquel entonces su estrategia consistió en afianzar por generaciones la perfecta oposición dialéctica controlada por *ellos*, entre **Capitalismo keynesiano–liberal internacionalista (EEUU–Inglaterra) y el Socialismo Marxista internacionalista (URSS)**, dando lugar a la guerra fría, y la polarización del planeta tal como lo deseaban ya en los años veinte.

Al mismo tiempo ambas fuerzas de falsa oposición, excluían del mapa político al peligroso nacionalismo (en todas sus va-

la vida de Argentina. https://impactocastex. com. ar/diez–obras–de–peron–que–cambiaron–la–vida–en–argentina–y–aun–perduran/

riantes). Disimulando por otro lado el globalismo, y alejando a su elite de todo peligro. La trampa consistía en estigmatizar el nacionalismo categóricamente, por los genocidios y crímenes cometidos en la Segunda Guerra y en hacer creer que todo nacionalismo era exactamente igual al nazismo extremo, que tantos males había traído al mundo. Algo totalmente falso, pues así como hubo varios socialismos en la historia, también existieron varios nacionalismos, tantos como distintas naciones hubo. Una guerra de desinformación y descrédito de gran escala se expandió por Occidente. Se ha manipulado tanto, que la gente común se limita a prejuzgar las categorizaciones generales. "las culpas por asociación" sepultaron todo tipo de movimiento nacional y popular por décadas.

Para evitar la propaganda malintencionada de los internacionalistas, Trump se pronunció claramente contra el autoritarismo de los fascistas, celebrando la victoria estadounidense en la Segunda Guerra Mundial. Al igual que lo haría la Rusia nacionalista de Putin todos los años en grandes fiestas patrias. Tanto Estados Unidos como Rusia actual, han virado el timón de sus países hacia un nacionalismo moderado, demostrando al mismo tiempo que no tienen nada que ver con el nacionalsocialismo alemán del Siglo XX (como la izquierda pretende hacer creer). Trump y Putin ejemplificaron que es posible poner en marcha un nacionalismo no extremista en pleno siglo XXI.

Lo que la elite internacionalista desprecia es el nacionalismo en sí, éste es su principal obstáculo, sin importar que tipo de nacionalismo sea, pues la **elite hostil está empeñada en destruir los Estados–Nación soberanos, y el nacionalismo es la única doctrina que lo protege.**

La oposición dialéctica: *nacionalismo vs globalismo* **es la que más temen**. Pues es la real, es la que apunta sus misiles contra los responsables verdaderos del caos mundial. Incluso hoy finalizado el primer mandato de Trump, suena demasiado políticamente incorrecto reivindicar el nacionalismo, sin importar el que dirán, Trump lo hizo públicamente en una entrevista con la Fox en Octubre de 2018. POTUS 45 también ha utilizado la oposición: **patriotismo vs globalismo**. Ambas sirven para derrotar esas fuerzas hostiles internacionalistas. El patriotismo tiene la ventaja de no adolecer de las connotaciones negativas de tipo semántica. Por otra parte el patriotismo es aglutinante, inclusivo.

Ya sea el Nacionalismo como el Patriotismo son ambos los opuestos contradictorios al internacionalismo globalista. Son los pueblos contra las elites hostiles, apátridas, y tiránicas.

La comunidad organizada (Nación) en una unidad territorial (Patria) se oponen al intento de derribo de fronteras bajo un Estado totalitario mundial único (Globalismo). Lo que está en juego es la Soberanía, si está del lado de cada pueblo, o bajo una jerarquía única centralizada de tipo dictatorial.

El socialismo internacionalista así como el capitalismo liberalista fueron "las recetas perfectas" de la elite para mantener distraídos a los pueblos con causas que no afectan negativamente sus intereses vitales y estratégicos a largo plazo. Dichas cosmovisiones tampoco señalan directamente a los globalistas o banqueros internacionales de manera acusatoria. De esa manera logran mantenerse apartados ellos mismos de formar parte de un blanco de ataque o crítica.

El nacionalismo en cambio apunta directamente sus misiles contra el globalismo y la elite bancaria, y defiende la soberanía nacional. Es decir, el nacionalismo pone en jaque los intereses estratégicos vitales de esa elite hostil. Expone y confronta al Poder de frente y lo obliga a tomar una posición defensiva, mucho más desfavorable que aquella que se ubica tras bambalinas y prefiere usar testaferros ideológicos que choquen entre sí en cuestiones tácticas, mientras cumplen su agenda estratégica.

Las viejas Izquierdas y derechas son oposiciones dialécticas anticuadas, hay un nuevo paradigma sobre el tablero. Hay una nueva derecha, en Estados Unidos fue la Derecha Alternativa, en Francia los Chalecos amarillos y los identitarios, en Alemania Pegida, en Argentina PSR, etc.

La oposición real es ***nacionalismo vs globalismo***. El primero defiende todo aquello que los internacionalistas quieren destruir, y ataca frontalmente al enemigo hostil de los pueblos que intenta salir siempre del foco de la ira popular. El mundo está presenciando el choque forzado entre el **nacionalismo populista, contra el globalismo elitista**.

2. 9* Antagonismo de superficie: Izquierda vs Derecha

En el arco de la teoría política se manejan categorías algo flexibles y duales, que posicionan –a grandes rasgos– a los individuos de acuerdo a las creencias que tengan respecto a la economía, cultura, valores, religión, familia, relaciones, y todo tipo de cuestiones relativas a como debería ser el orden social y político en una sociedad o comunidad.

Hoy en día muchas personas no tienen en claro que significa "ser de izquierda" y "ser de derecha" aunque tengan una vaga noción. El desconocimiento no es raro, pues sus significados han ido variando bastante con el tiempo. No son categorías fijas.

La distinción semántica se originó en la Revolución Francesa de 1789. Puntualmente en la Asamblea Nacional constituyente; la idea era debatir el equilibrio de poderes en la nueva Constitución. Del lado derecho del presidente de la Asamblea se sentaron la nobleza y el clero, quienes estaban a favor de que el monarca pudiese vetar las decisiones de la futura Asamblea Legislativa (veto real) [233], adoptando una posición conservadora. Y a la izquierda se

---

233 A la derecha se aglutinaron el Primer Estado (reyes, condes, duques, barones marqueses y príncipes) y el segundo Estado (el Clero o representantes de la Iglesia). Estos tenían el Poder

sentaron quienes no eran de la nobleza y el clero, es decir la plebe, campesinos, y burgueses –que no tenían derechos políticos–. Éstos eran quienes rechazaban el veto real y apoyaban un veto nulo o suspendido. Estaban a favor de la revolución adoptando una posición que proponía un cambio para dar participación a sectores más amplios de la población en la política.

A medida que pasaron las décadas y su uso se extendió por muchos países, las categorías perdieron un significado unívoco. Se tomaron como referencia las posturas respecto al poder, quienes ejercían el poder estaban a la derecha y quienes se oponían y resistían al poder imperante eran considerados de izquierda.

En el Siglo XX principalmente durante la guerra fría, las categorías fueron absolutamente cooptadas por la *cosmovisión globalista*, estas categorías pasaron a referenciar concepciones económicas–materialistas e internacionalistas. Se autodefinían a la derecha, aquellos que defendían la propiedad privada y el capitalismo, y a la izquierda quienes pretendían abolir la propiedad privada siguiendo el socialismo marxista.

Luego del estrepitoso fracaso económico en todos los países que aplicaron ese socialismo marxista, el uso de "izquierda y derecha" en economía fue menos radical, manteniendo la dicotomía pero dentro del capitalismo; *izquierda*: capitalismo con intervención ex-

---

político. El Tercer Estado se aglutinó a la Izquierda, lo constituía el resto del pueblo que no eran nobles ni formaban parte de la Iglesia, "la plebe" es decir campesinos, y burgueses (comerciantes, banqueros y artesanos). "Burgueses" viene de burgos, las nuevas ciudades que se estaban formando. El tercer Estado debía tributar a la Iglesia y a la Nobleza. El tercer Estado no tenía ni derechos ni privilegios. La alta burguesía bancaria comienza entonces con esta "revolución" a disputar el poder político usando su poder económico. La burguesía estaba dividida en: alta burguesía (los Girondinos) conformada por grandes comerciantes y banqueros, eran moderados y querían acordar con la nobleza y el rey, limitando su poder pero impidiendo el voto a los más pobres. Eran reformistas. Luego estaban los Jacobinos (profesionales independientes y pequeños comerciantes, se reunían en el convento de los padres jacobinos. Apoyaban la democracia de Rousseau que afirmaba que el Estado debía defender la voluntad general (el interés del conjunto) y no los intereses individuales, la soberanía residía en el pueblo y no en el Rey. Los franceses designaban a la izquierda "montaña" y a la derecha "llanura".

cesiva del Estado en los mercados; y *derecha*: capitalismo altamente desregulado. Existiendo también diferencias entre países centrales del primer mundo y periféricos del tercer mundo.

Esta división también se aplicó para referenciar posturas en términos culturales. Siendo la derecha conservadora aquella que defiende los valores, la familia, la religión y las costumbres tradicionales; mientras que la izquierda liberal –y neomarxista– aboga por la "liberalización sexual", el multiculturalismo, la legalización narco, la ideología de género (Todas causas promovidas por la Open Society Foundations –OSF–).

Las líneas en los autodenominados candidatos de izquierda o derechas se hicieron difusas en lo cultural, especialmente cuando una corriente de izquierdistas fundó el neoconservadurismo en Estados Unidos (falsa derecha).

En una etapa de las relaciones internacionales (1990–2016) marcadamente unipolar (luego de la caída de la URSS), se provocó una progresiva síntesis, donde en Occidente se pudo observar la mayoría de los partidos (al poder o en oposición) una coincidencia en lo "cultural". Tendiendo ambos lados del abanico político a ser liberal–progresistas de izquierda en lo social, mientras que en lo económico ambos se inclinaban a la derecha capitalista con fronteras permeables, no existiendo alternativas reales de fondo para que los pueblos pudiesen defender el *Interés Nacional* contra el desmantelamiento y la erosión de la soberanía de las naciones.

La izquierda logró infiltrarse entre conservadores, las pruebas están a la vista. Quien fundó en Estados Unidos el movimiento neoconservador fue el izquierdista trotskista **Irving Kristol** quien pasó a ser un importante militante de la extrema derecha belicista islamofóbica. La teoría política de los neocon tenían como "biblia" los escritos de un inmigrante extranjero, el alemán **Leo Strauss** (financiado por una beca de la Fundación Rockefeller).

Kristol, definió él mismo lo que es un "neoconservador" diciendo: "es un liberal que ha sido asaltado por la realidad"… Izquierdistas intentando tomar el poder desde la derecha. Necesitaban a EEUU como policía del mundo para expandir sus políticas y rediseñar el globo a su medida. Quien abrió las puertas de Troya fue el corrupto y renegado **Dick Cheney**, quien introdujo en puestos clave del Estado, a docenas de neoconservadores. Entre ellos Richard Perle, Paul Wolfowitz y Douglas Feith en el Pentágono, David Wurmser en el Departamento de Estado, y Philip Zelikow y Elliott Abrams en el Consejo de Seguridad Nacional.

De esta manera, por infiltración los globalistas de izquierda lograron torcer y neutralizar una gran parte de la derecha realmente conservadora. Utilizando las palabras para confundir a sus seguidores colaron subrepticiamente la agenda progresista. El "nuevo conservadurismo" era adaptado a la medida de la agenda de la elite mundial.

Trump observó ese proceso, de la izquierda infiltrada con el paraguas de "la teoría crítica", e hizo lo posible para detenerla, intentando restablecer una genuina derecha conservadora en lo social–cultural, quitando el costado belicista e intervencionista en la política exterior. Donald Trump enfáticamente eliminó de la nueva derecha la idea globalista y liberal entre sus filas, a las cuales atacó frontalmente.

Los magnates liberales de izquierda inyectan mucho dinero para lograr convencer a los congresistas de cuales deben ser sus ideas e intereses. El valiente periodista conservador Tucker Carlson, se ha referido en más de una oportunidad al donante republicano Paul Singer:

> Personas como Paul Singer tienen una tremenda influencia sobre nuestro proceso político… fue el segundo mayor donante del Partido Republicano en 2016. Le ha dado millones a un súper PAC que apoya a los senadores republicanos. Es posible que nunca hayas oído hablar de Paul Singer, que te dice mucho en sí mismo, pero en Washington es famoso como una estrella de rock. Y es por eso que es casi seguro que está pa-

gando una tasa impositiva efectiva más baja que su bombero promedio, en caso de que aún se pregunte si nuestro sistema está manipulado. Oh si, lo está. [234]

Bajo un discurso engañoso, magnates de falsa "derecha" que dicen combatir el socialismo, financian sus causas progresistas de izquierda radical por detrás. Paul Singer, un sacerdote de los mercados especulativos, ha promocionado la homosexualidad, y el lobby LGBT, donando solo en 2014: $ 1 millón de dólares a un súper PAC republicano, destinado a apoyar a congresistas que adopten esas causas. También promueve el derribo de fronteras y la inmigración ilegal. (Libre circulación de capitales –para especular–, y libre circulación de personas –mano de obra barata–). El mismo Trump diría en Twitter sobre él: *"Paul Singer representa la amnistía y representa la inmigración ilegal que llega al país"*.

Por más de 70 años el patriotismo *nacionalista* fue proscripto –por ley– en las democracias "libres", de la mayoría de los países de Occidente. Propiciando por derecha e izquierda un camino recto al globalismo y el desmantelamiento acelerado del Estado Nación. EEUU fue uno de los pocos países que evitó la proscripción respetando de manera coherente la libertad de expresión. Sin embargo tal corriente no econtró expresión en los dos partidos principales, por ende funcionó como una proscripción indirecta.

En conclusión hasta el 2016, la falsa derecha o **"derecha globalista"**, abogó por una globalización económica (**Gobierno mundial privado**). Mientras que en lo "cultural" fue liberal–progresista. La globalización económica y el capitalismo sin fronteras fueron sus estandartes, los eslogan de campaña se nutrieron de eufemismos como "hay que abrir las economías" y hacer "tratados mundiales de librecomercio".

---

234 Davidson, J. (5 de diciembre de 2019). La crítica de Tucker Carlson a Paul Singer es parte del ajuste de cuentas en marcha en Estados Unidos. *The Federalist*. https://thefederalist. com/2019/12/05/tucker–carlsons–critique–of–paul–singer–is–part–of–the–reckoning–underway–in–america/

Por su lado la **izquierda globalista**, abogó por una mundialización política–cultural (**Gobierno Mundial público**). El camino lento a través de la infiltración de las instituciones logró imponer hoy el dogmático progresismo a nivel institucional. Mientras que en lo económico dio vía libre al desarme de la industria nacional a través de su arma: la huelga y el boicot al emprendorismo. Colaboró de igual modo en la deslocalización, y como socialdemocracia permitió en varios países, la actuación libre de los "capitales buitres" y mercados especulativos. La izquierda socialdemócrata en el poder dio luz verde al Financierismo, y al sobre endeudamiento. Utilizó el intervencionismo estatal para subsidiar minorías y todo tipo de planes antinatalistas contra las mayorías.

La izquierda globalista está formada ideológicamente por una confluencia de ideas de la Socialdemocracia, el socialismo marxista, la escuela de Fráncfurt –progresismo cultural–, postmodernismo, e ideas liberales de "sociedad abierta" con Popper–Soros a la cabeza.

La derecha globalista está formada por una confluencia de ideas del neoconcervadurismo straussiano, e ideas liberales de los adoradores del mercado, e ideas progresistas de la escuela de Franckfurt. A todo esto deben sumarse las ideas de los nuevos liberales económicos de la Sociedad del Monte Pelerin, "austriacos" y libertarios anarco–capitalistas.

Confluyendo así ambas cosmovisiones –con diferentes matices tácticas–, en la misma agenda.

Bajo esa falsa oposición, ni el verdadero conservadurismo, ni el verdadero nacionalismo patriota tienen lugar en el abanico partidista, son absolutamente excluidos.

La masiva y preocupante cultura de la cancelación observada por el Big Media liberal en el 2020 no tuvo comparación histórica. Hasta el Propio presidente de los Estados Unidos fue censurado por todas las redes sociales internacionalistas. Los "tolerantes" de la "sociedad abierta" no toleran a quienes no piensan como ellos. Ahora el lector puede entender porque los demócratas –copados por el socialismo– atacaron a Trump, al igual que republicanos de falsa derecha, o republicanos solo de nombre (RINO).

2. 10* Antagonismo profundo: Nacionalismo vs Globalismo

La táctica de la elite bancaria se basó siempre en esconderse así misma detrás de antagonismos falsos, para evitar que el pueblo oprimido estableciera un antagonismo real contra aquella facción de poder que representaba su verdadero peligro. Intentó que nadie la enfrentase o pusiese en juego sus intereses vitales. Esto lo logró como vimos, propiciando disidencias controladas, falsos antagonismos ideológicos de superficie, que entre ellos simultáneamente atacasen a las fuerzas que se resisten a su agenda e intereses. Para ser más específico, la elite globalista fomenta la creación de grupos artificialmente opuestos, que no solo distraen a la gente con falsas causas, a su vez destruyen la resistencia nacionalista. Izquierda progresista vs derecha progresista; o izquierda liberal vs derecha liberal, no son sino brazos del mismo globalismo.

El tirano inteligente prefiere gobernar tras bambalinas utilizando el poder del dinero para comprar voluntades, dividiendo el pueblo en dos –o más bandos–. Mientras todos se destruyen, él prospera. Es la vieja táctica romana "Divide y reinarás". Es el comportamiento de un régimen dictatorial disimulado, en vez de tener dos bandos: oficialistas y opositores, con el desgaste constante que eso significa, simplemente articula y pone a su servicio toda fuerza política existente. Inyectando una ideología favorable según el target (o público objetivo).

Los banqueros usan las mismas técnicas fronteras adentro, como la que utilizaron históricamente contra los Estados nacionales, propiciando y financiando dos países o bloques para que entrasen en guerra, con el fin de subordinarlos al endeudamiento.

El objetivo máximo de alcanzar la supremacía global y destruir las naciones, solo podía ser logrado desviando la atención en falsas dicotomías economicistas o batallas culturales, al tiempo que se atacaba la única ideología que defiende la soberanía y la existencia de las naciones: el nacionalismo. Una vez establecido este esquema, el resto consistió en erosionar gradualmente los fundamentos existenciales del Estado nación en su realidad ontológica.

Los falsos antagonismos dialécticos son aquellos que permiten a la elite financiera ejercer su poder sin ser señalados, cuestionados, ni acusados. Es decir el Poder dominante internacionalista aspira a la impunidad total; solo tolera y promueve ideologías que se enfrentan entre sí, manteniendo el núcleo de la elite apartada de la erosión de la crítica pública e intelectual, escapando de toda responsabilidad.

Promoviendo falsos antagonismos evita y neutraliza racionalmente toda oposición. Mientras que hace todo lo posible para ocultar el antagonismo real que todo pueblo o individuo resuelto pueda presentarle.

La elite globalista puso gran empeño por desacreditar el nacionalismo a través de falacias del hombre de paja y culpa por asociación con regímenes antidemocráticos. Prácticamente nadie se atrevía a usar la palabra "nacionalista" hasta la llegada de Donald Trump a la presidencia. En la alta política, tampoco se hablaba peyorativamente sobre los "globalistas".

El 22 de octubre de 2018 frente a una multitud en un mitin en Houston–Texas, Trump reivindicaría explícitamente el nacionalismo oponiéndolo al globalismo. *"Y yo digo, de verdad, se supone que no debemos usar esa palabra.* **Soy nacionalista, ¿de acuerdo? Nacionalista. Usa esa palabra, usa esa palabra"** Tambien diría *"El Estado–nación sigue siendo el mejor vehículo para elevar la condición humana"* [235]. La multitud respondió ¡USA! ¡USA! ¡USA!

---

235   Ferreras, Jesse (23 de octubre de 2018). Donald Trump: Soy nacionalista, ¿de acuerdo? Nacionalista. Usa esa palabra, usa esa palabra. *Global News*. https://globalnews.ca/news/4584546/

Como era de esperar los medios liberales y de izquierda como *Huffpost* intentaron remarcar las "oscuras connotaciones" de la palabra efectuando críticas políticamente motivadas ([236]).

Muy lejos de retractarse, el presidente repetiría sus palabras el 29 de octubre, dando detalles ante una entrevista en la cadena Fox News (2018):

> **Veo dos cosas: globalistas y nacionalistas**. Soy alguien que quiere cuidar nuestro país porque durante muchos, muchos años, nuestros líderes —ustedes lo saben mejor que nadie—, nuestros líderes han estado más preocupados por el mundo que por los Estados Unidos…, estoy orgulloso de este país y a eso lo llamo *'nacionalismo'*. Lo llamo ser nacionalista y no veo otra connotación que esa. ([237]).

En ambas declaraciones opuso el término nacionalismo al globalismo, lo cual es sumamente significativo.

Para los pueblos en busca de liberación, el antagonismo real y profundo pasa por atacar frontalmente la elite financiera internacional globalista y la estructura de poder que sostiene su neo–imperio. Así como un acto de vital necesidad pasa por defender y promover activamente las ideas que defienden la existencia de las naciones y su soberanía.

No hay hombres libres en naciones esclavas.

¿Qué busca un Imperio? Colonias dóciles y subordinadas que paguen tributo y obedezcan a su autoridad. Para ello coluden con una elite nativa corrupta, que a cambio de dinero, entreguen la soberanía de todo un pueblo.

---

donald–trump–nationalist–rally–texas/

236   O`Connor, L. (23 de octubre de 2018). Por qué Donald Trump se declara a sí mismo un nacionalista. *Huffpost*. https://m. huffpost. com/us/entry/us–5bcf53b1e4b0d38b587cd44a

237   Re, Gregg (29 de octubre de 2018). Trump adopta la etiqueta de nacionalista. *Fox News.* https://www. foxnews. com/politics/ trump–rejects–blame–for–packages–sent–to–top–dems–says–suspect–was–insane–a–long–time

El globalismo como un neo–imperio, estableció primero el control sobre la super–potencia, un sistema que respaldaba la persuasión ideológica liberal a punta de pistolas y porta–aviones. Lo que buscaba la elite bancaria era imponer un sistema internacional donde el poder del dinero no tuviera límites y sea permeable a la compra de voluntades. La calesita de la democracia liberal ofreció una jugosa oportunidad para guiar carreras de políticos ambiciosos y desalmados traidores. No solo en el poder Ejecutivo, en el judicial y legislativo también.

Cuando los países subordinados a este esquema entran en crisis o decadencias pronunciadas, muchas veces emergen verdaderos líderes patriotas, preocupados por el bienestar general de su gente. El neo imperio los llama dictadores populistas, nacionalistas deplorables. Los conceptos "comunidad", "bienestar general, bien común" han resultado peligrosos para el poder establecido. Por ello inyectan ideas falsas para desacreditar cualquier aspiración al bien común, y al patriotismo. Se inyecta un poco de individualismo abstracto y absoluto, junto a una idea artificial y meramente contractual de sociedad. Por supuesto, nada de naturaleza, biología, tribu, ni etnicismos: "todo es un constructo cultural". La elite hostil se ha encargado de combatir fuertemente determinados puntos de vista que podrían derrumbar su edificio de cristal.

¿Qué sucede cuando en el centro de la metrópoli del neo imperio global, llega al poder un deplorable? No solo el pueblo sale a las calles a respaldar al líder patriota que viene a restablecer su soberanía, sino que todas las neocolonias subordinadas a la metrópolis, son liberadas de ese poder centralizado.

A pesar de ello, las estructuras supranacionales ya habían sido dotadas de cierto poder y autonomía, de modo tal que las naciones continuaron en cierta forma subordinadas al poder de la ONU, el FMI, las fundaciones y ONG. Por ejemplo el pacto de migración mundial fue articulado por la elite hostil, presciendiendo de la voluntad de los Estados Unidos. Gran cantidad de países firmaron ese pacto autodestructivo, demostrando que los organismos supranacionales son actores políticos que pueden hasta prescindir del apoyo y promoción de la potencia mundial N°1.

Lo que era percibido como "prensa libre", quedó expuesta como un mero aparato propagandista y relaciones públicas de la izquierda globalista y las grandes farmacéuticas.

Por eso se torna tan importante liberar a cada país de esas estructuras de poder. El ***Globexit*** fue iniciado por los Estados Unidos de Donald Trump. Es una marca innegable, una huella imborrable que inspira a los patriotas de todos los países.

2. 11* Redefiniendo la derecha, desde el 2016 hasta la actualidad

Todo cambió en 2016 con la llegada de un outsider a la Casa Blanca: Donald Trump.

En la teoría política el viejo nacionalismo intentaba desmarcarse de las categorías clásicas de izquierdas y derechas, afirmando no formar parte de ninguna de ellas. Ese enfoque permitió coquetear con los descontentos de ambos espectros ideológicos, aumentando sus chances de llegar al poder, pero al mismo tiempo esa indefinición también lo colocaría como chivo expiatorio de ambos espectros.

Sus máximas eran: "no somos ni de izquierda, ni de derecha, somos los de abajo y vamos por los de arriba", o "derecha e izquierda es un invento de los de arriba para controlar a los de abajo", "un invento de la elite globalista para mantener dividida la nación". (una retórica que imitarían los libertarios en cierta medida).

Combatir simultáneamente la izquierda y la derecha provocó un llamado a los más avispados disconformes del Sistema, capaces de ver más allá de la falsa dialéctica binaria y maniquea puesta frente a los ojos de la muchedumbre, para que ésta no pudiese escapar de la agenda única de doble vía.

Quienes eran capaces de una reflexión más profunda, abstracta y compleja, escapaban al pensamiento lineal simplista con el cual el Sistema logra engañar a todos.

Esta elevada exigencia intelectual quedaba restringida a pocos intelectuales analíticos, en cambio la muchedumbre tiende a inclinarse tomando partido, o es bueno o es malo, o es de izquierda o es de derecha, o es blanco o es negro, o es mercado o estado. La muchedumbre tiende a simplificar y polarizar. Esta distancia cognoscitiva entre los intelectuales y las masas, fue suplida por líderes carismáticos capaces de conectar sinceramente con el pueblo, sus intereses y exigencias más íntimas dando inicio al populismo (algo muy temido por la elite).

Al mismo tiempo esta postura unitarista–aglutinadora, permitió ganar votos y simpatías de ambos espectros políticos. Como contrapartida permitió también a los globalistas demonizar el nacionalismo por izquierda y por derecha agitando los fantasmas de los opuestos. Ya sea Marx o Mises, a pesar de sus diferencias superficiales, coinciden en su cosmovisión internacionalista y antinacionalista de fondo. Sus fanáticos seguidores son incapaces de salir de esa trampa para hámster, creada por sofistas astutos, que en el fondo estan emparentados por los mismos intereses.

Trump cambiaría el enfoque táctico escapando del centrismo nacionalista clásico. Con su nuevo nacionalismo populista, no autoritario, no expansionista, reformularía nuevamente "la derecha", incluyéndola decididamente de ese lado del espectro político, evitando los extremismos.

Legitimando posturas y evitando excesos renovó el prestigio del nacionalismo para 75 millones de norteamericanos que lo votaron en el 2020. Ha dicho numerosas veces, "debes tomar partido". A pesar que la prensa liberal lo ha acusado de "avivar el extremismo", ha sido totalmente moderado.

POTUS 45 reintroduciría en la nueva derecha un "nacionalismo" anti–progresista en lo cultural, desactivando con ello la nueva izquierda contracultural.

POTUS 45 reintroduciría un neomercantilismo o "nacionalismo capitalista" en lo económico, preocupado por aliviar la carga impositiva a los sectores productivos (uniendo capital y trabajo). Favoreciendo con ello a trabajadores, y contribuyentes. Ha estado promoviendo la reindustrialización, el proteccionismo y el desmantelamiento de los tratados de libre comercio mundiales injustos para EEUU. Desactivando así a la derecha neoliberal globalista que odia las fronteras y las naciones.

POTUS 45 reintrodujo un nativismo solapado e implícito, a través de una retórica contra la inmigración ilegal y la lucha contra el tráfico humano. Una pirueta discursiva que ha tomado por sorpresa al establishment, poniéndolos completamente nerviosos.

Al tomar partido por la derecha, focalizó su crítica a la oposición como un todo de izquierda, endosando aspectos del globalismo a la misma. Trump representaría en este nuevo paradigma la derecha nacionalista y patriota.

En otras palabras, en esta **ingeniería dialéctica** introduce aspectos fundamentales del antagonismo real (nacionalismo–globalismo), bajo su redefinición del antagonismo de superficie (derecha–izquierda).

Trump ha sido lo suficientemente cauto en usar la palabra nacionalista o nacionalismo. Ante la ONU, o frente a un público más cerrado, la mayoría de las veces utilizó la retórica del patriotismo. Apeló a la oposición globalismo vs patriotismo, que tiene el mismo efecto con una mayor aceptación general, ganando el apoyo incluso entre liberales economicistas de derecha altamente hostiles al nacionalismo.

Para Trump, la izquierda socialista fue siempre un blanco de ataque constante, atribuyendo a la misma todas aquellas características de la contracultura.

Esta suerte de movimiento de liberación nacional, dialécticamente premeditado, constituye una obra maestra de táctica y estrategia política–discursiva.

NUEVA LUCHA MICRO–DIALÉCTICA

El movimiento MAGA no se ha detenido en redefinir la derecha, ha profundizado la batalla cultural a través de una lucha micro–dialéctica. Si se observa detalladamente, los sectores sociales minoritarios, fueron utilizados por la izquierda demócrata para disgregar la nación con un **movimiento centrífugo** de identidades en conflicto:

* Minorías étnicas contra mayorías étnicas: racismo anti–anglosajón
* mujeres contra hombres: ataque a la masculinidad.
* homosexuales contra heterosexuales: ataque al matrimonio y la heterosexualidad.

Estas identidades fueron direccionadas por Trump para fortalecer la nación en un **movimiento centrípeto e integrador**.

Referentes **MAGA afroamericanos** llaman a las minorías a empoderarse a través del rechazo del victimismo liberal, evitando la manipulación demócrata de la carta de la raza. Es decir se rechaza la teoría crítica de la raza (un racismo de izquierda que se camufla como antirracismo).

Mujeres MAGA llaman a luchar por la vida, y la familia, empoderando la mujer a través del amor con el sexo opuesto, no con su rechazo. Las mujeres de la familia Trump han estado ayudando a otras mujeres con proyectos de emprendorismo cuentapropista para madres solteras o mujeres solas.

Referentes **MAGA homosexuales** también hacen un llamado para abandonar el eterno victimismo que la izquierda utiliza para politizar el sexo, invadiendo la vida privada de las personas y sobre sexualizando menores de edad. Rechazando ideas como los "baños transgénero" en los colegios.

La estrategia de marketing del partido demócrata se ha basado siempre en exacerbar el victimismo en las minorías, inyectando conflicto, resentimiento, miedo y odio contra el partido Republicano, culpando a los WASP de todo lo malo que les sucede. Las campañas de miedo son las más exitosas de toda facción política con tendencia tiránica. El miedo enceguece, nubla la razón.

Jugando las cartas del racismo, el sexismo, la homofobia, han hecho que las personas psicológicamente vulnerables se sientan en peligro constante, y con falta de los mismos derechos, ventajas u oportunidades que otras personas. Son las cartas de Frankfurt. El objetivo de la izquierda y el partido demócrata es balcanizar los estadounidenses, para poder manipular los votos de esas minorías a su favor. **Fracturar culturalmente una nación, equivale a destruir las bases de su unidad**.

El juego demócrata consiste en satanizar al republicano conservador, mientras se presenta como salvador de minorías oprimidas. Esa ha sido su fórmula para el éxito electoral, que contó con el apoyo de los "normies" de las mayorías. Como esa agenda parte de la elite globalista, cuenta con el respaldo masivo de los medios de comunicación liberales y un sistema educativo contracultural cada vez más semejante a un aparato de adoctrinamiento propagandístico de los peores regímenes comunistas.

Para desactivar esa agenda llena de odio, y división que ataca a las mayorías y a la democracia, han surgido aproximadamente desde el 2018 numerosos contra–movimientos, más o menos espontáneos, tendientes a la conciliación y la integración del pueblo, así como el rechazo a la manipulación demócrata liberal. Pero su misión principal es interpelar la narrativa progresista que pretende definir las identidades por su inclinación política, alejándolas de la naturaleza y la realidad.

Esto se evidenció por ejemplo en el programa de radio "The Breakfast Club" del locutor afroamericano *Charlamagne Tha God*, el 22 de mayo (2020) donde el contrincante de Trump para las elecciones 2020, Joe Biden dijo al entrevistador que si un afroamericano vota por Trump no es negro. Es decir, la raza no sería ya algo biológico y natural, sino una categoría absolutamente cultural y política. Muchos afroamericanos se sintieron ofendidos con Biden por esas declaraciones y terminó disculpándose.

Muchos afroamericanos que apoyaron a Trump en sus política de afirmación de "Ley y Orden", "todas las vidas importan" y apoyo a los religiosos, fueron discriminados por liberales y violentamente increpados. Aunque cueste creerlo un importante número de individuos perdieron sus trabajos por expresar esas posiciones.

Lo mismo sucede con homosexuales que se alejan del partido demócrata para salir de la rueda del hámster de la victimización eterna. O de mujeres que rechazan el lesbofeminismo radical de izquierda (no confundir con feminismo). Allí la mentada "sororidad" y "tolerancia" de la "sociedad abierta" desaparece en un mar de hipocresía atacando a los homosexuales conservadores, y mujeres conservadoras pro–vida.

Los libertarios o liber–progres se colocan decididamente del lado de la izquierda apoyando las mismas causas culturales que los neomarxistas, y se pretenden contestatarios al poder establecido.

La nueva izquierda contracultural, es el instrumento más radical de la elite globalista. Ésta politiza el sexo de las minorías, la raza de las minorías, el credo de las minorías. Articula grupos de presión política bien financiados y los utiliza como tropas de choque contra el sexo de las mayorías, la raza de las mayorías y el credo de las mayorías, a las cuales señalan como los enemigos del pueblo y a quienes atribuyen todo mal pasado, presente y futuro.

*La sobre–victimización de las primeras, catapulta la sobre–culpabilización de las segundas. Son tácticas de manipulación psicológica, típica de antiguas castas sacerdotales y de marxistas que reactualizaron forzadamente la dialéctica hegeliana del *amo/esclavo* y *opresor/oprimido*. Ignorando a sabiendas que una relación asimétrica de categorías sociales jerarquizadas, no tienen que ser necesariamente antagónicas y hostiles entre sí.

*En cambio la nueva derecha disidente, ha buscado a referentes de minorías (conservadoras) que apoyan con sinceridad a las mayorías e intentan integrarse en la unidad general apelando a la conciliación.

En el arduo trabajo de desarmar el discurso manipulador demócrata–liberal, están los influencers afroamericanos que apoyan la ley y el orden y quitan el estigma de culpabilidad a los blancos: Ben Carson, Tim Scott, Candace Owen, Terrence Williams, Larry Elder, Brandon Tatum, Damani Bryant Felder, Mark Robinson, Diamond and Silk entre muchos otros. Seres humanos extraordinarios llenos de talento y carisma.

Ahora se ha visto incluso al representante demócrata de Georgia, el afroamericano Vernon Jones apoyando a Trump en su reclamo de fraude electoral y su lucha contra el socialismo radical.

A continuación serán analizados una serie de personajes políticamente incorrectos, que con sus iniciativas y opiniones cercanas a Trump o la *Alt Right* generaron polémicas, controversias y pusieron a prueba la libertad de expresión, yendo contra la opinión hegemónica.

Entre otras minorías, también la comunidad judía tiene algunos exponentes disruptivos de derecha conservadora que van contra la corriente mayoritaria liberal.

Es el caso del controvertido **Stephen Miller** uno de los dos o tres jóvenes redactores de discursos de la Casa Blanca. Antes de entrar en política, estuvo en contacto con Brimelow, el fundador de VDARE. com, y con Richard Spencer, quien se convertiría en el nacionalista blanco más notorio en Estados Unidos. Spencer ayudó a construir el movimiento *alt–right* incluso bautizándolo de ese modo. Miller es un ferviente opositor a la inmigración masiva, y un admirador de la restrictiva ley de inmigración étnica de 1924 que muchos nacionalistas blancos de la Alt Right quieren restaurar (*JTA, 2019*)[238], (*Spicenter, 2019*)[239].

---

238 Jewish Telegraphic Agency. (12 de noviembre de 2019). Stephen Miller promovió materiales nacionalistas blancos al reportero de Breitbart. https://www. jta. org/quick–reads/white–house–senior–policy–adviser–stephen–miller–promoted–white–nationalist–materials–to–breitbart–reporter

239 Hayden, M.E. (12 de noviembre de 2019). La afinidad de Stephen Miller por el nacionalismo blanco revelada en correos electrónicos filtrados. *Spicenter.* https://www.splcenter. org/hatewatch/2019/11/12/stephen–millers–affinity–white–nationalism–revealed–leaked–emails#policies

El Comité judío Republicano ha protegido a Trump y a Miller de los ataques liberales de aquella colectividad que a pesar de todo, nunca logró confiar en POTUS 45. Otro caso es Ron Unz un valiente editor y fundador de *The Unz Review*. Un sitio web revisionista, de polémicas reflexiones políticas, demográficas y culturales alternativas *www. unz. com*. Reúne en él a más de 40 intelectuales de todo el mundo, dramaturgos, historiadores, sociólogos, artistas, analistas, ex oficiales de inteligencia y de un variado espectro ideológico de izquierdas y derechas —muchas veces osadamente polémico—. Pero confluyentes —en general— sobre la defensa de las fronteras, ciertas dosis de un rancio nacionalismo pro–anglosajón, antiprogresismo y sesgo anti–israelí. Hay escritores a favor y otros explícitamente en contra de Donald Trump. Aunque tampoco es un sitio auto–identificado con la Alt Right, sus tópicos de interés pueden resultar similares en parte. El creador de la página *Ron Unz* lo describe como "un sitio de recopilación de noticias alternativas". Ha recibido censura de Google, y acusaciones de antisemitismo, y negacionismo a pesar que Ron Unz mismo es hijo de un inmigrante judío ucraniano. Aunque no es un sitio MAGA, muchos seguidores de Trump han compartido material de UNZ en sus redes sociales. Actualmente el Big Tech ha censurado la difusión del sitio, llegando a bloquear sus enlaces.

Dentro de la minoría gay, también surgieron conservadores pro–Trump como **Milo Yiannopoulus** un ex judío británico convertido al catolicismo. Éste fue reclutado por Steve Bannon en Breitbart, para intentar infiltrarlo infructuosamente en Facebook. Su retórica va contra el lobby LGBT y feminista, que por su inclinación sexual evita la acusación de "homofobia", un clisé típico que la izquierda lanza contra sus interlocutores cuando pierde la batalla de los argumentos. Milo fue uno de los exponentes teóricos de la Derecha alternativa o *Alt Right*. Incluso se atrevió a redactar un manifiesto.

Otro ejemplo digno de mención dentro de la comunidad gay estadounidense, tomaría una relevancia significativa con la creación del movimiento **#*WalkAway* de Brandon Straka** [240]. Se presenta asi mismo como *"un ex liberal gay que votó por Hillary Clinton en 2016"*, atemorizado por la "dictadura fascista" y homofóbica que traería Trump a los Estados Unidos (según la propaganda de la prensa).

En cierto momento Straka advierte la manipulación y sesgo liberal en las noticias masivas, y decide el 26 de mayo de 2018 fundar ese movimiento contando su experiencia individual. Instando a la gente a alejarse del partido demócrata que basa su agenda en la manipulación de las minorías, explotando el odio, la división, el miedo, las narrativas falsas, y cuentan con el respaldo absoluto de las noticias falsas de la CNN, ABC, NBC, CBS, WP, NYT, BBC etc. Brandon se convirtió en un partidario de Trump, en un nacionalista y patriota conservador. Desde entonces se ha dedicado a deconstruir el discurso progresista de izquierda liberal, dando voz a distintas minorías ex liberales, y ex demócratas.

En una interesante entrevista con **el brillante periodista Mark Levin** de Fox News en Marzo de 2019 [241] detalla su experiencia de "despertar" luego de descubrir una noticia falsa de la CNN anti–Trump, donde inventaban que el candidato republicano se había burlado de un reportero discapacitado. Straka luego de comprobar que la CNN con malicia, había editado y sacado de contexto escenas, fabricando así una auténtica fake news, enfatizó el recuerdo que en ese momento la noticia logró engañarlo para que odiase a Trump. Ese episodio de *desinformación* y manipulación mediática comprobada en primera persona, lo hizo comenzar a cuestionar muchas cosas, entre ellas, el rol que desempeña

---

240 *WalkAway*. (s. f.). Walk Away Campaign. Recuperado 1 de noviembre de 2020. www. walkawaycampaign. com

241 Life, Liberty & Levin (3 de Marzo de 2019). Brandon Straka explica la campaña #WalkAway y su desilusión con el Partido Demócrata y los medios liberales. https://www. foxnews.   com/transcript/brandon–straka–explains–the–walkaway–campaign–and–his–disillusionment–with–democratic–party–and–liberal–media

la prensa prestigiosa y "seria". En un gran ejercicio de humildad intelectual reconoció que fue engañado y decidió luchar para que otros norteamericanos no cayesen en esta misma trampa. El sitio informativo Project Veritas expuso en dos oportunidades con cámaras ocultas, como CNN realizó campañas de desinformación. El periodista James O'Keefe que fundó Project Veritas, luego de la revelación de abril de 2021, fue censurado por Twitter.

Sentirse manipulado fue para Brandon Straka algo que cambio su vida, ahora intenta que otros se animen a seguir sus pasos señalando condenatoriamente el sesgo de los medios masivos y haciendo un catálogo de noticias falsas que usan contra Trump. Brandon comenzó a notar en cada manipulación mediática un patrón repetitivo que no pudo soportar más. Los demócratas y medios liberales *"empezaron a usar nuestras identidades en nuestra contra"* reclamó enfadado en uno de sus videos.

Abandonó la prensa liberal "seria" que abarca el 93% de la opinión pública y comenzó a seguir a un par de periodistas de derecha (que representan menos del 7% del total). Es decir comenzó abrir su mente a las opiniones de los pocos conservadores e informadores honestos que no han sido silenciados todavía. Mencionó a Ann Coulter, Tucker Carlson y Milo Yiannopoulos. Inició entonces su campaña contra los medios liberales y el partido al cual había apoyado y votado en el 2016. Cientos de miles de personas comenzaron a seguirlo en redes sociales, identificándose con lo que le había pasado a Brandon. Instó a los seguidores a contar sus experiencias en pequeños videos, para compartir. Esa liberación es una verdadera forma de empoderar las personas exponiendo la manipulación de la elite.

En gran parte el presente libro de investigación, desde la perspectiva minoritaria de un latino–americano que vive en Argentina, tiene el mismo objetivo: empoderar las personas con nuevas perspectivas, para que éstas no se dejen engañar fácilmente con las campañas masivas de "pensamiento único" y desinformación. Se debe luchar contra todo tipo de acciones que pongan en peligro la democracia. La censura, la cancelación, el bloqueo a conservadores, patriotas, y nacionalistas es la mayor muestra de intolerancia política ejecutada desde el Big Media, y el Big Tech socialista.

También mujeres que apoyan a los hombres y son pro–vida, han rodeado y respaldado a Trump sufriendo el hostigamiento de los "tolerantes" de la izquierda liberal abortista.

Ya vimos como el supuesto sexista de Trump es fuertemente respaldado por valientes mujeres. Ahora mismo la eminente abogada Sindy Powell por voluntad propia se ha convertido en un actor clave en la lucha legal para reclamar por el fraude masivo en las elecciones 2020.

En conclusión, el movimiento de Trump ha intentado desacoplar las minorías étnicas, sexuales y de género de la trampa manipuladora de la victimización y el resentimiento de la izquierda demócrata, que ha seducido por años a muchas a personas propensas a caer en esas sugestiones de victimismo emotivo, y colectivizante.

La técnica de manipulación socialista se llama *Reflejo Condicionado*, ésta fue descubierta por el científico comunista Ivan Pavlov, aplicada por la Unión Soviética y luego por los medios de comunicación liberales en todo el mundo occidental. Pavlov diría *"Mi vida entera se compone de experimentos, nuestro gobierno también experimenta, solo que a más alto nivel"*. Lo que se hace con un perro y una campana en laboratorios, los medios de comunicación "respetables" lo hacen con historias y calificativos en la sociedad. Sumando el **Priming, las fake news y las fire news** se implementa una poderosa propaganda sutil que pocos observan, donde se condiciona a las personas a odiar a quien ponga en jaque los intereses de la elite globalista.

La nueva derecha distingue a un **verdadero amante de la libertad** de **un falso amante de la libertad.** El verdadero es aquel que la concibe dentro del marco nacional, el falso amante de la libertad es aquel que defiende la libertad egoísta, atomizada y aislada de los demás. Incluso contrapuesta al bienestar general.

La teoría soberanista dice: No puede haber hombres libres en una nación esclava.

Y como decía el geoestratega Adrian Salbuchi (2001):

> En la actualidad escuchamos muchas declamaciones acerca de la "libertad" pero, insistimos, la única libertad no es aquella de la que puede disfrutar el cuerpo ni la que permite dar rienda suelta al capricho del momento; sino mas bien **la auténtica libertad es aquella que ilumina al espíritu y entendimiento del hombre.** (p. 66) [242]

La nueva derecha también distingue a un **Patriota verdadero** de **un falso patriota**, un verdadero patriota es quien apoya el nacionalismo, aquel que no lo es, simplemente representa más de lo mismo. Bush era un falso "patriota", un *neocon de derecha* que ejecutaba los planes de la sinarquía internacional que con su *"Patriot Act"* recortó múltiples libertades. El Che Guevara era un falso *"patriota" por izquierda*, que fue a otros países para imponer su régimen marxista, ejecutaba la *agenda internacionalista* bajo el contradictorio lema "patria o muerte". El patriotismo abstracto, aislado del cuerpo colectivo, no define la oposición real y crucial que demanda la época. El patriotismo es la condición necesaria pero no suficiente para la victoria frente al globalismo.

El verdadero patriota y amante de la libertad que quiera combatir al globalismo no tiene otra alternativa más que levantar la bandera que defiende la *soberanía nacional*; la existencia misma del *Estado nación*; los intereses del *pueblo primero*; la reivindicación de los *sectores productivos* (capital y trabajo nativo); la propiedad privada; la familia; la fe; la independencia y la libertad del autogobierno, frente a todo tipo de injerencia extranjera o internacionalista. La oposición a monopolios y toda forma de

---

242   Salbuchi, A. (2001). *El Cerebro del Mundo.* 3ra edición. (p. 66). Ediciones del Copista.

parasitismo financiero, es la mejor forma de realizar un verdadero y genuino acto de justicia social sistémico, dándole un rostro humano al capitalismo.

Como la izquierda se ha radicalizado transformándose en un arma globalista para socavar la soberanía nacional, la derecha se ha nacionalizado como último recurso para defender la supervivencia del Estado nación soberano.

2. 12* Micro–Ideologías globalistas

> *"Quien quiera enseñarnos una verdad,*
> *que no nos la diga: que nos sitúe de modo*
> *que la descubramos nosotros mismos".*
>
> —José Ortega y Gasset

Anteriormente había especificado que el globalismo, es un *sistema ideológico* conformado por un conjunto interrelacionado de sub–ideologías que de manera sinérgica convergen y fundamentan los procesos de desnacionalización del poder político, económico y cultural a escala global.

Estas sub–ideologías las he denominado micro–ideologías, puesto que se anidan bajo la idea *macro globalista* que trata específicamente sobre un asunto fundamental: ¿donde debe resir la soberanía? ¿En entidades tecnocráticas supranacionales o en los Estados nacionales? La primera opción supone la pérdida de la independencia colectiva y la libertad individual, la segunda opción supone su conservación. La elite sabe que así planteada la dicotomía —en términos reales—, nadie aceptaría la opción que ellos quieren imponer, por esta razón recurrieron al engaño, al sofisma, a la división. Fue así que vehiculizaron la propagación de las micro–ideologías globalistas, que operan de manera disimulada, independiente y sinérgica.

El primer gran golpe radical contra Occidente fue el marxismo socialista. Este se recubrió bajo una bandera, un símbolo y un sujeto revolucionario.

Tras su fracaso estrepitoso, debió cambiar y reinventar su forma, sin perder su esencia subversiva. Tras querer demoler lo que el materialismo denominó "estructura" social de poder (a través de la subversión económica), pasó a ocuparse de la demolición de lo que habían llamado "superestructura" social (subversión cultural).

En vez de presentarse con una bandera roja, bajo un símbolo (la hoz y el martillo), se presentaría con varias banderas, que reivindican "diversas causas sociales" y con múltiples sujetos revolucionarios (las minorías sociales).

Todo esto es para hacer más difícil la conceptualización a sus adversarios, oscurecer sus profundas intenciones y esconderlas del golpe que podría darle la extrema derecha. La especificidad y sesgo emocional de cada reclamo permite disimular los objetivos macro–destructores. ¿Qué tipo de insensibles podrían pensar que tras la defensa de los "derechos" de las minorías se ocultarían intenciones hostiles por parte de la elite dominante?

El tiempo pasó y la *teoría crítica* nunca pudo ser eficazmente criticada, por carecer de una visión completa e integral "del bosque". Y quienes entendían el asunto, y conocían sus máximos responsables, acudían a vías de reacción estigmatizadas del pasado, que a la larga fueron ineficaces frente a una muchedumbre ampliamente sensibilizada.

El establishment, en vez de ser un pulpo que golpea con un solo brazo, se convirtió en un pulpo que golpea con varios brazos. El cerebro del pulpo es la elite globalista junto a su causa: el globalismo. El marxismo y todas las "nuevas causas" postmodernas, son tan solo sus tropas de choque. Pocas personas ven más allá de lo superficial. Y prácticamente nadie investiga estas cuestiones de vital importancia, aunque representen una amenaza existencial para Occidente, su cultura y su pueblo.

Por las características especificas podríamos entender la idea macro–globalista como aquella tendiente a fomentar los objetivos geopolíticos estratégicos. Mientras que las ideas micro–globalistas operan dentro de ese esquema fomentando procesos y objetivos tácticos.

Todas y cada una de ellas fueron impulsadas de manera paulatina, para generar la menor oposición y resistencia posible. Las mismas iban recubiertas de un manto de moralina aburguesada.

Estas fueron difundidas muchas veces desde las noticias, el entretenimiento, y la cultura, sin la estructura político–partidista. Prácticamente nadie sospechaba que fueran reivindicaciones de izquierda ya que no iban debajo de su bandera.

La mayoría de estas ideologías han sido motorizadas y asociadas a la *nueva izquierda*, pero también han penetrado poderosamente estamentos de *falsa* derecha subordinada a la agenda globalista.

Eso ayudó a expandir su hegemonía adoptando una transversalidad bipartidista de tipo totalitario.

Muchos de los lectores observarán aquí que las "micro–ideologías" que describiré, son muchas de las que podríamos denominar como "ideas progresistas", o de izquierda liberal.

El sufijo –micro– hace alusión a su carácter subordinado, anidado, coordinado, confluyente a la "macro ideología globalista" que ya expuse. Imagínenlo como una arquitectura de ideas jerárquicamente dispuestas.

Sé que todo el enfoque que presento en este libro es absolutamente nuevo en sociología; y en categorías descriptivas, rompe paradigmas y requiere del lector un esfuerzo marginal importante de intelección. No obstante a la luz de su lógica y respaldado por los hechos, su verdad se refleja de manera diáfana para aquel que quiera verla sin anteponer prejuicios liberales subyacentes.

Vivimos en un mundo cuya ideología dominante, desde hace 30 años, es hegemónicamente el **liber–progresismo**, en franco declive desde 2016. Las micro–ideologías o sub–ideologías globalistas son imperceptibles las mayorías de las veces, dado que son lanzadas *al mercado de las ideas* como causas amañadamente "humanitarias". Y defendidas por influencers sesgadamente "tolerantes, empáticos y sensibles", cuando algo sale del "Canon progre" inmediatamente los "tolerantes" transmutan a seres llenos de odio que harán todo lo posible para suprimir a todos aquellos que no acepten sus ideas. Allí activan la cultura de la cancelación y el bloqueo. Demostrando la gran hipocresía que existe detrás de los que van con la "bandera de la tolerancia".

El progresismo fue transversal, sus cabilderos alcanzaron posiciones predominantes de la sociedad civil, penetrando instituciones educativas, de gobierno, mainstream media, el Big Tech, la industria del entretenimiento y las corporaciones. Esto explica fenómenos que hasta ahora eran inexplicables, como ver una compañía multinacional capitalista de redes sociales defendiendo desde su jerarquía, un credo de izquierda totalitario basado en la censura atroz del pensamiento disidente.

Su acaparamiento en el mundo de las ideas configuró el *pensamiento único* de lo "políticamente correcto" del cual nadie puede disentir, so pena de ser señalado por una batería de *rótulos estigma*.

Organismos secularmente inquisitoriales, aspirantes a Gestapo, se dedicaron a monitorear opiniones, castigando a todo aquel que se atreve a cruzar ciertas líneas. No siendo suficiente con ello, crearon empresas "verificadores de hechos" financiados por estos mismos intereses socialistas, para poder censurar masivamente bajo la excusa de "combatir la desinformación". China, Bill Gates, Soros, y los banqueros están poniendo muchos millones de dólares para lavar su imagen suprimiendo la crítica y las ideas que no toleran. ¿Cómo la gente permite esas organizaciones totalitarias en democracias?

Por características propias de la piscología de las multitudes, presión de grupo, fanatismos, y una moral secular artificial, se excluyeron de la mesa del debate político aquellas ideas necesarias para sostener los fundamentos de las naciones, la familia, la tribu, el matrimonio, la vida, la propiedad e incluso la libertad y fe.

No es casualidad entonces percibir el consecuente caos social evidenciado en las relaciones interpersonales y el carácter "auto-destructivo" de las sociedades postmodernas. **Al caos y subversión de todos los valores, le sigue el caos y la subversión de la sociedad**. Sus ideólogos ya lo calcularon hace casi un siglo. Sabían de las consecuencias, por eso crearon esas ideologías, y con ellas fueron formateando valores y barreras culturales. En este libro hemos abordado las pruebas y testimonios.

En un nuevo occidente donde el liber–progresismo es el statu quo, no es de extrañar que un nacionalista conservador como Trump se haya convertido en un "revolucionario".

Es tal la decadencia de Occidente, que es revolucionario pretender tener una familia numerosa, defender las instituciones, la ley, el orden, tu gente, la fe y la vida. Si lo haces serás señalado como: deplorable y eliminado de toda red social, como han hecho con el Presidente de los EEUU y millones de sus seguidores. En este último año también te conviertes en revolucionario si evitas usar cubre–bocas para un virus cuyo 99, 98% de la gente sobrevive al tenerlo (*CDC, 2020*); un revolucionario por cuestionar la seguridad de las vacunas a mediano y largo plazo, no importa que seas científico. Debatir ya es cuestionable. ¿Se alcanza a ver la gravedad de todo lo esta sucediendo?

Ahora puntualizaré brevemente algunas de las ramificaciones de esta arquitectura ideológica.

Las ideas importan, pues tienen consecuencias en la realidad que nos rodea.

El caos institucional y la crítica aguda a los pilares de todo aquello que tradicionalmente se consideró valioso, es funcional al "resteo" de la sociedad que la oligarquía internacionalista desea para instaurar su Estado único universal.

En este apartado, no interpelaré las ideas progresistas en sí mismas, sino que solo demarcaré su funcionalidad respecto a la agenda globalista y los principales actores que le dieron forma.

Como vimos, la elite hostil promueve sus intereses, bajo un esquema totalitario de falso antagonismo de superficie (izquierda vs derecha). **Esa falsa oposición está destinada a inhibir tu libertad**, es la manipulación absoluta del libre albedrio, el hackeo a tu capacidad para elegir libremente el camino que mejor represente tus intereses, aquel que te permite ser quien eres. No existe libertad política si las opciones institucionalizadas están amañadas. Son meras distracciones para los pueblos sometidos, que a la vez resultan útiles para la agenda global, evitando cualquier tipo de cuestionamientos a los intereses vitales del establishment. Toda vía emancipadora venía siendo neutralizada, pero la represa se fisuró, y Trump la ha venido a dinamitar. La ola del despertar de las mayorías silenciosas es indetenible. El enemigo invisible ha sido expuesto. Es hora que este se retire y acepte su derrota, antes de sufrir pérdidas irreparables. Hay un período ventana de liberación, que no debe ser desaprovechado por la Humanidad. El mundo pertenece a los Patriotas, no a los globalistas.

La *«izquierda y la derecha globalistas»*, ambas fuerzas dispuestas en opuestos contradictorios, coinciden en macro—objetivos estratégicos: la *desnacionalización del Poder.*

Sus teorías y acciones propician el traspaso y concentración de la soberanía nacional a entidades supranacionales. Al mismo tiempo montan un insistente ataque al nacionalismo, por ser éste el único modelo que defiende la existencia del Estado Nación Soberano. Estos puntos son atacados implícitamente bajo los efectos que causan, antes que por un ataque directo.

Los primeros golpes históricos que recibió el Estado Nación entonces, fueron lanzados a través de la crítica socialista y la crítica anarquista.

* *El socialismo marxista* atizó el antagonismo de clases entre Trabajo y Capital. Dividió la sociedad en burgueses y proletarios. Promovió la destrucción de la propiedad privada y el sistema productivo. El golpe dado a la **unidad nacional** venia dado por la división conceptual de la misma en clases en guerra. En vez de intentar salvar las diferencias y

conciliar los opuestos, el Karl Marx propugnó la guerra civil violenta por cuestiones materialistas.

El proyecto marxista fue un proyecto globalista político disfrazado de sistema económico. En sí mismo conformó una cosmovisión totalitaria de la vida. A pesar de su bastedad abarcativa es solo el lado izquierdo de la moneda. El Marxismo es la mayor de las micro–ideologías.

* ***El anarquismo*** agita a los descontentos del sistema *contra* el Estado, promueve la destrucción directa del Estado. A la vieja forma del "anarco–socialismo" de izquierda se ha sumado ahora el "anarco–capitalismo libertario" de pseudo–derecha, no siendo más que dos caras de una misma moneda que ayuda a disolver la legitimidad de los gobiernos y Estados nacionales a favor del proyecto internacionalista.

* ***El ateísmo*** agita a seculares *contra* creyentes, promoviendo la desaparición de la fe fundacional que ha dado vida, cohesión y fundamento metafísico al cuerpo social. El ateísmo fue parte del marxismo, pero luego de la caída de la URSS se propagó de manera independiente. Los propagandistas intentaron fusionarlo a la idea de ciencia. Aún cuando gran parte de los científicos de la historia fueron cristianos.

Estas ideologías atacaron el Estado y la Nación en sí mismos. Ahora veremos como la elite globalista propagó una batería de creencias disolventes para torpedear los distintos pilares de la Nación, a través de una ingeniería de las relaciones interpersonales, la explotación y direccionamiento equivocado de la libido, y la promoción de creencias seculares con un trasfondo moralizante.

Del marxismo y el liberalismo, se desprendieron muchas de las micro–ideologías que vemos hoy en la nueva izquierda contracultural.

El próximo enfoque analítico que considera **el carácter utilitario de las ideologías** dentro de una agenda global a gran escala es inédito, y contribuye a abordar los *efectos finales* de las ideologías llevadas a sus últimas consecuencias. Activaré para el lector una visión de "rayos X" capaz de observarlas en relación a un contexto general no espontaneo de *ingeniería social*.

Varias generaciones de jóvenes, estamos siendo *reseteados* con: lesbofeminismo (o femisupremacismo), multiculturalismo, ideología Queer–LGBT–pansexualismo, aborto–legalismo, ecologismo–ambientalismo, narcolegalismo, postmodernismo, animalismo, individualismo, consumismo, hedonismo, cosmopolitismo, neolibertarismo, financierismo.

Entre estas primeras micro–ideologías, he observado un denominador común: describen una notoria agenda biopolítica de **despoblación** demográfica y **conflicto** social programado.

*1) **Feminismo heterofóbico o *lesbofeminismo:*** se infiltra dentro del *feminismo común* y agita a las mujeres *contra* hombres promoviendo la masculinización de la mujer y la feminización del hombre. La superposición, e inversión de roles de géneros naturales, dificulta la posibilidad de crear hogares y familias funcionales, por lo tanto tiene un ***efecto antinatalista.***

Dicho movimiento de izquierda radical, para auto–venderse mejor se infiltró bajo la bandera de un legítimo feminismo moderado que solo busca igualdad de derechos e igualdad ante la ley.

Casi nadie distingue a nivel teórico la diferencia entre ambos, ni denuncia la infiltración del feminismo por sectores extremistas del establishment. El *lesbofeminismo Queer y abortista* bebe de fuentes neo–marxistas, existencialistas, postestructuralistas y Queer.

Además de sus proto–ideólogos Marx, Engels, la escuela de Frankfurt, Sartre, Ágnes Heller, Jacques Derrida y Michel Foucault; sus exponentes principales son: Simone de Beauvoir (El segundo sexo, 1949); Betty Friedan (La mística femenina, 1963); Valerie Solanas (Manifiesto SCUM, 1967); Shulamith Firestone (La dialéctica del sexo, 1970); Gloria Steinem (Ms. Magazine, 1972); Andrea Dworkin (La relación sexual, 1987); Judith Butler (El Género en disputa, 1990); Beatriz Preciado (El manifiesto contra–sexual, 2000); Julie Bindel (Expectativas rectas, 2014).

En general, esas ideólogas alientan a las mujeres a "lesbianizar-se" o "pansexualizarse" como acto de "rebeldía" y "liberación" contra "el macho opresor" o la cultura "hétero", o "patriarcal". La misma Julie Bindel en el 2015 en una entrevista pública a Red fem, abogó por confinar a los hombres en campamentos cerrados, y con abolir la heterosexualidad ya que según su ideología, ésta favorece la opresión de los hombres contra las mujeres [243]. La androfobia que promueven es altamente peligrosa.

En general consideran al hijo por nacer como un parásito que debe ser eliminado, para no estropear la "realización" individual (lo mismo que opinaba la liberal Ayn Rand). Toda relación sexual con el sexo opuesto es generalmente descripta como una violación. El lesbofeminismo en su ideología falaz, describe al hombre como perverso por naturaleza y proponen que al mismo habría que abolirlo a través de la cultura y/o físicamente. Todas las "soluciones finales" propuestas por estas extremistas arrojan como resultado no solo el ataque a la cultura occidental, sino principalmente impulsan una guerra de sexos con un ***efecto antinatalista*** *en el menor caso, y/o genocida en su extremo (ver manifiesto SCUM)*. Una estética ciertamente repugnante y anticonceptiva acompaña el movimiento.

Shulamith Firestone afirmaba "las feministas tienen que cuestionar, no solo toda la cultura occidental, sino también la organización de la cultura en sí misma, e incluso la propia organización de la naturaleza" (Firestone, 1970)

Veamos esta otra perlita del feminismo neomarxista que hoy impera sobre occidente:

Del mismo modo que para asegurar la eliminación de las clases económicas se necesita una revuelta de la clase inferior (el proletariado) y —mediante una dictadura temporal— la con-

---

243 Redfem. (29 de agosto de 2015). Una entrevista con Julie Bindel. Recuperado de Archive org. https://web. archive. org/web/20150904155320/http://www. radfemcollective. org/news/2015/8/29/an–interview–with–julie–bindel

fiscación de los medios de producción, de igual modo, para asegurar la eliminación de las clases sexuales se necesita una revuelta de la clase inferior (mujeres) y la confiscación del control de la reproducción; es indispensable no solo la plena restitución a las mujeres de la propiedad sobre sus cuerpos, sino también la confiscación (temporal) por parte de ellas del control de la fertilidad humana –la biología de la nueva población, así como todas las instituciones sociales destinadas al alumbramiento y educación de los hijos. Y, al igual que el objetivo final de la revolución socialista no se limitaba a la eliminación de los privilegios de los estamentos económicos, sino que alcanzaba a la eliminación de la *distinción* misma de clases, el objetivo final de la revolución feminista no debe limitarse –a diferencia de los primeros movimientos feministas – a la eliminación de los privilegios masculinos, sino que debe alcanzar a la *distinción* misma de sexo; las diferencias genitales entre los seres humanos deberían pasar a ser culturalmente neutras. Una vuelta a una pansexualidad sin trabas...,...reemplazaría probablemente a la hétero/homo/bisexualidad. La reproducción de la especie a través de uno de los sexos en beneficio de ambos, seria sustituida por la reproducción artificial...,...Se destruiría así la tiranía de la familia biológica." *(Firestone, 1970, p. 20–21)* [244]

El Big Media globalista está difundiendo masivamente muchos de los puntos de vista generales de estas autoras, tendientes primero a subrevictimizar un solo sexo para luego poder estigmatizar dialécticamente al opuesto. La nueva palabra de la neolengua izquierdista: "femicidio", o el nuevo término "violencia de género", constituyen los pre–conceptos necesarios para lograr la manipula-

---

[244] Firestone, S. (1970). *La dialectica del sexo. En defensa de la revolucion feminista*. Williams Morrow & co. Inc y Editorial Kairós (1976). https://patagonialibertaria. files. wordpress. com/2014/11/163005241–shulamith–firestone–la–dialectica–del–sexo–pdf. pdf

ción a través de la empatía sobre las víctimas. Las recaratulizaciones de crímenes domésticos o violencia intrafamiliar a la categoría sesgada "femicidios", han "creado" las víctimas a la fuerza. Como cuando rotulan por Covid19, muertes de pacientes terminales con el único fin de *inflar las estadísticas* que luego el Big Media utiliza para causar terror, favoreciendo así determinadas *agendas*.

Salvo algún desequilibrado asesino serial (algo excepcional), el común de los hombres no sale a las calles a querer exterminar mujeres por ser mujeres, no existen conspiraciones de machistas planificando la eliminación masiva del género femenino.

El intento en muchos países de querer borrar todo lo que caracteriza a un niño y a una niña, a un hombre y una mujer, a un adulto y a un niño, viene del feminismo radical de Firestone. Y no crean que la guerra desatada contra la naturaleza termina aquí. Esta ideóloga feminista al igual que Simone de Beauvoir, proponía también la normalización del sexo con niños, a través de la "abolición del concepto infancia", y la reivindicación de los "derechos sexuales de los niños". Todavía no han llegado del todo a ese punto, pero estos peligrosos movimientos ya están introduciendo su ideología de género en los colegios primarios y de jardín Estatales, intentando confundir y sexualizar a los pequeños, con la excusa de crear tolerancia al LGBT y destruir la "masculinidad tóxica". Hay países –increíblemente del primer mundo– que están aceptando cambiar su lenguaje, eliminado palabras como él/ella; padre/madre, niño/niña sustituyendo por neutros como decía Shulamith Firestone, y castigando con el poder coercitivo del Estado a todo aquel que no acepte este adoctrinamiento.

Si estas ideologías llenas de odio y resentimiento, que parecen sacadas de un manicomio de mujeres traumatizadas y oprimidas del Medio Oriente, se hubieran quedado circulando entre sus correligionarias (ONG o partidos de izquierda radical), no hubieran hecho tanto daño a Occidente. Porque son naturalmente escasas las personas atraídas por estas ideas extremistas y antisociales. Pero el Big Media está amplificando artificialmente el mensaje de esas agrupaciones radicalizadas, poniendo de moda líbelos de odio de hace 50 o 70 años.

El resultado: Best seller femi–bolcheviques en las ferias de libro, y millones de mujeres que terminan paranoicas, adoctrinadas, resentidas y creyendo ver en todo hombre un posible violador o un genocida de mujeres. Operaciones de manipulación, relaciones públicas, división y guerra de sexos a escala global, millones de parejas y familias destruidas, proliferación de lesbianas, deshumanización del hijo no nacido, y legalización universal de abortos (genocidio). Sin contar con la progresiva institucionalización de esa ideología, aplicada por gobiernos títeres liber–progres.

A los globalistas no les interesa, ni el bienestar, ni los derechos de las mujeres, sino lo que pueden obtener con la instrumentalización política de esta causa ideológica. Les permite cuestionar la masculinidad y los roles naturales que los sexos practicaron en toda la historia, en todas las culturas. Mientras más lesbofeministas haya, mayor su efecto antinatalista.

***2) *El multiculturalismo*.** Toda "diversidad" humana –en su aspecto cultural o biológico– es algo bello y valioso para conservar en el mundo, esto incluye la propia distinción entre los demás. De manera contradictoria el camino del multiculturalismo ofrece a largo plazo una destrucción de lo que defiende al corto plazo.

Esta ideología adoctrina a la gente para la aceptación pasiva a la imposición de nuevos *Estados–No Nacionales* o "Estados multinacionales" (de muchas culturas/etnias/razas).

Las naciones homogéneas, son los máximos obstáculos para el globalismo, ya que un Estado Nacional étnicamente homogéneo genera lazos naturales de unidad, altruismo, resistencia y hermandad inquebrantables (y eso es lo que la izquierda pretende dinamitar). Estas formaciones frustraron en el pasado, todos los planes de la expansión comunista por Europa y América.

El multiculturalismo promueve el mantenimiento del carácter distintivo de las culturas y pueblos, pero no de todas sino principalmente de poblaciones que llegan como inmigrantes a países de Occidente. Mientras que el Big Media aplaude otras culturas, reprime con la misma intensidad la expresión, reivindicación y defensa del carácter distintivo de la propia cultura y valores.

Los autores de izquierda realizan un ataque mortal contra el "eurocentrismo" y la fe. La izquierda y los dueños del aparato "cultural" están coludidos en el ataque cultural a occidente, su historia y logros científico–tecnológicos. Atacan el arte, la modernidad, la industria, y la civilización.

Un país que no defiende su origen, su gente, su cultura, su identidad, simplemente dejará de existir. Aceptar el multiculturalismo es ni más ni menos que aceptar ser borrados del mapa.

Esta es la manera perfecta que encontró la elite globalista para destruir las naciones Occidentales a las que desprecia por ser el principal obstáculo a su deseado Estado Mundial.

El fin es dividir a la gente, destruir la cohesión social y la unidad general dentro de un Estado.

La elevada natalidad de las minorías es promovida intensamente con subsidios estatales. Mientras que las mayorías son arrastradas a pagar los costos de la fiesta de subsidios con cada vez más impuestos, además de tener que ajustarse a la austeridad de una planificación familiar tendiente a cero. La clase media esta en peligro de extinción.

Tenemos como resultado un ***efecto antinatalista*** para las mayorías occidentales. Que son forzadas o seducidas a soportar todos los costos de sostener millones de ilegales, o refugiados eternos, pagando un alto precio por el "enriquecimiento cultural" que presuntamente aportan a la sociedad local.

Cuando las minorías crecen demográficamente, esa misma elite hostil agita el resentimiento de esas minorías *contra* las mayorías, con el objeto de movilizarlas políticamente.

El Big Media promueve el racismo de izquierda con total impunidad. El racismo debe ser combatido provenga de donde provenga. La endofobia (contra mayorías) y la neoesclavitud (importación de minorías) deben ser consideradas formas peligrosas y repugnantes de racismo.

La izquierda delatando su verdadera cara, también es racista y violenta contra minorías, cuando éstas se inclinan por el conservadurismo. Es necesario observar como las minorías que respaldaban a Donald Trump fueron perseguidas y vituperadas por los "tolerantes de izquierda liberal".

La realidad multicultural produce la "fractura y balcanización nacional". En cuanto a Seguridad Nacional, borra los límites naturales, y establece puertas traseras para la infiltración y espionaje de naciones extranjeras (solo vean en la era Trump, la cantidad de Chino–americanos condenados por espionaje).

Sin ser yo mismo religioso ni cristiano, puedo observar que el multiculturalismo es utilizado también por el neo–marxismo ateo, como un instrumento dialéctico para justificar **la cancelación de la religión cristiana**. Pues bajo el mentado "respeto" de religiones y culturas minoritarias asentadas en Occidente (Islamismo, hinduismo, etc.) se procede a abolir o silenciar la religión mayoritaria (cristianismo). Todo bajo la protección del ecuánime y liberal "Estado secular" (destrucción de la fe fundadora). Los docentes de esos débiles Estados liberales están siendo instados a enseñar a las nuevas generaciones a "respetar" y "tolerar" todo aquello "diferente" que está desmantelando su nación y la civilización, allanando el camino al reseteo comunista. La ética civil esta alienada.

En algunos países de Europa la inmigración islámica está solicitando al *Estado secular* esconder cruces y símbolos cristianos incluso en la vía pública, pues son "ofensivos para los recién llegados". Otras religiones minoritarias, proponiendo otro camino de "igualdad" exigen colocar los símbolos de sus religiones al lado de los símbolos públicos cristianos, logrando "igual presencia y visibilidad" a pesar que son minorías ínfimas. En EEUU hasta la "iglesia de Satán" erige monumentos públicos y tiene diagramado llenar el país con ellos.

Uno de los precursores ideológicos del multiculturalismo fue I. Zangwill, quien creó la obra popular titulada "The Melting Pot". Dentro de la cual promovió un conjunto de ideas de multiculturalismo, y también de crisol de pueblos. En resumen tolerancia e inter–mezcla, a través de la asimilación.

Para que el multiculturalismo pueda existir, las fronteras deben debilitarse. Una ley de inmigración con sesgo globalista puede literalmente destruir en pocas décadas un Estado–Nación. EEUU, Francia, Inglaterra y Argentina son ejemplos de ello.

Desde 1965 los EEUU fueron paulatinamente destruidos como "nación Occidental". El movimiento MAGA de Trump no fue tan lejos como intentar restablecer la nación de los fundadores, ni siquiera asegurar que los nuevos inmigrantes provinieran de regiones de cultura europea, como en la ley de 1924. Pero si intentó detener la ruina total de un país sin fronteras, un colador por el cual puede pasar cualquiera traficando con niños, mujeres, drogas, y contrabando. En un momento Trump propuso promover la llegada de inmigrantes de países desarrollados como noruegos, evitando la llegada de países fracasados. La elite hostil liberal no lo soportó.

También bajo la popularizada idea liberal de la *"sociedad abierta"* propugnada por Popper, K., Soros, G., Sutherland, P., avanzó la agenda del "derribo de fronteras" para la abolición del Estado nación soberano.

Para lograr el éxito de lo anterior se silencian voces disidentes, violando derechos de libertad de expresión. Se prohíbe, combate y censura a quienes intentan denunciar lo que se percibe como una limpieza étnica o sustitucion poblacional de las mayorías. En muchas ciudades norteamericanas y europeas "las minorías" no occidentales, ya se están convirtiendo en mayorías. La estadística demográfica oficial lo revela. Se trata de algo cultural, la izquierda suele sacar a luz la hipócrita carta antirracista para galvanizar las minorías a su favor.

La libertad de expresión se respeta siempre y cuando se ataque Occidente, y se suspende o silencia cuando se intenta defender a Occidente.

En resumen la táctica para disolver los Estados–Nación tiene 4 políticas principales:

1– *Open Society:* Derribo de fronteras/ sin fronteras no tienes un país (Wealcome refugges/tráfico humano/dumping comercial).

2– *Multiculturalismo:* tolerancia a la importación de naciones no occidentales a un país occidental.

3– *Meling pot:* intermezcla, mestizaje, asimilación, fusión. (Pérdida de la identidad original).

4– *Represión legal y psicológica* a quien se oponga a este proceso, a través de "observatorios del odio", y leyes represivas. Resultado: Endofobia, un pueblo sin origen, sin identidad, fácil de manipular y dominar. Es decir un Estado diverso, un Estado multinacional, balcanizado o un Estado plurinacional mezclado.

A la izquierda no le interesa realmente la defensa de las "culturas o razas diversas", ni le interesan las minorías, su interés se basa exclusivamente en lo que pueden obtener con la *instrumentalización política* de esta causa ideológica. Les permite cuestionar la homogeneidad nacional y la cultura clásica Occidental. Mientras más multiculturalizada este una sociedad, menos resistencia tendrá ésta a su agenda internacionalista; los neoesclavistas dispondrán de mayor mano de obra barata, los traficantes de humanos tendrán menos obstáculos. El mayor conflicto social es explotado políticamente por la izquierda, que verá en el efecto antinatalista de los autóctonos, un final más acelerado del Estado Nación Soberano. "Divide y vencerás" decían las máximas imperialistas.

La izquierda vive del conflicto, y el racismo es conflicto. El racismo nace luego que la izquierda derriba las fronteras para crear Estados multiculturales. La mejor manera de luchar contra el racismo es evitar la inmigración ilegal.

*3) ***Los lobbys LGBT y Queer*** ampliamente conformados por neomarxistas de la escuela crítica, y postestructuralistas, también se infiltraron en el movimiento homosexual de corte liberal, que había logrado el objetivo loable de evitar represiones legales o físicas hacia personas basadas sólo en su condición sexual. Algo que pertenece a la vida privada, siempre y cuando no se violen derechos de terceros, no tiene porque recibir ni penas, ni castigos, tampoco incentivos por parte del Estado.

Aunque el LGBT es un movimiento de identidades, y el Queer es post–identitario, los referentes de ambos confluirían en objetivos comunes.

Aprovechándose de organizaciones liberales como plataforma, los izquierdistas comenzaron a desvirtuar el movimiento por dentro, aplicando *la dialéctica en categorías sexuales*. Ya no pretenderían solo la *tolerancia*, sino la instrumentalización política de las contradicciones sexuales (LGBT) y su posterior negación (Queer). Es decir las "luchas de clases" son sustituidas por las luchas de orientaciones sexuales, específicamente agitando a las minorías sexuales *contra* las mayorías heterosexuales.

El ataque a las mayorías está basado en su constante relativización y descrédito, a través de críticas ideológicas que intentan explicar la sexualidad humana desarraigada totalmente de su naturaleza biológica, definiéndola exclusivamente como un producto meramente cultural. Luego de describir más de 102 géneros (LGBTQ+), el otro movimiento de izquierda liberal Queer, niega categorías y promociona el pansexualismo. El mismo patrón estructural de lucha cultural desarrollado por el multiculturalismo/melting Pot. La fórmula de estos magos negros sería: divide y mezcla = destruye esencias.

Se reivindican categorías "vulneradas", se estigmatiza y culpabiliza la categoría "agresora–opresora"; luego se niegan todas las categorías, identidades y "rótulos" a favor de una mezcla sin identidad definida. Efecto: La reivindicación de la esencia biológica y tradicional es considerada algo negativo.

Es ni más ni menos que el sueño de la elite hostil, tener un rebaño confundido, sin origen, sin identidad natural, ni destino definido, plenamente sujeto a placeres perecederos, hedonismo, caprichos, frustraciones y resentimientos. Humanos sin ningún tipo de espíritu crítico y reflexivo.

Uno de los objetivos más importantes del comunismo fue, es y será la destrucción de la familia natural o tradicional. Las ideólogas como Firestone decretarían que "lo personal es político" [245] centrándose en politizar las sabanas y la vida privada, para acelerar la llegada del comunismo y su dictadura totalitaria.

Es por ello que dentro del marco de la batalla cultural contra occidente, la izquierda liberal, se radicaliza en izquierda neomarxista, y postestructuralista; pasando del moderado reclamo por "tolerancia", a una desenfrenada promoción y apología de estilos de vida con **efectos antinatalistas**. Toda una neolengua orwelliana está siendo usada para deslegitimar la naturaleza sexual.

Hirschfeld Magnus sexólogo alemán, fue el pionero de los derechos transgénero, y junto a los intelectuales de la Escuela de Frankfurt, fueron los principales promotores de esta agenda, que confluiría con el lesbo–feminismo–queer. En España *hazteoir* fue reprimido por colocar en su autobús privado la frase "los niños tienen pene, las niñas vulva" en señal de protesta por material propagandístico basado en ideología de género que impulsó una Fundación privada. Ésta última empapeló la ciudad con más de un centenar de afiches que decretaban: *"Hay niñas con pene y niños con vulva"* [246]. En varios países se están institucionalizando estas ideas, convirtiendo las escuelas educativas en centros de adoctrinamiento comunista. Por la vía privada o la pública la agenda va atropellando a todos por igual.

El escritor comunista de origen americano *Allen Ginsberg* (luego libertario), fue adoctrinado de pequeño por su madre Naomi Levy, una ferviente marxista emigrada rusa, miembro activo del Partido

---

245　Firestone, Shulamite (1969). *Lo personal es político.* Carol Hanisch, 2016.

246　Jiménez, C. (12 de enero de 2017). "Hay niñas con pene y niños con vulva": el potente mensaje para concienciar sobre la transexualidad infantil. https://www. serpadres. es/familia/ en–la–red/articulo/hay-ninas-pene-ninos-vulva-transexualidad-infantil-501484230094

Comunista. Ésta llevaba a Ginsberg y a su hermano Eugene a las reuniones del partido donde había agentes rusos que deseaban la victoria final del comunismo sobre el capitalismo. Su misión era poner en marcha un experimento de la KGB, que consistía en infiltrar en territorio estadounidense la revolución comunista, a través de la batalla contracultural. Su hijo seria uno de los principales troyanos soviéticos.

El activismo subversivo de Ginsberg se extendió desde 1950 hasta su fallecimiento en 1997. Su biografía describe un muestrario ejemplar de la nueva izquierda. Amparado en las ilimitadas libertades de los EEUU, se convirtió en uno de los pioneros promotores de la homosexualidad en la conservadora sociedad estadounidense de los 50–60`. Registrado miembro de NAMBLA luchó por los "derechos LGBT" (incluyendo la pedofilia y la pederastía). Se esforzó por celebrar la importación y defensa de religiones del Oriente. También promovió el consumo de drogas como LSD y luchó por la legalización de la marihuana [247]. El biógrafo Jonah Raskin ha afirmado que, a pesar de su oposición a la ortodoxia comunista, Ginsberg tenía "su propia versión idiosincrásica del comunismo" [248]. Cuando Donald Manes, un político de la ciudad de Nueva York, acusó públicamente a Ginsberg de ser miembro del Partido Comunista, Ginsberg objetó: *"De hecho, no soy miembro del Partido Comunista, ni me dedico al derrocamiento del gobierno los EEUU o cualquier gobierno por la violencia..."* Pues claro, en realidad formaba parte de la arista subversiva no violenta de los comunistas en países capitalistas. Fue uno de los principales activistas en abrir la ventana de Overton en los EEUU y Occidente.

Según el teórico comunista Antonio Gramsci, para poder instaurar el comunismo en países industrializados era necesario dina-

---

247 Wikipedia. (s. f). Allen Ginsberg. Recuperado 1 de Enero de 2021. https://en. wikipedia. org/wiki/Allen–Ginsberg

248 Raskin, J. (2004). American Scream: Howl de Allen Ginsberg y la creación de la generación Beat . Berkeley: Prensa de la Universidad de California. (p. 170)

mitar los pilares de la civilización occidental en su plano cultural, ideológico, desde la sociedad civil, con acciones subversivas no violentas, y no necesariamente bajo una bandera partidista... lo que permitió un ataque silencioso que pocos advirtieron.

Los infiltrados soviéticos asaltaron la cultura norteamericana con una agenda intergeneracional. Gran cantidad de agentes de inteligencia rusos emigraban a EEUU y criaban a sus hijos como propagadores futuros de la nueva izquierda contracultural.

Algo similar harían los comunistas alemanes entre ambas guerras mundiales, todos los teóricos y nuevos alumnos de la Escuela de Frankfurt, emigrarían a EEUU, asaltarían algunas instituciones educativas, y de entretenimiento como Hollywood, Disney, etc. Hoy en día agrupaciones herederas de esas corrientes, se han convertido en usinas que promueven activamente estas ideologías y estilos de vida a través de medios audiovisuales masivos como Netflix. La industria del entretenimiento es una industria del lavado de cerebros y el formateo ideológico de las juventudes ingenuas.

Detrás de todas las nuevas series y películas, hay una intencionalidad doctrinaria destinada a causar un efecto antinatalista, a vender un estilo de vida antiesencialista, estilos de relaciones interpersonales destinados a debilitar el tejido social. No son meros "relatos" los que se cuentan, sino historias con una intencionalidad, una "moraleja" sutil que trabaja socavando valores a nivel inconsciente.

Por otro lado, los lobbies de izquierda tienden a politizar el sexo, utilizándolo para ganar más votos. A la izquierda contracultural no les interesa realmente la defensa de las minorías sexuales ni los derechos de los homosexuales, sino lo que pueden obtener con la instrumentalización *política* de la causa ideológica. Una manipulación de los mismos como meros arietes a través de los cuales poder demoler a través de la crítica: la cultura, la fe, la familia, la naturaleza y los valores de las mayoritarias. Les permite cuestionar la heterosexualidad, además mientras más homosexuales o pansexuales haya, mayor su efecto antinatalista. En el plano de la batalla intelectual, izquierdistas postestructuralistas como Michel Foucault (pederasta), declaraban la guerra a la "normalidad".

La farsa hipócrita de esta estrategia se evidencia cuando emergen autoproclamados gay de derecha a oponerse a la agenda del lobbys y la perspectiva sobre–victimista (como Brandon Straka, y Milo Yiannopoulos). Si el homosexual es conservador, la izquierda lo ataca y se hace homofóbica. Si un afroamericano se hace conservador, la izquierda lo ataca y se hace racista. Hasta el propio J. Biden (en campaña 2020/5) dio a entender a su interlocutor afroamericano, que si votaba a Trump "no era negro". Luego se disculpó [249].

***4) Aborto–legalismo o Legalización del aborto** agita a las mujeres ideologizadas con el relato gremialista de género contra los defensores pro–vida (incluso ataca a las mujeres), creando una nueva grieta que antes no existía, evidenciando la hipocresía de la mentada "sororidad" [250].

No es para la elite hostil una cuestión de salud, ni de derechos, esas son solo banderas falaces que toman de excusas para "vender la idea", propuestas que figuraban de manera clara ya en el Informe Rockefeller (1972). La deshumanización, y el genocidio avalados por la ley es una de las victorias más humillantes de la elite hostil contra la vitalidad Occidental. Constituciones, democracias y tratados científicos de medicina son tirados a la basura por estas agendas radicales.

---

249 Cedro, S. (22 de Mayo de 2020). Joe Biden, a un locutor afroamericano: "Si tienes un problema decidiendo si estás conmigo o con Trump, no eres negro". *INFOBAE.* https://www.infobae. com/america/eeuu/2020/05/22/joe–biden–a–un–locutor–afroamericano–si–tienes–un–problema–decidiendo–si–estas–conmigo–o–con–trump–no–eres–negro/

250 Sororidad es un neologismo ideológico que se emplea para referirse a la solidaridad entre mujeres en un contexto de discriminación sexual y violencia patriarcal. Las feministas no son nada sororas con mujeres pro–vida.

En el fondo, y algo que nadie dice o nadie quiere ver, **el aborto tiene una agenda demográfica de control poblacional.** Aplicada desde los años 70 en el primer mundo y recién ahora exportada al tercer mundo (revelando donde estaban sus mayores *urgencias*).

El abortismo tiene un directo y evidente efecto en la sociedad, un ***efecto antinatalista***. En la argentina actual bajo el régimen liberal–socialista del presidente Alberto Fernández, se ha legalizado el aborto el 30 de diciembre del 2020 ([251]). Hace 5 años las palabras o neologismos orwellianos: sororidad, género, femicidio, patriarcado y aborto ni siquiera existían en el vocabulario político y civil argentino. El Big Media los instaló a la fuerza en el imaginario colectivo. Y hoy desde el Estado se imparten cursos obligatorios de género a todo funcionario público y personas que deseen renovar su carnet de conducir (si leyó bien). Liderando la oposición el ex presidente derechista Mauricio Macri abraza los mismos tópicos ideológicos progresistas. Títeres del poder mundial.

Desde el 2015 se realizó en Argentina un experimento social globalista a gran escala, utilizando las mismas técnicas de propaganda que utilizó Edward Bernays en Estados Unidos para lograr que las mujeres fumen en los Estados Unidos de hace un siglo. ¡Incluso se utilizaron los mismos colores verdes de aquella legendaria campaña de relaciones públicas de una importante tabacalera!. Como profesional publicista pude observar estas técnicas aplicadas de manera nítida por el Big Media liberal, en conjunción con actores de la Sociedad civil, actrices, marcas de ropa, partidos de izquierda y políticos corruptos en el poder. Todos ampliamente financiados e incentivados por Fundaciones internacionalistas como la Open Society Fundations, y la The International Planned Parenthood Federation (IPPF), el FMI, el Banco Mundial y el G20. La legalización del aborto en Argentina fue presentada como una "revolución feminista" que había logrado un "hito en los derechos

---

251   Centenera, M. (30 de diciembre de 2020). Argentina legaliza el aborto. *EL PAIS.* https://elpais. com/sociedad/2020–12–30/argentina–legaliza–el–aborto. html

de las mujeres" y "la salud pública". Los operadores globalistas cumplieron exactamente al pie de la letra la voluntad de David Rockefeller (1972), amo del *patriarcado antinatalista*. A la izquierda no les interesa, el bienestar de las mujeres, sino lo que pueden obtener con la instrumentalización política de la causa ideológica. Les permite a la elite hostil cuestionar y redefinir el comienzo de la vida humana misma a través de premisas ideológicas falaces, burlando lo que dice la ciencia, la biología, la medicina, y la genética. Mientras más abortos haya, mayor será su **efecto antinatalista**. La deshumanización y el desprecio por la vida inocente fue siempre la puerta que condujo a abusos y masacres humanas. Según datos oficiales, desde su legalización al 2011 más de 50 millones de vidas norteamericanas han sido eliminadas quirúrgicamente en el vientre materno [252]. Se calcula que al día de hoy los seres "humanos indeseados" eliminados han superado los 61 millones [253] [254]. ¿Qué es eso sino un genocidio anti–americano?. En Argentina –cuya población total es de 45 millones de habitantes– recién comenzamos con el genocidio avalado por el Estado, ha sido trágico ver fotos de adolecentes femi–abortistas pisando simbólicamente muñecos de bebes en el piso. Tan trágico como ver a liberales debatiendo si el aborto es mejor dejarlo en manos Estatales o Privadas, sin ver jamás las cuestiones de fondo por ceguera ideológica.

***5) *El ecologismo–ambientalismo y el cambio climático*.** Aprovechándose de un movimiento sano de revalorización de la

---

252 INFOBAE. (25 de enero de 2011). EEUU registró casi 50 millones de abortos desde su legalización. https://www. infobae. com/2011/01/25/1018013–eeuu–registro–casi–50–millones–abortos–su–legalizacion/

253 Revista Vive. (23 de Febrero de 2020). MÁS DE 61 MILLONES DE ABORTOS EN ESTADOS UNIDOS DESDE LA LEGALIZACIÓN DE ROE VS WADE. https://revistavive. com/61–millones–de–abortos–en–estados–unidos/

254 AM Prensa. (25 de enero de 2019). Más de 60 millones de bebés abortados en EE. UU, tras 46 años de legalización. https://amprensa. com/2019/01/mas–de–60–millones–de–bebes–fueron–abortados–en–eeuu–tras–46–anos–de–la–legalizacion/

naturaleza y la concientización por los daños provocados a la misma por la acción irresponsable de algunos hombres, la izquierda nuevamente se infiltra para aplicar su dialéctica destructiva. Agita a los preocupados por el daño a la naturaleza contra "el cáncer del mundo: "el humano" y el Capital productivo. No buscan en realidad la protección del medioambiente, sino un impuesto "al carbono" para financiar entidades supranacionales, y justificar una agenda *antihumanista* de despoblación neomalthusiana (Paul Ehrlich, 1993), (Bill Gates, 2010). El big media y la industria del entretenimiento lleva a los neo–creyentes a pensar que el mejor trabajo voluntario para salvar el planeta es no traer niños al mundo, para evitar la propagación de humanos, para evitar "la contaminación medio ambiental", el "cambio climático" y el apocalipsis climático. Otra vez el ***efecto antinatalista.*** Mientras que los que siempre han hecho daño a la naturaleza lo seguirán haciendo, la gente buena, se sacrifica al vicio por un erróneo sentido de "autoculpabilidad". La elite domina y manipula a través de dos armas psicológicas: el terror y la culpa. Esta ideología tiene un ribete importante de ingeniería social económica altamente funcional a China. Los ambientalistas quieren demoler la actividad industrial en Occidente, mientras que China uno de los países más contaminantes del mundo, sino el peor, cuenta con vía libre de crítica, esto favorece su propia industrialización. La oligarquía financiera también fomenta esta agenda en la medida que considera el sector industrial como una competencia en la lucha por el poder. Así confluyen entonces, magnates liberales con el PCCh en la promoción de la retórica del cambio climático.

****6) Hedonismo individualista, consumista y cosmopolita*** para clases medias y altas. Si bien es la ideología que menos tiene una articulación social de lucha política, puesto que no hay organizaciones que se nucleen para defender el hedonismo, si es una ideología que es ampliamente difundida por el Big Tech, y Hollywood–Netflix entre ingenuos jóvenes individualistas. Se impele a los mismos a sumergirse en la cultura del consumo a base de crédito, comprar lujosos autos, casas, ropa y viajes, y a reducir al mínimo, o directamente rechazar la idea de tener hijos o formar hogares y familias. Esto tiene un **efecto antinatalista**. Las minorías e inmigrantes ilegales por el contrario se caracterizan por una alta tasa de natalidad. Se está utilizando ingeniería social y guerra informativa para lograr una gran sustitución de Occidentales.

***7) La narcolegalización,** agita a las juventudes socialistas y libertarias narcotizadas, creando un conflicto contra juventudes sanas que se abstienen de vicios autodestructivos. Se les hace creer mediante argumentos falaces que están en el pináculo de la rebeldía contra el sistema si adoptan una posición a favor de la legalización de la marihuana y la liberación de los mercados de las drogas. Los expertos señalan que la marihuana es la droga que funciona como puerta de entrada a todas las demás. Sin embargo desde la industria del entretenimiento o las nuevas ideologías se estan corrompiendo las jueventudes fomentando el consumo. Forma parte del reseteo de la sociedad que pretenden los socialistas.

Las mentes poco avispadas que creen en los argumentos falaces de esas ideologías, son incapaces de advertir que los banqueros tienen intereses poderosos para incentivar el consumo y la legalización de las drogas (duras y blandas), ya que la elite vive y crece gracias al dinero que los narcos depositan en sus bancos. Incluso el Estado Profundo a través de la CIA, ha intentado controlar o "dirigir" los cárteles y los mercados. El establishment favoreció el secreto bancario, reduciendo los controles sobre fondos oscuros o ilícitos. Intentaron hacer a los EEUU una especie de paraíso fiscal para el dinero de los narcos al tiempo que hipócritamente decían combatirlos. La manipulación llega tan lejos, que hay activistas de falsa derecha que apoyan la legalización de la marihuana, sin advertir que es una política ampliamente impulsada por la Open Society Fundations (principal financista de todas las causas de izquierda progresista).

Algunas invasiones a países de Medio Oriente como Afganistán, están íntimamente relacionados con el negocio y proliferación de las drogas (amapola–heroína–opiáceos). Los talibanes habían prohibido las plantaciones de amapola, luego de la invasión "estadounidense", Afganistan se convirtió en el productor N° 1 del mundo.

Las implicancias y efectos demográficos que había advertido en todas las anteriores ideologías micro–globalistas no lo encontraba en principio, con los cabilderos de la narcolegalización.

El último de mis descubrimientos que dió sentido *específicamente al intento de legalización de la marihuana* y colocó a ésta tendencia social decadente junto a las demás ideologías de izquierda contracultural, surgió cuando me topé con ciertos estudios científicos y estadísticos sobre el tema. Allí pude entender el porqué la elite hostil, inciste tanto en ello. No solo porque es una droga de inicio para otras peores. Principalmente porque **la marihuana es una droga que disminuye poderosamente la fertilidad masculina.**

Científicos independientes de las Universidades de Sheffield y Manchester (Gran Bretaña–2011), American Journal of Epidemiology (USA–2015), Universidad de British Columbia (Canadá–2017), Universidad de Alicante y el Instituto Bernabeu (España–2011), han demostrado de manera contundente que el consumo de marihuana *afecta negativamente el recuento y la función de los espermatozoides, disminuyendo drásticamente la fertilidad.* [255] [256] [257]

---

255 Gundersen, T. D., Jørgensen, N., Andersson, A. M., Bang, A. K., Nordkap, L., Skakkebæk, N. E., Priskorn, L., Juul, A., Jensen, T. K. (15 Septiembre 2015). Asociación entre el uso de marihuana y hormonas reproductivas masculinas y la calidad del semen. *American Journal of Epidemiology*, Volume 182, pp 473–481. https://doi. org/10. 1093/aje/kwv135

256 Romero, S. (s. f.). El consumo de cannabis afecta a los espermatozoides. *Revista Muy Interesante.* https://www. muyinteresante. es/salud/sexualidad/articulo/el–consumo–de–cannabis–afecta–a–los–espermatozoides–591402053696

257 INFOBAE. (7 de Septiembre de 2017). Fumar marihuana vuelve a los espermatozoides perezosos. https://www. infobae. com/salud/2017/09/07/fumar–marihuana–

Esta micro–ideología tiene, al igual que todas las anteriores, un *efecto antinatalista y disgenésico*. Es utilizada por la elite como un arma contraceptiva contra el pueblo. En términos prácticos se traduciría en la formula: más consumo de marihuana= menos natalidad. Sin contar estragos extras.

Por otro lado, los narco–estados como Colombia, o México, también producen una alta mortalidad por la violencia extrema perpetrada por las narcoguerrillas, tan poderosas que son capaces de poner en jaque al poder del Estado. Por último, los países receptores hacia dónde se dirigen las drogas duras son principalmente (países de Europa, y EEUU), las mismas producen la destrucción de familias, y un deterioro y/o genocidio de adictos. No solo con drogas ilegales, la epidemia de opiáceos en EEUU se viene llevando a cientos de miles de víctimas, es otra via en los planes de **despoblación Occidental.** La familia **Sackler** a la que señalan con beneficiarse de la crisis de los opioides son multimillonarios globalistas [258].

Es decir, globalistas intentan utilizar sustancias y drogas por via legal o ilegal, para reducir la población y causar estragos sociales. Y lo peor es que se benefician con la destrucción.

Siendo coherente con su discurso, Donald Trump declaró en octubre de 2017 una emergencia de salud pública en Estados Unidos, ya que la crisis de los opioides ha dejado más muertes que la guerra de Vietnam y de Afganistán juntas.

Tal vez estos hallazgos y esta perspectiva nueva sobre la funcionalidad utilitaria de las ideologías dentro de los objetivos geoestratégicos, contribuyan a poder combatirlas, a través de programas

vuelve–a–los–espermatozoides–perezosos/

258   Lioman, L. (26 octubre 2017). Los Sackler, la reservada familia de multimillonarios a la que señalan de beneficiarse con la crisis de opioides en Estados Unidos. BBC Mundo. https://www. bbc. com/mundo/noticias–internacional–41744306

efectivos de gobierno, despertando consciencias y/o educando en valores cívicos patrióticos de tipo constructivos.

Más allá de las diferencias superficiales, las micro–ideologías (progresistas) promueven comportamientos y estilos de vida contraceptivos, antiprocreativos, y antinatalistas como los antes descriptos. Son auténticas y evidentes **ideologías anticonceptivas**.

Cómo occidentales tenemos el derecho a preguntarnos ¿quién está tan interesado en exterminarnos con tanta insistencia y malicia?, ¿Por qué quieren barrernos del mapa?, ¿Quién se beneficia con nuestra sumisión o extinción?. Todas las instituciones que hicieron grande a Occidente están bajo fuego enemigo. Es una guerra silenciosa, una guerra de información, una guerra de acción psicológica, una guerra virulenta donde tu enemigo intenta engañarte para convertirte en un actor pasivo –u activo– de su propia agenda destructiva. Un antiguo libro de guerra oriental señalaba: *"El supremo arte de la guerra consiste en someter al enemigo sin darle batalla"*. También dice *"Se extremadamente sutil, discreto, hasta el punto de no tener forma. Se completamente misterioso y confidencial, hasta le punto de ser silencioso. De esta manera podrás dirigir el destino de tus adversarios"* (Sun Tzu, "El Arte de la guerra"). Comunistas y globalistas han estado aplicando estas estrategias del arte de la guerra, a la subversión social.

Sigan la ruta del dinero y tendrán a los principales culpables…

Las micro–ideologías cumplen varios objetivos de manera simultánea.

Solo imaginen por un instante, lo reconfortante que debería ser para un mega–banquero de Wall Street que las juventudes rebeldes fundamenten sus "luchas revolucionarias" en reclamos de género. Imaginen su tranquilidad al ver a las juventudes condenando con gran convicción el modo en cómo se sientan los hombres en el bus, o los derechos de las mujeres a ser obesas o llevar pelo en las axilas. Los neo–rebeldes de la sociedad postmoderna, creen afectar en algo los intereses del Sistema afirmando que la tierra es plana, o fumando marihuana, o eligiendo parejas del mismo sexo, o distinta raza, o decidiendo no tener más niños o abortarlos… ¡¡¡Que revolucionarios!!!

¿Ahora entienden porque los grandes magnates financian estos movimientos "contestatarios"? Pues en su versión suave ¡No afectan sus intereses!, y en su versión virulenta contribuyen acelerando la agenda destructiva que esta misma elite busca establecer hace más de un siglo.

Banqueros y neo–socialistas, no son contradictorios: *son complementarios*.

Pedir que abran los mercados y fronteras para tener una mayor disponibilidad de mano de obra cuasi–esclava suena muy feo, la idea se vende mucho mejor si bombardeas un país lejano y luego haces un letrero que diga "wealcome refugees" (bienvenidos refugiados) tras una campaña lacrimógena de falso humanitarismo.

Nadie parece notar la hipocresía y la doble moral, en el hecho de que la misma elite que genera las guerras y desestabilizaciones en Medio Oriente es la misma que promueve el derribo de fronteras en Occidente y el consecuente tráfico de personas. Hace falta un gran trabajo educativo si es que se quiere salvar las naciones que aún quedan de pie. Curiosamente la amplia mayoría de los "sacerdotes" de todas estas micro–ideologías son globalistas, que forman parte del mismo club.

En las últimas décadas también se difundieron otro conjunto de ideologías o creencias marginales con fines más o menos similares.

Garanto–abolicionismo, o abolicionismo penal protege a criminales y persigue a inocentes promoviendo la anarquía, avalado por el credo de los derechos humanos de la ONU. Se intenta destruir el sistema legal, y al mismo tiempo intenta sembrar la desconfianza en las instituciones de la justicia. Las ideas izquierdistas de la Escuela de Frankfurt y Michel Foucault (crítico de la normalidad) han penetrado las universidades de Derecho, subvirtiendo siglos de Justicia. Hay famosos magnates liberales financiando carreras a jueces, para que éstos sean más permisivos, contemplando a los criminales como "víctimas de la sociedad hostil", y no como victimarios.

Es parte de la misma ingeniería social de izquierda. Mano blanda contra los criminales se traduce como mayor caos social, más crímenes y reducción de población. Los crímenes violentos están aumentando en todo el mundo (ver la multicultural Rio de Janeiro). Los nuevos abogados egresados bajo el influjo de esas ideologías son los que luego sobreprotegen a delincuentes, dejando libres a criminales, violadores, pedófilos, y golpeadores de mujeres. Todos ellos alimentan luego la clientela política femi–bolchevique. En Argentina legisladoras de izquierda se negaron a decretar leyes de condenas más fuertes a violadores. Al poco tiempo muchas de esas mismas legisladoras agitaron banderas contra la "violencia machista" de violadores y banderas abortistas.

La izquierda fabrica su propio sujeto revolucionario. Millones de mujeres están siendo llevadas como ovejas por manipuladoras "lideresas" de izquierda. Estas "pastoras" les hacen creer a sus ovejas que el lobo es "el hombre" (el origen de todos sus males e injusticias), solo para arrastrarlas donde la elite hostil quiere: bien lejos de la crítica al sistema financiero mundial.

Animalismo–Veganismo. El respeto por la naturaleza así como por la vida animal es necesario y loable, muchas especies en vías de extinción por la caza indiscriminada, la acción desalmada de traficantes o destructores de bosques y ecosistemas –por el mero ánimo de lucro irresponsable–; ha generado consciencia de la problemática y las exigencias a los gobiernos son mayores. No era necesario crear una ideología específica. Los cambios en la conciencia generan cambios sociales por si mismos sin necesidad de desarrollar teorías puntuales que expliquen todos los fenómenos universales desde una sola óptica cerrada particular.

Si uno mira superficialmente, no existe nada de malo u objetable en la defensa del bienestar de los animales ¿Quién podría oponerse? Pero solo son excusas–fachadas con tintes morales para captar adeptos. Bajo una visión amplia, quien puede ver el "bosque" descubrirá la finalidad política.

Y nuevamente… como todo lo que toca la izquierda, lo destruye y desvirtúa. Ésta se infiltra aplicando su igualitarismo ontológico y su ideología basada en el conflicto dialéctico. Así instrumentaliza el movimiento, creando dogmatismos fundamentalistas y oposiciones irreconciliables.

Como hace con toda causa social, el socialismo intenta crear una religión secular con sus propios neologismos, sus dogmas, preceptos, sus referentes, héroes y villanos. También tienen sus "evangelizadores". Todos aquellos que detestan la política y las religiones depositan su acervo de convicciones a nuevas causas, que a todas luces parecen justas.

Con la excusa de evitar hacer daño a todo tipo de animales, sin distinguir si es por caza, deporte o alimentación, propone un tipo de dieta sin productos animales. Lo cual no representaría ningún tipo de problema en los que desean adoptar este camino alimenticio, –siempre y cuando vaya acompañado de un nutricionista–. Muchas personas han terminado hospitalizadas con graves problemas de salud –y hasta muertas–, por cambios repentinos y desequilibrados en su alimentación.

El "animalismo–veganismo" no es por si mismo de izquierda. El problema se suscita cuando el socialismo se apropia e instrumentaliza un movimiento de concientización sano, solo para sembrar la división social y el conflicto… Ya tienen su lucha de clases, de culturas, de géneros, ahora de especies y alimentación. El incremento de fracturas sociales es cada vez mayor. Sumando el individualismo extremo de derecha, tendrán la sociedad que sueñan los poderosos. Desunidos y dominados.

La alimentación es un tema personal y privado. No debería ser motivo de grietas… Pero la izquierda lo colectiviza y se nutre de las grietas sociales y los extremismos. Para ello inventaron –como de costumbre— un neologismo: "especismo" para poder etiquetar despectivamente a quienes no piensan como ellos…

El animalismo establece un igualitarismo extremo, falaz e indiferenciado entre humanos y animales —a nivel ontológico— e intentan trastocar la teoría del derecho. Al existir una jerarquía natural entre hombres y animales en tanto sujetos de derecho, advierten una desigualdad jurídica.

La acción principal de los izquierdistas infiltrados está basada en lograr atizar los enfrentamientos y choques entre los que no comen carne (minorías) contra los que comen carne (mayorías).

Una división artificial que ha llevado a algunas agrupaciones a moralizar el enfrentamiento y radicalizar la no aceptación del otro: solo por su alimentación. Nadie debería discriminar a otro ser humano por esto. Ni a veganos, ni a omnívoros.

El globalista *Peter Singer* fue padre del animalismo contemporáneo (Liberación animal, 1975), ideólogo de origen australiano, un utilitarista ultra–igualitario. Siendo Singer ateo, tiende a equiparar esencialmente al ser humano con los demás animales quitándole su dimensión espiritual, culpabilizando a la humanidad a nivel existencial, es uno de los primeros ideológicos anti–humanistas. Utilizando la dialéctica marxista, sobre–victimiza a los animales, utilizándolos de palanca para sobre–culpabilizar *la humanidad* que explota a los animales y los usa de alimento. Como el sujeto revolucionario oprimido (los animales) no pueden expresarse, apela a un nuevo sujeto revolucionario: quienes empatizan en grado superlativo con los animales y su sufrimiento. El papel genérico del opresor —maligno— es "el humano" mismo, es por esta razón que junto al ambientalismo, considero que constituyen las primeras ideologías indirectamente anti–humanas.

Luego el líder animalista *Gary Yourofsky* (estadounidense), conocido por los discursos en defensa de los "derechos de los animales" fue también uno de los pioneros del "veganismo ético" de allí la relación entre ambos movimientos divisionistas postmodernos.

¿Por qué la elite impulsaría un movimiento de estas características, más allá de las divisiones y fragmentaciones sociales obvias ocasionadas?. ¿Cómo es el comportamiento de un herbívoro?, ¿Cómo es el comportamiento de un carnívoro?. ¿Cómo quiere la elite que nos comportemos?. Estudios neurocientíficos han demostrado la relación directa que existe entre lo que comemos, y como reaccionamos –y pensamos–... La alimentación influye en el comportamiento y la salud. Influye en la manera de percibir tratos injustos. ¿Nos quieren mansos?, ¿atomizados, divididos, dispersos, conflictuados?.

Curiosamente Henry Kissinger –uno de los máximo globalistas– habría dicho en 1973: "Controla los alimentos y controlarás a la gente; controla el petróleo y controlarás las naciones; controla el dinero y controlarás el mundo." – (HispanTV, 2017) [259]

La corporación Monsanto es una de las que ha intentado monopolizar las semillas y los alimentos, a través de modificaciones transgénicas de los mismos.

Lo que jamás aclaran los teóricos anti–humanos es que el máximo progreso de la civilización Occidental coincidió con la masificación del consumo de carne (debido a las nuevas tecnologías de conservación y trasporte), un privilegio que en el pasado era reservado a la aristocracia dominante…

Finalmente, lo que hace a esta ideología tener una leve **arista antinatalista** es que el veganista extremo tiende a ser dogmático (como cualquier fanático en cualquier ideología). Tanto más dogmático sea el vegano tanto más dificultosa o imposible será la coexistencia o compatibilización con una pareja que no tenga su hábito alimenticio. Como todo dogmático tiende a ser intolerante con quien no piensa como él, considerando inmoral y absolutamente reprobable a todo aquel que come carne o toma leche.

---

259 Colussi, M. (7 de diciembre de 2017). Latinoamérica, ocupada por la geopolítica hemisférica de EEUU. *HispanTv.* https://www. hispantv. com/noticias/sudamerica/361860/ america–latina–caribe–eeuu

Obviamente y cabe aclarar, no todos los veganos son extremistas o intolerantes, y siguen su dieta responsablemente sin odiar, ni molestar a nadie.

Transhumanismo la tecnología de punta, la edición genética y la nanotecnología son instrumentos que puestos en manos equivocadas pueden causar ni más ni menos que la extinción humana. Muy poco conocida aun, es la ideología que tímidamente comienza a propagar la elite global. El socialismo hará lo suyo en él promoviendo divisiones dialécticas esenciales entre hombres naturales, y otros, genética o tecnológicamente modificados (ya lo han sugerido en el Cine). Un abominable sueño fascista hecho realidad. Nuevamente bajo promesas de "mejoras genéticas" para evitar enfermedades, aumentar la longevidad de la vida, o la inteligencia, los neo–feudalistas pretenderán introducir cambios permanentes en la humanidad aplicados de manera masiva, ya sea en su ADN o en su ARN.

Lo harán en realidad para aumentar el control de la población, realizar esterilizaciones en masa (con vacunas transgénicas que ya existen hace más de 10 años). Del mismo modo que pretenden fabricar seres apáticos que no reaccionen ante los abusos y la explotación con estrictos controles sociales, facilitados con nuevas tecnologías. Aunque suene demasiado a ciencia ficción, esa tecnología en su faceta oscura ya existe. Hollywood ya se ha puesto en el trabajo de ensalzar su aplicación, sin cuestionar aspectos negativos. Cambiar la naturaleza humana de manera irreversible pone en jaque la esencia misma de lo que somos. Bebes por catálogos, terapias de edición genética, criaturas mitad animales mitad humanos, mitad humanos–mitad máquinas, nuevos humanos genéticamente mutados, enfermedades autoinmunes, despoblación masiva, es un horizonte abominable del que no tenemos porque formar parte. ¿Dónde se detendrá la *elite globalista* en su intento de hacer daño, explotar, atropellar y destruir la humanidad?. ¿Cuándo comenzará el dominó de revoluciones soberanistas que los detenga definitivamente?.

Los principales promotores de esta agenda, se reúnen en torno al Foro Económico Mundial de Davos y el Big Tech.

Todas esas ideologías que parecieran sacadas de un brain–storming para escribir una novela distópica, son reales, están ahí en posición dominante o al asecho, con sus lobbies y financistas. Con ellas la elite financiera ha estado logrando barrer con ideas de patriotismo, nacionalismo, tribu, familia, Dios, tradición, propiedad privada, y libertad.

Luchar contra aquellas agendas distópicas, es una cuestión de importancia existencial, y para ello es necesario el activismo político para lograr detenerlas desde el Estado, así como desde el activismo privado a través de la participación en la batalla cultural, o contribuyendo con dinero con intelectuales patriotas.

Hay experimentos transgénicos que pretenden realizar un cambio esencial en la estructura de la vida humana. Una caja de pandora se ha abierto, y es extremadamente peligroso que la elite hostil monopolice y haga uso de ella contra la población. Entre los experimentos transgénicos, están obviamente la esterilidad irreversible a través de una programación específica en el ARNm.

La brillante periodista e investigadora Whitney Webb describe en un artículo imperdible, que ha sido DARPA de los EEUU (en manos globalistas) desde hace 10 años, quienes están ahora dando un gran impulso a la tecnología ARNm desarrollada por la controvertida rama de investigación del Pentágono, en medio de la actual crisis del coronavirus [260]. El Pentágono profundo ha financiado en parte a la farmacéutica Moderna Inc.

Un cofundador de Google, Sergey Brin dijo "queremos que Google sea la tercera mitad de tu cerebro" su idea es que los huma-

---

260   Webb, W. (4 de mayo de 2020). El Coronavirus Da Un Impulso Peligroso A La Agenda Más Oscura De DARPA. *The last American vagabond.* https://www. thelastamericanvagabond. com/coronavirus–gives–dangerous–boost–darpas–darkest–agenda/

nos del futuro tengan su mente directamente conectada a la nube de internet. Lo que puede parecer una idea brillante para un snob, puede aterrar al ciudadano consciente de las intenciones hostiles del establishment. Sergey también dijo "vimos que mil resultados no eran necesariamente útiles como 10 buenos resultados", admitiendo que sus algoritmos seleccionan búsquedas que consideran mejores, silenciando, invisibilizando las demás. Google selecciona que apps puedes descargar y cual no. Recuerden lo sucedido tras la escandalosa censura de Twitter a Donald Trump y millones de sus seguidores. Parler, Gab, Telegram recibieron millones de nuevos usuarios cancelados del Big Tech liberal, viendo que la mayoría iba a Parler, Google bloqueo a Parler para evitar que los conservadores pudieran comunicarse y reclamar por fraude electoral. Google se ha convertido en un peligroso árbitro e intermediario de la información que puedes encontrar, y la que no puedes encontrar. Imagina eso en tu cerebro. Imagina ese poder en manos de la elite hostil que hemos estudiado. El mundo necesita alternativas patrióticas.

Tal vez sea el momento de recordar las enseñanzas de Henry David Thoreau respecto al derecho a desobedecer, no como un acto de rebeldía gratuita, sino como un gesto cívico que puede cambiar el rumbo de la historia. Cuando los poderes públicos y privados concentrados, cometen abusos respaldados por leyes injustas que ellos mismos impulsan, la mejor alternativa es desobedecer sin miedo ni vacilación. De esta manera se evita ser parte de una instrumentalización del ser humano como fuerza de choque que despoja al individuo de su racionalidad, rebajándolo al mismo a condición de máquina sin juicio propio.

En conclusión al igual que en el ámbito de la salud, también en el campo social, no hay curas si las enfermedades no están bien diagnosticadas.

Esta visión nueva de "rayos X", realizada sobre el cuerpo de una sociedad postmoderna, enferma con el virus del socialismo contracultural, puede comenzar a ser sanada a través de la divulagación, la concientización y el activismo. El poder de la comunicación esclarecedora reviste de un potencial emancipatorio sin igual. En ese campo de batalla, cada individuo es un soldado de la verdad. La indiferencia es deserción y puede ser igualmente mortal. Recuerda las palabras de Trump, "ellos son criminales". (Ver capítulo 3, Tomo II)

Ahora usted conoce las intenciones de la elite hostil, sabe *quién* y *el porqué* lo hacen. Esa oligarquía que hoy se encuentra desesperada, ha perdido una parte de su poder en este momento. Éste conocimiento otorga mayor libertad al lector, en tanto no será presa pasiva e inconsciente de la agenda internacionalista. Éste conocimiento empodera a los individuos y colectivos patrióticos brindándoles libertad interior.

2. 13* La alianza mortal de la elite globalista con el PCCh

Una parte importante de Occidente aún permanece dormida, no ha detectado la fuente de mayor peligro existencial.

Hasta ahora vimos la amenaza nítida de la elite globalista que instrumentaliza el socialismo como arma de guerra social. Pero a ella se suma la amenaza directa de la China Comunista o para ser más específico: el Partido Comunista Chino.

Desde el PCCh, el socialismo es predicado con convicción religiosa.

Lo cierto es que ya sea instrumentalizado o adherido por convicción, el verdadero opio de los pueblos es el socialismo.

Ambas elites tienen sus propias agendas, pero confluyen en un intento evidente por alcanzar la hegemonía universal, esforzándose por socavar y hundir la prosperidad de América y Europa.

China Comunista ha abandonado su tradicional e inteligente aislacionismo taoísta, para convertirse en una peligrosa potencia expansionista. Confluye en parte con la agenda de la elite hostil internacionalista principalmente en la *ingeniería **demográfica e ideológica*** de la humanidad.

Tal vez la praxis globalista pueda resultar ininteligible para el común de la gente, puesto que escapa a la clásica lucha de países contra países. Pero la lógica del Partido Comunista Chino asentado sobre una unidad territorial será más comprensible, puesto que se basa en el enfrentamiento entre potencias, o países poderosos.

Una vez caída la Unión Soviética, la China comunista tomó la posta del liderazgo socialista universal, y siguió con el viejo sueño marxista de imponer al mundo su régimen genocida y tiránico a como dé lugar.

¿Imaginan una dictadura del proletariado *made in China* a escala global? Hace relativamente pocos años la "República Popular" apenas se contentaba con mantenerse en pie en medio de la extrema pobreza y el atraso. La gente en su mayoría, apenas andaba en bicicletas, ni la tecnología, ni la industria existía allí, no podían siquiera soñar en exportar su modelo. En en sus primeros años el comunismo causó hambrunas y desabastecimiento, millones de muertos y campos de concentración para disidentes, como lo hizo la antigua URSS con sus Gulag.

Hoy en cambio, siendo una de las potencias económicas mundiales, gracias a la industrialización proteccionista, la transferencia de tecnologías a través de Joint Venture, y el trato comercial privilegiado como país "en desarrollo" concedido por la Organización Mundial de Comercio (OMC); están pavimentando a largo plazo las condiciones para establecer la supremacía y el dominio mundial.

¿Cuáles son los competidores máximos de China?: Estados Unidos y Europa (Occidente). Las naciones occidentales han sido los principales baluartes de la soberanía de los pueblos libres, independientes y soberanos. Que son también de manera simultánea los obstáculos para la consecución del proyecto internacionalista.

Estas dos fuerzas (PCCh y los globalistas) agresivamente expansionistas, decidieron unirse en los últimos tiempos para hundir a Occidente.

Ambas fuerzas pretenden acabar con la propiedad privada de los pequeños y medianos capitales, asegurándose el control de los monopolios y el sistema financiero en las altas esferas (el control de la riqueza).

Por esta razón América y Europa deben cooperar y unirse contra el agresor oriental. El principio de no agresión ha sido violado reiteradas veces, y se hace necesaria la represalia defensiva, "el mordisco de la cascabel Gadsden".

¿Cómo pretende hacer China para convertirse en potencia mundial?, eliminando a sus competidores. Principalmente quitando los EEUU del medio. Lamentablemente Occidente está bajo fuego y los países periféricos esperan una reacción de los EEUU. Donald Trump con sus aciertos y errores fue el primer gran paso hacia ese despertar.

Para lograr imponer un modelo —como el socialista—, primero deben demoler el sistema capitalista industrial existente. El primer paso para dinamitarlo con la menor resistencia posible, es lograr su deslegitimación a través de la crítica. Y ellos ya han estado haciendo este trabajo.

Toda la izquierda liberal responde a los dictados de los magnates progresistas, y la creciente influencia del Partido Comunista Chino. Día y noche atacan los pilares de la civilización.

Por otra parte si necesitas hacer posible y legal dicha crítica subversiva, el *orden liberal político* brinda el marco ideal para que éste cáncer virulento pueda prosperar. Son necesarias reformas urgentes para proteger las naciones libres. Izquierda y derecha deberían estar debatiendo como resolver problemas comunes, no debatiendo entre el ser y el no ser un Estado Nación viable.

El PCCh estaría interesado en cumplir dos objetivos fundamentales:

1er objetivo: *Destruir homogeneidad nacional* de su rival (principalmente en países de Occidente). Mientras conserva esa homogeneidad para su propio país. Destruida esta homogeneidad no tienes una Nación naturalmente constituida, por ende el Estado Nación Soberano pierde su principal fundamento existencial. Para ellos, las naciones más fuertes e independientes deben perecer: Estados Unidos y las naciones europeas. Son los principales objetivos a desmantelar.

2do objetivo: *Despoblar Occidente de occidentales* (para poder colonizarlo, dominarlo y conquistarlo). Es algo que se evidencia hoy mismo con los efectos causados por el neomarxismo dominante y las políticas implementadas por las elites corruptas neocoloniales. Recordemos, esto no es secreto, son lineamientos publicados no solo desde ONG, sino por la misma ONU que se encuentra secuestrada por socialistas y globalistas neomalthusianos.

Las acciones vigentes de control de la natalidad hacia números negativos, se traduce en lo que se ha llamado eufemísticamente "un invierno demográfico", que en términos reales constituye un genocidio aun no denunciado, que convierte en cenizas las naciones y el particularismo de cada una de ellas. Cualquiera puede tener acceso a las estadísticas, Europa está muriendo, muchos países tienen población decreciente, no hay niños y los que hay son inmigrantes ilegales del Medio Oriente, Africa y Asia. ¿Quiénes heredarán Occidente, sus creadores o los llegados desde el Oriente?.

China es la tierra en donde "el arte de la guerra" de Sun Tzu prosperó y se hizo teoría. Ésta decía: "La excelencia suprema consiste en destruir al enemigo sin combatir". "La guerra es de importancia vital para el pueblo, la zona entre la vida y la muerte, el camino a la supervivencia o la muerte. Es forzoso estudiarla a fondo".

Si pretendes conquistar y ocupar un territorio ¿Cómo desearías que esté ese país?: ¡despoblado en la medida de lo posible!, con una sociedad dividida, mezclada, fragmentada, conflictuada, sin identidad, sin pasado que honrar, sin futuro que proyectar, familias rotas, sin tradición, sin orgullo, atomizados, individualistas, universalistas, despreciando su particularismo, llenos de auto culpa, avergonzados de ser quienes son, indiferentes y apáticos frente a su tierra, su nación, y su propia gente. Y lo mejor un pueblo que ataca con rótulos estigma a quienes quieren proteger las fronteras y la nación. ¿No sería sencillo dominar un pueblo así?, ¿no se presenta de este modo la nueva sociedad en la que vivimos?.

¿Es el multiculturalismo y la agenda antinatalista impulsada por la izquierda radical, funcional a la estrategia de hegemonía a largo plazo del Partido Comunista Chino (PCC)?, ¿El nexo entre los demócratas, los Biden, los globalistas y China dice algo?. ¿Ha sido el Partido Demócrata cooptado por intereses chinos y globalistas?

¿Por qué los neomalthusianos adeptos a la despoblación pululan ahora solo en Europa y América, y no en Asia?...

El PCCh suspendió en el 2015 la ley del hijo único para aumentar la natalidad. Los efectos fueron inmediatos, más de 18 millones de chinos nacieron solo en 2016 [261]. Las ideologías antinatalistas o neomalthusianas parecen operar con eficacia solo en Occidente y no en donde más población mundial existe.

Veamos en perspectiva un mapa de la demografía mundial por continentes:

---

261   Hernández, N,. (29 de Octubre de 2020). Las consecuencias del fin de la política del hijo único a cinco años de su fin. *RFI*. https://www. rfi. fr/es/asia–pacifico/20201029–las–consecuencias–del–fin–de–la–pol%C3%ADtica–del–hijo–%C3%BAnico–a–cinco–a%C3%B1os–de–su–fin Nerea Hernández escribe desde Pekín.

Hay otros estudios que calculan el incremento anual a 5, 9 millones, pero se basan en progresiones y datos de la ONU del 2015 antes de la suspensión de la política del hijo único, por lo que las proyecciones más moderadas son incorrectas. Se realiza en la actualidad un censo masivo.

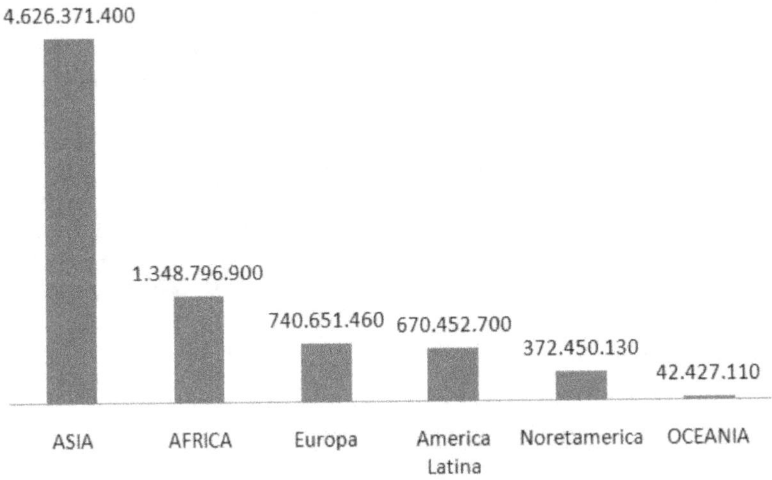

Fuente: population. city (²⁶²)

Esta es la desigualdad que ningún progresista denunciará... El 81% de la población de los 10 países más poblados del mundo, es asiática. Pero no seamos tan duros con los progresistas, de todas maneras ni los conservadores patrióticos lo denuncian...

---

262 Población mundial. (s. f.). Continentes. *Population City.* Recuperado el 7 de Diciembre de 2020. http://poblacion. population. city/world/ Dicha web extrae sus datos de las Naciones Unidas y organismos nacionales públicos. (Grafico de elaboración propia)

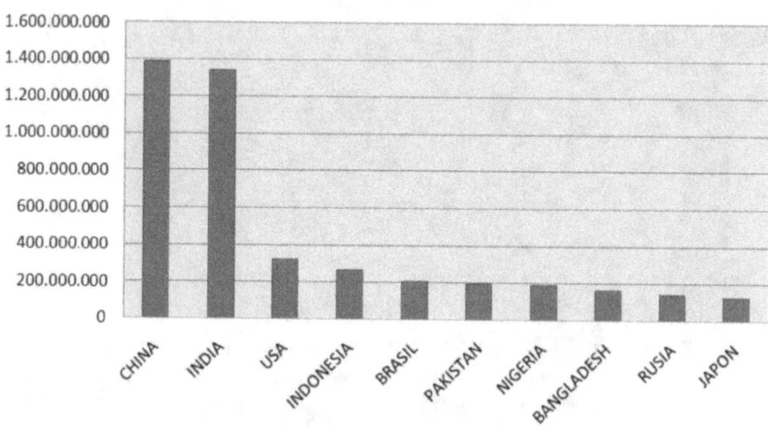

Fuente: Banco Mundial ([263])

Tal vez luego de este estudio y enfoque pionero, los verdaderos patriotas preocupados por el Interés Nacional, la Defensa Nacional y el bien común a largo plazo, comiencen a exponer la perniciosa agenda demográfica anti–natalista detrás de las ideologías progresistas, liberales e izquierda radical. Tal vez, más de un fanático neomalthusiano descubra que sus ideas de despoblación no tienen sentido (al menos en Occidente).

---

263   Banco Mundial. (2017). *Población Total.* https://datos. bancomundial. org/indicador/SP. POP. TOTL Gráfico de elaboración propia.

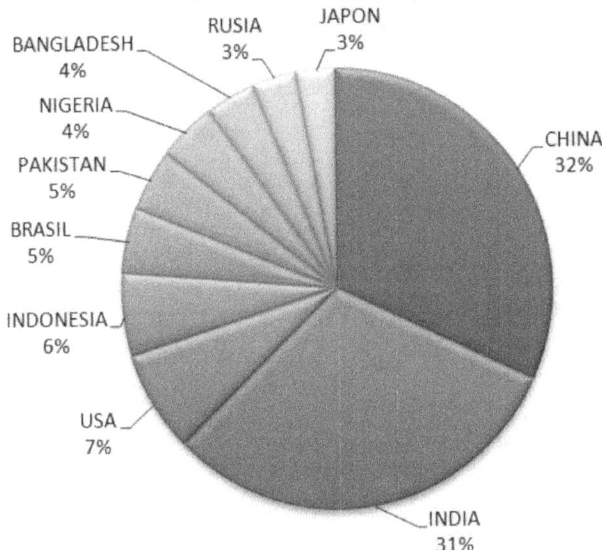

Fuente: Banco Mundial ([264])

Es necesario provocar en cambio una primavera demográfica en Occidente para combatir la desigualdad racial. Presidentes conscientes de la problemática han comenzado a dirigir políticas equitativas de repoblación y fomento de la natalidad occidental. Vladimir Putin (Rusia) y Victor Orban (Hungria) son ejemplos de ello.

Para ir cerrando el capítulo, dejaré otra observación en este contexto de análisis demográfico ¿Qué sucede si analizamos por continente las muertes ocasionadas por el virus de Wuhan (China) en todo el año 2020?

---

264   (Banco Mundial, 2017)

Muertos por Covid19

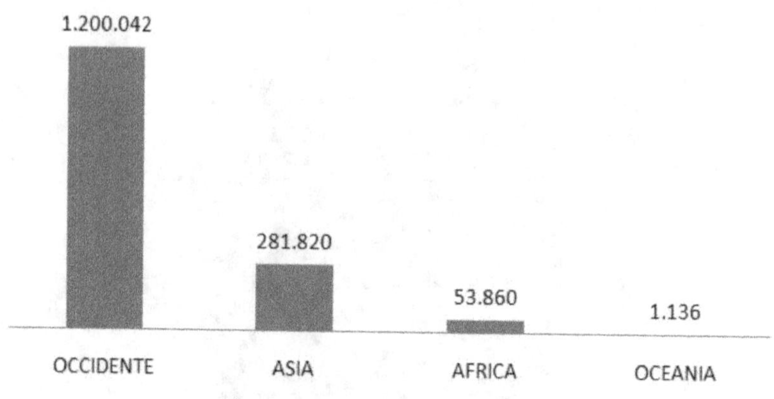

Fuente: Statista Dic–2020. ([265])

Hasta el 7 de Dic. (2020) en Europa habían muerto 444. 780 personas, y en América 755. 262, es decir, en Occidente murieron un millón doscientas mil personas (1. 200. 042)

Cuando investigamos el número de personas que murieron del mismo virus en Asia –donde todo surgió–, con una población casi tres veces superior a la Occidental (2, 6), nos llevamos una sorpresa. Estimando así que correlativamente deberían haber muerto 3, 1 millones de personas allí, extrañamente uno se topa con que el número de defunciones es de 281 mil personas. A la luz de los datos concretos oficiales en un año de pandemia, el covid19 tiene una preferencia por eliminar Occidentales. Es un hecho.

---

265 Orús, A., (7 de Diciembre de 2020). *Número de personas fallecidas a consecuencia del coronavirus a nivel mundial.* Statista. https://es. statista. com/estadisticas/1107719/ covid19–numero–de–muertes–a–nivel–mundial–por–region/

¿Es un virus de laboratorio?, ¿Estamos en medio de una guerra bacteriológica destinada a barrernos del mapa?... El científico francés ganador del Premio Nobel **Luc Montagnier**, ha provocado controversias al afirmar que por sus características especificas el virus SARS–CoV–2 proviene efectivamente de un laboratorio. En una entrevista dada al canal francés CNews y durante un podcast por Pourquoi Docteur, el profesor Montagnier, quien descubrió el VIH (Virus de Inmunodeficiencia Humana) afirmó la presencia de elementos del VIH en el genoma del coronavirus e incluso elementos del "germen de la malaria". "Son altamente sospechosos", reportó en un informe en Asia Times. También mencionó que el laboratorio de la ciudad de Wuhan se ha especializado en estos coronavirus desde principios de la década de 2000. Una investigación independiente realizada por el ex jefe del servicio de inteligencia británico MI6, **Richard Dearlove** afirmó que según una investigación noruego–británica liderada por el profesor Angus Dalgleish, el virus posee elementos clave que fueron "insertados". Por su lado un prestigioso médico militar actualmente *Director médico para los centros de Medicina Avanzada* con clínicas en varios Estados, llamado **Rashid A. Buttar** (askdrbuttar. com/nnn). Corroboró lo anterior en una entrevista ante Next News Network [266], y acusó a Fauci, a la OMS, a Bill Gates, al Big Media y a China, de violar la ley, promover campañas de terror y desinformación. Demostró como la teoría mediática del origen natural del virus es falsa. Señaló al Covid19 como el producto de una investigación ilegal quimérica de virus modificados genéticamente en laboratorios para conseguir una función determinada. Explicó que en el 2014, el gobierno de Estados Unidos resolvió que no había justificación para continuar con ese tipo de investigaciones, por los riesgos potenciales de causar una pandemia. Y a pesar de la moratoria en curso, en el año 2017 fueron transferidos 3, 7 millones de dólares desde el Instituto

---

266   ArchiveToday (12 de mayo de 2020). Increible entrevista. Dr Rashid la verdad sobre el covid19. https://archive. is/4oTnX

Nacional de Salud a China. Una especie de "subcontratación". Acusó al Dr. Anthony Fauci de saltarse la ley, por ser quien aprobó dicho presupuesto contra las moratorias que puso el gobierno, tomando dinero de los contribuyentes para realizar investigaciones que condujeron al Covid19. Recordó como Fauci en 2017 en la Universidad de Georgetown profetizó de manera pública que Trump enfrentaría una pandemia ¿Cómo lo podía saber con tanta seguridad? Esto fue corroborado por Project Veritas y hasta fue sugerido por una declaración de Donald Trump en un mensaje de marzo de 2021 desde su flamante "oficina del ex presidente".

El Dr. Rashid A. Buttar ha sido considerado y reconocido durante más de 20 años como uno de los 50 mejores médicos de EEUU, escritor de libros que llegaron a ser Best Seller. No se trata de un colegial escribiendo un blog desde el sótano de su casa. No obstante Youtube, y Facebook, lo han censurado. Trump puso a Fauci (un gran amigo de B. Obama y Bill Gates), al frente del combate contra el coronavirus para responsabilizarlo, y tal vez para exponerlo. Numerosas veces lo contradijo proponiendo terapias como la hidroxicloroquina y otros medicamentos, evitando que las vacunas fueran la única solución. Trump alentó constantemente a la apertura de la economía, el cuidado de las libertades, no usaba mascarilla, intentó ya en abril del 2020 la liberación de las medidas restrictivas, y retuitió criticas a Fauci que sugerían que el doctor estaba engañando al pueblo norteamericano [267]. Los seguidores del presidente vincularon al doctor con un "golpe de estado profundo" diseñado para socavar la campaña de reelección MAGA. El doctor fue un invitado frecuente de CNN y MSNBC. El Big Media a su vez utilizó a Fauci de trampolín para seguir desacreditando al Presidente. Como era de esperar, la prensa lo atacó duramente y defendió a Fauci.

---

267 Perano, U. (28 de julio de 2020). "Realmente no quiero ir allí": Fauci rechaza los retweets críticos de Trump. *Axios*. https://www. axios. com/fauci–trump–retweets–coronavirus–hydroxychloroquine–f30e523a–6d78–4b9a–9776–0dcd4fb43807. html

Los vínculos de Dr. Fauci con la elite globalista son de larga data. El establishment protege a los suyos. La misma corporación mediática que aplaudió y brindó su micrófono a ciertos médicos, consideró que lo dicho por Rashid no era noticia, arrojando sobre él un manto de silencio.

Otros numerosos científicos de renombre internacional han sido censurados por oponerse a la narrativa mediática oficial de la pandemia Covid19. Algunos de ellos son:

La Dra. Inmunóloga, y genetista Dolores Cahill (Irlanda); el Dr. Wolfgang Wodarg (Alemania), John Oxford virólogo de la Universidad de Queen Mary (Inglaterra); el Dr. Jochen A. Werner, Director Médico y Presidente del Consejo del centro medico Universitario de Essen (Alemania); Dr. Luis Marcelo Martínez genetista (Argentina); Pablo Goldschmidt virólogo (Argentina); Dr. Chinda Brandolino (Argentina); Dr. Stefan Hockertz inmunólogo y toxicólogo (Alemania); Peter Gotzsche; Dr. Juan Manuel Jiménez Muñoz (España); Dra. Maria Barrientos (El Salvador); El Dr. Vernon Coleman (Inglaterra). Dra. María José Martínez Albarracín (España).

Son muchos más, pero la lista sería inacabable. En algunos países han conformado agrupaciones *"Médicos por la verdad"* para unir voces independientes de los intereses farmacéuticos (que condicionan la narrativa oficial con cuantiosos estímulos monetarios).

Donde debería haber un debate público que permita expresar también esas voces, solo vemos bloqueo y censura, y un ejército de pequeñas empresas –bien financiadas– catalogando de "información falsa" la que difunden los científicos que dicen cosas que incomodan a las agendas de los gobiernos liber–progres y la industria farmacéutica.

El oscurantismo siempre apeló a la censura y la cancelación cuando algunos científicos ponían en entredicho "lo establecido" por las autoridades –en base a dogmas–. Quien busca la verdad y la salud no teme al debate. Quien basan sus intereses económicos y políticos en el mantenimiento forzado de un relato si temen al debate, por ello acuden al bloqueo, a la difamasión, descrédito o la cancelación.

Hay científicos que advierten sobre los peligrosos riesgos que representan las vacunas génicas, principalmente por no haber sido probadas en humanos en escala masiva, ni monitoreados sus efectos adversos en el mediado y largo plazo. Pero también por sus características intrínsecas. Escuchémoslos, ¿o no existe la libertad de expresión? ¿no llama a la suspicacia observar toda esta tremenda censura?

Supongamos por un momento que los científicos anteriores están todos equivocados. A todo esto, ¿Qué dicen los mismos creadores de estas vacunas de ARNm?.

El periodista de investigación Leo Hohmann descubrió una presentación de (*Ted Talk, 2017*) del Dr. Tal Zaks, director médico de Moderna Inc. Una de las 2 principales industrias farmacéuticas de vacunas Covid19 para EEUU, donde explica claramente en lenguaje común, lo que hace la tecnología ARNm en las vacunas: *"Si nuestras células son el hardware y nuestro material genético el sistema operativo, ¿qué pasaría si pudiéramos cambiar algunas líneas de código?"… "En realidad, estamos pirateando el software de la vida"* [268] Es precisamente eso lo que ahora estan haciendo. Albert Bourla (CEO de Pfizer), Stephan Bancel (CEO de Moderna inc) y Leif Johansson (CEO de Astrazeneca) estarán bajo el ojo crítico, de todos aquellos que sigan de cerca los efectos adversos de la vacunación sobre la población mundial, del mayor experimento farmacéutico de la historia. Tampoco deberían de escapar al escrutinio público, los responsables de autorizar su "uso de emergencia". Tampoco debe librarse del escrutinio y la responsabilidad ante millones de seres humanos inocentes, al Director del Instituto Gamaleya: Alexander Gintsburg. Al igual que los anteriormente nombrados, es un ultra globalista

---

268 Zaks, T. (Noviembre 2017). El potencial de erradicar enfermedades con edisión genética. *Ted Talk*. (0:45 min.) https://www. ted. com/talks/tal–zaks–the–disease–eradicating–potential–of–gene–editing

lleno de resentimiento contra el pueblo Ruso y los Occidentales. ¿Qué sucede si pones a neomalthusianos globalistas al frente de una vacunación masiva mundial?.

En resumen… aparece "un problema": un virus en la China comunista (Tesis); luego surge "la solución": vacunas génicas del Big Farma (antítesis). Surge así la Síntesis = Control y ganancias siderales para dicha industria, resultado esperado (por acción o reacción).

¿Quién controla el Big Farma?: los globalistas. No se trata de salud y tu cuidado, es su negocio y su agenda de despoblación. Hasta hace un par de años las nuevas vacunas ARNm solo habían sido probadas escasamente en animales, y no en humanos. Se suponía que aventuradamente podría usarse solo en casos muy puntuales de personas enfermas, como una "terapia génica" donde se edita el material genético para activar tentativamente el sistema inmune. Esto no es más que un tratamiento experimental altamente riesgoso, que tal vez pueda servir en personas que no tienen más soluciones. Pero de ninguna manera parece razonable exponer a millones de personas sanas a un "pirateo del software de su vida", arriesgándose a sufrir cientos de efectos secundarios a mediano y largo plazo peores que el Covid19. Por cierto, efectos secundarios que dejarían discapacitadas de por vida a las personas, dejándolas como clientes cautivos de las mismas corporaciones farmacéuticas. Al 12 Marzo de 2021 son 9 países europeos los que suspendieron las vacunas ARNm de Astrazeneca. Dinamarca, Noruega, Italia, Austria, Islandia, Estonia, Lituania, Letonia, Luxemburgo [269] [270], e Irlanda se sumó luego. La intervención ARNm es la misma que utiliza Moderna inc. y Pfizer.

En sus contratos con los gobiernos, las compañías se deslindan de toda responsabilidad ante efectos adversos. Recayendo la obligación

---

269 Sanchez, R. (12 de marzo de 2021). Nueve países europeos suspenden la vacunación con AstraZeneca. https://www. abc. es/sociedad/abci–dinamarca–suspende–vacunacion–astrazeneca–posibles–efectos–secundarios–trombos–202103111121–noticia. html

270 La Voz. (11 de marzo 2021). Europa, en alerta preventiva. https://www. lavoz. com. ar/ciudadanos/europa–en–alerta–preventiva–seis–paises–suspenden–vacunacion–con–astrazeneca

de pagar posibles indemnizaciones en los Estados, es decir obligarán a los propios contribuyentes que actuaron de conejillos de indias de un puñado de farmacéuticas globalistas a pagar los platos rotos de este irracional experimento. El Big Media que forma parte del club de la elite, inmediatamente comenzó a inventar neologismos para reprimir moralmente a quienes cuestionan este negociado irresponsable llamándolos: "Negacionistas", y "antivacunas".

Los fact–checkers y las cadenas de noticias, no son sino meros panfletos publicitarios de la industria farmacéutica que los financia.

¿Hay algún científico que provenga del riñon del sistema, un insider que presente críticas honestas sobre lo que se esta haciendo a nivel global respecto a la pandemia y la vacunación? Por supuesto que si. Fue interesante descubrir el testimonio de **Geert Vanden Bossche,** DMV, PhD, virólogo independiente y experto en vacunas, anteriormente empleado en GAVI (Alianza Global para Vacunas e Inmunización) y The Bill & Melinda Gates Foundation. El Dr. Bossche coordinó el programa de vacunación contra el ébola en GAVI. Es decir, es muy pro–vacunas.

No obstante escribió una carta abierta a la OMS (6 de marzo del 2021) instando a detener de inmediato la vacunación masiva contra el Covid19 [271] [272]. Él advierte que las vacunaciones masivas con ARNm pueden *"convertir un virus relativamente inofensivo en un arma biológica de destrucción masiva"*.

El 26 de febrero [273] y el 2 de marzo [274] publicó otros informes donde ya alertaba de lo que podrían ocacionar *"un desastre*

271   Bossche, G. (6 de marzo de 2021). Carta abierta a la OMS. (PDF). *Natural News.* https:// www. naturalnews. com/files/Geert–Vanden–Bossche–Open–Letter–WHO. pdf

272   Dryburgh, L. (7 de marzo). Carta abierta a la OMS. (artículo). https://dryburgh. com/ geert–vanden–bossche–open–letter–to–who–halt–all–covid–19–mass–vaccination/

273   Bossche, G. (26 de febrero de 2021). *Dryburgh.* https://dryburgh. com/wp–content/ uploads/2021/03/Geert–vanden–Bossche–manuscript–Feb–26–2021. pdf

274   Bossche, G. (2 de marzo de 2021). *Dryburgh.* https://dryburgh. com/wp–content/ uploads/2021/03/Geert–Vanden–Bossche–Concern–About–Current–Covid–19–Mass– Vaccination–Campaigns–Mar–2nd–2021. pdf

de salud pública de importancia internacional" ya que la gente puede perder su inmunidad 'innata' natural como consecuencia de la intromisión génica.

El Dr. Michael Yeadon un ex ejecutivo de Pfizer el 1 diciembre del 2020 presentó un petitorio urgente de 43 páginas a la Agencia Europea de Medicina exigiendo suspender los ensayos clínicos de fase III de las vacunas, ya que *"debido a la conocida falta de precisión de la prueba de PCR en un estudio serio, se utilice la denominada secuenciación de Sanger. Esta es la única forma de hacer declaraciones confiables sobre la efectividad de una vacuna contra Covid–19. Sobre la base de las diferentes pruebas de PCR de calidad muy variable, no se puede determinar con la certeza necesaria ni el riesgo de enfermedad ni un posible beneficio de la vacuna, por lo que probar la vacuna en seres humanos no es ético en sí mismo"* y advirtió sobre el peligro que *"la infertilidad de duración indefinida podría resultar en mujeres vacunadas"*. [275]. Al igual que con la carta a la OMS, aquí comparto el enlace a la petición con el material científico respaldatorio del Dr Yeadon del Reino Unido, junto al Dr. Wolfgang Wodarg de Alemania [276].

Quien escribe el presente libro no es anti–vacuna, tiene felizmente puestas todas las vacunas desde su nacimiento. No se trata de ser pro o anti. Se trata de tener sentido común, buen juicio, criterio independiente y saber advertir que las nuevas vacunas ARNm no son como las clásicas vacunas con virus atenuados. Y que simplemente la intervención o *"pirateo del software de la vida"* ya sea de manera voluntaria u obligatoria, ya sea privada o estatal, se muestra como una violación a nuestra propia identidad natural bio–genética. Una abominación. Una declaración de guerra a nuestra propia esencia, usando como excusa la neutralización de un virus cuya tasa de supervivencia es del 99, 98% (*CDC, 2020*).

---

275 2020 News. (1 de diciembre de 2020). El Dr. Wodarg y el Dr. Yeadon solicitan la suspensión. https://2020news. de/en/dr–wodarg–and–dr–yeadon–request–a–stop–of–all–corona–vaccination–studies–and–call–for–co–signing–the–petition/

276 Wodarg, W. y Yeadon, M. (1 de diciembre de 2020). Petitorio urgente. Recuperado 9 de marzo de 2021. https://2020news. de/wp–content/uploads/2020/12/Wodarg–Yeadon–EMA–Petition–Pfizer–Trial–FINAL–01DEC2020–EN–unsigned–with–Exhibits. pdf

Aunque esta problemática nos toma por asalto, y ni siquiera iba a ser incluida en la presente investigación, la gravedad de la misma obliga a plantearla, en tanto posee ribetes geopolíticos totalitarios.

La crisis debe juzgarse por sus datos concretos, por sus resultados, por los hechos demostrados, escuchando a los científicos y médicos independientes, asi como por las declaraciones oficiales de las autoridades gubernamentales y corporativas.

En solo un año la humanidad y las naciones libres, han perdido derechos y libertades que costaron siglos conseguir. Se está criando una juventud de esclavos sumisos y obedientes.

Si usted permite que el gobierno suspenda leyes fundamentales por una "emergencia", siempre crearan una "emergencia" para suspender esas leyes. ¡¡La cuarentena ha durado 1 año!!

¿Quiénes se han beneficiado y se benefician concretamente?: las elites globalistas.

* Los gobiernos socialdemócratas incrementaron su poder a niveles insospechados de autoritarismo sanitario. Las cuarentenas eternas fueron instrumentalizadas para incrementar los niveles de control social.

* Las farmacéuticas, que vendieron millones de vacunas, y desacreditaron o censuraron terapias efectivas pero no tan lucrativas.

* Richard A. Rothschild solicitante de patente de invención relacionada a la biometría y las pruebas de Covid–19 [277] [278]

* Wall Street y toda la economía especulativa de bonos y acciones se dispararon por las nubes con ganancias multi–millonarias, mientras que los sectores productivos, pequeñas y medianas empresas quebraron, millones de personas lo han perdido todo.

* Los bancos privados recibieron inyecciones de dinero a baja tasa y se les entregó la gestión y distribución del dinero emitido.

---

277 https://patents. google. com/patent/US20200279585A1/en?oq=+US2020279585A1
278 https://patents. justia. com/patent/20200279585

* La flexibilización cuantitativa benefició en mayor proporción a los tenedores de bonos y acciones.
* El foro Económico de Davos ve más cerca sus objetivos.
* La OMS, fue erigida como autoridad suprema en la tierra, en cuanto a salud. A pesar de sus constantes contradicciones e improvisaciones —señaladas solo por gobiernos patrióticos—
* El Big Tech, fue erigido como árbitro de la verdad en línea, cancelando todo debate y toda voz disidente.
* El Big Media, fue erigido como la autoridad a quien recurrir para obtener "información veraz".

¿Quiénes se han perjudicado concretamente?: los pueblos.

¿Es posible que la pandemia sea una maniobra de Control, abolición de libertades y despoblación (con virus o vacunas)?. Los científicos disidentes han respondido con argumentos técnicos propios de su campo, esta duda razonable que nosotros solo podemos plantear de manera retórica.

Para los menos ingenuos, el que sepa ver y tenga su mente abierta, puede entender lo que está sucediendo.

En numerosas ciudades del mundo civilizado la gente sale a la calle a manifestar su repudio contra los gobiernos liberticidas de izquierda progresista. Ya corrido el 2021, los pueblos de Austria, Dinamarca, Holanda, Italia, Alemania, Inglaterra, Canadá, Argentina, están saliendo a repudiar la dictadura sanitaria globalista.

El Big Tech censura con descaro ¡incluso a científicos y al Presidente de los Estados Unidos!. Quien no vea en ello una señal preocupante, merece su destino. En Alemania la policía se está llevando presos a youtuber trasmitiendo en vivo su oposición a las restricciones de las libertades. Así son los regímenes totalitarios, avanzan despacio hasta que ya es muy tarde… En Canadá apagan el micrófono a congresistas que preguntan para qué son los "campos de aislamiento" que el gobierno está montando. El gobernador de Formosa —una provincia Argentina— abrió una serie de "campos de aislamiento sanitario" donde forzosamente se llevan a las personas sin su consentimiento, incluso no estando enfermas con dos hisopados negativos [279], se estan violando todos los derechos esenciales [280], [281]. Los agentes de inteligencia honestos, deberían filtrar todo lo que saben a Wikileaks.

El prestigioso premio nobel Luc Montagnier dijo que, recién en 2 años se iban a ver los peores efectos adversos de las vacunaciones covid-19.

Un año y medio después del comienzo de la pandemia, en mayo del 2021, un estudio de la Universidad de San Diego en California asegura tener la prueba de que la COVID-19 no es una enfermedad respiratoria sino vascular, simultáneamente la revista Nature Reviews Immunology llegó a la misma conclusión. Mientras tanto ya hay millones de vacunados de una enfermedad que aún "desconocían" en esencia, y cuyos protocolos derivados de ese error mataron cientos de miles de personas por mala praxis. ¿Se entiende la gravedad de esta locura genocida? Está claro que las elites han pretendido vacunar a todos a como dé lugar, aterrorizando a los pueblos para que éstos vieran las inoculaciones como el camino milagroso que llevaría de manera rápida hacia el retorno a la normalidad, suprimiendo al mismo tiempo, terapias seguras y efectivas que no juegan con el "software de la vida".

---

279 INFOBAE. (27 de enero de 2021). Cansado que no le dieran el alta tras dos hisopados negativos escapa. https://www. infobae. com/sociedad/2021/01/27/formosa-cansado-de-que-no-le-dieran-el-alta-tras-dos-hisopados-negativos-se-escapo-del-centro-de-aislamiento-y-la-policia-lo-fue-a-buscar-a-su-casa/

280 TN. (5 de marzo de 2021). Formosa: la Justicia federal seguirá a cargo de las denuncias por violaciones de DDHH en los centros de aislamiento. https://tn. com. ar/politica/2021/03/05/formosa-la-justicia-federal-seguira-a-cargo-de-las-denuncias-por-violaciones-de-ddhh-en-los-centros-de-aislamiento/

281 Tierra Pura. (28 de enero de 2021). Los 'campos de concentración COVID' en Formosa serán denunciados por las violaciones a los DDHH. https://tierrapura. org/2021/01/28/argentina-los-campos-de-concentracion-covid-en-formosa-seran-denunciados-por-las-violaciones-de-derechos-humanos/

Es falso que las nuevas vacunas génicas sean seguras y efectivas en 95%, ya que no han sido probas anteriormente en humanos y no hay información a mediano y largo plazo. Incluso hay numerosos reportes de contagiados con las dos dosis.

Mucha gente cree que los efectos adversos se limitan a una fiebre unos días después, los protocolos no hacen un seguimiento de los pacientes al mediano y largo plazo. Ni siquiera contemplan los efectos adversos más allá de las 48 o 72hs. Curiosamente 3 conocidos míos fallecieron cerca de los 10 días siguientes de la inoculación. Ninguno fue contabilizado ni reportado como efecto adverso grave de la vacuna, a pesar que eran personas sanas y jóvenes, no vincularon el ACV y la miocarditis a las inyecciones. Relatos similares en redes sociales eran censurados días después de publicados con leyendas que decían que el contenido era eliminado por desalentar la vacunación. La prensa masiva en silencio absoluto. Si algún famoso moría tras ser inoculado, simplemente informaban que había muerto por covid19, reforzando la narrativa favorable a la industria farmacéutica. Los gobiernos han sido cómplices. Las implicancias de todo esto son alarmantes.

Entre otros efectos adversos inmediatos reportados públicamente por la gente, desde Mayo del 2021 se observaron por todas las redes sociales que personas subían su experiencia extraña de estar "magnetizados" tras la vacunación. No solo brazos magnetizados, algunos mostraron otras partes del cuerpo donde presentaban este fenómeno (pecho, espalda y cabeza). Ante la sorpresa traté de comprobar personalmente con conocidos vacunados, y puede comprobar directamente que era cierto, aunque no les sucedía a todos los encuestados. Una sola persona me dijo que presentó el fenómeno y luego se le fue. En otros, los efectos persistieron en el brazo vacunado. Realmente algo impensable, no obstante pude comprobar que a una amiga personal se le pegaba un teléfono y una tablet muy pesada. Se deben exigir explicaciones serias a las autoridades sanitarias y una investigación inmediata. ¿Acaso se trata de la proteína "magneto" diseñada con nanotecnología en el 2016, anunciada por The Guardian?

Los que se atreven a dudar de las buenas intenciones de gobiernos y las farmacéuticas con alto prontuario de fraudes, engaños y corrupción, han sido estigmatizados por la prensa mercenaria en un escenario distópico casi surrealista.

La dictadura digital China es el modelo que la elite hostil quiere implantar en Occidente. Una dictadura sin pelotones de fusilamiento, pero de absoluto control y falta de libertad. Intentan vehiculizar su agenda a través de Pasaportes, o DNI digitales unidos a carnet vacunatorios (Ver Alianza GAVI, proyecto ID2020). Si no aceptas la vacuna no podrás viajar, no podrás trabajar, o cobrar tu sueldo; esta afirmación que parecía una pesadilla "conspirativa" hoy es un hecho (febrero–marzo, 2021). La Unión Europea con la tirana Angela Merkel a la cabeza, sin saber incluso si las vacunas son efectivas, impulsa el carnet de vacunación, o Pase Verde siguiendo al pic de la letra la voluntad de Bill Gates y China (*Ámbito, 2021*) [282]. El Gobernador corrupto de Nueva York Andrew Cuomo anunció el 2 de marzo del 2021 el lanzamiento del pase vacunatorio "Excelsior Pass" ([283]).

Tres meses antes el presidente comunista Chino Xi Jinping, en la cumbre del G20: "propuso utilizar a nivel global un sistema de códigos QR con el objetivo de **controlar y rastrear personas** infectadas por COVID–19. La instalación de dicho sistema sería en los aeropuertos de todo el mundo" dicho código estaría en el Pasaporte Verde ([284]).

El Covid19 es solo una excusa para implementar sistemas de seguimiento y control que no se iran jamás. ¿Acaso hubo plebisci-

---

282 Ámbito. (26 de febrero de 2021). Pese a la polémica, la UE avanza en un certificado de vacunación. https://www. ambito. com/mundo/vacunacion/pese–la–polemica–la–ue–avanza–un–certificado–n5172688

283 Governor NY. (2 de marzo de 2021). https://www. governor. ny. gov/news/governor-cuomo–announces–pilot–program–testing–excelsior–pass–madison–square–garden–and

284 Kontrainfo. (23 de noviembre de 2020). China propone un código QR de seguimiento global. https://kontrainfo. com/china–propone–un–codigo–qr–de–seguimiento–global–en–todos–los–aeropuertos–para–controlar–y–rastrear–personas–por–covid–19/

tos sobre una medida que podría abolir todas las libertades de un solo golpe?. En España hay lugares donde se cobran multas por no vacunarse (Galicia), en Argentina personal de salud y militares pueden perder sus empleos si no aceptan la vacuna, incluso si son jóvenes y ya tuvieron coronavirus. Las vacunas obligatorias violan las libertades individuales esenciales, de disponer del propio cuerpo. ¿Mi cuerpo, mi decisión?. Ese lema solo es respetado cuando es esgrimido por feministas radicales.

Se intentó crear el dilema de escoger entre salud pública y economía, hoy no tenemos ni salud ni economía. La gestión de cuarentena eterna, bajo las estrictas directivas de la OMS resultaron un completo fracaso, en cambio países como Suecia que siguieron su propio camino fueron exitosos apostando a la inmunidad de rebaño.

En 1994 un poderoso magnate manifestaba en una cena con embajadores, que "estamos al borde de una transformación global; todo lo que necesitamos es una gran crisis, y las naciones aceptaran el Nuevo Orden".

En el 2004 el Banquero J. Attali dijo públicamente "…una estructura global… Estoy convencido de que será una realidad dentro de 50 años. La cuestión es saber si existirá antes de una guerra, en lugar de una guerra o después de una guerra." (Attali, 2004).

En el 2015, el empresario cofundador de Microsoft, y ahora líder del Big Farma Bill Gates dijo: "las guerras del futuro serán por virus…" (TED talk, 2015).

En el 2016 El Presidente Chino Hi Jinping, en el 95° aniversario del Partido Comunista dijo: "El mundo está a punto de un cambio radical. Vemos a la UE, así como a la economía de EEUU, colapsar gradualmente, todo termina para dar paso a un nuevo orden mundial. Nunca será como era antes, y en 10 años tendremos un nuevo orden mundial…" (Sputnik Mundo, 2016) [285]

---

285 Sputnik Mundo. (16 de agosto de 2016). Occidente se agita: Rusia y China crearán un nuevo orden mundial. https://mundo. sputniknews. com/20160816/rusia–china–nuevo–orden–mundial–1062844083. html

Lo que jamás imaginamos es que la guerra iba a ser contra nosotros.

Los globalistas y la China comunista, vienen por todo.

Solo los valientes patriotas y librepensadores podrán detenerlos.

EPÍLOGO

Descubrir quien es realmente Donald Trump, asi como establecer un marco teórico para comprender el globalismo, es el primer paso necesario para poder estudiar, en que medida POTUS 45 combatió al Sistema, a través de sus discursos, sus relaciones de poder y acciones políticas concretas.

El 2do Tomo de esta investigación que se publicará en pocos meses, requiere menos esfuerzo intelectivo por parte del lector, en tanto se describen hechos y curiosidades dignas de atención. Los fundamentos de Trump; su lucha contra los titantes de Wall Street; sus diatribas contra el Estado Profundo; el Rusiagate, Spygate, Ukraniagate, el Impeachment, todos los múltiples intentos golpistas contra su mandato, y las controvertidas elecciones del 2020. Las operaciones encubiertas y el rol de los militares patriotas que acompañaron a Donald Trump hasta el final.

Si el lector ha llegado hasta aquí, seguramente ha descubierto muchos aspectos desconocidos de la realidad que lo rodea. Espero haber contribuido en el Gran Despertar que esta sucediendo hoy día en varios países.

Cuando comencé esta investigación que llevó 4 años de mi vida, de gran esfuerzo y sacrificio, jamás imaginé que alcanzaría esta magnitud, que en realidad es mayor a la que ve como producto final.

El Tomo 1 y 2 son en rigor de verdad, *los resúmenes* de todo lo que hubiese querido incluir. Detalles pormenorizados debieron querdar afuera por cuestiones de espacio y foco. Tal vez ameriten otra entrega más adelante.

La batalla por la libertad, en contra de toda forma de opresión totalitaria, está en las venas de todo hombre Occidental. Simplemente no hemos nacido para ser esclavos.

Ayude a los investigadores independientes, recomiende este libro y contribuya económicamente con los intelectuales que estan al frente de la batalla cultural.

*Conviértase en mi mecenas:
https://www. patreon. com/theobelok

---

*Recibo donaciones en **Bitcoin (BTC)**:
1EgLaEKV9wdibHvZuweZ5EPdU9ibbwZmdg

Depósito BTC

Dejo aquí planteados los temas que se abarcarán en el *TOMO II* (que se publicará en e–book, el 30 de Agosto 2021)

CAPITULO 3 –¿Cuáles son los fundamentos de Donald Trump?

3. 1 * Discurso contra el Estado Profundo y la elite globalista 2016

3. 2 * Discurso de Asunción presidencial 2017

3. 3 * Comentarios sobre el discurso en Davos 2018

3. 4 *   Comentarios sobre el discurso en Davos 2020

3. 5 *   Trump en la ONU 2017

3. 6 *   Trump en la ONU 2018

3. 7 *   Trump en la ONU 2019

3. 8 *   Su visión política en 1987

3. 9 *   Arzobispo denuncia a la elite global y escribe a Trump

3. 10 * Trump contra el fascismo de extrema izquierda.

3. 11 * Trump contra el socialismo.

3. 12 * Por Dios, la familia, la vida, y la libertad.

3. 13 * "Build the Wall" Fronteras seguras y lucha contra el tráfico humano.

3. 14 * Trump se autodefine Nacionalista.

3. 15 * Trump un jacksoniano

3. 16 * Resumen y perfilamiento ideológico.

CAPITULO 4 –Otras variables para comprender el fenómeno Trump

4. 1 * Trump vs Wall Street

    4. 1. 1 * Trump engañó a los titanes de Wall Street

    4. 1. 2*   Los Mercados sabotean a Trump.

    4. 1. 3 * La red Koch torpedea a Trump.

4. 2 * Primer Gabinete de Gobierno

4. 3 * La prensa – El verdadero partido de la oposición.

4. 4 * Los republicanos del Estado Profundo votan demócrata.

4. 5 * La Derecha alternativa respalda a Trump

CAPITULO 5 – Elecciones 2020 – El robo del siglo

BIBLIOGRAFÍA

Bakunin, M. (1873). Statism and Anarchy. Cambridge Texts in the history of political thought. https://libcom. org/files/statismandanarchy. pdf

Brzezinski, Z. (1993). Out of Control: Global Turmoil on the Eve of the Twentyfirst Century.(p. 150–151). Charles Scribner´s Sons.

Cabal, Esteban.(2012). Gobierno Mundial. Ediciones Mandala.

Coogan, Gertrude. (1935). *Money Creators* (Creadores del Dinero).

Elletson, R., Money, A.(1998). Medium of Power. (p. 25). Grand Teton University Press.

Firestone,S.(1970).La dialéctica del sexo.En defensa de la revolución feminista.Williams Morrow & co. Inc y Editorial Kairós (1976). https:// patagonialibertaria. files. wordpress. com/2014/11/163005241–shulamith–firestone–la–dialectica–del–sexo–pdf. pdf

Firestone, Shulamite (1969). Lo personal es político. Carol Hanisch, 2016.

Gardner, R. (Abril 1974). The Hard Road to World Order. Vol 52, Nº3. (p 558–559). Foreing Affeirs, CFR.

Gesell, S. (1911). El Orden Económico Natural. Por libremoneda y libretierra. El dinero tal cual es. Editado por E. F. Gesell (1936).

Gundersen, T. D., Jørgensen, N., Andersson, A. M., Bang, A. K., Nordkap, L., Skakkebæk, N. E., Priskorn, L., Juul, A., Jensen, T. K. (15 Septiembre 2015). Asociación entre el uso de marihuana y hormonas reproductivas masculinas y la calidad del semen. American Journal of Epidemiology, Volume 182, pp 473–481. https://doi. org/10. 1093/aje/kwv135

Huxley, A. (1932). Un mundo felíz. Bantam Bookks. (1967).

Koch Paul (2005). Illuminati. 3ª edición. p. 11. Editorial Planeta.

List, F. (1955). Sistema Nacional de Economía Política. Ed Aguilar.

Marx, K. (1848). El Manifiesto Comunista. Cap. Proletariados y comunistas. (p. 44). Editorial Aguilar.

Marx, K., Engels, f.(1980). Obras Escogidas. Tomo I, (p. 157). Editorial Progreso. Y en formato digital:https://www. marxists. org/espanol/m–e/oe/pdf/oe3–v1. pdf

Marx, K., Engels, F. (1980) Obras escogidas. T. II. (p. 76). Editorial Progreso.

https://www. marxists. org/espanol/m–e/oe/pdf/oe3–v2. pdf

Morgenthau, H. (1986). Política de las naciones; Cap. El Estado mundial. Grupo Editor Latinoamericano

Raskin, J. (2004). American Scream: Howl de Allen Ginsberg y la creación de la generación Beat . Berkeley: Prensa de la Universidad de California. (p. 170)

Rockefeller, D. (2003). Memorias; cap. 27 Orgullo internacionalista. Random House Publishing Group.

Romo, H. (2018). Los orígenes del neoliberalismo: del Coloquio Lipp-mann a la Sociedad del Mont–Pèlerin.(vol. 15, núm. 43). Universidad Nacional Autónoma de México, Facultad de Economía. http://www. scielo. org. mx/pdf/eunam/v15n43/1665–952X–eunam–15–43–7. pdf

Roberts, P. C. (2013). The Failure of Laissez Faire Capitalism. Clarity Press.

Ricciardelli, H., Schmid, L. (2004). Los Protocolos de la Corona Británi-ca.(p. 6.). Editorial Struhart & Cia.

Salbuchi Adrian. (2001). El Cerebro del Mundo. Cap. "Balance of Power y Convergencia". 3ra edición. Ediciones del Copista.

Sutton, Antony (1974). Wall Street y la revolución bolchevique. Clair-view Books, 2011. Disponible también Online: https://archive. org/ details/sutton–201611/mode/2up

Soddy, F. (1933). Riqueza, riqueza virtual y deuda. Britons Publi-shing Company. https://www. fadedpage. com/showbook. php?pid=20140873

Steinert, M. (2004). Hitler y el Universo Hitleriano. S. A. Ediciones B. Barcelona.

Temin, P.(1969). The jacksonian Economy. W. W. Norton.

Trump, D., Schwartz, T. (1987). The art of the deal. Titivillus. ePub base r2. 1. Traducción: J. A. Bravo

Wormser, R. (1958). Fundations: Their Power and Influence. (p. 304–305). Davin–adair.

PERIÓDICOS Y REVISTAS CONSULTADOS

1 ABC economía
2 ABC Internacional.
3 AM Prensa
4 Ámbito
5 Axios
6 BBC Mundo
7 Bles Mundo
8 Bloomberg
9 Breitbart News.
10 BSNEWS
11 BuzzFeed News
12 Clarín
13 CNN
14 Daily Caller.
15 Deutsche Welle (DW)
16 Divulgación Total
17 Dryburgh.
18 El Confidencial
19 El Cronista
20 El Diario 24
21 El Mundo
22 EL PAIS
23 Exopolitics
24 Foro Económico Mundial
25 Fortune
26 Fox News Insider
27 Geopolítica. ru
28 Hispantv Nexo Latino
29 Huffpost
30 Impacto Castex
31 Infobae
32 Jewish Insider
33 Jewish Telegraphic Agency
34 Kontrainfo
35 La Gaceta
36 LA Nación
37 La vanguardia.
38 La Voz del Interior

39 LR La República
40 Natural News
41 New York Times
42 News Week.
43 Observer
44 Patria Argentina
45 Politico
46 PR Newswire
47 Pravda
48 Project Veritas
49 Red Voltaire
50 Reuters.
51 Revista Muy Interesante
52 Revista Vive
53 RT News.
54 Rusia Today RT
55 Silver Doctors
56 Spicenter
57 Sputnik News Mundo
58 Ted Talk.
59 The Baltimore Sun
60 The Brussels Times
61 The Economist
62 The Federalist
63 The Guardian.
64 The Hill.
65 The last American vagabond.
66 The New York Post
67 The New York Times.
68 The Unz Reviews
69 The Washington Post.
70 Tierra Pura
71 Time
72 TN
73 Univision
74 XLSemanal
75 20 Minutos
76 2020 News

ESTADÍSTICAS, SITIOS OFICIALES, FUNDACIONES Y SITIOS DINÁMICOS CONSULTADOS

U. S. National Deb Clock. https://www. usdebtclock. org/index. html#

Deuda Pública de Estados Unidos. https://datosmacro. expansion. com/ deuda/usa

Department of Homeland Security. Immigration and Customs Enforcement – ICE. https://www. ice. gov

Federal Election Commision U. S. A. https://www. fec. gov

Center for Responsive Politics. https://www. opensecrets. org

The White House. https://www. whitehouse. gov

Council on Foreign Relations (1997), Anuual Report.

Influence Watch. https://www. influencewatch. org

The Heritage Foundation. https://www. heritage. org

Sveriges Riksbank. https://www. riksbank. se

Bank of England. https://www. bankofengland. co. uk/about/history

Founders Online. National Archives, https://founders. archives. gov

Office of the Historic American Buildings Survey/Historic American Engineering Record (HABS/HAER), of the National Park Service, Library of Congress (Septiembre de 1994). Documentation of the Jefferson Memorial.

The American Presidency Project. https://www. presidency. ucsb. edu

Reuniones Bilderberg. https//:www. bilderbergmeetings. org

Naciones Unidas. https://www. un. org

La Cumbre del Gobierno Mundial. https://www. worldgovernmentsummit. org

Centro Johns Hopkins para la Seguridad de la Salud. Evento 201. https://www. centerforhealthsecurity. org/event201/

ID2020. (s. f.). https://id2020. org

Consejo para un capitalismo inclusivo con el Vaticano. https://www. inclusivecapitalism. com/

Wold Economic Forum. https://es. weforum. org/

Walk Away Campaign. www. walkawaycampaign. com

Población mundial. http://poblacion. population. city/world

Banco Mundial. https://datos. bancomundial. org

Statista. https://es. statista. com

ArchiveToday. https://archive. is/4oTnX

ACERCA DEL AUTOR

Argentino nacido en una gran tormenta de Agosto de 1982. Un alma inquieta en busca de la verdad, la justicia y la paz. Crítico eterno de la sociedad post–moderna. Estudió Ciencias Económicas en la Universidad Nacional de Córdoba. Ensayista; y Publicista profesional. Autodidacta en estudios sobre filosofía, sociología, psicología social, semiótica, PNL, revisionismo, metapolítica, geopolítica, esoterismo, relaciones internacionales, finanzas, y criptomonedas.

www.ingramcontent.com/pod-product-compliance
Lightning Source LLC
Chambersburg PA
CBHW060035260726
48658CB00004B/1055